SISTEMAS DE INFORMAÇÃO GERENCIAIS

www.saraivauni.com.br

SISTEMAS DE INFORMAÇÃO GERENCIAIS

David M. Kroenke

TRADUÇÃO

Luiz Euclydes T. Frazão Filho

REVISÃO TÉCNICA

Geraldo Gonçalves Jr.

Graduado em Administração de Empresas pela UniverCidade e mestre em Administração de Empresas pela Pontifícia Universidade Católica do Rio de Janeiro (PUC-Rio) ministra aulas de Administração na Pontifícia Universidade Católica de Campinas (PUC-Campinas)

Editora Saraiva

Editora Saraiva

Rua Henrique Schaumann, 270
Pinheiros – São Paulo – SP – CEP: 05413-010
Fone PABX: (11) 3613-3000 • Fax: (11) 3611-3308
Televendas: (11) 3613-3344 • Fax vendas: (11) 3268-3268
Site: http://www.saraivauni.com.br

Filiais

AMAZONAS/RONDÔNIA/RORAIMA/ACRE
Rua Costa Azevedo, 56 – Centro
Fone/Fax: (92) 3633-4227 / 3633-4782 – Manaus

BAHIA/SERGIPE
Rua Agripino Dórea, 23 – Brotas
Fone: (71) 3381-5854 / 3381-5895 / 3381-0959 – Salvador

BAURU/SÃO PAULO (sala dos professores)
Rua Monsenhor Claro, 2-55/2-57 – Centro
Fone: (14) 3234-5643 – 3234-7401 – Bauru

CAMPINAS/SÃO PAULO (sala dos professores)
Rua Camargo Pimentel, 660 – Jd. Guanabara
Fone: (19) 3243-8004 / 3243-8259 – Campinas

CEARÁ/PIAUÍ/MARANHÃO
Av. Filomeno Gomes, 670 – Jacarecanga
Fone: (85) 3238-2323 / 3238-1331 – Fortaleza

DISTRITO FEDERAL
SIA/SUL Trecho 2, Lote 850 – Setor de Indústria e Abastecimento
Fone: (61) 3344-2920 / 3344-2951 / 3344-1709 – Brasília

GOIÁS/TOCANTINS
Av. Independência, 5330 – Setor Aeroporto
Fone: (62) 3225-2882 / 3212-2806 / 3224-3016 – Goiânia

MATO GROSSO DO SUL/MATO GROSSO
Rua 14 de Julho, 3148 – Centro
Fone: (67) 3382-3682 / 3382-0112 – Campo Grande

MINAS GERAIS
Rua Além Paraíba, 449 – Lagoinha
Fone: (31) 3429-8300 – Belo Horizonte

PARÁ/AMAPÁ
Travessa Apinagés, 186 – Batista Campos
Fone: (91) 3222-9034 / 3224-9038 / 3241-0499 – Belém

PARANÁ/SANTA CATARINA
Rua Conselheiro Laurindo, 2895 – Prado Velho
Fone: (41) 3332-4894 – Curitiba

PERNAMBUCO/ALAGOAS/PARAÍBA/R. G. DO NORTE
Rua Corredor do Bispo, 185 – Boa Vista
Fone: (81) 3421-4246 / 3421-4510 – Recife

RIBEIRÃO PRETO/SÃO PAULO
Av. Francisco Junqueira, 1255 – Centro
Fone: (16) 3610-5843 / 3610-8284 – Ribeirão Preto

RIO DE JANEIRO/ESPÍRITO SANTO
Rua Visconde de Santa Isabel, 113 a 119 – Vila Isabel
Fone: (21) 2577-9494 / 2577-8867 / 2577-9565 – Rio de Janeiro

RIO GRANDE DO SUL
Av. A. J. Renner, 231 – Farrapos
Fone: (51) 3371- 4001 / 3371-1467 / 3371-1567 – Porto Alegre

SÃO JOSÉ DO RIO PRETO/SÃO PAULO (sala dos professores)
Av. Brig. Faria Lima, 6363 – Rio Preto Shopping Center – V. São José
Fone: (17) 3227-3819 / 3227-0982 / 3227-5249 – São José do Rio Preto

SÃO JOSÉ DOS CAMPOS/SÃO PAULO (sala dos professores)
Rua Santa Luzia, 106 – Jd. Santa Madalena
Fone: (12) 3921-0732 – São José dos Campos

SÃO PAULO
Av. Antártica, 92 – Barra Funda
Fone PABX: (11) 3613-3666 – São Paulo

304.540.001.001

ISBN 978-85-02-18369-8

CIP-BRASIL. CATALOGAÇÃO NA FONTE
SINDICATO NACIONAL DOS EDITORES DE LIVROS, RJ.

K94s
Kroenke, David, 1946-

Sistemas de informação gerenciais / David M. Kroenke ; tradução de Luiz Euclydes T. Frazão Filho. - São Paulo : Saraiva, 2012.

Tradução de: MIS essentials

Inclui bibliografia

ISBN 978-85-02-18369-8

1. Administração de empresas 2. Sistemas de informação gerencial 3. Negócios - Processamento de dados. I. Título.

12-5957. CDD: 658
CDU: 005.94

Traduzido de *MIS Essentials* de David M. Kroenke. Tradução autorizada da edição em inglês publicada nos Estados Unidos por Prentice Hall, uma empresa do grupo Pearson Education, Inc.

Direção editorial	Flávia Alves Bravin
Coordenação editorial	Rita de Cássia da Silva
Editora – Aquisições	Ana Paula Matos
Editora – Universitário	Luciana Cruz
Editora – Técnico	Alessandra Borges
Editora – Negócios	Gisele Folha Mós
Produção editorial	Daniela Nogueira Secondo Rosana Peroni Fazolari
Produção digital	Nathalia Setrini Luiz
Suporte editorial	Najla Cruz Silva
Arte e produção	Negrito Produção Editorial
Capa	Weber Amendola
Produção gráfica	Liliane Cristina Gomes
Tradução	Luiz Euclydes T. Frazão Filho
Revisão técnica	Geraldo Gonçalves Jr.
Impressão e acabamento	Edições Loyola

Contato com o editorial
editorialuniversitario@editorasaraiva.com.br

SaraivaUni

Sobre o autor

David M. Kroenke é bacharel em Economia pela *U.S. Air Force University*, mestre em ciência do gerenciamento pela *University of Southern California* e doutor pela *Colorado State University*, onde estudou modelos lineares.

CONTATO:
dmkroenke@editorasaraiva.com.br

Prefácio

Caro aluno, você optou por iniciar sua carreira como um profissional da área de administração e gestão. Se a sua experiência for parecida com a minha, você não se arrependerá da sua escolha. A atuação na área de gestão leva a experiências gratificantes e prazerosas, bem como a relacionamentos interessantes e de qualidade. Trabalhar em uma empresa que você admira e que vende produtos ou serviços nos quais você acredita faz você se sentir bem consigo mesmo, com as suas contribuições e com a sua vida profissional.

Você quer aprender a ser mais do que um líder de equipe? Você se vê como um futuro líder empresarial? Se esse for o caso, saiba que a disciplina Sistemas de Informação Gerenciais é fundamental no currículo de gestão. Está surpreso em saber disso? Se para você o curso de SIG é como uma "aula de Excel" ou um "curso de Access", essa concepção é equivocada. Como você verá no Capítulo 1, ensinar a operar um software não é o principal objetivo desta disciplina. Ao contrário, você aprenderá como as empresas utilizam os sistemas e a tecnologia da informação para alcançar suas metas, seus objetivos e sua estratégia competitiva.

Pense em qualquer empresa moderna. Como a Amazon.com despacha milhões de itens por segundo, durante 24 horas por dia, 7 dias por semana, em todo o mundo? Como o YouTube armazena e oferece milhares de horas de vídeo todos os dias? Como o Facebook e o MySpace conectam você aos seus amigos? Utilizando sistemas de informação! E essas empresas são bem-sucedidas basicamente porque buscaram formas inovadoras de aplicar a tecnologia da informação que está surgindo.

Talvez você esteja pensando: "Não, isso não é comigo! Prefiro deixar esse tipo de coisa para outra pessoa fazer." Bem, você pode até deixar os detalhes técnicos dos sistemas de informação a cargo de outra pessoa, mas se deixar que os outros pensem por você nas aplicações inovadoras dos sistemas de informação, está enrascado. No século XXI, todo profissional da área de negócios deve ser capaz de imaginar formas de gerar vantagem competitiva utilizando sistemas de informação e saber colaborar com os profissionais da área com o intuito de desenvolver e manter esses sistemas.

Para ajudá-lo a adquirir esses conhecimentos fundamentais, este livro possui três características exclusivas. Primeiro, cada capítulo é organizado em torno de um grupo de perguntas. Utilize essas perguntas para administrar o seu tempo de estudo. Leia até que consiga responder às perguntas. Segundo, cada parte e cada capítulo começam com uma situação real de um profissional da área de negócios que precisa ter conhecimentos de sistemas de informação. Utilize essas situações para saber como você pode aplicar os seus conhecimentos de sistemas de informação para ganhar vantagem competitiva pessoal. Por fim, leia os "Guias éticos". Se possível, discuta as questões apresentadas nesses guias com outros alunos. Essas discussões lhe darão a chance de praticar as suas habilidades de ouvinte e aprender a defender os seus pontos de vista de maneira eficaz.

Como todo esforço que vale a pena, este curso é trabalhoso. Tem de ser assim. Ninguém obtém êxito no mundo dos negócios sem manter o foco, a atenção, o desejo e a motivação, além de trabalhar muito. Nem sempre será fácil nem divertido. Entretanto, você aprenderá conceitos, habilidades e comportamentos que são essenciais para ser bem-sucedido nos negócios no século XXI.

Eu lhe desejo muito sucesso como profissional emergente no mundo dos negócios!

Atenciosamente,

DAVID KROENKE
Whidbey Island, Washington

Apresentação

Os Sistemas de Informação Gerenciais (SIG) estão mudando mais rápido hoje do que em qualquer época desde a invenção do microcomputador. É incrivelmente fascinante observar esses desenvolvimentos e participar deles. Não há um dia em que não se ouça falar de algum setor de atividade que esteja fazendo algo de inusitado com a nova tecnologia. A Apple lidera esse movimento com os "iAlgumaCoisa", mas outras empresas que não têm o mesmo alcance estão inovando com produtos e serviços igualmente importantes em seus próprios mercados.

Consequentemente, nesta obra surgem dois temas. Primeiro, a comunicação e o armazenamento de dados praticamente gratuitos proporcionam às empresas formas radicalmente novas de alcançar clientes e fornecedores. Segundo, os processos de negócios, e não os requisitos isolados dos sistemas de informação, determinam o uso e o sucesso da nova tecnologia.

Por essa razão, este livro contém capítulos sobre processos de negócios, comunicação de dados, sistemas integrados de gestão empresarial e *e-commerce* (comércio eletrônico), Web 2.0 e Enterprise 2.0. Traz também casos introdutórios em todos os capítulos do livro.

A apresentação dos processos de negócios contida no Capítulo 2 é mais adequada para as discussões sobre Gestão de Processos de Negócios (em inglês, BPM - *Business Process Management*) e Sistemas Integrados de Gestão Empresarial (em inglês, ERP - *Enterprise Resource Planning*). O Capítulo 6 aborda a comunicação de dados de forma simplificada e consolidada de modo a abrir espaço para a inserção do material sobre redes sociais. O Capítulo 7 explica os sistemas e aplicativos multifuncionais.

Os alunos não precisam saber usar o Facebook e o Twitter, tampouco necessitam de muitos exemplos de empresas que os utilizam. O que eles precisam saber, acredito, são os fundamentos econômicos das redes sociais. Por isso o Capítulo 8 traz uma discussão sobre a teoria do capital social e como essa teoria pode ser usada para avaliar as redes sociais e o Enterprise 2.0.

Sumário

Acesse o site do livro e aproveite o conteúdo extra:

- Experiência com os SIG em sala de aula - seção destinada a ajudar os alunos a aplicar seus conhecimentos nos exercícios realizados em sala de aula;
- Guia - direcionado à aplicação do conteúdo do capítulo a outros aspectos da área.
- Exercício colaborativo - Exercício em equipe com enfoque no tema do capítulo.
- Dois capítulos de extensão.

Introdução

Se você entrasse no meu escritório hoje e me pedisse uma orientação sobre como usar este livro, eu lhe diria o seguinte:

1. Esta talvez seja a disciplina mais importante dos cursos da área de gestão. Não a despreze. Veja as primeiras páginas do Capítulo 1.
2. Esta disciplina é muito mais ampla do que você imagina. Não se trata apenas de uso do Excel, sites ou programas de computador, mas de *negócios* e de como as empresas podem ser mais bem-sucedidas com os sistemas baseados em computador.
3. Este livro foi elaborado com base em pesquisas realizadas sobre o processo de aprendizado. Cada capítulo começa com uma lista de perguntas. Leia o conteúdo até que você esteja apto a responder às perguntas. Em seguida, vá até a seção de revisão e execute as tarefas lá apresentadas. Se for bem-sucedido nessas tarefas, o exercício estará concluído. Se você levar cinco minutos para realizá-las, o exercício também estará concluído. Se levar cinco horas, o exercício estará igualmente concluído. Mas você só poderá dizer que terminou depois que concluir as tarefas da revisão.
4. Preste atenção às questões abordadas nos casos introdutórios. Esses casos são baseados em pessoas, empresas e histórias reais. Mudei os nomes para proteger os inocentes, os culpados, a editora e a mim.
5. Leia os guias. Meus alunos dizem que é com essas histórias que eles mais aprendem.
6. Para facilitar a leitura, este livro contém muitas figuras interessantes. Entretanto, não se esqueça de ler os textos.
7. Atuo na área de informática há mais de quarenta anos. Todo o conteúdo deste livro será útil para alguém; mas talvez você possa achar que ele não será útil para você. Preste atenção ao que o seu professor diz que você deve aprender. Ele conhece os requisitos do mercado de trabalho na sua cidade.

9. A sua tarefa básica na universidade consiste em aprender algo que o ajude a ingressar no mercado de trabalho ou conseguir um emprego melhor. Muitos exercícios pedem que você prepare algo para uma futura entrevista de emprego. Faça esses exercícios!

10. A tecnologia criará oportunidades maravilhosas nos próximos 10 anos. Participe, seja bem-sucedido e divirta-se!

DAVID KROENKE
Whidbey Island, Washington

PARTE I

Os SIG e você

Ter conhecimentos de sistemas de informação é fundamental para o sucesso no mundo dos negócios. Quer a sua especialidade seja contabilidade, marketing, administração ou outra área menos específica, é possível que você ainda não saiba como esses conhecimentos serão importantes para você. A Parte 1 tem por finalidade demonstrar por que este assunto é tão importante para todo profissional da área de gestão. Começamos com um caso verídico.

ISTO PODERIA ACONTECER COM VOCÊ

A FlexTime é uma sofisticada e elegante academia de ginástica no centro de Indianápolis, EUA. Kelly Summers abriu a FlexTime há 20 anos depois de ensinar aeróbica em outra empresa. Ela começou modestamente, dando algumas aulas por semana em um pequeno espaço nos fundos de um prédio comercial. Depois de um tempo, ela contratou outros instrutores para ajudá-la. Em alguns meses, Kelly expandiu sua empresa conseguindo novos clientes e contratando instrutores famosos para dar a maioria das aulas. Ela pagava a esses instrutores um percentual da receita das aulas e se esforçava para facilitar a vida deles e fazer que se sentissem valorizados, enquanto eles, por sua vez, cuidavam dos clientes.

A fórmula deu certo. Com o passar dos anos, a FlexTime foi crescendo, deixando de ser uma pequena sala para ocupar um andar inteiro, depois dois andares, até que, em 2005, a academia já ocupava todos os quatro andares de um prédio. Hoje, os clientes da FlexTime fazem mais de 15.000 visitas por mês ao prédio da academia. Durante as épocas de pico, o prédio fica lotado, o ritmo é acelerado e o clima é intenso, com música alta e profissionais educados e bem-vestidos circulando pelos corredores.

Quando Kelly abriu a FlexTime, Neil West era considerado o melhor surfista amador do sul da Califórnia. Neil concluiu seus estudos na Universidade Estadual de San Diego e conseguiu um emprego de vendas por telemarketing em uma pequena empresa de software. Ele se destacou em sua função e, em alguns anos, estava vendendo grandes soluções empresariais para a Siebel Systems, então uma grande fornecedora de software de gestão de relacionamento com clientes (assunto abordado no Capítulo 7). Neil vendia software nos áureos tempos da explosão *pontocom* e, em 2005, já tinha condições financeiras para se aposentar. Seu último grande cliente estava em Indianápolis, onde ele se matriculou em uma turma de kickboxing ministrada por Kelly.

Àquela altura, a FlexTime era um enorme sucesso em todos os aspectos, exceto um: a parte administrativa era uma bagunça geral. Kelly e seus funcionários estavam dirigindo a empresa com o auxílio de vários arquivos físicos e o armazenamento temporário de documentos em um engradado alaranjado. Por diversas vezes, Neil vivenciou a morosidade para a aquisição de produtos e serviços na recepção, observando a ineficiência dos processos de negócios da empresa. Ao comentar com Kelly que ele estava deixando a Siebel, ela lhe perguntou se ele estaria disposto a ajudá-la a organizar os arquivos da FlexTime.

Até então, Neil planejava retornar à Califórnia, mas acabou concordando em ajudar Kelly a reformular os setores de contabilidade, gestão de relacionamento com clientes, operações e processos da FlexTime, o que ele calculava ser um trabalho de consultoria de 6 meses. Ele liderou vários projetos para instalar sistemas de informação, converter os arquivos manuais da empresa em arquivos eletrônicos e treinar os funcionários no uso dos novos sistemas. À medida que avançava no projeto, Neil via o grande potencial da FlexTime e conseguiu convencer os sócios financeiros de Kelly de sua entrada como sócio da FlexTime. Em 2008, ele e Kelly se casaram.

Com Kelly dirigindo o setor de clientes/instrutores da empresa e Neil gerenciando o sistema administrativo, hoje a FlexTime é um sucesso absoluto. Entretanto, isso não significa que a empresa não enfrente problemas e desafios, como você verá.

CAPÍTULO **1**

A importância do SIG

Isto poderia acontecer com você

- Demitida? Você está me demitindo?

- Bem, *demitida* é uma palavra muito forte, mas... bem, a FlexTime não necessita mais dos seus serviços

- Mas, Kelly, eu não estou entendendo. Eu me esforcei e fiz tudo o que você me disse que fizesse

- Jennifer, aí é que está. Você fez tudo o que *eu* lhe disse que fizesse.

- Eu me dediquei tanto. Como você pode me demitir???

- A sua função era procurar maneiras de gerarmos receita extra a partir de nossos associados atuais.

- Exatamente! E eu fiz isso.

- Não, você não fez. Você aproveitou as ideias *que eu lhe dei*. Mas nós não precisamos de alguém que aproveite os meus planos, mas de alguém capaz de descobrir o que precisamos fazer, de criar os seus próprios planos e submetê-los à minha apreciação... E à dos outros.

- Como você poderia esperar que eu fizesse isso? Eu estou aqui há apenas quatro meses!

- Isso se chama trabalho em equipe. É claro que você ainda está aprendendo o nosso sistema, mas eu tenho certeza de que todo o nosso pessoal sênior estaria à sua disposição para ajudá-la...

- Eu não queria incomodá-los.

- Bem, você conseguiu. Eu perguntei a Jason o que ele achava dos planos em que você estava trabalhando. "Quem é Jennifer?", ele perguntou.

- Mas ele não trabalha à noite?

- Exato. Ele é o gerente da turma da noite... e 37% do nosso movimento durante a semana ocorre após as 19h00. Talvez valesse a pena conversar com ele.

- Eu vou fazer isso!

- Jennifer, você está vendo o que acabou de acontecer? Eu lhe dei uma ideia e você disse que vai fazer o que eu disse. Não é disso que eu preciso. Eu preciso que você encontre soluções por sua conta.

– Eu trabalhei muito. Dediquei muitas horas a esse trabalho e redigi todos estes relatórios.

– Alguém os viu?

– Eu lhe falei sobre alguns deles, mas estava esperando até que eu estivesse satisfeita com eles.

– Muito bem. Não é assim que trabalhamos aqui. Nós desenvolvemos as ideias e depois as debatemos uns com os outros. Ninguém sabe tudo. Os nossos planos se aprimoram quando os comentamos e os retrabalhamos... Acho que eu lhe disse isso.

– Talvez você tenha dito. Mas eu simplesmente não me sinto à vontade com isso.

– Bem, essa é uma habilidade-chave aqui.

– Eu sei que eu posso fazer esse trabalho.

– Jennifer, você está aqui há quase quatro meses; você é graduada em Administração. Há várias semanas, eu lhe perguntei qual seria a sua primeira ideia para efetuarmos vendas casadas aos nossos clientes. Você se lembra do que me disse?

– Sim, eu não tinha certeza de como proceder. Eu não queria simplesmente lançar uma ideia que pudesse não dar certo.

– Mas como saber se daria certo?

– Eu não quero jogar dinheiro fora...

– Não, não quer. Por isso, quando você não foi muito longe com essa tarefa, eu recuei e lhe pedi que me enviasse um diagrama que representasse o ciclo de vida de nossos clientes... como os atraímos, como os inscrevemos em suas primeiras aulas, como continuamos a vender para eles...

– Sim, eu lhe enviei esse digrama.

– Jennifer, o diagrama não fazia nenhum sentido. O seu diagrama mostrava pessoas que ainda nem eram clientes falando com o Neil no setor de contas a receber.

– Eu conheço esse processo e só não consegui colocá-lo no papel. Mas eu vou tentar novamente!

– Bem, essa atitude é elogiável, mas os tempos estão bicudos. Não temos espaço para estagiários. Quando a economia estava forte, eu teria condições de procurar lugar um para você, ver se poderíamos ficar com você. Mas não podemos nos dar a esse luxo agora.

– E as minhas referências?

– Terei todo o prazer de dizer a qualquer pessoa que você é confiável, que você trabalha de 40 a 45 horas por semana e que você é honesta e íntegra.

– Essas referências são importantes!

– Sim, são. Mas hoje não são suficientes.

“Sim, são. Mas hoje não são suficientes.”

Questões de estudo

Q1. Por que a introdução aos SIG é a aula mais importante dos cursos da área de gestão?

Q2. O que é um Sistema de Informação?

Q3. O que é SIG?

Q4. Por que a diferença entre tecnologia da informação e sistemas de informação é importante para você?

Q5. Qual a sua função na segurança dos Sistemas de Informação?

De que maneira os conhecimentos contidos neste capítulo são úteis para Jennifer e para você?

Q1. Por que a introdução aos SIG é a aula mais importante dos cursos da área de gestão?

A introdução aos SIG é a aula mais importante dos cursos da área de gestão. Essa afirmação não era verdadeira em 2005 e poderá não ser válida também em 2020. Mas procede perfeitamente para a atualidade.

Por quê?

A principal razão está em um princípio conhecido como **Lei de Moore**. Em 1965, Gordon Moore, cofundador da Intel Corporation, afirmou que, devido aos avanços tecnológicos na área de projeto e produção de chips eletrônicos, “o número de transistores por centímetro quadrado em um chip integrado duplica a cada dezoito meses”. A sua declaração normalmente é mal interpretada e entendida como “a velocidade de um computador duplica a cada dezoito meses”, o que é incorreto, mas que capta o sentido de seu princípio.

Por causa da Lei de Moore, a relação preço-desempenho dos computadores caiu de algo em torno de US$ 4.000 para um dispositivo de computação padrão para algo na faixa de um centavo de dólar para esse mesmo aparelho.[1] Veja a Figura 1.1.

1. Estes números representam o custo de 100 mil transistores, o que pode ser traduzido em aproximadamente uma unidade de um dispositivo de computação. Para a nossa finalidade, os detalhes não importam.

Como futuro profissional da área de negócios, no entanto, você não precisa se preocupar com a velocidade de um computador que a sua empresa possa comprar por US$ 100. Não é essa a questão. O que importa é o seguinte:

> Devido à Lei de Moore, o custo da comunicação e do armazenamento de dados é essencialmente zero.

Pense nessa declaração antes de se apressar em passar ao próximo parágrafo. O que acontece quando esses custos são essencialmente zero? Eis algumas consequências:

- YouTube
- Facebook
- Pandora
- LinkedIn
- iPhone
- Second Life
- Twitter

Nenhum desses era famoso em 2005 e, na verdade, a maioria nem existia naquela época.

1.1 *Existem aplicativos de negócios para Facebook e Twitter que ofereçam uma boa relação custo-benefício?*

Claro. A FlexTime os utiliza de forma rentável. Os instrutores de ginástica postam anúncios através do Twitter. A FlexTime coleta esses *tweets* e os posta em sua página no Facebook. O custo total para a empresa? Zero.

Mas faça outra pergunta: Existem aplicativos de negócios destrutivos, prejudiciais e inúteis para Facebook e Twitter? Claro. Eu me dou ao trabalho de acompanhar os *tweets* do mecânico que troca o óleo do meu carro? Acho que não.

Mas aí é que está. Talvez eu não esteja sendo suficientemente criativo. Talvez existam ótimas razões para o mecânico enviar *tweets* aos seus clientes e eu simplesmente sou incapaz de pensar nisso. O que nos leva à primeira razão pela qual hoje a Introdução aos SIG é a disciplina mais importante dos cursos da área de gestão:

> Os futuros profissionais da área de negócios precisam ter a capacidade de estimar, avaliar e aplicar aos negócios a tecnologia da informação que está surgindo.

FIGURA 1.1 A relação preço-desempenho dos computadores diminui

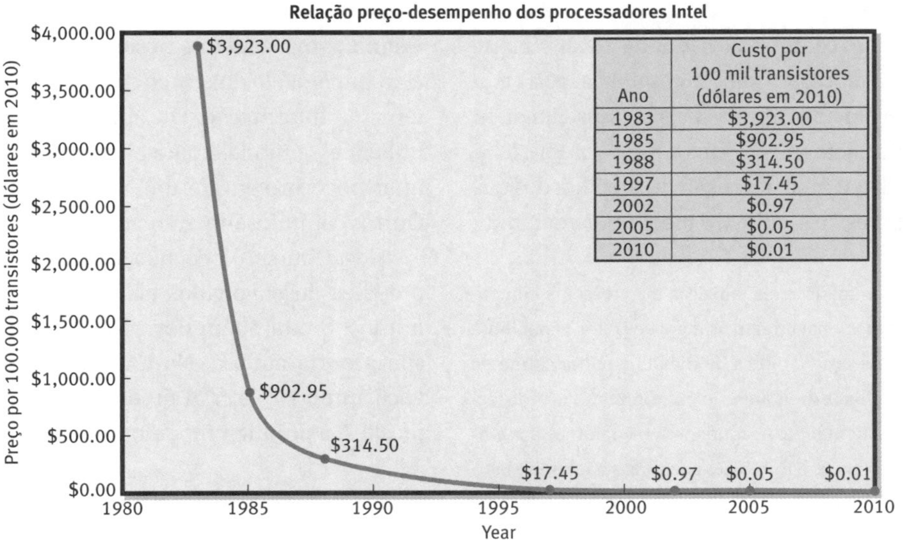

Ano	Custo por 100 mil transistores (dólares em 2010)
1983	$3,923.00
1985	$902.95
1988	$314.50
1997	$17.45
2002	$0.97
2005	$0.05
2010	$0.01

Você necessita dos conhecimentos deste curso para adquirir essa habilidade, cujo domínio lhe proporcionará maior segurança no emprego.

1.2 *Como conquistar segurança no emprego?*

Há muitos anos, tive um instrutor sábio e experiente. Um dia, eu lhe perguntei sobre a questão da segurança no emprego e ele me disse que a única segurança no emprego que existia era "uma habilidade comercializável e a coragem de usá-la". E ele prosseguiu. "Não existe segurança na sua empresa, não existe segurança em nenhum programa do governo, não existe segurança nos seus investimentos e não existe segurança na Previdência Social". Infelizmente, ele estava certíssimo.

E o que é uma habilidade comercializável? Antigamente poderíamos citar determinadas habilidades, como programação de computadores, contabilidade tributária ou marketing. Mas hoje, devido à Lei de Moore, como o custo do armazenamento e da comunicação de dados é essencialmente zero, qualquer habilidade de rotina pode ser e, de fato, é terceirizada ao licitante que apresenta a oferta de valor mais baixo. E se você mora nos Estados Unidos, no Canadá, na Austrália, na Europa e assim por diante, é pouco provável que essa oferta seja a sua. Diversas empresas e especialistas estudam a questão das habilidades que serão consideradas comercializáveis ao longo de sua carreira. Consideremos duas delas. Primeiro, a RAND Corporation, um centro catalisador de ideias com sede em Santa Monica, na Califórnia, publica ideias inovadoras e revolucionárias há mais de sessenta anos, incluindo o projeto inicial para a internet. Em 2004, a RAND publicou uma descrição das habilidades que os trabalhadores do século XXI precisariam dominar:

> As rápidas mudanças tecnológicas e a crescente concorrência internacional atraem as atenções para as habilidades e a preparação da força de trabalho, particularmente para a capacidade de adaptação à natureza mutável da tecnologia e da demanda. As mudanças na natureza das empresas... favorecem habilidades cognitivas não rotineiras.[2]

2. KAOLY, Lynn A.; PANIS, Constantijn W. A. *The 21st century at work.* Santa Monica, CA: RAND Corporation, 2004.

Quer você seja da área contábil, de marketing, finanças ou sistemas de informação, você precisa desenvolver habilidades cognitivas não rotineiras.

Quais são essas habilidades? Robert Reich, ex-ministro do Trabalho dos Estados Unidos, enumera quatro componentes:[3]

- Raciocínio abstrato
- Colaboração
- Pensamento sistêmico
- Capacidade de experimentação

A Figura 1.2 fornece um exemplo de cada. Releia o caso da FlexTime na abertura deste capítulo e você verá que a Jennifer perdeu o emprego por causa da sua incapacidade de exercer tais habilidades.

1.3 *De que maneira a introdução aos SIG pode auxiliar no aprendizado de habilidades não rotineiras?*

Introdução aos SIG é a melhor disciplina dos cursos da área de gestão para você aprender essas quatro habilidades básicas porque cada tópico exige sua aplicação prática. Veja como:

1.3.1 Raciocínio abstrato

Raciocínio abstrato é a capacidade de criar e manipular modelos. Você trabalhará com um ou mais modelos em cada tópico e capítulo do livro. Por exemplo, mais adiante neste capítulo, você conhecerá um *modelo* dos cinco componentes de um sistema de informação. O Capítulo 2 descreve como utilizar esse modelo para avaliar o escopo de qualquer novo projeto de um sistema de informação. Outros capítulos tomarão por base esse modelo.

Neste curso, você não apenas irá manipular modelos desenvolvidos pelo seu instrutor ou por mim, como também deverá construir modelos de sua própria autoria. No Capítulo 5, por exemplo, você aprenderá a criar modelos de dados, e no Capítulo 7, a produzir modelos de processo.

3. RICH, Robert B. *The work of nations.* Nova York: Alfred A. Knopf, 1991.

FIGURA 1.2 Exemplos de habilidades críticas não rotineiras

HABILIDADE	EXEMPLO	PROBLEMA DE JENNIFER
Abstração	Construir um modelo ou uma representação.	Incapacidade de produzir um modelo do ciclo de vida do cliente.
Pensamento sistêmico	Criar um modelo dos componentes do sistema e mostrar a relação entre o fornecimento e o recebimento de informações/dados dos componentes.	Confusão em relação a quando/ como os clientes fazem contato com o setor de contas a pagar.
Colaboração	Desenvolver ideias e planos com outros membros da empresa. Fornecer e receber feedback crítico.	Relutância em trabalhar com outros membros da empresa nos projetos em curso
Experimentação	Criar e testar alternativas novas e promissoras de acordo com os recursos disponíveis	O receio de falhar impedia a discussão de novas ideias

1.3.2 PENSAMENTO SISTÊMICO

Você consegue ir até um supermercado, olhar para uma lata de ervilhas e associá-la à política de imigração de seu país? Você é capaz de observar os tratores derrubando uma floresta de árvores para extração de polpa de celulose e associar aqueles galhos cortados à Lei de Moore? Você sabe por que um dos maiores beneficiários do YouTube é a Cisco Systems?

As respostas para todas essas perguntas requerem um pensamento sistêmico. **Pensamento sistêmico** é a capacidade de produzir modelos dos componentes do sistema, conectar o fornecimento e o recebimento de informações/dados entre esses componentes no contexto de um conjunto sensato que reflita a estrutura e a dinâmica do fenômeno observado.

Como você verá, esta aula é sobre *sistemas* de informação. Discutiremos e ilustraremos sistemas; pediremos que você faça uma apreciação crítica dos sistemas, compare sistemas alternativos, aplique os diferentes sistemas a diferentes situações. Todas essas tarefas lhe servirão de preparação para usar o pensamento sistêmico como profissional.

1.3.3 COLABORAÇÃO

Colaboração é a capacidade de duas ou mais pessoas trabalharem juntas para alcançar um objetivo, um resultado ou um produto de trabalho comum. Os capítulos de extensão[4] 1 e 2 lhe ensinarão as habilidades colaborativas ilustrando várias amostras de sistemas colaborativos de informação. Cada capítulo deste livro contém exercícios colaborativos que você poderá fazer em sala de aula ou como lição de casa.

Eis um fato que é surpresa para muitos alunos: Colaboração eficaz nada tem a ver com "ser bonzinho". Aliás, as pesquisas indicam que a habilidade mais importante para uma colaboração eficaz é a capacidade de dar e receber feedback crítico. Apresente uma proposta na empresa que contrarie o programa favorecido pelo vice-diretor de marketing e você logo verá que as habilidades de colaboração eficaz no trabalho diferem da conduta social adotada no churrasco com os vizinhos. Então, como apresentar a sua ideia diante da resistência do vice-diretor? E sem perder o seu emprego? Neste curso, você pode aprender tanto as habilidades quanto os sistemas de informação necessários para obter essa colaboração. Melhor ainda, você terá muitas oportunidades de praticá-los.

1.3.4 CAPACIDADE DE EXPERIMENTAÇÃO

"Eu nunca fiz isso antes."
"Eu não sei fazer isso."
"Mas será que vai funcionar?"
"É muito estranho para o mercado?"

O medo de falhar paralisa muita gente boa e muitas ideias boas. Na época da estabilidade no

4. Os capítulos de extensão encontram-se no material de apoio deste livro no site: www.saraivauni.com.br.

mundo dos negócios, quando as novas ideias eram apenas versos diferentes da mesma canção, os profissionais podiam se permitir os limites do medo de fracassar.

Mas pense novamente na aplicação da rede social à atividade de troca de óleo de automóveis. Existe uma aplicação legítima da rede social aí? Nesse caso, alguém já fez isso? Existe alguém no mundo que possa lhe dizer o que fazer? Como proceder? Não. Como Reich diz, os profissionais do século XXI precisam ter a capacidade de experimentar.

A experimentação bem-sucedida não significa despejar rios de dinheiro em cada ideia maluca que lhe passe pela cabeça. Ao contrário, a **experimentação** consiste em fazer uma análise racional de uma oportunidade, imaginar possíveis soluções, avaliar essas possibilidades e desenvolver as mais promissoras de acordo com os recursos disponíveis.

Neste curso, pediremos que você use produtos com os quais não tenha nenhuma familiaridade. Esses produtos podem ser o Microsoft Excel ou Access, ou recursos e funções do Blackboard que você não tenha utilizado. Ou então pediremos que colabore utilizando o Microsoft SharePoint ou o Google Docs. Será que o seu instrutor irá explicar e mostrar cada um dos recursos desses produtos de que você irá necessitar? Não espere que ele faça isso. Pode contar que o seu instrutor irá deixar que você experimente, imagine novas possibilidades por si mesmo e faça experiências com essas possibilidades de acordo com o tempo de que dispõe.

O resultado? Esta disciplina é a mais importante dos cursos da área de gestão porque:

1. Irá lhe fornecer a base necessária para estimar, avaliar e aplicar aos negócios a tecnologia emergente dos sistemas de informação.
2. Irá lhe proporcionar a última palavra em matéria de segurança no emprego - o recurso das habilidades comercializáveis - ajudando-o a aprender habilidades como abstração, pensamento sistêmico, colaboração e experimentação.

Por fim, ao longo da sua carreira, você poderá eventualmente enfrentar as questões éticas relacionadas ao uso dos sistemas de informação. Para ajudá-lo a se preparar para esses desafios, incluímos em cada capítulo deste livro um *Guia ético*. Esses guias farão você começar a pensar nos dilemas éticos, o que o ajudará a esclarecer os seus valores e prepará-lo para responder com autenticidade aos futuros desafios de ordem ética.

Com essa introdução, vamos começar!

> O primeiro Guia ético mostra o que fazer com as informações direcionadas erroneamente a você.

Q2. O que é um sistema de informação?

Um **sistema** é um grupo de componentes que interagem para alcançar o mesmo objetivo e produzir informações. Essa frase, embora verdadeira, suscita uma outra pergunta: Quais são esses componentes que interagem para produzir informação?

A Figura 1.3 mostra a **estrutura dos cinco componentes**, formada por hardware, software, dados, procedimentos e pessoas. Esses cinco componentes estão presentes em todo sistema de informação, do mais simples ao mais complexo. Por exemplo, ao utilizar um computador para elaborar um relatório de aula, você está usando um hardware (computador, disco de armazenamento de dados, teclado e monitor), um software (Word ou algum outro programa processador de texto), dados (as palavras, frases e parágrafos contidos no seu relatório), procedimentos (os métodos que você utiliza para iniciar o programa, acessar o seu relatório, imprimi-lo, salvar e fazer um backup do seu arquivo) e pessoas (você).

Consideremos um exemplo mais complexo, como, digamos, o sistema de reservas de uma empresa aérea. Esse sistema também consiste nesses cinco componentes, embora cada um deles seja muito mais complicado. O hardware consiste em dezenas de computadores ou mais interligados por um hardware de telecomunicações. Além disso, centenas de diferentes programas coordenam a comunicação entre os computadores, além de outros programas que efetuam as reservas e serviços correlatos. O sistema deve também armazenar milhões e milhões de caracteres de dados sobre voos, clientes, reservas e outros fatos. Os funcionários, agentes e clientes da empresa seguem centenas de diferentes procedimentos. Por fim, o sistema de informação inclui pessoas, não apenas os usuários do sistema, mas também aqueles que operam e prestam assistência aos computadores, aqueles que cuidam da manutenção dos dados e aqueles que prestam suporte às redes de computadores.

Esses cinco componentes mostram também que a construção dos sistemas de informação requer diversas habilidades além daquelas dos técnicos ou programadores de computadores. É preciso que haja pessoas capazes de projetar os bancos de dados que contêm os dados e de desenvolver os procedimentos a serem seguidos. Da mesma forma, é preciso que haja gerentes capazes de treinar e contratar o pessoal que irá utilizar e operar o sistema. Retornaremos a essa estrutura de cinco componentes muitas vezes ao longo deste livro.

Antes de prosseguirmos, observe que nós definimos um sistema de informação de modo a incluir um computador. Algumas pessoas diriam que esse tipo de sistema é um **sistema de informação baseado em computador**. Elas alegariam que existem sistemas de informação que não incluem computadores, como um calendário pendurado na parede do lado de fora de uma sala de reuniões, por exemplo, que seja utilizado para programar o uso da sala. Esse tipo de sistema é usado pelas empresas há séculos. Embora a observação proceda, neste livro optamos por nos concentrar nos sistemas de informação *baseados em computadores*. Para simplificar e encurtar o livro, usaremos o termo *sistema de informação* como sinônimo de *sistema de informação baseado em computador.*

Q3. O que É SIG?

Hoje, existem milhares, e até milhões, de sistemas de informação no mundo. Nem todos são de natureza empresarial. Neste livro, estamos interessados nos **SIG**, ou **sistemas de informação gerenciais**. Os SIG consistem no desenvolvimento e uso de sistemas de informação que ajudam as empresas a alcançar suas metas e objetivos. Essa definição contém três elementos-chave: *desenvolvimento e uso, sistemas de informação* e *metas e objetivos de negócios*. Falamos apenas sobre os *sistemas de informação*. Vejamos agora o *desenvolvimento e uso* e as *metas e objetivos de negócios.*

FIGURA 1.3 Os cinco componentes de um sistema de informação

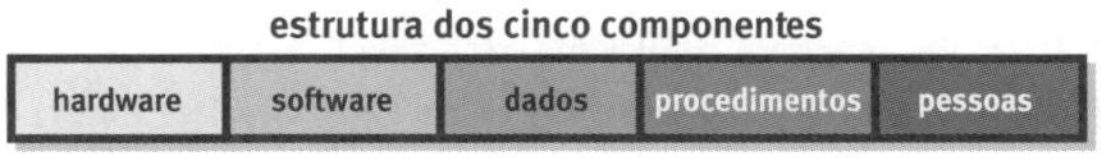

1.4 *Desenvolvimento e uso de sistemas de informação*

Os sistemas de informação não brotam como cogumelos após uma forte chuva. Eles precisam ser construídos. Alguém poderá dizer, "Espere aí. Eu sou um profissional da área financeira (ou contábil, ou administrativa), não de sistemas de informação. Eu não preciso saber construir sistemas de informação".

Quem pensa dessa forma, é como uma ovelha a caminho da tosquia. Assim como Jennifer, ao longo de toda a sua carreira, em qualquer área de atuação, as pessoas precisam de novos sistemas de informação. Para ter um sistema de informação que atenda às suas necessidades, é necessário assumir um *papel ativo* no desenvolvimento desse sistema. Mesmo que não seja um programador, um criador de bancos de dados ou algum outro profissional de SI, é preciso assumir um papel ativo na tarefa de especificação dos requisitos do sistema e assistência ao gerenciamento do projeto de desenvolvimento. Sem um envolvimento ativo de sua parte, o novo sistema só atenderá às suas necessidades por puro golpe de sorte.

Com esse fim, ao longo de todo este texto discutiremos o seu papel no desenvolvimento dos sistemas de informação. Além disso, dedicamos todo o Capítulo 10 a esse importante tópico. Enquanto lê este texto e pensa nos sistemas de informação, você deve se fazer perguntas como, "Como esse sistema foi construído?" e "Que papéis os usuários desempenham no decorrer desse desenvolvimento?" Se começar a se fazer essas perguntas agora, você estará mais bem preparado para respondê-las ao iniciar um trabalho, quando as consequências financeiras, profissionais e outras dependerem de suas respostas.

Além das tarefas de desenvolvimento, você terá funções importantes a desempenhar também no *uso* dos sistemas de informação. É claro que será necessário aprender a empregar o sistema para realizar os seus objetivos. Mas haverá também importantes funções auxiliares. Por exemplo, ao utilizar um sistema de informação, é importante se responsabilizar pela segurança do sistema e de seus dados. Também será necessário fazer backup dos dados. Em caso de falha do sistema (a maioria dos sistemas falha em algum momento), algumas tarefas precisarão ser cumpridas enquanto o sistema estiver fora do ar e outras terão a finalidade de ajudar a recuperar o sistema de forma rápida e correta.

1.5 *Realização de metas e objetivos de negócios*

A última parte da definição de SIG diz que os sistemas de informação existem para ajudar as empresas a alcançar suas *metas e objetivos*. Primeiro, perceba que essa afirmação esconde um fato importante: as próprias empresas não "fazem" nada. Uma empresa não é um ser vivo e não tem como agir. São as pessoas dentro da empresa que vendem, compram, projetam, produzem, financiam, comercializam, contabilizam e gerenciam. Portanto, os sistemas de informação existem para ajudar aqueles que trabalham em uma empresa a alcançar as metas e objetivos dessa empresa.

Os sistemas de informação não são criados pelo puro prazer de explorar a tecnologia, mas para que uma empresa possa ser "moderna" ou possa afirmar ser uma "empresa Web 2.0". Esses sistemas não são criados porque o departamento de Sistemas da Informação acredita que eles precisam ser criados ou porque a empresa esteja "ficando para trás na curva da tecnologia".

Essa questão pode parecer tão óbvia que você deve estar se perguntando por que a citamos. Todos os dias, no entanto, alguma empresa em algum lugar está desenvolvendo um sistema de informações pelas razões erradas. Neste exato momento, em alguma parte do mundo, uma empresa acaba de decidir pela criação de um site de rede social simplesmente porque "toda empresa tem um". Essa empresa não está fazendo questionamentos como, "Qual a finalidade do site de rede social?" ou "Quais os benefícios desse site para nós?" ou ainda "Os custos do site são compensados pelos benefícios?" - mas deveria!

O mais sério ainda é que, em algum lugar, neste exato momento, um gerente de SI acaba de ser convencido pela equipe de vendas de algum fornecedor ou por um artigo publicado em alguma revista de negócios de que a sua empresa deve fazer um upgrade para o mais avançado dispositivo de alta tecnologia do mundo. O gerente de SI está tentando convencer o seu gerente de que esse dispendioso upgrade é uma boa ideia. Esperamos que alguém em algum setor da empresa pergunte, "Que meta ou objetivo de negócios será atendido pelo investimento nesse dispositivo?"

Como futuro profissional da área de negócios, você precisa aprender a ver os sistemas e as tecnologias de informação pela lente da *necessidade da empresa*. Aprenda a perguntar, "Toda essa tecnologia, em si e por si só, pode ser ótima, mas quais os seus benefícios para nós? De que ela servirá para os nossos objetivos empresariais e particulares?"

Repito, SIG é o desenvolvimento e uso de sistemas de informação para ajudar as empresas a alcançar suas metas e objetivos. O leitor já deve ter percebido que este curso não se limita a ensinar como comprar um computador, criar um programa ou trabalhar com uma planilha eletrônica.

Q4. Por que a diferença entre tecnologia da informação e Sistemas de Informação é importante para você?

Tecnologia da informação e os sistemas de informação são termos intimamente relacionados, porém diferentes. A **tecnologia da informação (TI)** se refere a produtos, métodos, invenções e normas utilizados com a finalidade de produzir informação. A TI está associada aos componentes de hardware, software e dados. Conforme afirmamos na seção anterior, um *sistema de informação* é um conjunto de hardware, software, dados, procedimentos e pessoas que produz informação.

A tecnologia da informação determina o desenvolvimento de novos sistemas de informação. Os avanços na área levaram à evolução do setor de computação da época dos cartões de ponto para a era da internet, e esses avanços continuam a conduzir o setor às próximas fases e muito além.

Por que essa diferença é importante para você? Sabendo a diferença entre TI e SI, você pode evitar um erro comum: Não tente comprar um SI; você simplesmente não tem como.

Você pode adquirir tecnologia da informação; pode comprar ou arrendar hardware, comprar licenças de uso de programas e bancos de dados e até mesmo adquirir procedimentos pré-elaborados. Em última análise, todavia, é o *seu* pessoal que executa tais procedimentos para empregar essa nova TI.

Para qualquer novo sistema, sempre haverá tarefas (e custos) de treinamento e necessidade de vencer a resistência dos funcionários às mudanças e de gerenciá-los durante a utilização do novo sistema. Portanto, você pode comprar TI, mas não SI.

Vejamos um exemplo simples. Suponhamos que a sua empresa resolva criar uma página no Facebook. O Facebook fornece o hardware e os programas, as estruturas de banco de dados e os procedimentos-padrão. Entretanto, você fornece os dados necessários para preencher o seu espaço no banco de dados do Facebook, devendo ampliar os procedimentos-padrão do Facebook com os seus próprios procedimentos de modo a manter esses dados atualizados. Esses procedimentos precisam oferecer, por exemplo, um meio de revisar regularmente o conteúdo da sua página e de remover conteúdo considerado impróprio. Além disso, você precisa treinar os funcionários sobre como seguir esses procedimentos e gerenciá-los para ter certeza de que eles os estão seguindo.

O gerenciamento da sua própria página no Facebook é o tipo de SI mais simples que existe. Sistemas de informação maiores e mais abrangentes que envolvem muitos departamentos, até mesmo dezenas, e milhares de funcionários exigem um trabalho considerável. Volto a repetir, você pode comprar TI, mas nunca SI!

Q5. Qual a sua função na segurança dos Sistemas de Informação?

Como você já sabe, os sistemas de informação produzem valor. Entretanto, eles também produzem risco. Por exemplo, a Amazon.com armazena os dados dos cartões de crédito de milhões de clientes e tem a responsabilidade de proteger esses dados. Se o sistema de segurança da Amazon.com fosse violado e esses dados fossem roubados, a empresa sofreria sérias perdas – não apenas de clientes, mas possivelmente terríveis perdas envolvendo responsabilidade. Devido à importância da segurança da informação, trataremos do assunto ao longo de todo este livro. Além disso, o Capítulo 12 é inteiramente dedicado à segurança.

Todavia, você tem uma função demasiadamente importante na segurança para que possamos esperar até que você leia esse capítulo. Como todo sistema de informação, os sistemas de segurança possuem os cinco componentes, inclusive as pessoas. Consequentemente, todo sistema de segurança, em última análise, depende do comportamento de seus usuários. Se os usuários não levarem a segurança a sério e seguirem os procedimentos de segurança, os componentes de hardware, software e dados do sistema de segurança representam uma despesa jogada fora. Portanto, antes de prosseguir, veremos como você deve criar e utilizar uma senha forte, um componente essencial da segurança dos computadores.

Quase todo sistema de segurança utiliza o método de nome e senha do usuário. Como usuário de sistemas de informação em uma empresa, você será instruído a criar uma senha forte e protegê-la. É de vital importância que você faça isso. (De acordo com um artigo recentemente publicado no *New York Times*,[5] 20% das pessoas utilizam senhas fáceis de adivinhar, como 12345. Não faça parte desses 20%.)

1.6 *Senhas fortes*

E o que é e como se cria uma senha forte? A Microsoft, uma empresa com muitas razões para promover uma segurança eficaz, define como **senha forte** aquela com as seguintes características:

5. VANCE, Ashley. If your password is 123456, just make it hackme. *New York Times*, p. A1, 21 jan. 2010. Disponível em: ‹www.nytimes.com/2010/01/21/technology/21password.html?hp›. Acesso em: 28 jun. 2012.

- formada por sete ou mais caracteres;
- não contém o seu nome do usuário, o seu nome real ou o nome da empresa;
- não contém palavra completa encontrada no dicionário em qualquer idioma;
- é diferente das senhas anteriores que você já utilizou;
- contém letras maiúsculas e minúsculas, números e caracteres especiais (como ~!@; #$%; &; *()_+; -=; {}|[]\:"; '<; >; ?,./).

Exemplos de boas senhas são:

- Qw37^T1bb?at;
- 3B47qq<3>5!7b.

O problema com esse tipo de senha é que é praticamente impossível lembrá-las. E a última coisa que você quer é ter de anotar a sua senha em um pedaço de papel e mantê-la perto da sua estação de trabalho. Nunca faça isso!

Uma das técnicas para a criação de senhas fortes memorizáveis é usar como base a primeira letra das palavras em uma frase. A frase poderia ser o título de uma canção ou a primeira linha de um poema, ou então uma frase baseada em algum fato da sua vida. Por exemplo, você poderia pegar a frase, "Eu nasci em Rome, Nova York, antes de 1990". Utilizando as primeiras letras dessa frase e substituindo a palavra "antes" pelo caracter "<", você cria a senha *EneR,NY<1990*. Essa é uma senha aceitável, mas seria melhor se os números não fossem todos colocados no final. Desse modo, você poderia tentar a frase, "Eu nasci às 03h00 em Rome, Nova York". Isso gera a senha Ena3h00eR,NY, o que é uma senha forte e fácil de lembrar.

1.7 *Etiqueta de proteção de senhas*

Depois de criar uma senha forte, você precisa protegê-la adotando uma conduta correta. A etiqueta adequada de proteção de senhas é uma das características de um profissional da área de negócios. Nunca anote a sua senha em um pedaço de papel nem a compartilhe com outras pessoas. Nunca peça a senha dos outros e nunca forneça a sua senha a ninguém.

E se você precisar da senha de outra pessoa? Suponhamos, por exemplo, que você peça a alguém que o ajude a resolver um problema com o seu computador. Você acessa um determinado sistema de informação e, por alguma razão, precisa digitar a senha dessa outra pessoa. Nesse caso, diga à pessoa, "Precisamos da sua senha", e, em seguida, saia da sua cadeira, ofereça-lhe o seu teclado e olhe para o outro lado enquanto ela digita a senha. Entre profissionais que trabalham em empresas que levam a segurança a sério, essa pequena "troca de lugares" - uma pessoa se afasta para que a outra possa digitar uma senha - é comum e normalmente aceita.

Se alguém lhe pedir a sua senha, não a forneça. Nesse caso, levante-se, vá até a máquina dessa pessoa e digite você mesmo a sua senha. Não se afaste enquanto a sua senha estiver sendo usada e não deixe de sair da sua conta ao final da atividade. Ninguém deverá se importar ou se sentir ofendido com essa sua atitude. Essa é a marca de um profissional.

É tarde demais para Jennifer, pelo menos na **Flex-Time**. Entretanto, não é tarde demais para você, e nem para Jennifer em seu próximo emprego. Portanto, quais os ensinamentos extraídos deste capítulo?

Primeiro, aprenda as quatro habilidades básicas de Reich: pensamento abstrato, pensamento sistêmico, experimentação e colaboração. E pratique-as muito. Enquanto estiver estudando e fazendo as tarefas, pergunte-se de que maneira a sua atividade está relacionada a essas quatro habilidades e esforce-se para melhorar a sua proficiência em cada uma delas.

Segundo, tenha em mente que o futuro pertence aos homens e mulheres de negócios capazes de imaginar de forma criativa novas aplicações para os sistemas de informação e para a tecnologia da informação. Você não precisa ser um especialista em SI (embora essa seja uma especialidade muito boa com excelentes perspectivas no mercado de trabalho), mas deve ser capaz de inovar o uso dos SIG na disciplina de sua especialidade. De que maneira os departamentos administrativo, de marketing, contábil, de produção e assim por diante podem aproveitar os benefícios da Lei de Moore?

Depois, aprenda os componentes de um SI e entenda que todo profissional da área de negócios precisa assumir um papel ativo no desenvolvimento de novos sistemas de informação. Esses sistemas são criados para as suas necessidades e exigem a sua participação. Saiba a diferença entre TI e SI. E por fim, aprenda, imediatamente, como criar uma senha forte e comece a utilizar esse tipo de senha e a etiqueta correta de proteção de senhas.

Estamos apenas começando. Ainda há muito por vir que poderá beneficiar Jennifer (em seu próximo emprego) e você!

O Guia das próximas páginas compartilha a minha opinião pessoal sobre a razão pela qual você deve superar quaisquer noções preconcebidas negativas a respeito deste curso.

GUIA ÉTICO: Uso de informação direcionada erroneamente

Consideremos as seguintes situações:

Situação A: Suponhamos que você esteja comprando um apartamento e saiba que pelo menos outro interessado está concorrendo com você. Enquanto se esforça para encontrar a sua melhor estratégia, você para em uma loja do Starbucks. Enquanto saboreia o seu café com leite, você entreouve uma conversa na mesa ao lado. As três pessoas estão falando tão alto que é difícil ignorá-las, e você logo percebe que se trata do corretor de imóveis e do casal que está disputando o apartamento que você quer. Eles estão preparando a proposta que pretendem apresentar. Você deve ouvir a conversa deles? Caso o faça, você usa em proveito próprio as informações que ouviu?

Situação B: Consideremos a mesma situação por outra perspectiva. Em vez de entreouvir a conversa, suponhamos que você receba essas mesmas informações por e-mail. Imagine que um assistente administrativo no escritório do corretor confunda você com o outro cliente e, por engano, lhe envie os termos da proposta do outro cliente. Você lê esse e-mail? Caso o faça, você usa em proveito próprio as informações que leu?

Situação C: Suponhamos que você venda programas de computador. Em meio a uma negociação de preço sigilosa, o seu cliente acidentalmente lhe envia um e-mail interno contendo o valor máximo que o cliente pode pagar pelo seu software. Você lê esse e-mail? Você usa essa informação para conduzir a sua estratégia de negociação? O que você faz se o seu cliente descobrir que o e-mail pode ter chegado a você e perguntar, "Você leu o meu e-mail?" O que você responde?

Situação D: Suponhamos que um amigo lhe envie por engano um e-mail contendo dados médicos pessoais confidenciais. Imaginemos ainda que você leia o e-mail antes de saber o que está lendo e se sinta constrangido por tomar conhecimento de algo muito pessoal que, na verdade, não é da sua conta. O seu amigo lhe pergunta, "Você leu esse e-mail?". O que você responde?

Situação E: Por fim, suponhamos que você trabalhe como administrador de redes e a sua função lhe permita acesso irrestrito às listas de endereços eletrônicos da sua empresa. Imaginemos que você tenha a habilidade de inserir o seu e-mail em qualquer lista de endereços da empresa sem que ninguém saiba. Você insere o seu e-mail em várias listas e, consequentemente, começa a receber e-mails confidenciais que não deveria ver. Um desses e-mails revela que o departamento do seu melhor amigo está prestes a ser extinto e todos os seus funcionários, demitidos. Você previne o seu amigo?

Questões para discussão

1. Considere as perguntas das situações A e B. As suas respostas diferem? O meio pelo qual a informação é obtida faz diferença? É mais fácil evitar ler um e-mail do que evitar ouvir uma conversa? Nesse caso, essa diferença é importante?
2. Considere as perguntas das situações B e C. As suas respostas diferem? Na situação B, a informação é para seu proveito pessoal; na C, a informação é tanto para seu proveito pessoal quanto para proveito da empresa. Essa diferença é importante? O que você responde quando lhe perguntam se você leu o e-mail?
3. Considere as perguntas das situações C e D. As suas respostas diferem? Você mentiria em um caso e não no outro? Por que sim ou por que não?
4. Considere a pergunta da situação E. Qual a diferença essencial entre as situações A a D e a situação E? Suponhamos que você justifique o seu comportamento na situação E. O que você alegaria? Você acredita no seu próprio argumento?

5. Nas situações A a D, se tiver acesso à informação, você não estará fazendo nada de ilegal. Você é um destinatário passivo. Mesmo na situação E, embora, sem sombra de dúvida, violando as políticas de emprego da sua empresa, você provavelmente não violou a lei. Portanto, para os fins desta discussão, suponhamos que todas essas ações sejam lícitas.
   a. Qual a diferença entre legal e ético? Procure ambas as palavras no dicionário e explique de que maneira elas diferem.
   b. Use o argumento de que a empresa é competitiva e que, se a ação é legal, sua prática é aceitável na medida em que permite que você promova os seus objetivos.
   c. Use o argumento de que nunca é correto praticar uma ação antiética.
6. Sintetize os seus conceitos em relação à conduta correta em caso de recebimento de informação direcionada erroneamente.

REVISÃO

Utilize esta revisão para verificar o que você assimilou do conteúdo do capítulo. Você pode ler todo o capítulo e depois fazer as tarefas desta revisão, ou ler individualmente o texto de uma questão e fazer as tarefas da revisão correspondentes a essa questão antes de passar adiante.

Q1. **Por que a introdução aos SIG é a aula mais importante dos cursos da área de gestão?**
Defina a *Lei de Moore* e explique por que as suas consequências são importantes para os profissionais da área de negócios de hoje. Mostre como o profissional de negócios deve se relacionar com a tecnologia da informação emergente. Cite a definição de *segurança no emprego* fornecida no texto e utilize a lista de Reich para explicar como você pode obter essa segurança com o auxílio deste curso.

Q2. **O que é um sistema de informação?**
Cite os componentes de um sistema de informação. Explique de que maneira o conhecimento desses componentes serve de orientação para os profissionais da área de negócios (não apenas os técnicos) na construção de sistemas de informação.

Q3. **O que é SIG?**
Cite os três elementos dos SIG. Por que um profissional de negócios não especializado na área técnica precisa conhecer os três? Por que se desenvolvem sistemas de informação?

Q4. **Por que a diferença entre tecnologia da informação e sistemas de informação é importante para você?**
Defina SI. Defina TI. O SI está contido na TI ou a TI está contida no SI? Por que a tecnologia por si só não constitui um sistema de informação?

Q5. **Qual a sua função na segurança dos Sistemas de Informação?**
Sintetize a importância da segurança para empresas como a Amazon.com. Defina o conceito de *senha forte*. Explique um método fácil de criar e lembrar uma senha forte. Em que circunstâncias você deve fornecer a sua senha a outra pessoa?

UTILIZE SEUS CONHECIMENTOS

1. Você concorda que esta é a disciplina mais importante dos cursos da área de gestão? A contabilidade não é mais importante? Nenhuma empresa pode existir sem a contabilidade. Ou, a administração não é mais importante? Afinal, se você pode gerenciar pessoas, por que saber inovar com a tecnologia? Você pode contratar profissionais que pensem de forma inovadora por você.

   Por outro lado, qual o fator que produz mais impacto em toda empresa do que os SI? E os conhecimentos e a proficiência no domínio dos SI e da TI não são fundamentais para um emprego e o sucesso futuros?

   Reflita sobre essas questões e elabore exposição de motivos de uma página justificando a razão pela qual você concorda ou discorda.

2. Descreva de três a cinco metas pessoais para esta aula. Nenhuma dessas metas deve envolver qualquer aspecto relacionado à sua nota. Seja o mais específico possível e personalize as metas de acordo com a sua especialidade, os seus interesses e as suas aspirações profissionais. Suponha que você vá se avaliar em relação a essas metas ao final do trimestre ou do semestre. Quanto mais específicas forem essas metas, mais fácil será a condução da avaliação.

3. Considere os custos de um sistema em função dos cinco componentes: custos de aquisição e manutenção do hardware; custos de desenvolvimento e aquisição de licenças de uso de software e respectivos custos de manutenção; custos de criação e preenchimento de bancos de dados; custos de elaboração e atualização de procedimentos; e, por fim, custos com recursos humanos para desenvolver e utilizar o sistema.
   - **a.** Durante o ciclo de vida de um sistema, muitos especialistas acreditam que o componente mais oneroso são as pessoas. Esse pensamento lhe parece lógico? Explique por que você concorda ou discorda.

b. Imagine um sistema mal desenvolvido que não atenda aos requisitos definidos. As necessidades da empresa não deixam de existir, mas também não se amoldam às características do sistema mal construído. Consequentemente, um dos lados tem que ceder. Que componente assume o ônus quando o hardware e o software não funcionam corretamente? O que isso diz sobre o custo de um sistema mal projetado? Considere tantos os custos monetários diretos quanto os custos intangíveis com pessoal.

c. Que implicações você, como futuro gerente empresarial, reconhece depois de responder os itens a e b? O que isso diz sobre a necessidade da sua participação na definição dos requisitos e em outros aspectos do processo de desenvolvimento de sistemas? Quem acaba arcando com os custos de um sistema mal desenvolvido? Esses custos se refletirão em que orçamento?

ESTUDO DE CASO 1

Getty Images gera lucro e YouTube cresce em proporções exponenciais

O Capítulo 1 afirmou que a comunicação e o armazenamento de dados praticamente gratuitos têm criado oportunidades sem precedentes para empresas altamente lucrativas. Aqui veremos duas: a Getty Images e o YouTube.

A Getty Images foi fundada em 1995 com o objetivo de consolidar o fragmentado mercado fotográfico mediante a aquisição de várias pequenas empresas, aplicando a disciplina dos negócios à entidade incorporada e desenvolvendo modernos sistemas de informação. O advento da internet direcionou a empresa para o *e-commerce* e, nesse processo, permitiu que a Getty mudasse o fluxo de trabalho e as práticas de negócios do setor de conteúdo visual profissional. De empresa estreante no mercado, a Getty Images cresceu e, em 2004, com um faturamento de mais de US$ 600 milhões, já figurava como uma empresa global de capital aberto muito lucrativa. Em 2007, a receita da Getty já ultrapassava a marca dos US$ 880 milhões. Não há informações financeiras mais recentes disponíveis porque, em julho de 2008, a Getty foi comprada pela empresa de private equity Hellman & Friedman, LLC por US$ 2,4 bilhões.

Possuidora do maior arquivo privado de imagens do mundo, a Getty Images obtém suas imagens (fotografia, vídeo e áudio) junto a fotógrafos e outros artistas. Além disso, a empresa emprega fotógrafos para produzir imagens dos eventos de notícias, esportes e entretenimento do mundo. No caso de fotografia e filme de terceiros, a empresa oferece ao proprietário do conteúdo uma participação na receita gerada. A Getty produz e distribui imagens, e todos os seus produtos são vendidos pela internet.

A Getty Images adota três modelos de licenciamento: o primeiro é a *assinatura*, através da qual os clientes firmam um contrato para usar quantas imagens quiserem, quantas vezes desejarem (isso vale para imagens de notícias, esportes e entretenimento). O segundo modelo é a *isenção de royalties*. Nesse modelo, os clientes pagam uma taxa com base no tamanho do arquivo de imagem e podem usar a imagem como bem entenderem e quantas vezes quiserem. Entretanto, nesse modelo, os clientes não têm nenhuma exclusividade ou capacidade de impedir que o concorrente use simultaneamente a mesma imagem.

O terceiro modelo, *direitos controlados*, também licencia imagens criativas. Nesse modelo, que é o maior em termos de receita, os usuários pagam taxas de acordo com os direitos que desejam utilizar – tamanho, setor, geografia, relevância, frequência, exclusividade e assim por diante.

De acordo com o seu site:

> A Getty Images desfruta o crédito de ter lançado o modelo da fotografia isenta de *royalties* e de ter sido a primeira empresa a licenciar imagens via internet, mobilizando posteriormente todo o setor on-line. A empresa foi também a primeira a empregar pesquisadores criativos com o intuito de prever as necessidades de conteúdo visual dos comunicadores do mundo.
>
> *Fonte*: Disponível em: http://corporate.gettyimages.com. Acesso em: 10 ago. 2012.

Como a Getty Images licencia fotos em formato digital, o seu custo variável de produção é essencialmente zero. Depois que a empresa obtém uma foto e a coloca no banco de dados do servidor de comércio eletrônico, o custo para enviá-la ao cliente é zero. A empresa tem os custos administrativos de montagem e operação do site de *e-commerce* e paga alguns custos por suas imagens – ou o custo de contratação do fotógrafo ou o custo de construção e manutenção do relacionamento com fotógrafos externos. Existem algumas imagens pelas quais a empresa paga também royalties ao proprietário. Depois que esses custos são pagos, no entanto, o custo de produção de uma foto é zero. Isso significa que a lucratividade da Getty Images aumenta substancialmente com o aumento de volume.

Por que a Hellman & Friedman comprou a Getty Images? De acordo com o seu site, a Hellman & Friedman "tem por objetivo investir em empresas detentoras de direitos sólidos e defensáveis com crescimento previsível de receita e lucro, e que gerem altos níveis de fluxo de caixa livre ou um atraente retorno sobre o capital reinvestido na empresa". Com um custo de produção quase zero, é provável que a Getty Images, de fato, gere altos níveis de fluxo de caixa livre.

No momento em que a Getty Images chegava ao ápice como empresa de capital aberto, outra equipe de empresários encontrou uma maneira diferente de aproveitar a comunicação e o armazenamento de dados praticamente gratuitos. No dia 15 de fevereiro de 2005, Chad Hurley, Steve Chen e Jawed Karim registraram o domínio "YouTube" e, em 23 de abril, postaram seu primeiro vídeo. Em novembro de 2005, o YouTube tinha 200 mil usuários cadastrados e exibia 2 milhões de vídeos por dia. Em nove meses, o YouTube passara de zero para 200 mil usuários.

Em janeiro de 2006, o YouTube estava exibindo 25 milhões de vídeos por dia. Em maio de 2006, o site estava exibindo 43% de todos os vídeos assistidos via internet. Em julho de 2006, os usuários estavam assistindo a 100 milhões de vídeos e postando 65 mil novos vídeos por dia. O YouTube tinha um total de trinta funcionários. Pense nisso: trinta funcionários atendendo a 100 milhões de vídeos por dia. Isso equivale a 3,33 milhões de vídeos *por funcionário*, tudo realizado em apenas um um ano.

Esse sucesso fenomenal culminou com a aquisição de 1,65 bilhões de dólares do YouTube pelo Google em outubro de 2006. Em apenas vinte meses, os fundadores do YouTube haviam transformado uma ideia em 1,65 bilhão de dólares. Isso equivale a uma taxa de rendimento de US$ 2.750,000 por dia.

Qual a finalidade desses exemplos? Mostrar que as oportunidades estavam aí em 1995, em 2005, e continuam aí hoje. Embora você possa achar pouco provável que você também alcance todo esse sucesso, pense no seguinte: Como você pode utilizar a comunicação e o armazenamento de dados praticamente gratuitos na sua empresa? Ou, em uma entrevista de emprego, como você poderia sugerir que o seu possível empregador utilize tais recursos?

Fontes: ‹www.gettyimages.com›, acesso em dez. de 2004, maio de 2007 e jun. de 2009; ‹www.hf.com›, acesso em jun. de 2009; e ‹www.youtube.com/watch?v=x2NQiVcdZRY›, acesso em jun. de 2009.

Questões

1. Acesse www.gettyimages.com.br e selecione "Images/Creative/Search royalty-free (RF)". Busque uma imagem de uma importante cidade de seu interesse. Selecione uma foto e indique o seu preço predeterminado. Siga o link no nome do fotógrafo para procurar outras imagens de autoria desse fotógrafo.
2. Explique como o modelo de negócios da Getty Images aproveita as oportunidades criadas pela TI conforme descrito no Capítulo 1.
3. Você acha que o custo marginal da Getty Images é sustentável? Os seus preços são sustentáveis? Qual a chave para o seu sucesso continuado?
4. Aparentemente, qual a estratégia competitiva da Getty Images?
5. Explique como o uso dos sistemas de informação pela Getty Images contribuiu para o valor da empresa.
6. De que maneira a disponibilidade da comunicação e do armazenamento de dados praticamente gratuitos facilitou o sucesso do YouTube? O YouTube teria sido possível sem esses recursos?
7. Embora o custo da comunicação e do armazenamento de dados seja muito baixo, para o volume em que o YouTube opera ainda seria uma despesa substancial. De que maneira o YouTube financia essas despesas? (Para informações que o ajudem a responder a essa pergunta, busque na internet "A história do YouTube".)
8. De que maneira o YouTube (hoje de propriedade do Google) gera receita?

Utilizando os casos da Getty Images e do YouTube como orientação, responda às seguintes perguntas:

9. Escolha uma empresa localizada na área geográfica da sua universidade. De que maneira essa instituição já está se beneficiando do baixo custo da comunicação e do armazenamento de dados?

10. Utilizando a empresa identificada na pergunta 9, identifique três formas inovadoras pelas quais a empresa poderia se beneficiar do baixo custo da comunicação e do armazenamento de dados.

11. Elabore uma explanação sobre essa importância da comunicação e do armazenamento de dados de custo quase zero que você pudesse utilizar em uma entrevista de emprego. Suponha que você deseje demonstrar que tem conhecimento do poder da tecnologia emergente e da capacidade de pensar de forma inovadora. Incorpore o exemplo usado na sua resposta às perguntas 9 e 10.

CAPÍTULO 2

Processos de negócios, informação e sistemas de informação

Isto poderia acontecer com você

- Não, Félix, outra vez, não! É um tal de repetir, repetir, repetir! Nós decidimos algo em uma reunião, repassamos o assunto na reunião seguinte e depois ainda repetimos tudo novamente na reunião posterior. Que desperdício!

- Como assim, Tara? Eu acho importante esclarecer isso.

- Bem, Félix, se esse é o caso, por que você não vem para as reuniões?

- Eu perdi apenas duas.

- Exato. Na semana passada, nós nos reunimos durante 2, talvez 3 horas e decidimos procurar formas de reduzir custos sem mudar a nossa identidade como academia.

- Mas, Tara, se conseguíssemos aumentar a receita, não precisaríamos reduzir custos. Tenho uma ótima ideia: Moda esportiva! Os nossos clientes adoram comprar!

- Félix, na semana passada, discutimos o aumento de receita e chegamos à conclusão de que era algo arriscado demais... não veríamos resultados em tempo hábil. Além disso, não foi isso que a Kelly pediu que fizéssemos.

- Veja bem, Tara, a Kelly só quer que a academia seja lucrativa. As vendas estão fracas e os custos, lá em cima. Eu lhe garanto que você poderia vender uma tonelada desses artigos! Moda esportiva!

Questões de estudo

Q1. Por que a equipe da FlexTime precisa conhecer os processos de negócios?
Q2. O que é um processo de negócios?
Q3. De que maneira os sistemas de informação servem de suporte para os processos de negócios?
Q4. O que é informação?
Q5. Onde estão as informações nos processos de negócios?

– Certo. Mas como se faz isso? E qual o custo para se aumentar as vendas? Qual é, Félix? Você está querendo me enlouquecer. Nós discutimos exaustivamente as opções de receita na semana passada. Vamos avançar com isso. Por que alguns de vocês não me ajudam? Jan, o que você acha?

– Félix, a Tara tem razão. Nós tivemos uma longa discussão sobre oportunidades de vendas e concordamos em nos concentrar na contenção de despesas.

– Bem, Jan, eu acho isso um erro. Por que ninguém me disse nada? Eu dediquei muito tempo desenvolvendo o meu plano de vendas de moda esportiva.

– Você leu o e-mail? – Jan pergunta com hesitação.

– Que e-mail?

– O e-mail com o resumo da reunião que Jan envia toda semana.

– Eu recebi o e-mail mas não consegui baixar o anexo. Algo estranho sobre uma verificação de vírus não conseguiu acessar um dispositivo ou coisa parecida...

Tara não aceita a desculpa.

– Aqui está, Félix, veja o meu. Para que você possa ver, eu vou sublinhar a parte em que decidimos que iríamos nos concentrar nas vendas.

– Tara, não há razão para você se irritar com isso. Eu pensei ter tido uma boa ideia.

– O.K., então estamos de acordo – *novamente esta semana* – que iremos procurar formas de reduzir custos. Agora já perdemos muito tempo tratando de assuntos velhos. Passemos a algo de novo.

Félix volta a se sentar, baixa os olhos e olha para o seu celular.

– Ah, não! Perdi uma ligação do Marques. Ahhhh...

– Félix, do que você está falando?

– Do Marques, o meu melhor cliente. Ele quer mudar o horário do treino dele que está marcado para hoje à tarde. Desculpem, tenho que ligar para ele. Volto já.

Félix sai da sala.

Tara olha para os três membros da equipe que ficaram.

– E agora? – ela pergunta. – Se prosseguirmos, teremos que repetir tudo quando o Félix voltar. Talvez pudéssemos fazer uma pausa.

Jan balança a cabeça, discordando.

– Não, Tara. É difícil eu conseguir vir a estas reuniões. Hoje eu só tenho aula à noite e vim até aqui só para isto. Eu tenho que ir buscar a Simone na creche e nós ainda não fizemos nada. Vamos simplesmente ignorar o Félix.

– Tudo bem, Jan, mas não é fácil ignorá-lo.

A porta se abre e Kelly, a coproprietária da FlexTime, entra.

– Olá, pessoal! Como estão as coisas por aqui? Tudo bem se eu me sentar para assistir a reunião de vocês?

“Eu recebi o e-mail mas não conseguir abrir o anexo.”

Q1. Por que a equipe da FlexTime precisa conhecer os processos de negócios?

Tara, Jan, Félix e o restante da equipe da FlexTime precisam conhecer os processos de negócios e, o que é mais importante, precisam saber como melhorar esses processos. A julgar pela frustração e revolta deles nessa reunião, eles precisam de um processo colaborativo mais eficaz, inclusive de um método mais eficiente de estabelecimento de regras básicas para a equipe, como definição dos objetivos da equipe e datas de reuniões. Eles precisam também de melhores processos de compartilhamento do produto do trabalho realizado. Você pode aprender sobre processos colaborativos e o papel dos sistemas de informação para a colaboração nos capítulos de extensão 1 e 2.

Igualmente importante, para realizar a tarefa que lhe foi designada, essa equipe precisa conhecer os processos de negócios da FlexTime. Kelly pediu à equipe que procurasse formas inovadoras de reduzir custos sem que a FlexTime perdesse a sua identidade como empresa. Diante dessa questão, Felix recorre a uma abordagem de iniciante. Ele não tem a menor ideia de como reduzir custos e propõe uma ideia maluca para aumentar as vendas. Tara o corrige.

Mas como essa equipe saberá onde e como reduzir custos? Uma das melhores maneiras de fazer isso é estudando os processos de negócios da empresa e procurando as deficiências. Por exemplo, a FlexTime possui processos para a contratação e demissão de instrutores. Algum desses processos pode ser simplificado? As tarefas podem ser reordenadas ou reorganizadas de modo a eliminar tarefas e reduzir a carga horária de trabalho?

E, por fim, a FlexTime tem como reduzir os custos de processo com o uso da tecnologia da informação? Examinaremos essa possibilidade mais adiante neste capítulo e outros exemplos semelhantes ao longo deste texto.

Em todas as reuniões, é importante demonstrar compreensão. O Guia ético deste capítulo trata da diferença entre egocentrismo e compreensão.

Q2. O que é um processo de negócios?

Um **processo de negócios** é uma rede de atividades, funções, recursos, repositórios e fluxos de dados que interagem para executar uma função de negócios. Nesta questão, definiremos e ilustraremos cada um desses termos. Começamos com exemplos de processos de negócios.

A Figura 2.1 mostra a relação entre três importantes processos de negócios da FlexTime: Solicitação de Inscrições, Programação de Turmas e Cadastro de Participantes. Observe que cada um desses processos requer algum tipo de recebimento de dados/informações e produz algum tipo de resultado. A Solicitação de Inscrições, por exemplo, recebe Possíveis Clientes como entrada de dados e produz Associados como resultado. Por esse diagrama não dá para dizer, mas supomos que o processo de Solicitação de Inscrições adote algum tipo de procedimento para receber o pagamento dos possíveis clientes e inseri-los na ficha de Controle de Associados.

Esses processos de negócios são coincidentes. O processo de Cadastro de Participantes utiliza a ficha de Controle de Associados produzida pelo processo de Solicitação de Inscrições e a escala de aulas e instrutores produzida pelo processo de Programação de Turmas.

Toda empresa, inclusive a FlexTime, possui dezenas de processos. A FlexTime possui um processo de contratação de novos instrutores; um processo de demissão de instrutores; um processo de desligamento de clientes; e um processo de pagamento de instrutores, fornecedores, tributos e assim por diante. Você pode reproduzir o modelo de qualquer empresa como um complexo labirinto de processos de negócios interagentes.

2.1 *Processo de Cadastro de Participantes da FlexTime*

A Figura 2.2 mostra o processo de Cadastro de Participantes de forma mais detalhada. O processo tem início quando um associado faz uma Solicitação de Turma. A Recepção verifica a situação da inscrição dessa pessoa na ficha de Controle de Associados e, se a inscrição estiver válida, prossegue com o procedimento de Verificação de Disponibilidade de Turma. Se a situação do associado for inválida, a Recepção abre um Pedido de Inscrição que é inserido no respectivo processo de Solicitação de Inscrição.

Na atividade de Verificação de Disponibilidade de Turma, a recepção acessa a Lista de Integrantes das turmas para determinar se a turma está lotada. Se não estiver, a Recepção inscreve o cliente na atividade de Ingresso de Associado na Turma e, nessa atividade, atualiza a Lista de Integrantes das turmas. Se a turma não estiver disponível, a Recepção notifica alguém no processo de Programação de Turmas sobre a necessidade de abertura de mais vagas.

FIGURA 2.1 Três processos de negócios da FlexTime

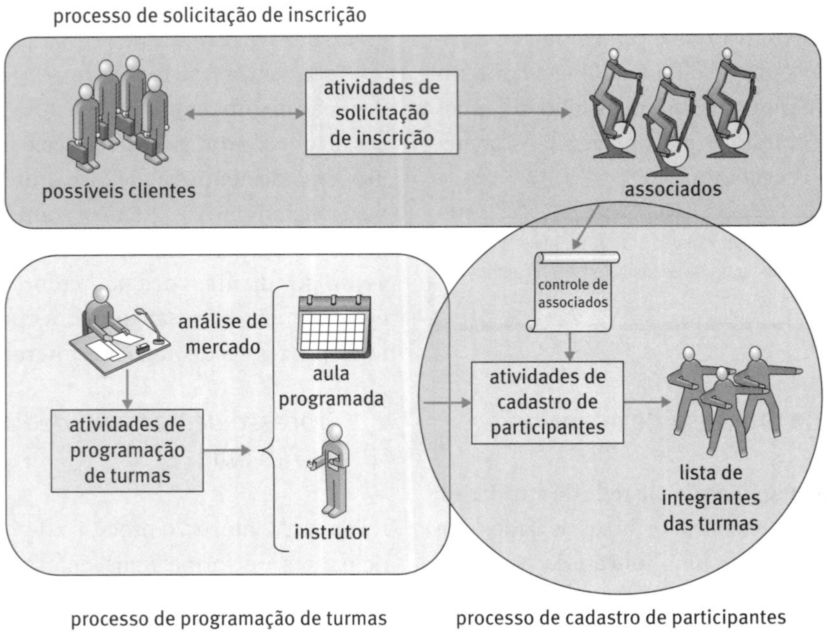

2.2 *Componentes de um processo de negócios*

Consideremos cada um dos elementos da Figura 2.2: atividades, decisões, funções, recursos, repositório e fluxo de dados. As **atividades** são grupos de tarefas correlatas que recebem dados/informações e processam esses fatores para produzir resultados. A atividade de Verificação de Situação de Inscrição pega os dados/informações inseridos pelas atividades de Solicitação de Turma e Controle de Associados, processa essas entradas para determinar se a pessoa que fez a solicitação é um associado válido, e produz um dos dois resultados possíveis, dependendo do que for decidido. As atividades podem ser manuais (pessoas seguindo procedimentos), automatizadas (hardware dirigido por software) ou uma combinação das duas modalidades. As atividades são mostradas nos retângulos dentro da figura.

Uma **decisão** é uma questão que pode ser respondida com "Sim" ou "Não". As decisões geram pontos de ramificação dentro do fluxo de um processo de negócios. Se a pessoa for um associado, o processo de inscrição prossegue. Caso contrário, é aberto um Pedido de Inscrição. As decisões são mostradas nos diamantes dentro da figura.

As **funções** são conjuntos de procedimentos. O processo ilustrado na Figura 2.2 envolve apenas uma função, isto é, a Recepção. Essa função inclui os procedimentos necessários para a execução das atividades deste processo, além de outros prováveis procedimentos. A Recepção pode, por exemplo, cuidar da designação e do uso dos armários e suas respectivas chaves (não mostrado aqui). As funções são mostradas nos ovais localizados acima ou abaixo das atividades dentro da figura. Embora o processo ilustrado na Figura 2.2 envolva apenas uma função, a Recepção, essa é uma situação atípica. A maioria dos processos de negócios envolve várias funções. Devemos também fazer a distinção entre as funções e as pessoas que desempenham essas funções. Em épocas de pouco movimento, a FlexTime mantém apenas uma pessoa, trabalhando em tempo integral ou em regime de meio expediente, na função de Recepção. Durante os períodos de grande movimento, quatro ou cinco pessoas preenchem essa função.

Figura 2.2 Processo de cadastro de participantes

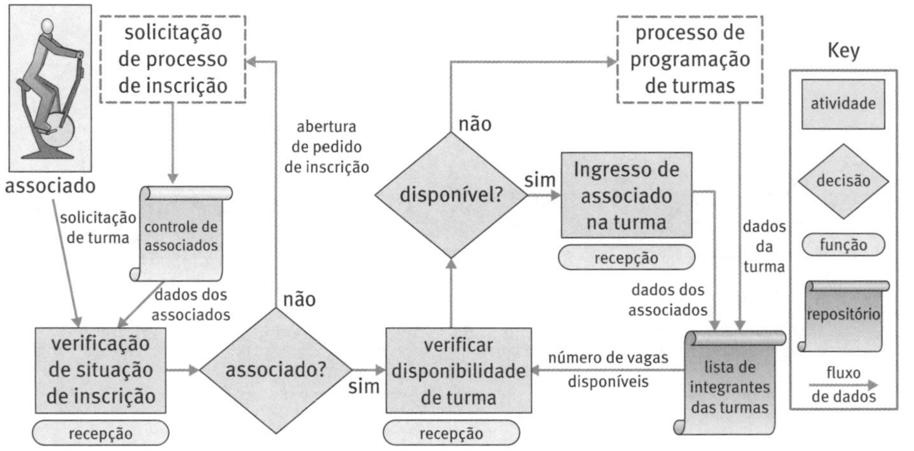

Os **recursos** são as pessoas, as instalações ou os programas de computador designados para o desempenho das funções. Uma das maneiras de melhorar o desempenho de um processo de negócios é alocando recursos para as funções. Por exemplo, a FlexTime pode alocar mais pessoas para a função de Recepção. Uma das maneiras de reduzir custos é reduzindo o número de pessoas que preenchem uma função. Para reduzir custos, a equipe da FlexTime pode recomendar exatamente esse tipo de redução. Outra forma de reduzir custos é através da substituição dos recursos humanos por recursos baseados em computador, como você verá.

Um **repositório** é um conjunto de registros de atividades da empresa. Um repositório pode ser uma caixa de papelão, um bloco de anotações, uma lista, uma planilha de Excel, um banco de dados ou até mesmo um conjunto desses bancos. Os repositórios contêm a memória coletiva da empresa. Um importante aspecto a ser considerado quando se cria um sistema de informação é a determinação do número de repositórios que devem existir ou, equivalentemente, o volume de dados que deve ser armazenado em determinados repositórios. No processo da Figura 2.2, por exemplo, as listas de Controle de Associados e Integrantes das Turmas devem existir no mesmo repositório ou em repositórios separados? Na figura, os repositórios são mostrados em forma de rolos de pergaminho.

Releia a introdução à FlexTime. Neil percebeu que a empresa precisava de ajuda quando viu os registros de controle armazenados em caixas de papelão (o repositório). Esse fato em si não era o grande problema (embora envolva custos de oportunidade, como você verá na Questão 5). O grande problema era a longa fila de clientes aguardando enquanto os recepcionistas procuravam as fichas dentro das caixas de papelão.

Por fim, os processos de negócios incluem fluxos de dados. Um **fluxo de dados** é o movimento de um dado de uma atividade para outra ou para um repositório. Os dados podem ser um item simples como um Número do Associado ou um documento complexo como um Histórico do Associado. Examinaremos a relação entre dados e informações na Questão 5 (Q5). Os fluxos de dados aparecem na figura em forma de setas de direção com o nome dos dados.

Q3. De que maneira os sistemas de informação servem de suporte para os processos de negócios?

Os sistemas de informação prestam suporte aos processos de negócios implementando atividades,

FIGURA 2.3 Características dos cinco componentes

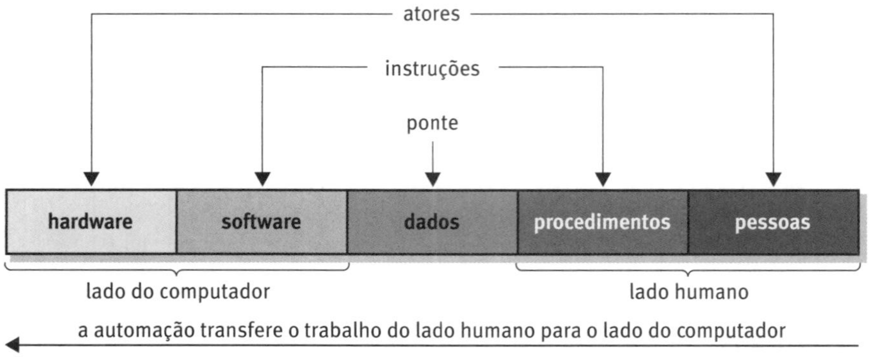

servindo como repositórios de dados e controlando o fluxo de dados. Para compreender essas afirmativas, considere os cinco componentes de um sistema de informação. Na Figura 2.3, observe a simetria dos componentes. Os componentes localizados nas extremidades, hardware e pessoas, são *atores* porque têm capacidade de ação. O software e os procedimentos, por sua vez, são conjuntos de *instruções*. O software fornece instruções para o hardware e os procedimentos fornecem instruções para as pessoas. Por fim, os dados representam a ponte entre o lado do computador, à esquerda, e o lado humano, à direita.

Quando uma atividade de processo de negócios é automatizada, o trabalho até então realizado por pessoas que seguiam procedimentos é transferido para computadores que executam o trabalho seguindo instruções fornecidas pelo software. Portanto, a automação de uma atividade de processo consiste na transferência de trabalho do lado direito da Figura 2.3 para o lado esquerdo.

Examine a Figura 2.2 novamente. Se partirmos do princípio de que a função de Recepção é desempenhada por seres humanos, estamos falando de um processo inteiramente manual. Os dados das listas de Controle de Associados e Integrantes das Turmas estão armazenados em algum lugar, talvez em uma daquelas caixas de papelão! O fluxo de dados é determinado pelas pessoas que trabalham na Recepção. Elas anotam dados em repositórios e enviam dados para outros processos, como o processo de Solicitação de Inscrição, por exemplo, conforme mostrado na Figura 2.2.

Agora examine a Figura 2.4, que ilustra um processo automatizado. O aplicativo de Cadastro de Participantes (um programa de computador) desempenha todas as funções de Recepção mostradas na Figura 2.2. Além disso, nesse diagrama, os dados são armazenados em dois bancos de dados diferentes, que são repositórios de dados estruturados, como você verá no Capítulo 5. Por fim, o fluxo de dados no interior do processo é controlado pelo aplicativo. Observe as pequenas setas dentro do retângulo do aplicativo. O símbolo do disk drive na Figura 2.4 é uma representação padrão para um banco de dados.

A FlexTime pode fazer economia de custos implementando o sistema mostrado na Figura 2.4. A eliminação da atividade de Programação de Turmas da função Recepção significa que a FlexTime pode destinar menos recursos a essa função. Entretanto, a empresa precisa arcar com os custos de desenvolvimento e uso do sistema automatizado, de modo que a economia líquida possa ser positiva ou não.

As Figuras 2.2 e 2.4 representam os extremos do *continuum.*

A Figura 2.2 é inteiramente manual, e a 2.3, inteiramente automatizada. Claro que é possível termos sistemas que contenham tanto elementos manuais quanto autorizados. A Figura 2.5, por exemplo, mostra o processo de Cadastro de Participantes no qual a atividade de Verificação de Inscrição é manual, mas

FIGURA 2.4 Processo automatizado de cadastro de participantes

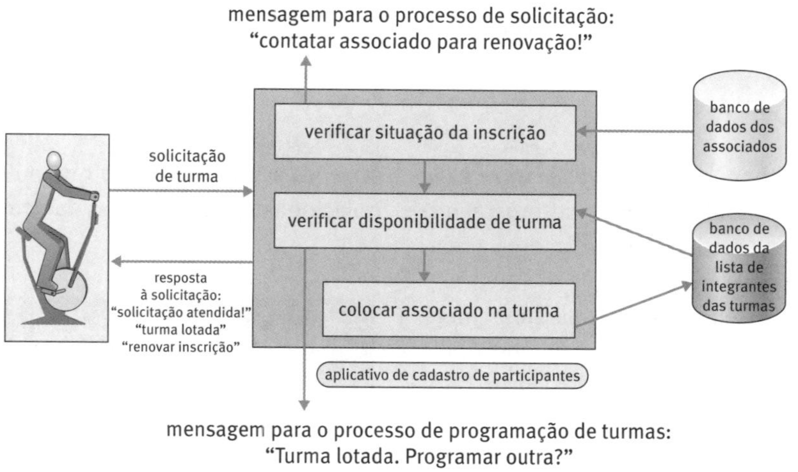

FIGURA 2.5 Processo de cadastro de participantes manual e automatizado

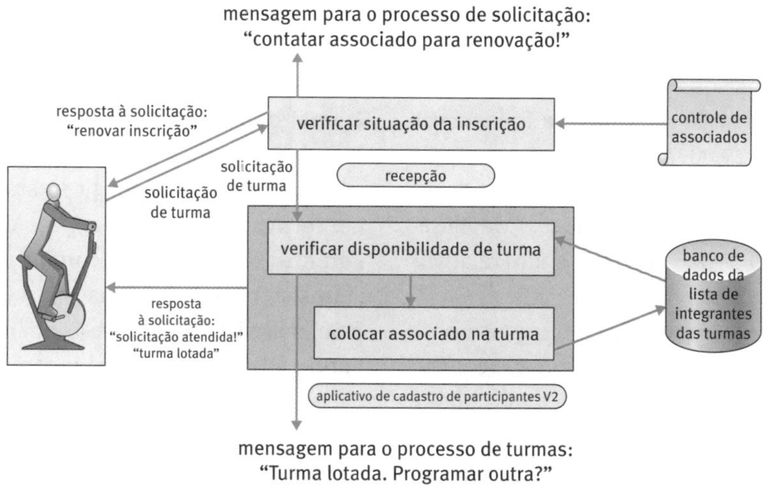

as atividades de Verificação de Disponibilidade de Turma e de Colocação de Associados nas Turmas são automatizadas.

Estudando essas alternativas, você poderá se perguntar, qual delas é a melhor? Ou, no caso da missão da equipe da FlexTime, a empresa tem como reduzir custos utilizando sistemas de informação para implementar as alternativas da Figura 2.4 ou da Figura 2.5? É possível, dependendo dos custos e dos benefícios dessas alternativas.

As empresas fazem esse tipo de pergunta todos os dias. Temos como reduzir custos ou melhorar o serviço utilizando sistemas de informação? As Figuras 2.4 e 2.5 ilustram duas possibilidades simples. Veremos dezenas de outras possibilidades à medida que avançarmos. Talvez você também possa entender por que os profissionais da área de negócios não podem deixar as respostas para essas perguntas nas mãos apenas do pessoal técnico.

Q4. O que é informação?

Até agora, utilizamos os termos *dados* e *informação* de forma um tanto isolada. Antes de prosseguirmos, é importante examinar o significado e a relação entre esses dois termos.

Informação é um daqueles termos fundamentais que utilizamos todos os dias mas que acaba sendo surpreendentemente difícil de definir. Definir *informação* é como definir palavras como *vivo* e *verdade*. Sabemos o que essas palavras significam e as utilizamos uma com a outra sem confundi-las; contudo, é difícil defini-las.

Neste texto, evitaremos as questões técnicas da definição de *informação* e utilizaremos as definições comuns e intuitivas. Provavelmente a definição mais comum seja aquela segundo a qual **informação** é *conhecimento derivado de dados*, enquanto **dados** é definido como fatos ou números registrados. Desse modo, os fatos de que o funcionário James Smith ganha $ 17,50 por hora e a funcionária Mary Jones ganha $ 25,00 são *dados*. A afirmação de que a média salarial de todos os funcionários da recepção é $ 22,37 por hora é *informação*. "Média salarial" é *conhecimento* derivado dos *dados* relativos aos salários individuais.

Outra definição comum é de que *informação são dados apresentados em um contexto significativo*. O fato de Jeff Parks ganhar $ 10,00 por hora é um dado. Porém, a afirmação de que Jeff ganha menos da metade da média salarial horária dos recepcionistas é informação. É um dado apresentado em um contexto significativo.

Outra definição de *informação* que você irá ouvir é de que *informação são dados processados*, ou, às vezes, *informação são dados processados por sintetização, ordenamento, cálculo das médias, agrupamento, comparação e outras operações similares*. A ideia fundamental dessa definição é de que fazemos algo com os dados para produzir informação.

Todas essas definições são usadas na área de negócios. Algumas são melhores do que outras para determinados fins. Examinaremos melhor a relação entre dados, informação e processos de negócios no item Q5.

2.3 *Características da boa informação*

Nem toda informação é igual. Algumas informações são melhores do que outras. A Figura 2.6 relaciona as características da boa informação.

FIGURA 2.6 Características da boa informação

- Precisa
- Oportuna
- Relevante: para o contexto e para o assunto
- Apenas o suficiente
- Vale o seu custo

2.3.1 PRECISA

Primeiro, boa informação é **informação precisa**, que é a informação baseada em dados corretos e completos e que foi processada corretamente conforme esperado. A precisão é fundamental. Os gerentes têm de poder confiar nos resultados de seus sistemas de informação. A função de SI pode ficar mal vista na empresa quando um sistema é conhecido por produzir informações imprecisas. Nesse caso, o sistema de informação passa a ser um desperdício de tempo e dinheiro à medida que os usuários passam a criar paliativos para evitar os dados imprecisos.

Diante disso, o que se conclui é que você, um futuro usuário de sistemas de informação, não deve confiar nas informações apenas porque elas aparecem no contexto de um site, de um relatório bem-formatado ou de uma pesquisa bem-elaborada. Às vezes, é difícil desconfiar de informações apresentadas em gráficos ativos e bonitos. Não se deixe enganar. Quando começar a usar um sistema de informação, desconfie. Cruze as informações que você está recebendo. Depois de semanas ou meses de uso do sistema, você poderá relaxar. Todavia, comece desconfiando.

2.3.2 Oportuna

Informação oportuna é informação produzida no momento certo para a finalidade a que se destina. Um relatório mensal que chega com seis semanas de atraso provavelmente não tem nenhuma utilidade. As informações chegam muito depois de já terem sido tomadas as decisões que necessitavam delas. Um sistema de informação que lhe diz para não conceder crédito a um cliente depois de você ter enviado a mercadoria é inútil e frustrante. Observe que a oportunidade pode ser medida em relação ao calendário (seis semanas antes) ou aos eventos (antes de enviarmos a mercadoria).

Quando você participa do desenvolvimento de um sistema de informação, a oportunidade passa a fazer parte dos requisitos solicitados. Você precisa apresentar necessidades adequadas e realistas nesse sentido. Em alguns casos, desenvolver sistemas que forneçam informações em tempo real é muito mais difícil e dispendioso do que produzir informações algumas horas mais tarde. Se você puder trabalhar com informações produzidas há algumas horas, deixe isso claro na fase de especificação de requisitos.

Vejamos um exemplo. Suponhamos que você trabalhe em marketing e precisa avaliar a eficácia de novos programas de propaganda on-line. Você quer um sistema de informação que não apenas veicule anúncios pela internet, mas que também lhe permita determinar com que frequência os clientes clicam nesses anúncios. Determinar o número de cliques em tempo quase real será muito dispendioso; salvar os dados em lote e processá-los mais tarde ficará muito mais fácil e menos oneroso. Se você puder lidar com informações produzidas há um ou dois dias, a implementação do sistema será mais simples e menos dispendiosa.

2.3.3 Relevante

Informação relevante é informação relacionada diretamente ao contexto e ao assunto a que se refere. Quanto ao contexto, se você é o presidente ou CEO (*chief executive office*) da empresa, necessita de informações sintetizadas em um nível adequado ao seu cargo. Uma lista com os salários por hora de cada funcionário da empresa provavelmente não tem nenhuma utilidade. O mais provável é que você precise de informações sobre a média salarial por departamento ou divisão. A informação deve ter relevância também para o assunto em questão. Se você quiser informações sobre as taxas de juros de curto prazo para uma possível linha de crédito, um relatório que mostre as taxas de juros para financiamentos de quinze anos é irrelevante. Da mesma forma, um relatório que enterre as informações de que você necessita em páginas e páginas de resultados também é irrelevante para os seus objetivos.

2.3.4 Apenas o suficiente

Informação apenas o suficiente é informação suficiente para a finalidade para a qual ela foi gerada e nada mais. Vivemos na era da informação e uma das decisões críticas que temos de tomar todos os dias é que informações ignorar. Quanto mais você ascende na hierarquia gerencial, mais informação recebe, e como não há tanto tempo disponível, mais informação você precisa ignorar. Portanto, a informação deve ser suficiente, mas apenas e tão somente suficiente.

2.3.5 Vale o seu custo

Informação não sai de graça. O desenvolvimento de um sistema de informação envolve custos, custos de operação e manutenção desse sistema e custos de tempo e salário para você ler e processar as informações produzidas pelo sistema. Para que a informação **valha o seu custo**, deve haver uma relação entre o custo da informação e o seu valor.

Vejamos o seguinte exemplo. Qual o valor de um relatório diário com os nomes dos ocupantes de um cemitério inteiro? Nenhum, a menos que o cemitério tenha o problema de roubo de sepulturas. O relatório não vale o tempo necessário para ser lido. É fácil ver a importância da economia da informação por esse exemplo bobo. Isso é mais difícil, no entanto, quando alguém lhe propõe um novo sistema. Você precisa estar pronto a perguntar: "Qual o valor da informação?" ou "Qual o custo?" ou ainda "Existe uma relação adequada entre valor e custo?" Os sistemas de informação deveriam ser submetidos às mesmas análises financeiras a que outros ativos estão sujeitos.

Q5. Onde estão as informações nos processos de negócios?

Se utilizar quaisquer das definições de informação fornecidas na última questão e procurar informação no processo de negócios ilustrado da Figura 2.2, você não encontrará nenhuma. Pelo menos não aparentemente. Onde estão os conhecimentos derivados dos dados? Onde está a diferença que faz a diferença? Onde os dados são apresentados em um contexto significativo? Nada disso aparece. Ao contrário, o que encontramos é um fluxo de *dados* entre as atividades.

Mas vamos examinar melhor. Na Figura 2.2, a atividade de Verificação de Situação de Inscrição lê os Dados dos Associados a partir da ficha de Controle de Associados. Nome, e-mail, endereço são simples dados para o recepcionista. Entretanto, quando essa pessoa lê a Situação do Associado (um valor que indica se a inscrição da pessoa está atualizada), ela responde de acordo com esse valor. Portanto, o recepcionista considera o valor da Situação do Associado informação; essa é uma diferença que faz a diferença. Dependendo do valor da Situação do Associado, a pessoa pode se matricular em uma turma ou não. Nesse caso, qualquer valor utilizado como base para uma decisão é um dado que induz informação.

2.4 *Repositórios de informações*

Mas essa história não para por aí. Vejamos os dados acumulados nos repositórios da Ficha de Controle de Associados e da Lista de Integrantes das Turmas. Se armazenados em caixas de papelão, como Neil logo observou na FlexTime, esses dados continuam sendo dados; não são informação. Será muito difícil alguém obter qualquer informação a partir de formulários de dados armazenados em uma caixa.

Entretanto, vejamos os bancos de dados com a Lista de Associados e Integrantes das Turmas mostrado na Figura 2.4. Eis alguns dos dados neles contidos:

- **Dados do cliente:** nome, e-mail, endereço, telefone(s), data de nascimento.
- **Dados da inscrição:** data de inscrição, tipo de inscrição, taxa paga, período de validade.
- **Dados do curso:** nome do curso, data de início, data de conclusão, instrutor, vagas disponíveis.

À medida que os dados se acumulam nesses repositórios, a quantidade de informações que podemos obter a partir deles é cada vez maior. Podemos, por exemplo, obter informações sobre o número de inscrições repetidas ou informações sobre a relação entre renovações e taxas de inscrição. Podemos determinar a popularidade relativa das aulas ministradas em diferentes horas do dia, ou o número médio de vagas disponíveis por turma, ou ainda a popularidade dos diferentes cursos e assim por diante.

Se, conforme mostrado na Figura 2.4, esses dados estiverem armazenados em um banco de dados, será bastante fácil produzir as informações que acabamos de descrever. No Capítulo 5, você verá como. Por esse exemplo, você pode ver que, embora possa não ser um problema operacional, o armazenamento de dispositivos de controle em uma caixa de papelão (ou em qualquer outro formato não computadorizado) implica custos de oportunidade em informações perdidas.

A discussão apresentada no item Q3 subentendeu que o grande benefício dos sistemas baseados em computador é a economia de mão de obra. Quando a FlexTime preenche toda a função de Recepção ou parte dela com programas de computador, a empresa economiza horas de trabalho alocadas para a função. Embora essa economia de mão de obra seja, na verdade, um benefício da automação, na maioria das vezes não se trata de uma grande economia.

Ao contrário, o grande benefício da automatização de um processo é que os dados armazenados em bancos de dados e outros repositórios podem ser prontamente acessados para produzir informação. Portanto, os dois grandes benefícios de um sistema de informação são:

- Economia de mão de obra
- Mais dados podem ser processados para produzir informação

Antes de concluir este capítulo, precisamos abordar um fato importante, porém sutil, em torno do qual estamos oscilando: dado é um estímulo; informação é uma resposta. Para entender isso, precisamos levar em consideração um processo menos estruturado do que os processos mostrados nas Figuras 2.2 a 2.4.

2.5 *Informações para processos não estruturados*

Nem todo processo é formalmente estruturado como aquele ilustrado na Figura 2.2. Vejamos, por exemplo, o processo que você utilizou para escolher a sua universidade. Você reuniu dados sobre as alternativas existentes e gerou informações para a sua decisão; você criou diferenças entre aquelas alternativas que faziam uma diferença para você. Depois, empregou algum processo para tomar a sua decisão utilizando essas informações. O seu processo não foi estrutura como aquele da Figura 2.2; foi um processo fluido que não seguiu nenhuma estrutura. Você está matriculado onde está hoje devido a essas informações - devido às diferenças que você criou - e a esse processo.

Vejamos outro exemplo de processo não estruturado. Suponhamos que você possua um sistema de informação perfeito capaz de prever o futuro. Esse tipo de sistema não existe, mas vamos supor que exista um. Agora suponhamos que no dia 14 de dezembro de 1966 o seu sistema de informação perfeito lhe diga que, no dia seguinte, Walt Disney morrerá. Digamos que você tenha que investir US$ 50.000; você pode comprar as ações da Disney ou vendê-las a descoberto (uma técnica de investimento que lhe renderá um retorno líquido se o valor das ações cair). Considerando-se o seu sistema de informação perfeito, como você investe?

Antes de continuar lendo, pense na seguinte questão. Se Walt Disney morrer no dia seguinte, o valor das ações subirá ou cairá? A maioria dos alunos supõe que as ações cairão e, por essa razão, efetua uma "venda a descoberto" com base na teoria de que a perda do fundador de uma empresa implica uma queda radical no preço de suas ações.

Na realidade, no dia seguinte à morte de Walt Disney, o valor das ações da Disney subiu substancialmente. Por quê? O mercado via Walt Disney como um artista; depois de morto, ele não mais teria como criar obras de arte. Consequentemente, o valor da arte existente aumentaria em função da escassez, enquanto o valor da empresa proprietária dessa arte, por sua vez, também aumentaria.

Agora pergunte, onde estava a informação? Os dados foram a previsão da morte de Walt Disney. A informação foi a resposta que você construiu como resultado desses dados com o objetivo de aumentar o seu patrimônio líquido. Em sentido restrito, os dados não se transformaram em informação. Ao contrário, representaram um estímulo que levou *você* a gerar informação - na sua cabeça. Portanto, podemos pesquisar, relatar e reformatar dados, mas eles continuam sendo dados. Os dados só se transformam em informação quando você ou outras pessoas na empresa os interpretam no contexto de alguma meta.

Você possuía dados perfeitos, mas utilizou esses dados para construir informações que o induziram a erro. Ainda que possua os dados perfeitos sobre o futuro, se não souber o que fazer com esses dados, você está perdendo tempo e dinheiro. A *qualidade do seu pensamento* representa uma grande parte do sistema de informação que você utiliza, especialmente para processos não estruturados.

Portanto, em um sistema de informação, os componentes do hardware e do software podem produzir dados precisos, mas a menos que o processo seja altamente estruturado, como na Figura 2.2, a qualidade da informação produzida é determinada pelas pessoas e pelos procedimentos que elas adotam para interpretar esses dados.

De que maneira os conhecimentos contidos neste capítulo são úteis para a FlexTime e para você?

Os processos de negócios oferecem uma estrutura que a equipe da FlexTime pode utilizar para investigar possíveis economias de custo. A equipe pode criar modelos de importantes processos de negócios e identificar processos que possam ser simplificados, ou processos para os quais possam ser alocados menos recursos, ou ainda processos que possam ser parcialmente ou totalmente automatizados.

Considerando a questão dos custos por uma perspectiva de processo, a equipe poderá entender como as mudanças em uma atividade (ou processo) produzirão impacto em outras atividades e processos. Esse entendimento permitirá que a equipe evite erros dispendiosos. Por fim, os processos de negócios oferecerão uma estrutura de orientação para as conversas, discussões e decisões da equipe. A equipe da FlexTime sabe também que a automação dos processos de negócios pode não apenas resultar em economia de custos, mas também disponibilizar mais informação a partir dos repositórios.

GUIA ÉTICO: Egocentrismo *versus* compreensão

De acordo com uma das definições do termo, um "problema" é uma diferença percebida entre o que é e o que deveria ser. Em se tratando de desenvolvimento de sistemas de informação, é fundamental que a equipe de desenvolvimento tenha uma definição e um entendimento comum do problema. Esse entendimento comum, no entanto, pode ser difícil de alcançar.

Os cientistas cognitivos distinguem egocentrismo de compreensão. O pensamento egocêntrico está centrado na própria pessoa. Uma pessoa envolvida em um pensamento egocêntrico considera o seu ponto de vista como "o ponto de vista real" ou "o que realmente é". Por outro lado, aqueles envolvidos em um pensamento empático consideram o seu ponto de vista como uma das possíveis interpretações da situação e se esforçam para saber o que os outros pensam.

Diferentes especialistas recomendam o pensamento empático por diferentes razões. Os líderes religiosos dizem que esse tipo de pensamento é moralmente superior; os psicólogos dizem que o pensamento baseado na compreensão leva a relacionamentos mais ricos e gratificantes. No mundo dos negócios, esse tipo de pensamento é recomendável por ser considerado uma tática inteligente. Um negócio é um esforço social, e aqueles capazes de compreender os pontos de vida dos outros sempre são mais eficazes. Mesmo que não concorde com as opiniões alheias, compreendendo seus pontos de vista, você terá muito mais condições de trabalhar com eles.

Vejamos o seguinte exemplo. Suponhamos que você diga ao seu professor de SIG:

– Professor Jones, eu não pude vir à aula na segunda-feira passada. Fizemos algo de importante?

Essa explicação é um belo exemplo de pensamento egocêntrico. Não leva em consideração o ponto de vista do seu professor e subentende que ele não falou nada importante. Como professor, dá vontade de dizer:

– Não, ao notar que você não estava aí, eu exclui todo o conteúdo importante da aula.

Para se engajar em um pensamento empático, considere essa situação pela perspectiva do professor. Os alunos que faltam às aulas geram trabalho extra para seus professores. Não importa a razão para não ter ido à aula; na verdade, você pode até ter tido uma febre de 40 °C. Mas independentemente do motivo, a sua ausência implica mais trabalho para o seu professor. Ele precisa ministrar alguma atividade extra para ajudá-lo a recuperar a aula perdida.

Se fosse compreensivo, você faria o possível para minimizar o impacto da sua ausência. Por exemplo, poderia dizer:

– Eu não pude vir à aula, mas peguei a matéria com a Mary. Eu dei uma lida nas anotações da aula e tenho uma dúvida em relação aos processos de negócios e à maneira como eles estão relacionados à informação... Ah, a propósito, desculpe perturbá-lo com o meu problema.

Antes de prosseguirmos, vejamos a conclusão dessa situação: Nunca, jamais, envie um e-mail ao seu chefe dizendo:

– Não pude comparecer à reunião de funcionários na quarta-feira. Foi feito algo de importante?

Evite essa atitude pelas mesmas razões pelas quais não deve fazer isso quando tiver faltado à aula. Em vez disso, procure uma maneira de minimizar o impacto da sua ausência no seu chefe.

Agora, o que isso tem a ver com SIG? Suponhamos que você compre um novo laptop e, depois de alguns dias, o aparelho apresente defeito. Repetidas ligações para o serviço de atendimento ao cliente geram paliativos de curto prazo, mas ninguém se lembra de quem você é ou do que lhe foi sugerido no passado. Imagine que o teclado continue a travar depois de alguns dias. Nesse caso, existem algumas hipóteses para o problema: (1) o representante do serviço de atendimento ao cliente não possui quaisquer dados sobre contatos anteriores efetuados pelo cliente; (2) o representante do serviço de atendimento ao cliente recomendou uma solução que não deu certo; (3) a empresa está embarcando muitos laptops com defeito. A solução para cada uma dessas definições de problema requer um sistema de informação diferente.

Agora imagine uma reunião para tratar dessa situação em que os diferentes participantes da reunião defendam três pontos de vista sobre o problema. O que acontecerá se todos pensarem de forma egocêntrica? A reunião será argumentativa e provavelmente terminará sem que nada seja resolvido.

Imaginemos, por outro lado, que os participantes sejam compreensivos. Nesse caso, as pessoas farão um esforço coletivo no sentido de compreender os diferentes pontos de vista e o resultado será muito mais positivo – possivelmente uma definição dos três problemas classificados por ordem de prioridade. Em ambas as situações, os participantes possuem as mesmas informações; a diferença de resultados é uma consequência do modo de pensar das pessoas.

A compreensão é uma habilidade importante em toda atividade de negócios. Os negociadores hábeis sempre sabem o que o outro lado quer, da mesma forma que os vendedores eficazes compreendem as necessidades de seus clientes. Os compradores que compreendem os problemas de seus fornecedores recebem um melhor serviço. E os alunos que compreendem a perspectiva de seus professores têm melhor desempenho.

Questões para discussão

1. Com suas próprias palavras, explique a diferença entre egocentrismo e compreensão.
2. Suponhamos que você e outra pessoa divergem substancialmente em relação à definição de um problema. Suponhamos que ela lhe diga: "Não, o problema, na verdade, é que...", seguido pela definição que ela tem para o problema. O que você responde?
3. Novamente, imagine que você e outra pessoa divergem substancialmente em relação à definição de um problema. Vamos supor que você entenda a definição dela. Como você esclareceria melhor esse fato?
4. Explique a afirmação: "Em negócio, o pensamento baseado na empatia é uma tática inteligente". Você concorda?

REVISÃO

Utilize esta revisão para verificar o que você assimilou das ideias e conceitos que respondem às questões de estudo do capítulo.

Q1. **Por que a equipe da FlexTime precisa conhecer os processos de negócios?**
Especifique e descreva as duas principais razões pelas quais a equipe da FlexTime precisa conhecer os processos de negócios. Indique o objetivo da equipe da FlexTime e explique por que tal conhecimento ajudará a equipe a alcançar o objetivo.

Q2. **O que é um processo de negócios?**
Defina o conceito de processo de negócios. Explique a finalidade de cada um dos processos ilustrados na Figura 2.1. Explique a interação dos elementos da Figura 2.2. Defina *atividade, decisão, função, recurso, repositório* e *fluxo de dados*. Mostre o símbolo gráfico para praticamente todos os recursos. Explique a diferença entre uma função e um recurso.

Q3. **De que maneira os sistemas de informação servem de suporte para os processos de negócios?**
Especifique e explique três formas pelas quais os sistemas de informação prestam suporte aos processos de negócios. Descreva a simetria existente no modelo dos cinco componentes e utilize esse modelo para diferenciar sistemas manuais, automatizados e combinados (manual/automatizados). Explique a interação dos elementos nas Figuras 2.4 e 2.5.

Q4. **O que é informação?**
Dê quatro definições de *informação*. Classifique essas definições por ordem de utilidade nos negócios. Justifique a sua classificação. Especifique e descreva as características da boa informação.

Q5. **Onde estão as informações nos processos de negócios?**
Explique por que o nome e o e-mail do associado são dados na Figura 2.2, mas a Situação do Associado pode ser considerada tanto um dado quanto uma informação. Use o exemplo dos bancos de dados da Ficha de Controle de Associados e da Lista de Integrantes das Turmas da Figura 2.4 para mostrar como os repositórios podem levar à criação de informação. Especifique e descreva dois benefícios do processo de automação. Com as suas próprias palavras, explique a diferença entre um processo estruturado e um processo não estruturado. Use o exemplo da morte de Walt Disney para mostrar que os dados são um estímulo para a criação de informação, mas que não são informação propriamente dita. Explique a função do seu pensamento na criação de informação.

Sintetize como o conhecimento e a apreciação dos processos de negócios permitirão que a equipe da FlexTime alcance esse objetivo.

UTILIZE SEUS CONHECIMENTOS

1. Considere as quatro definições de informação apresentadas neste capítulo. O problema com a primeira definição, "conhecimento derivado de dados" é que ela simplesmente substitui uma palavra cujo significado não conhecemos (*informação*) por uma segunda palavra cujo significado também não conhecemos (*conhecimento*). O problema com a segunda definição, "dados apresentados em um contexto significativo", é que se trata de uma definição demasiadamente subjetiva. Contexto de quê? O que torna um contexto significativo? A terceira definição, "dados processados por sintetização, ordenamento, cálculo das médias etc." é excessivamente mecânica e nos diz o que fazer, mas não o que é informação. A quarta definição, "uma diferença que faz a diferença", é vaga e inútil.

   Além disso, nenhuma dessas definições nos ajuda a quantificar o volume de informações que recebemos. Qual o conteúdo informativo da afirmação de que todo ser humano possui um umbigo? Zero – você já sabe disso. Entretanto, a afirmação de que alguém acabou de depositar $50.000 na sua conta corrente está abarrotada de informação. Portanto, a boa informação contém um elemento de surpresa.

Levando em consideração esses pontos e a discussão sobre a informação nos processos não estruturados apresentada na Questão 5 (Q5), responda às seguintes perguntas:

a. De que é feita a informação?

b. Se você tiver mais informação, você vale mais? Por que sim ou por que não?

c. Se você fornecer uma cópia do seu histórico escolar a um possível empregador, isso é informação? Se você mostrar esse mesmo histórico ao seu cachorro, isso continua sendo informação? Onde está a informação?

d. Dê a sua melhor definição de *informação*.

e. Explique como você acha possível que tenhamos um setor de atividade chamado *setor da tecnologia da informação*, mas que tenhamos uma grande dificuldade de definir o termo *informação*.

2. O texto afirma que a informação deve valer o seu custo. Tanto o custo quanto o valor podem ser desmembrados em fatores tangíveis e intangíveis. Os fatores *tangíveis* podem ser medidos diretamente; os *intangíveis* aparecem de forma indireta e são difíceis de medir. Por exemplo, um custo tangível é o custo de um monitor de computador; um custo intangível é a produtividade perdida de um funcionário mal treinado.

Cite cinco custos tangíveis e cinco intangíveis importantes de um sistema de informação. Cite cinco medidas de valor tangíveis e cinco intangíveis importantes de um sistema de informação. Se ajudar a direcionar o seu pensamento, use o exemplo do sistema de programação de aulas da sua universidade ou algum outro sistema de informação da universidade. Ao determinar se um sistema de informação vale o seu custo, como você acha que os fatores tangíveis e intangíveis devem ser considerados?

3. Suponhamos que você gerencie as atividades de compra da FlexTime e que tenham lhe pedido que você ajude a definir os requisitos para um novo sistema de informação de compra. À medida que pensa nesses requisitos, você se pergunta que nível de autonomia você quer que os seus funcionários tenham para selecionar o fornecedor para cada compra. Você pode desenvolver um sistema que selecione automaticamente o fornecedor, ou pode criar um que permita que os funcionários façam essa seleção. Explique o impacto dessa característica:

a. No nível de habilidade exigido de seus funcionários.

b. No número de funcionários de que você necessitará.

c. Nos seus critérios de contratação de funcionários.

d. Nas suas práticas gerenciais.

e. No nível de autonomia de seus funcionários.

f. Na sua flexibilidade para gerenciar o seu departamento.

Suponhamos que a gerência tenha deixado você de fora do processo de definição de requisitos. Explique como você poderia utilizar os conhecimentos adquiridos ao responder a esta pergunta para justificar a sua necessidade de participação no processo de definição de requisitos.

ESTUDO DE CASO 2

Universidade Estadual de Ohio, UCLA, Universidade de Washington, Universidade Estadual de Oregon...

Essas universidades operam em regime trimestral, no qual o ano letivo é dividido em quatro períodos de aproximadamente 10 semanas cada. A maioria dos alunos dessas instituições cursa três trimestres por ano: outono, inverno e primavera do hemisfério Norte. Outras universidades (aliás, a maioria nos Estados Unidos) operam em regime semestral, em que o ano é dividido em três períodos (outono, primavera e verão) de cerca de 15 semanas cada. A maioria dos alunos cursa apenas os semestres do outono e da primavera. Uma unidade de crédito nos sistemas trimestrais equivale a dois terços de uma unidade de crédito no sistema semestral.

Os alunos e o corpo docente têm diferentes opiniões sobre os relativos méritos dos dois sistemas. A tabela a seguir sintetiza a maioria desses argumentos.

	Prós	Contras
Trimestres	– Possibilidade de maior número de aulas. – Oportunidade de menor custo para uma aula de menor peso. – Eventual experiência negativa com as aulas é mais curta. – Contato com menor número de professores. – Maior flexibilidade para os professores.	– Ritmo demasiadamente acelerado. – Exames muito frequentes. – Não adoeça por uma semana! – Não há tempo suficiente para projetos sérios. – Mais trabalho para os professores. – Fora de sintonia com a maioria das universidades.
Semestre	– Mais oportunidade para tratar de assuntos complexos. – Ritmo de aula menos frenético. – Mais tempo para projetos sérios. – Mais tempo para conhecer os colegas.	– Algumas matérias não necessitam de um semestre inteiro. – Período longo demais para lembrar-se de toda a matéria para o exame final. – Eventuais experiências negativas de aula parece que nunca terminam.

Poucos dos argumentos que você irá encontrar na internet tratam da questão dos custos. Em uma época de crescentes despesas com educação, essa omissão parece estranha. Talvez os custos sejam demasiadamente pragmáticos para ser devidamente considerados dentro dos limites dos muros dessas instituições. Nós, na Faculdade de Administração, no entanto, não precisamos nos sentir tão constrangidos.

Vejamos os seguintes processos de negócios, todos necessários para cada novo período (trimestre ou semestre):

- Programação de aulas
- Alocação de salas de aula e equipamentos correlatos
- Preenchimento de turmas
- Matrícula de alunos
- Elaboração e impressão do programa dos cursos
- Ajuste de matrículas através de inclusões/abandonos
- Programação dos exames finais
- Alocação de salas para os exames finais
- Notas finais
- Lançamento das notas finais

Cada um desses processos implica custos e muitos desses custos são substanciais. Considerando-se que um sistema semestral paga esses custos uma vez menos por ano do que um sistema trimestral, pareceria prudente, do ponto de vista financeiro, que todas as universidades adotassem o sistema semestral. Algumas universidades que atualmente adotam o sistema trimestral também estão cogitando a mudança. Suponhamos que o reitor de uma universidade adepta do sistema trimestral lhe peça que elabore um relatório de posicionamento sobre a possibilidade de mudar para o sistema semestral. Em preparação, responda às seguintes questões:

1. Examine a lista de processos apresentada no estudo de caso e acrescente processos que você ache que possam ter sido omitidos, se for o caso.
2. Escolha dois dos processos constantes na lista ampliada na sua resposta para o item 1. Elabore um diagrama para esses processos com o mesmo nível de detalhes que o do processo da Figura 2.2.
3. Cite as fontes de custos para cada um dos dois processos que você escolheu na sua resposta para o item 2.
4. Considerando apenas a Faculdade de Administração da sua universidade, faça uma estimativa de cada um dos custos citados no item 3. Apresente e justifique pressupostos sobre remuneração de mão de obra e outros fatores.
5. Partindo do princípio de que os custos para outros cursos sejam os mesmos que para o de Administração (uma hipótese irreal; Direito e Medicina provavelmente tenham custos mais elevados), qual o custo total para os dois processos que você selecionou para o seu curso?
6. Cite e descreva cinco fatores que você acha que poderiam impedir uma universidade adepta do sistema trimestral de se converter ao sistema semestral.

CAPÍTULO 3

Estratégia organizacional, sistemas de informação e vantagem competitiva

Isto poderia acontecer com você

- Ei, vejam quem está aí!... Félix, você conseguiu!

- Sim, consegui. Eu poderia participar de muito mais "reuniões" depois que deixamos de tentar nos reunir pessoalmente e todos de uma vez. Simplesmente era uma tremenda mão de obra conseguir reunir todos ao mesmo tempo.

- Eu que o diga. Kelly, esta é a primeira vez que nos reunimos pessoalmente em um mês, e estamos fazendo isso agora apenas para mostrar a você e ao Neil o que conseguimos até agora.

Ao fazer essa afirmação, Jan estava pensando no tempo e no dinheiro que ela havia economizado não precisando contratar ninguém para ficar com sua filha para que ela pudesse participar de várias reuniões.

- Ótimo. O que vocês conseguiram até agora? - Kelly pergunta, entusiasmada por ouvir o que a equipe desenvolveu.

- Bem - Tara diz com evidente dificuldade em encontrar as palavras certas - bem, nós chegamos à conclusão de que nós realmente não sabíamos quem somos... Não, não é isso. Quero dizer que nós sabemos quem somos, mas tínhamos dificuldade em expressar isso com palavras.

Félix intervém.

- Kelly, é o seguinte: nós achamos que somos bem-sucedidos porque oferecemos a melhor academia da cidade. Mas o que realmente significa *a melhor*? Não é por causa da nossa ótima lanchonete, embora ela realmente seja excelente. Chegamos à conclusão de que somos os melhores devido à nossa *intensidade*. As pessoas vêm até aqui e é tudo muito profissional; nós os atendemos e ministramos um ritmo de exercício aeróbico acelerado e intenso. As pessoas sem daqui cheias de gás e com o astral lá em cima!

Questões de estudo

Q1. De que maneira a estratégia organizacional determina a estrutura dos sistemas de informação?

Q2. Quais as cinco forças que determinam a estrutura do setor?

Q3. O que é estratégia competitiva?

Q4. De que maneira a estratégia competitiva determina a estrutura da cadeia de valores?

Q5. De que maneira as cadeias de valores determinam os processos de negócios e os sistemas de informação?

Q6. De que maneira os sistemas de informação oferecem vantagens competitivas?

De que maneira os conhecimentos contidos neste capítulo são úteis para a FlexTime e para você?

– O.k., isso faz sentido para mim. Continue.

– Portanto, na tentativa de reduzir custos, nós não podemos perder isso – Félix diz ansioso.

Tara entra novamente na conversa.

– Então, em nosso fórum de discussão, nós escrevemos sobre diferentes maneiras de reduzir custos. Tivemos uma longa discussão e não estávamos progredindo muito até que a Jan ressaltasse que o tamanho da turma não parece ter qualquer impacto na intensidade... mas, na realidade, lotando as turmas de spinning dela, aumentamos a intensidade.

– Foi, eu disse – Jan admitiu. – Mas eu não estou pagando para ver em que isso vai dar. Porque, enchendo mais as nossas turmas, é bem verdade que estamos gerando uma economia para a FlexTime, mas... bem, eu devo dizer que menos aulas significa menos dinheiro para nós. Se não lecionarmos, não recebemos...

A sala é envolvida por uma incômoda pausa.

Félix se manifesta.

– Nós adoramos a FlexTime e estamos dispostos a arcar com o prejuízo por um breve período. Mas em quanto importará esse prejuízo? E por quanto tempo? Não sabemos. E estamos preocupados também.

– Talvez eu possa ajudar nesse ponto – Neil se manifesta pela primeira vez e todos se viram para ouvir. – Eu tenho algumas ideias. Mas, primeiro, eu quero agradecer a vocês por estarem lidando com esse assunto com tanta seriedade e elucidando essa questão. Agora, como vocês sabem, nós registramos todos os dados de nossas matrículas em nosso banco de dados. Temos registros de vários anos atrás. Eu posso dar uma olhada nesses dados e ver quantas turmas poderão ser afetadas. Podemos procurar turmas com um número menor de matrículas, mas também verificar as diferenças entre os tamanhos médio e máximo das turmas.

– E daí? – Kelly olha para Neil... perguntando-se aonde ele quer chegar.

– Isso nos dirá quantas turmas possivelmente teríamos que cancelar e qual seria o benefício disso. E, se houver necessidade de se fazer uma economia de custos substancial, isso ajudará a responder à pergunta de Felix sobre as proporções do impacto que teremos que sofrer.

Mais tarde, Kelly e Neil estavam sozinhos conversando na sala de Neil.

– Isso é arriscado, Neil. Se começarmos a cancelar turmas, daremos a impressão de que estamos enfrentando dificuldades. Não queremos que os nossos funcionários comecem a comunicar isso aos nossos clientes.

– É, você tem razão. E nós podemos perder alguns funcionários. Mas ainda não decidimos nada. Eu preciso dar uma olhada nos dados para ver o impacto. Não vale a pena fazer isso se não houver nenhum benefício para os nossos resultados financeiros, e eu não sei se haverá.

– Neil, não é bacana eles entenderem o que faz da FlexTime uma empresa especial? Eu fiquei muito orgulhosa por eles apresentarem essa ideia. Esse emprego significa muito para eles.

– Se nós aumentarmos as turmas, talvez eu possa bolar algum programa de bônus... talvez nós pudéssemos pegar a média total de alunos por turma em cada horário e oferecer um bônus por cada aluno que eles matricularem além desse número... ou...

Neil olha por cima do ombro de Kelly, absorto em pensamentos.

– Eu não quero ser pessimista, mas isso parece complicado. Bem, agora eu tenho uma aula para dar.

– O.k., Kelly, voltamos a nos falar com o que eu descobrir.

“Eu posso dar uma olha nesses dados e ver quantas turmas poderão ser afetadas.”

Q1. De que maneira a estratégia organizacional determina a estrutura dos sistemas de informação?

Kelly incumbiu a equipe da FlexTime de encontrar formas de reduzir custos sem “perder a nossa identidade como empresa”. Trata-se de uma tarefa sensata e apropriada, mas que começa no meio da história. Neste capítulo, voltaremos atrás para entender como Kelly e Neil chegaram a essa tarefa.

A Figura 3.1 sintetiza um processo de planejamento utilizado por muitas empresas. Em suma, as empresas examinam a estrutura de seu setor e, a partir daí, desenvolvem uma estratégia competitiva. Essa estratégia determina as cadeias de valores, que, por sua vez, determinam os processos de negócios como aquele discutido no Capítulo 2. Como você viu naquele capítulo, a natureza dos processos de negócios determina os requisitos e as funções dos sistemas de informação. Michael Porter, um dos maiores pesquisadores e pensadores na área de análise competitiva, desenvolveu três modelos diferentes que nos ajudam a entender os elementos da Figura 3.1. Começamos com o seu modelo das cinco forças.

Q2. Quais as cinco forças que determinam a estrutura do setor?

Porter desenvolveu o **modelo das cinco forças**[1] como um modelo para determinar a possível rentabilidade de um setor. Ao longo dos anos, esse modelo tem sido aplicado para outro fim, como uma forma de se entender os ambientes competitivos das empresas. Esse entendimento é então utilizado para formular uma estratégia competitiva, como você verá.

As cinco forças competitivas de Porter podem ser agrupadas em dois tipos: forças relacionadas à competitividade e forças relacionadas ao poder de barganha da cadeia de suprimentos (clientes e fornecedores).

Forças competitivas

- Ameaça dos substitutivos
- Ameaça dos novos concorrentes
- Ameaça dos rivais existentes

Forças do poder de barganha

- Poder de barganha dos fornecedores
- Poder de barganha dos clientes

Porter avalia essas cinco forças para determinar as características de um setor, sua rentabilidade e até que ponto essa rentabilidade será sustentável. Aqui, utilizaremos esse modelo para outra finalidade: identificar fontes de forte concorrência e utilizar esse conhecimento para criar uma estratégia competitiva destinada a combater essas pesadas forças. Aplicaremos essa técnica à FlexTime e veremos, no decorrer do processo, que a incumbência que Kelly deu à equipe estava rigorosamente correta.

Cada uma das três forças competitivas diz respeito ao perigo da evasão de clientes. Conforme mostrado na primeira coluna da Figura 3.2, dois fatores de poder relacionados a essas três forças são os custos de mudança de fornecedor e a fidelidade do cliente. Se os custos de mudança de fornecedor forem altos, o poder das forças competitivas é baixo. Da mesma forma, se os clientes forem fiéis à empresa ou à marca, o poder das forças competitivas também é baixo.

Agora vejamos cada uma das três forças competitivas individualmente. A ameaça de um produto substitutivo é maior se o preço do substitutivo for menor e se os benefícios percebidos desse produto forem similares. Conforme mostrado na Figura 3.2, a FlexTime vê a prática de exercícios em casa e os clubes sociais e esportivos exclusivos para associados como ameaças de substituição.

A FlexTime julga a ameaça da prática de exercícios em casa como de intensidade média, porque, embora os custos de mudança de fornecedor sejam baixos e a prática de exercícios em casa seja uma atividade barata, a experiência do exercício feito em casa não é tão motivadora quanto exercitar-se na FlexTime. Para lidar com essa ameaça, a empresa

1. PORTER, Michael. *Estratégia competitiva: técnicas para análise de indústrias e da concorrência*. São Paulo: Campus, 2005.

Figura 3.1 A estratégia organizacional determina os sistemas de informação

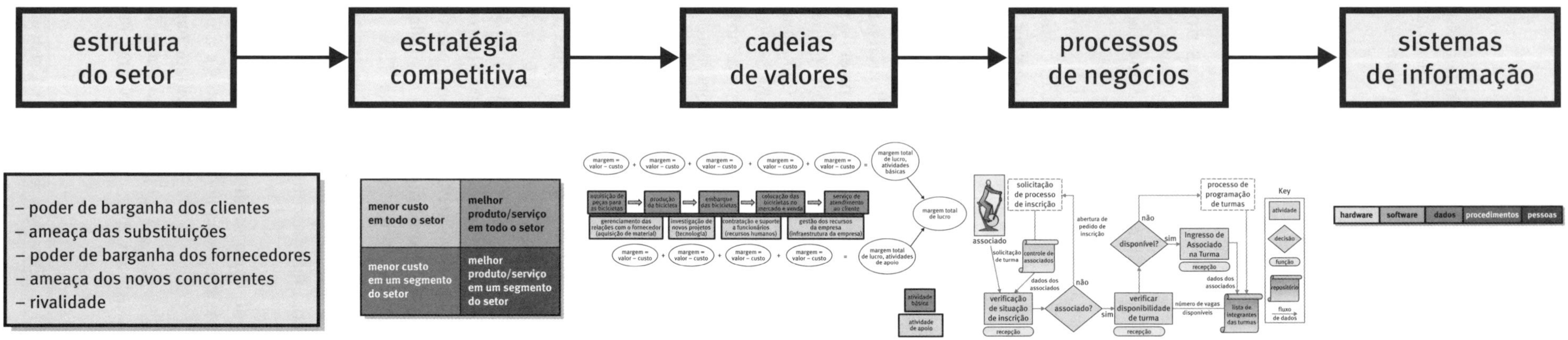

FIGURA 3.2 As cinco forças e a FlexTime

Tipo (Fatores de Poder)	Força Competitiva (Fatores de Poder)	Ameaça à FlexTime (Avaliação de Fatores)	Avaliação do Poder da FlexTime
Competitiva (custos de mudança de fornecedor, fidelidade do cliente)	**Substitutivos** (preço mais baixo e mesmos benefícios percebidos)	**Prática de exercícios em casa** (baixo custo de mudança de fornecedor, barato, mas não proporciona a mesma experiência) **Clubes esportivos** (caros, altos custos de mudança de fornecedor, substitutivo não tão familiar)	Ameaça da prática de exercícios em casa: **média** Ameaça do clube esportivo: **baixa**
	Novos concorrentes (barreiras de entrada no mercado, exigências de capital, recursos de outra natureza)	**Novas imitações** (nível médio de custos de mudança de fornecedor, clientes fiéis à FlexTime, nível médio de exigências de capital, banco de dados do cliente é obstáculo ao ingresso no mercado)	Ameaça das novas imitações: **baixa**
	Rivalidade (preço, qualidade, inovação, marketing)	**Rivais** (nível médio de custos de mudança de fornecedor, clientes fiéis à FlexTime, clientes influenciados pelo preço/ qualidade/inovação/marketing)	Ameaça dos rivais: **forte**
Poder de barganha da cadeia de fornecedores (disponibilidade de substitutivos, porte relativo)	**Fornecedor**	**Proprietário do imóvel** (poucos prédios adequados com estacionamento, altos custos de mudança de fornecedor da FlexTime, contrato por período de vários anos) **Fornecedores de equipamentos e materiais** (muitos substitutivos, baixos custos de mudança de fornecedor, marca não é importante)	Ameaça do poder de barganha do proprietário do imóvel: **forte** Ameaça do poder de barganha dos fornecedores de equipamentos e materiais: **fraca**
	Cliente	**Associados da academia** (porte relativo: poder de barganha de um único cliente é fraco)	Poder de barganha do associado da academia: **fraco**

precisa garantir a seus associados uma experiência de exercícios amplamente superior em comparação àquelas que eles possam ter em casa.

A ameaça dos clubes sociais e esportivos é fraca porque a taxa de inscrição inicial é cara, os custos de mudança de fornecedor são altos (as pessoas têm que se inscrever e pagar anuidades) e a experiência é menos familiar. Para lidar com essa ameaça, a FlexTime precisa manter o seu clima familiar.

A Figura 3.2 mostra também como a FlexTime vê as ameaças dos novos concorrentes e rivais do setor (os chamados imitadores). A empresa considera a ameaça dos novos concorrentes como de fraca intensidade pelas razões expostas. Observe que o custo de desenvolvimento de um grande banco de dados de clientes ativos é alto e requer meses ou anos para ser compilado. Por essa razão, o banco de dados de clientes da FlexTime é uma barreira para a entrada de novos concorrentes no mercado.

A FlexTime considera os rivais uma forte ameaça, a mais forte de todas as ameaças competitivas. A empresa precisa desenvolver uma estratégia competitiva para combater esses rivais. Os comentários de Felix sobre a questão da intensidade no início deste capítulo são exatamente os fatores que a FlexTime precisa levar em consideração.

As duas últimas fileiras da Figura 3.2 dizem respeito às forças do poder de barganha dos fornecedores ou clientes. Conforme ilustrado, o poder dessas forças depende da existência de substitutivos e do porte relativo da empresa (no caso, a FlexTime) comparado ao porte dos fornecedores ou clientes. Como fornecedor, um cientista ganhador do prêmio Nobel tem um forte poder de barganha na sua universidade porque cientistas são raros. Por outro lado, um instrutor temporário para trabalhar em regime de meio expediente tem pouco poder de barganha porque muitas pessoas podem preencher essa função. Se esses instrutores quisessem formar um sindicato, no entanto, esse sindicato teria um maior poder de barganha devido ao seu tamanho relativo.

Da mesma forma, como cliente individual, você tem pouco poder de barganha para a sua universidade. O seu pedido de matrícula pode ser prontamente substituído por outro. Além disso, você é um indivíduo tentando barganhar com uma grande empresa. Por outro lado, uma grande empresa como a Oracle, a Microsoft ou o Google teria um poder de barganha muito maior para os seus funcionários na sua universidade.

Examine a Figura 3.2 para saber por que a FlexTime vê o poder de barganha do proprietário de seu imóvel como de forte intensidade, mas considera fraco o poder dos fornecedores de equipamentos e materiais. A empresa considera fraco também o poder de barganha de qualquer cliente individual.

Para resumir, a FlexTime conclui que, qualquer que seja a medida no sentido de reduzir custos, a empresa precisa proceder de modo a não enfraquecer a sua capacidade de combater as ameaças dos rivais ou reduzir ainda mais o seu poder de barganha junto ao proprietário do prédio que ela ocupa.

Q3. O que é estratégia competitiva?

Uma empresa responde à estrutura de seu setor escolhendo uma estratégia competitiva. Conforme mostrado na Figura 3.3, Porter definiu quatro estratégias competitivas fundamentais. Uma empresa pode ser líder de custo e oferecer produtos a preços mais baixos, ou pode ter como objetivo agregar valor aos seus produtos de modo a diferenciá-los daqueles da concorrência. Além disso, a empresa pode empregar a estratégia do custo ou da diferenciação em todo o setor, ou ainda concentrar a sua estratégia em um determinado segmento do setor. Neste texto, definimos **estratégia competitiva** como sendo uma das quatro alternativas mostradas na Figura 3.3.

FIGURA 3.3 As quatro estratégias competitivas de Porter

	custo	diferenciação
setor em geral	menor custo em todo setor	melhor produto/serviço em todo o setor
foco específico	menor custo em um segmento do setor	melhor produto/serviço em um segmento do setor

Vejamos o setor de aluguel de automóveis, por exemplo. De acordo com a primeira coluna da Figura 3.3, uma locadora de automóveis pode se esforçar para oferecer os aluguéis mais baratos de todo o setor ou procurar oferecer os aluguéis mais baixos a um segmento "específico" do setor - digamos, àqueles que viajam a negócios dentro dos Estados Unidos.

Conforme mostrado na segunda coluna, uma locadora pode diferenciar seus produtos da concorrência. A empresa pode fazer isso de várias maneiras - por exemplo, oferecendo uma vasta gama de automóveis de qualidade ou o melhor sistema de reservas, tendo os carros mais limpos ou o atendimento mais ágil, ou através de quaisquer outros meios. A empresa pode se esforçar para oferecer produtos diferenciados em todo o setor ou em determinados segmentos do setor, como o daqueles que fazem viagens domésticas de negócios dentro dos Estados Unidos.

De acordo com Porter, para serem eficazes, as metas, os objetivos, a cultura e as atividades da empresa devem ser compatíveis com sua estratégia. Para aqueles da área de SIG, isso significa que todos os sistemas de informação da empresa devem facilitar a sua estratégia competitiva.

Vejamos a estratégia competitiva da FlexTime. A sua ameaça competitiva básica provém dos concorrentes. A FlexTime pode enfrentar essa ameaça oferecendo os menores preços ou acrescentado algo à experiência da prática de exercícios que a diferencie da concorrência. Como Felix diz na vinheta de abertura, a FlexTime se diferencia pela intensidade de seus exercícios. De acordo com ele, "As pessoas saem daqui cheias de gás e com o astral lá em cima!"

A FlexTime não é tão lucrativa quanto os seus proprietários gostariam. Para aumentar a rentabilidade, a empresa procura formas de reduzir custos. Mas qualquer que seja a economia de custos implementada, a empresa não pode perder a intensidade de seus exercícios, a sua vantagem competitiva sobre os seus rivais. No Capítulo 5, veremos como a FlexTime utiliza o seu banco de dados para orientar suas decisões nesse sentido.

Q4. De que maneira a estratégia competitiva determina a estrutura da cadeia de valores?

As empresas analisam a estrutura de seu setor e, baseadas nessa análise, formulam uma estratégia competitiva. Elas precisam então se organizar e se estruturar para implementar essa estratégia. Se, por exemplo, a estratégia competitiva quiser ser *líder de custo*, suas atividades de negócios precisam ser desenvolvidas de modo a oferecer funções essenciais pelo menor custo possível.

Uma empresa que adotasse uma estratégia de *diferenciação* não se estruturaria necessariamente em torno das atividades de menor custo. Ao contrário, essa empresa poderia optar por desenvolver sistemas mais onerosos, mas só faria isso se esses sistemas oferecessem benefícios que superassem os seus riscos. Porter definiu **valor** como a quantia que um cliente está disposto a pagar por um recurso, produto ou serviço. A diferença entre o valor que uma atividade gera e o custo dessa atividade e chamada de **margem**. Uma empresa que possua uma estratégia de diferenciação agrega o custo a uma atividade somente se a atividade gerar uma margem positiva.

Uma **cadeia de valores** é uma rede de atividades geradoras de valor. Essa cadeia genérica consiste em cinco atividades básicas e quatro atividades de apoio. As **atividades básicas** são funções da empresa diretamente relacionadas à produção de seus produtos ou serviços. As **atividades de apoio**, por sua vez, são funções que auxiliam e facilitam as atividades básicas. É mais fácil compreender a análise da cadeia de valores no contexto da produção, por isso deixaremos o caso da FlexTime de lado por enquanto e passaremos ao exemplo de um fabricante de bicicletas.

3.1 *Atividades básicas na cadeia de valores*

Para entender a essência da cadeia de valores, imagine um pequeno fabricante de bicicletas (ver Figura 3.4). Primeiro, ele adquire matérias-primas utilizando a atividade da logística de abastecimento. Essa atividade diz respeito ao recebimento e manuseio de matérias-primas e outros insumos. O acúmulo desses materiais agrega valor no sentido de que até mesmo um monte de peças desmontadas tem valor para algum cliente. Uma coleção das peças necessárias para construir uma bicicleta vale mais do que um espaço vazio em uma prateleira. O valor não está apenas nas peças propriamente ditas, mas também no tempo necessário para fazer contato com os fornecedores dessas peças, para manter as relações comerciais com esses fornecedores, para efetuar os pedidos de peças, para receber a mercadoria enviada e assim por diante.

Na atividade operacional, o fabricante de bicicletas transforma a matéria-prima em uma bicicleta pronta, um processo que agrega mais valor. Em seguida, a empresa utiliza a atividade da logística de distribuição para entregar ao cliente a bicicleta como produto acabado. É claro que sem a atividade de valor de marketing e vendas não há cliente ao qual se possa enviar a bicicleta. Por fim, a atividade de serviço oferece aos usuários das bicicletas um serviço de assistência técnica. Cada etapa dessa cadeia genérica acumula custos e agrega valor ao produto. O resultado líquido é a margem total de lucro da cadeia, que é a diferença entre o valor total agregado e os custos totais incorridos. A Figura 3.5 sintetiza as atividades básicas da cadeia de valores.

FIGURA 3.4 Cadeia de valores de um fabricante de bicicletas

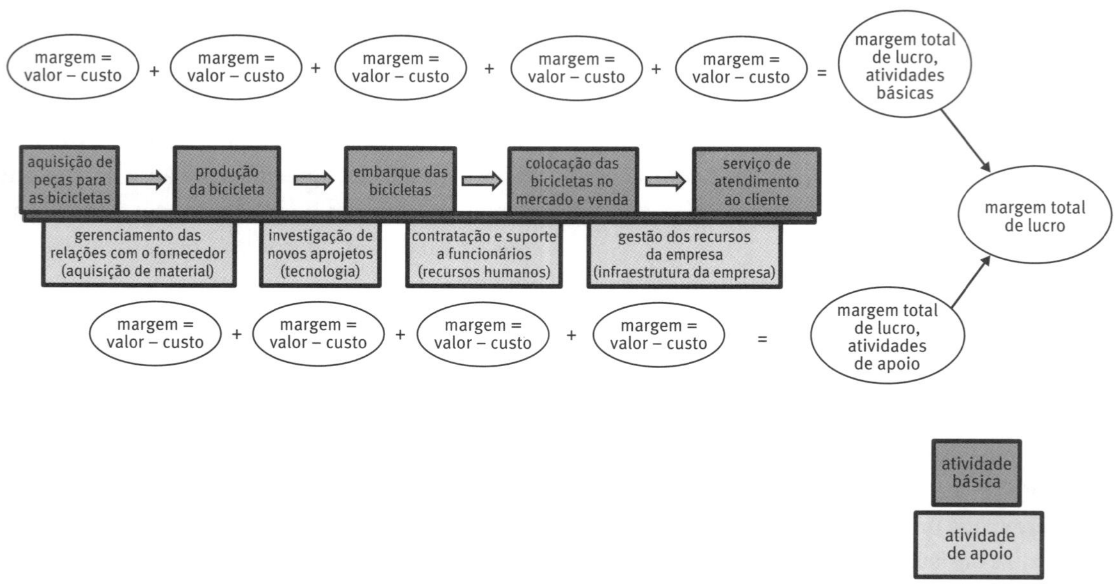

3.2 *Atividades de apoio na cadeia de valores*

As atividades de apoio da cadeia genérica de valores facilitam as atividades básicas e contribuem apenas indiretamente para a produção, a venda e a assistência técnica do produto. Essas atividades incluem a aquisição de material, que consiste nos processos de captação de fornecedores, definição de termos contratuais e negociação de preços. (Diferentemente da logística de abastecimento, que envolve os processos de pedido e recebimento de acordo com os contratos firmados pelo setor de aquisição de material.)

Porter definiu *tecnologia* em um sentido amplo. De acordo com a sua definição, tecnologia inclui pesquisa e desenvolvimento, bem como outras atividades dentro da empresa que visam ao desenvolvimento de novas técnicas, métodos e procedimentos. Ele definiu *recursos humanos* como recrutamento, remuneração e treinamento de funcionários que trabalham em regime de tempo integral. Por fim, a infraestrutura da empresa inclui os setores administrativo, financeiro, contábil, jurídico e de assuntos governamentais.

FIGURA 3.5 Descrição de tarefas das atividades básicas da cadeia de valores

Atividade básica	Descrição
Logística de abastecimento	Recebimento, armazenamento e distribuição de insumos para o produto
Operações/Produção	Transformação dos insumos no produto final
Logística de distribuição	Coleta, armazenamento e distribuição física do produto para os compradores
Marketing e vendas	Indução dos compradores para que adquiram o produto, oferecendo-lhes um meio para tal.
Serviço de atendimento ao cliente	Prestação de serviço de assistência técnica, mantendo e aumentando, assim, o valor do produto

As funções de apoio agregam valor, ainda que indiretamente, e também geram custos. Consequentemente, conforme mostrado na Figura 3.4, as atividades de apoio contribuem para uma margem de lucro. No caso das atividades de apoio, seria difícil calcular essa margem porque é difícil saber o valor agregado específico dos, digamos, lobistas do fabricante em Washington, D.C. Mas existe um valor agregado, existem custos e existe uma margem, ainda que apenas do ponto de vista conceitual.

3.3 *Elos constituintes da cadeia de valores*

O modelo de atividades de negócios de Porter é formado por **elos**, que são interações entre todas as atividades de valor. Por exemplo, os sistemas de produção utilizam elos para reduzir os custos de estoque. Um sistema desse tipo utiliza as previsões de vendas para planejar a produção; em seguida, utiliza o plano de produção para determinar as necessidades de matéria-prima, as quais, por sua vez, são utilizadas para fins de programação das compras. O resultado final é um estoque *just-in-time*, que reduz os volumes e custos de estoque.

A análise da cadeia de valores tem uma aplicação direta às empresas do setor de produção, como a fábrica de bicicletas. Entretanto, as cadeias de valores existem também nas empresas prestadoras de serviços, como a FlexTime. A diferença é que a maior parte do valor em uma prestadora de serviços é gerada pelas atividades operacionais, de marketing e vendas e de serviços. As logísticas de abastecimento e distribuição geralmente não são muito importantes.

> Antes de deixar para trás o tema da estratégia competitiva, vejamos as questões levantadas no Guia ético. Esse guia discute a estratégia competitiva de uma empresa e o seu possível impacto nos funcionários.

Q5. De que maneira as cadeias de valores determinam os processos de negócios e os sistemas de informação?

Como você aprendeu no capítulo anterior, um processo de negócios é uma rede de atividades, recursos, instalações e informações que realizam uma função de negócios. Agora podemos ser mais específicos e dizer que os processos de negócios implementam as cadeias de valores ou partes das cadeias de valores. Consequentemente, cada umas dessas cadeias conta com o suporte de um ou mais processos de negócios.

A Figura 3.6, por exemplo, mostra uma parte da cadeia de valores de uma locadora de bicicletas. O campo superior da figura mostra como uma empresa que tem como estratégia competitiva a prestação de serviços de locação de baixo custo para estudantes universitários poderia implementar essa parte de sua cadeia de valores operacionais. O campo inferior mostra como uma empresa cuja estratégia competitiva consiste em oferecer serviços de locação de alta qualidade em um hotel de conferências para executivos poderia implementar essa parte da mesma cadeia de valores.

Observe que as atividades da cadeia de valores são as mesmas para as duas empresas. Ambas recebem o cliente, determinam as suas necessidades, alugam uma bicicleta e depois a recebem de volta. Entretanto cada empresa implementa essas atividades de forma compatível com a sua estratégia competitiva.

O fornecedor de baixo custo criou apenas os elementos essenciais, ou seja, os processos mínimos de suporte à sua cadeia de valores. O fornecedor de serviços de qualidade, por outro lado, criou processos de negócios mais sofisticados (com o suporte de sistemas de informação), necessários para a diferenciação de seu serviço daquele de outros fornecedores. Como Porter diz, no entanto, esses processos e sistemas devem criar valor suficiente para ir além da simples cobertura de custos. Do contrário, a margem desses sistemas será negativa.

Se a margem de uma cadeia de valores for negativa, a empresa deve fazer algumas mudanças. Ou o valor deve ser aumentado, ou os custos da cadeia de valores precisam ser reduzidos.

Antes de prosseguirmos, reveja a Figura 3.1. O material contido nestes três primeiros capítulos é apresentado da direita para a esquerda nessa figura. Começamos com os componentes de um sistema de informação no Capítulo 1. Em seguida, vimos os processos de negócios no Capítulo 2. E neste capítulo, abordamos tópicos como cadeias de valores, estratégia competitiva e estrutura setorial.

FIGURA 3.6 Cadeia de valores operacionais para locadoras de bicicletas

	ATIVIDADE DA CADEIA DE VALORES	**Recepção ao Cliente** →	**Definição das Necessidades do Cliente** →	**Locação da Bicicleta** →	**Devolução da Bicicleta e Pagamento**
Locação de baixo custo para estudantes	**Mensagem de implementação da estratégia competitiva**	"Quer uma bicicleta?"	"As magrelas estão bem ali. Pode pegar"	"Preencha este formulário e traga-o aqui para mim quando terminar"	"Deixe-me ver a bicicleta." "O.k., você deve US$ 23.50. É só pagar."
	Processo de negócios para fins de apoio	N/A	Controles físicos e procedimentos para evitar o roubo de bicicletas	Formulários impressos e uma caixa de sapatos para armazená-los	Caixa de sapatos com o formulário de locação. Sistema básico para recebimento de pagamento com cartão de crédito e em espécie
Serviço de alto padrão para executivos durante uma conferência em um resort	**Mensagem de implementação da estratégia competitiva**	"Olá, sra. Henry. É um grande prazer revê-la. A senhora gostaria de alugar a WonderBike 4.5 que alugou na vez passada?"	"Sabe, eu acho que a WonderBike Supreme seria uma melhor opção para a senhora. Ela tem..."	"Eu vou só escanear o número da bicicleta em nosso sistema e ajustar o selim para a senhora."	"Como foi o passeio?" "Com licença, posso ajudá-la? Eu só vou escanear a etiqueta da bicicleta novamente e emitir a sua documentação rapidamente." "A senhora aceita algo para beber?" "A senhora quer que eu debite isto na sua fatura do hotel ou prefere pagar agora?"
	Processo de negócios para fins de apoio	Sistema de rastreamento de clientes e movimento de vendas passadas	Treinamento de funcionários e sistema de informação com o intuito de estabelecer a correlação entre as preferências do cliente e a bicicleta mais adequada ao seu perfil, de forma a induzir o cliente a aceitar um produto de maior valor.	Sistema automatizado de controle de estoque para verificação das bicicletas existentes no estoque	Sistema automatizado de controle de estoque para devolução de bicicletas ao estoque. Preparação de documentação para pagamento. Integração com o sistema de faturamento do hotel

Q6. De que maneira os sistemas de informação oferecem vantagens competitivas?

Na sua aula de estratégia de negócios, você estudará os modelos de Porter em maiores detalhes do que discutimos aqui. Nessa ocasião, você verá as diversas formas como as empresas respondem às cinco forças competitivas. Para os nossos fins, podemos selecionar essas formas na lista de princípios mostrada na Figura 3.7. Tenha em mente que estamos aplicando esses princípios no contexto da estratégia competitiva da empresa.

3.4 *Vantagem competitiva através de produtos*

Os três primeiros princípios apresentados na Figura 3.7 dizem respeito a produtos ou serviços. As empresas ganham vantagem competitiva criando *novos* produtos ou serviços, *melhorando* os produtos ou serviços existentes e *diferenciando* seus produtos e serviços daqueles de seus concorrentes. Ao pensar nesses três princípios, tenha em mente que um sistema de informação pode fazer parte de um produto ou servir de suporte para um produto ou serviço.

Vejamos, por exemplo, uma locadora de automóveis como a Hertz ou a Avis. Um sistema de informação que produza informações sobre a localização do carro e forneça indicações de direção para se chegar aos destinos faz parte do aluguel do carro e, consequentemente, do produto propriamente dito (ver Figura 3.8a). Por outro lado, um sistema de informação que programe a manutenção do carro não faz parte do produto, mas serve de suporte ao produto (Figura 3.8b). De qualquer modo, os sistemas de informação são capazes de alcançar os três primeiros objetivos contidos na Figura 3.7.

FIGURA 3.7 Princípios da vantagem competitiva

Implementação de produtos
1. Criar um novo produto ou serviço
2. Melhorar produtos ou serviços
3. Diferenciar produtos ou serviços

Implementação de processos
4. Fidelizar clientes e compradores
5. Fidelizar fornecedores
6. Eliminar barreiras de entrada ao mercado
7. Formar alianças
8. Reduzir custos

Os cinco princípios restantes apresentados na Figura 3.7 dizem respeito à vantagem competitiva criada pela implementação de processos de negócios.

FIGURA 3.8 Duas funções dos sistemas de informação em relação aos produtos

a. Sistema de informação como parte do produto de uma locadora de automóveis

b. Sistema de informação como suporte ao produto de uma locadora de automóveis

Programação Diária de Serviço – 17 de novembro de 2010

ID do Posto 22
Nome do Posto Lubrificação

Data do Serviço	Horário do Serviço	ID do veículo	Marca	Modelo	Quilometragem	Descrição do Serviço
17/11/2010	12h00	155890	Ford	Explorer	3590	Lub. Padrão
17/11/2010	11h00	12448	Toyota	Tacoma	12093	Lub. Padrão

ID do Posto 26
Nome do Posto Alinhamento

Data do Serviço	Horário do Serviço	ID do veículo	Marca	Modelo	Quilometragem	Descrição do Serviço
17/11/2010	09h00	12448	Toyota	Tacoma	12093	Inspeção alinhamento dianteiro

ID do Posto 28
Nome do Posto Transmissão

Data do Serviço	Horário do Serviço	ID do veículo	Marca	Modelo	Quilometragem	Descrição do Serviço
17/11/2010	11h00	155890	Ford	Explorer	3590	Troca do óleo da transmissão

3.5 *Vantagem competitiva através de processos de negócios*

As empresas podem *fidelizar os clientes* dificultando ou encarecendo para o cliente a troca para outro produto. Essa estratégia às vezes é chamada de estabelecimento de altos **custos de mudança de fornecedor**. As empresas podem *fidelizar os fornecedores* dificultando a troca para outra empresa ou, positivamente falando, facilitando a ligação e o trabalho com a empresa. Pode-se gerar vantagem competitiva *criando barreiras* que dificultem e encareçam a entrada de um novo concorrente no mercado.

Outro meio de gerar vantagem competitiva é *formando alianças* com outras empresas. Essas alianças estabelecem padrões, promovem o conhecimento em relação ao produto e às necessidades do cliente, desenvolvem o porte do mercado, reduzem os custos de aquisição e oferecem outros benefícios. Por fim, criando melhores processos de negócios, as empresas podem gerar vantagem competitiva *reduzindo custos*. Essas reduções permitem que as empresas reduzam os preços e/ou aumentem a lucratividade. Maior lucratividade significa não apenas maior valor para os acionistas, mas também mais dinheiro, o que pode financiar um maior desenvolvimento da infraestrutura para gerar uma vantagem competitiva ainda maior.

Todos esses princípios da vantagem competitiva fazem sentido, mas a pergunta que você talvez esteja fazendo é: "De que maneira os sistemas de informação ajudam a criar vantagem competitiva?" Para responder a essa pergunta, vejamos uma amostra de um sistema de informação.

3.6 *De que maneira uma empresa real utiliza os sistemas de informação para gerar vantagens competitivas?*

A ABC Inc.,[2] é uma empresa de agenciamento de carga com atuação em todo o mundo e vendas acima de US$ 1 bilhão. Desde sua implantação, a ABC investe pesadamente em tecnologia da informação e lidera o setor de transporte de carga em termos de aplicação de sistemas de informação para fins de obtenção de vantagem competitiva. Apresentamos aqui um exemplo de um sistema de informação que ilustra como a ABC consegue utilizar a tecnologia da informação para gerar vantagem competitiva.

A ABC mantém dados sobre as contas dos clientes que incluem não apenas nome, endereço e informações de faturamento sobre o cliente, mas também dados sobre a identidade desse cliente e as localidades para onde o cliente embarca mercadorias. A Figura 3.9 mostra um formulário disponibilizado na internet que um cliente está utilizando para programar um embarque. Ao criar o formulário, o sistema da ABC preenche a lista de rolagem com os nomes das empresas para as quais o cliente fez embarques anteriormente. Aqui, o usuário está selecionando a empresa Prentice Hall.

Quando o usuário clica no nome da empresa, o sistema de informação da ABC lê os dados de contato do cliente a partir do banco de dados. Os dados consistem em nomes, endereços e telefones dos destinatários de embarques anteriores. O usuário então seleciona um nome de contato e o sistema insere o endereço desse contato e outros dados no formulário utilizando dados extraídos do banco de dados, conforme ilustrado na Figura 3.10. Consequentemente, o sistema poupa os clientes de terem que reinserir os dados das pessoas para as quais eles efetuaram embarques no passado. Além disso, esse método de fornecimento de dados reduz a probabilidade de erros no procedimento de inserção de dados.

A Figura 3.11 mostra outro aspecto desse sistema. Do lado direito desse formulário, o cliente pode solicitar que a ABC envie e-mails para o remetente (o cliente), o destinatário e outros. O cliente pode optar por solicitar à ABC que envie um e-mail quando o embarque é efetuado e quando a mercadoria é entregue. Na Figura 3.11, o usuário forneceu endereços eletrônicos. O cliente quer que esses três endereços recebam o aviso de entrega, mas que somente o remetente receba o aviso de embarque.

O cliente pode também adicionar uma mensagem pessoal. Adicionando essa função ao sistema

2. O sistema de informação aqui descrito, na realidade, é utilizado por uma grande empresa de transporte.

FIGURA 3.9 Página da ABC Inc. na internet para seleção de destinatários a partir do cadastro do cliente

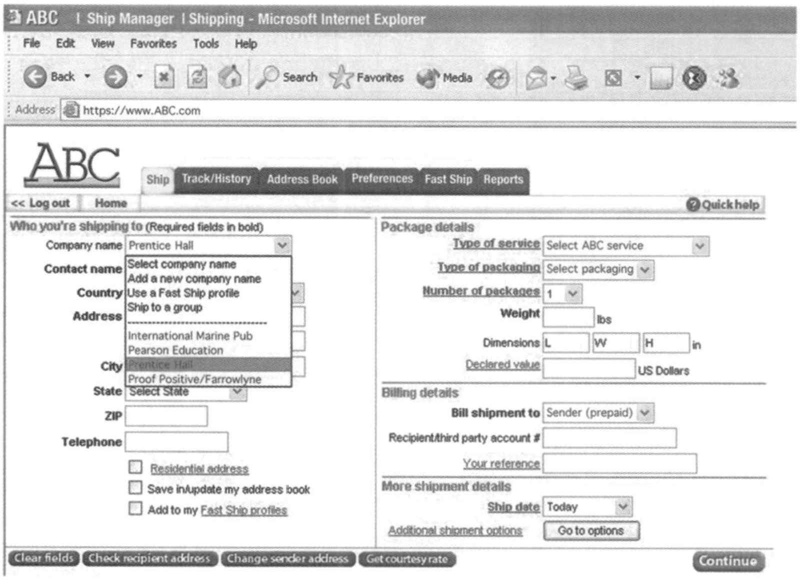

FIGURA 3.10 Página da ABC Inc. na internet para seleção de contatos a partir do cadastro do cliente

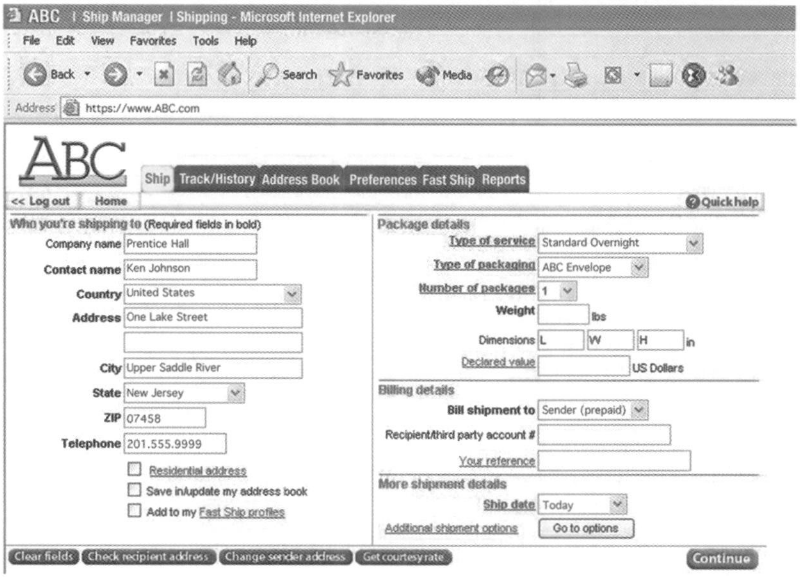

de programação de embarques, a ABC ampliou o seu produto, que evoluiu de um serviço de entrega de encomendas para um serviço de entrega de encomendas *e* informação.

A Figura 3.12 mostra outra função desse sistema de informação. O sistema gerou uma etiqueta de embarque com código de barras para ser impressa pelo usuário. Desse modo, a empresa não apenas reduz a incidência de erros no processo de elaboração das etiquetas de embarque, como também faz que o papel e a tinta para impressão do documento saiam por conta do cliente! Milhões desses documentos são impressos todos os dias, o que resulta em uma economia considerável para a empresa.

3.7 *De que maneira esse sistema gera uma vantagem competitiva?*

Vejamos agora o sistema de informação de embarque da ABC em relação aos fatores de vantagem competitiva apresentados na Figura 3.7. Esse sistema de informação *melhora* um produto existente porque facilita o esforço de efetuar um embarque para o cliente, reduzindo, ao mesmo tempo, a probabilidade de erros. O sistema de informação também ajuda a diferenciar o produto de entrega de encomendas da ABC dos concorrentes que não possuem um sistema similar. Além disso, a geração de mensagens por e-mail quando a ABC apanha e entrega uma encomenda poderia ser considerado um *novo* produto.

Como esse sistema de informação captura e armazena dados sobre os destinatários, o trabalho do cliente ao programar um embarque é menor. Os clientes serão *fidelizados* por esse sistema. Se quiser mudar para outra transportadora, o cliente precisará redirecionar os dados dos destinatários para essa nova transportadora. A desvantagem do redirecionamento de dados pode superar qualquer vantagem proporcionada pela mudança para outra transportadora.

Esse sistema gera vantagem competitiva também de duas outras formas: Primeiro, aumenta as barreiras de entrada a novos concorrentes no

FIGURA 3.11 Site da ABC Inc. para especificação de aviso por e-mail

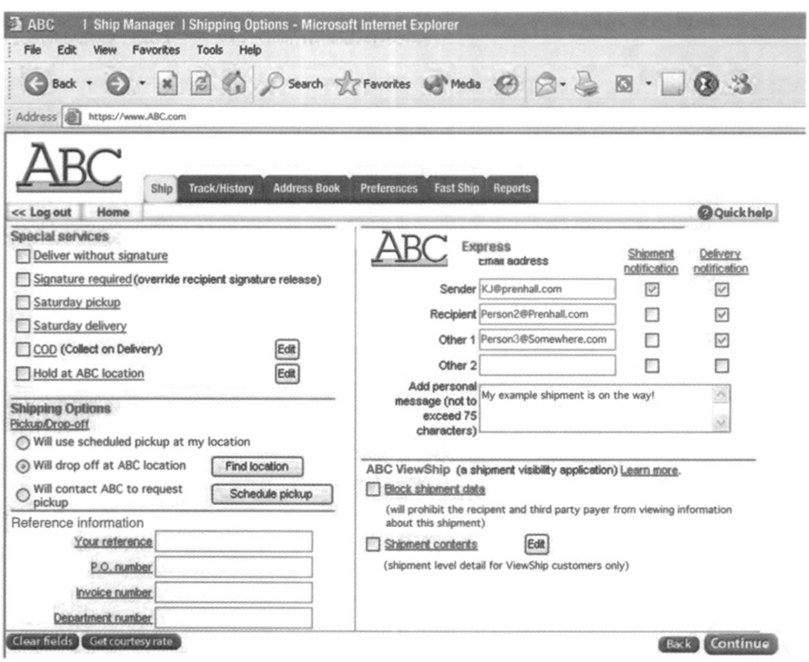

FIGURA 3.12 Site da ABC Inc. para impressão de etiquetas de embarque

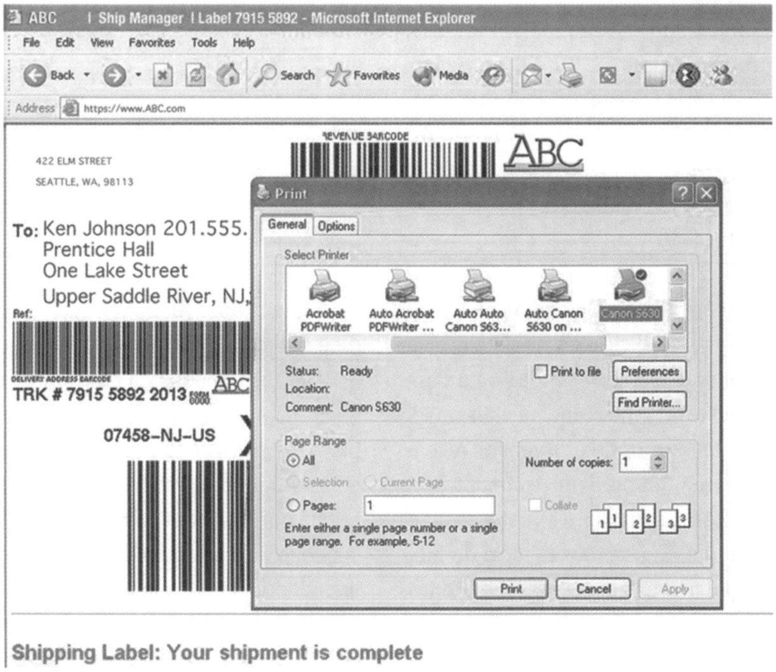

mercado. Se outra empresa quiser criar um serviço de transporte de carga, terá não apenas que ser capaz de transportar carga, como também precisará ter um sistema de informação similar. Além disso, o sistema reduz custos, além de reduzir a probabilidade de erros na emissão de documentos de embarque e gerar economia de papel, tinta e custos de impressão para a ABC. (É claro que, para determinar se esse sistema oferece uma *economia líquida* de custo, o custo de desenvolvimento e operação do sistema de informação precisará ser compensado pelos ganhos gerados pela redução de erros e custos com papel, tinta e impressão. Pode ser que o custo do sistema supere a economia gerada. Ainda assim, pode ser um investimento saudável se o valor dos benefícios intangíveis, como a fidelização dos clientes e a eliminação das barreiras de entrada no mercado, exceder o custo líquido).

Antes de continuar, reveja a Figura 3.7. Certifique-se de que você entendeu cada um dos princípios da vantagem competitiva e como os sistemas de informação podem ajudar a alcançá-los. Aliás, talvez fosse importante memorizar a lista da Figura 3.7, que pode ser utilizada também para fins não relacionados a SI. Você pode considerar qualquer projeto ou iniciativa de negócios em termos de vantagem competitiva.

Tomando-se por base os conhecimentos apresentados neste capítulo, a FlexTime está no caminho certo. A empresa está procurando formas de economizar custos sem comprometer a sua identidade, ou, nos termos deste capítulo, sem comprometer as forças competitivas da FlexTime sobre seus concorrentes - a grande ameaça competitiva. Dados os conhecimentos fornecidos por este capítulo, poderíamos expressar a meta da FlexTime de outra maneira: ela quer examinar todas as suas atividades de geração de valor e determinar se não existe alguma maneira de reduzir custos sem reduzir o valor gerado.

O principal valor deste capítulo para você se encontra sintetizado na Figura 3.1. Você agora conhece um processo para traçar a linha do desenvolvimento desde a análise da estrutura do setor até os requisitos para os sistemas de informação. E, para ressaltar um ponto importante, todas as atividades da empresa precisam facilitar a sua estratégia competitiva. Esse princípio é importante para o SIG (desenvolvimento e uso de sistemas de informação), bem como para todas as demais atividades de negócios. Tendo isso tudo em mente, você poderá ser um consumidor mais informado e eficaz dos serviços dos profissionais de SI.

O Guia das páginas seguintes ajuda você a saber como utilizar os princípios da vantagem competitiva de maneira pessoal

GUIA ÉTICO: Yikes! Bikes

Suponhamos que você seja gerente de operações da Yikes! Bikes, uma fabricante de bicicletas mountain bike top de linha com um volume anual de vendas na ordem de $ 20 milhões. A Yikes! está no mercado há mais de 25 anos e o seu fundador e único proprietário vendeu recentemente a empresa para um grupo de investimentos, o Major Capital. Você não sabe nada sobre a venda até que o seu chefe lhe apresentou Andrea Parks, sócia do Major Capital e encarregada da aquisição. Parks lhe explica que a Yikes! foi vendida para a Major Capital e que ela ocupará temporariamente o cargo de gerente geral. Ela diz que os novos proprietários veem um grande potencial em você e gostariam de poder contar com a sua cooperação durante o processo de transição. E sugere que, se o seu potencial for o que ela pensa ser, você será promovido a gerente geral da Yikes!

Parks explica que os novos proprietários chegaram à conclusão de que há um número excessivo de empresas atuando no ramo de mountain bikes top de linha e pretendem mudar a estratégia competitiva da Yikes!, deixando de se diferenciar pela sofisticação para se transformar em fornecedores de baixo custo. Consequentemente, eles eliminarão a produção local, demitirão a maior parte do departamento de produção e importarão bicicletas da China. Além disso, o Major Capital vê a necessidade de reduzir custos e planeja uma redução de 10% do quadro de funcionários de toda a empresa e um corte de dois terços do departamento de suporte ao cliente. As novas bicicletas serão de qualidade inferior às atuais bicicletas Yikes!, mas o preço será substancialmente menor. O novo grupo proprietário acredita que o mercado levará alguns anos para perceber que as bicicletas Yikes! não têm a mesma qualidade que tinham antes. Por fim, Parks lhe pede que participe de uma reunião de todos os funcionários com o fundador do grupo e ela.

Na reunião, o fundador explica que, devido à sua idade e situação pessoal, ele decidiu vender a Yikes! para o Major Capital e que, a partir de hoje, Andrea Parks é a gerente geral. Ele agradece aos funcionários pelos muitos anos de serviços prestados, deseja-lhes boa sorte e deixa o prédio. Parks se apresenta aos funcionários e afirma que o Major Capital está muito entusiasmado por ser dono de uma empresa com uma marca tão sólida e de qualidade. Ela diz que levará algumas semanas para se inteirar da empresa e de seu ambiente e que não planeja grandes mudanças para a empresa.

Você ainda está zonzo com todas essas notícias quando Parks o chama em sua sala e explica que ela precisa que você prepare dois relatórios. Em um, ela quer uma lista de todos os funcionários do departamento de produção com seus respectivos salários anuais e horários. Ela explica que pretende cortar primeiro os funcionários mais onerosos.

– Mas eu não quero ser inflexível nesse ponto – ela diz. – Se houver alguém que vocês achem que deva ficar, digam-me e nós poderemos conversar sobre isso.

Parks quer também uma lista dos funcionários do departamento de suporte ao cliente com o tempo médio que cada representante do serviço de suporte passa com os clientes. Ela explica:

– Eu não estou preocupada com o custo da folha de pagamento do departamento de suporte ao cliente. Não se trata de quanto estamos pagando a esses funcionários, mas do tempo que eles estão desperdiçando com os clientes. Teremos um departamento básico de suporte e queremos nos livrar primeiro dos tagarelas.

É de se entender que você esteja chocado e surpreso... não apenas com a rapidez da transação, mas também porque você não achava que o fundador pudesse fazer isso com os funcionários. Você liga para a casa dele e lhe diz o que está acontecendo.

– Veja bem – ele explica –, quando eu vendi a empresa, pedi a eles que cuidassem dos funcionários. Eles disseram que sim. Vou ligar para a Andrea, mas, na verdade, não há nada que eu possa fazer a essa altura do campeonato; eles são os donos da bola.

Extremamente deprimido, você percebe que não quer mais trabalhar para a Yikes!, mas a sua esposa está grávida de seis meses, esperando o seu primeiro filho. Ela precisa ter um plano de saúde pelo menos até o bebê nascer. Mas que infelizes tarefas ainda irão exigir de você até lá? E você desconfia que se não aceitar qualquer incumbência, Parks não hesitará em demiti-lo também.

Ao sair naquela noite, você encontra Lori, a representante mais popular do departamento de suporte ao cliente e uma de suas funcionárias prediletas.

– Ei – Lori lhe pergunta –, o que você achou dessa reunião? Você acredita na Andrea? Você acha que eles vão nos deixar continuar fazendo ótimas bicicletas?

Questões para discussão

1. Em sua opinião, os novos proprietários praticaram alguma ação ilegal? Existem provas de crime nessa situação?
2. A declaração que Parks fez a todos os funcionários foi antiética? Por que ou por que não? Se você a questionasse quanto à ética de sua declaração, como você acha que ela se justificaria?
3. O que você acha que Parks dirá ao fundador se ele ligar em consequência da sua conversa com ele? Ele tem algum recurso legal? A conduta do Major Capital em relação a ele é antiética? Por que ou por que não?
4. Parks utilizará a informação para efetuar cortes de funcionários. O que você acha do argumento dela? Do ponto de vista ético, ela deve levar em consideração outros fatores, como tempo de serviço, avaliações passadas de funcionários ou outros critérios?
5. Como você responde a Lori? Quais as consequências se você lhe disser o que sabe? Quais as consequências de mentir para ela? Quais as consequências de dar uma resposta evasiva?
6. Se você realmente estivesse nessa situação, deixaria a empresa? Por que ou por que não?
7. Nos cursos da área de gestão, falamos de princípios, como estratégia competitiva, como sendo interessantes tópicos acadêmicos. Mas como você pode ver pelo caso da Yikes!, as decisões que envolvem estratégia competitiva têm consequências humanas. Como você pretende resolver os conflitos entre as necessidades humanas e as duras decisões empresariais?
8. Como você define *segurança no emprego*?

REVISÃO

Utilize esta revisão para verificar o que você assimilou das ideias e conceitos que respondem às questões de estudo do capítulo.

Q1. **De que maneira a estratégia organizacional determina a estrutura dos sistemas de informação?**
Represente graficamente e explique a relação entre estrutura setorial, estratégia competitiva, cadeias de valores, processos de negócios e sistemas de informação. Trabalhando de baixo para cima, explique como os conhecimentos que você adquiriu nesses três primeiros capítulos se enquadram nesse diagrama.

Q2. **Quais as cinco forças que determinam a estrutura do setor?**
Descreva a finalidade original do modelo das cinco forças e a finalidade diferente para a qual o modelo é utilizado neste capítulo. Cite dois tipos de forças e descreva os fatores de poder de cada uma. Cite três forças competitivas e descreva os fatores de poder de cada uma. Cite duas forças da cadeia de suprimentos. Resuma as forças maciças em atuação sobre a FlexTime.

Q3. **O que é estratégia competitiva?**
Descreva quatro estratégias diferentes de acordo com a definição de Porter. Para cada estratégia, cite um exemplo de uma empresa que utilize essa estratégia.

Q4. **De que maneira a estratégia competitiva determina a estrutura da cadeia de valores?**
Defina os termos *valor, margem de lucro* e *cadeia de valores*. Explique por que as empresas que escolhem uma estratégia de diferenciação podem utilizar o valor para determinar um limite sobre o custo extra a ser pago pela diferenciação. Cite as atividades básicas e de apoio contidas na cadeia de valores e explique a finalidade de cada uma. Explique o conceito dos elos constituintes da cadeia de valores.

Q5. **De que maneira as cadeias de valores determinam os processos de negócios e os sistemas de informação?**
Qual a relação entre uma cadeia de valor e um processo de negócios? De que maneira os processos de negócios estão relacionados à estratégia competitiva? De que maneira os sistemas de informação estão relacionados à estratégia competitiva? Justifique os comentários apresentados nas duas fileiras intituladas "Processo de negócios para fins de apoio" na Figura 3.6.

Q6. **De que maneira os sistemas de informação oferecem vantagens competitivas?**
Cite e descreva de maneira sucinta os oito princípios da vantagem competitiva. Imagine a livraria da sua universidade e indique uma aplicação para cada um dos oito princípios. Procure incluir exemplos que envolvam sistemas de informação.

Sintetize por que os conhecimentos contidos neste capítulo indicam que a FlexTime está no caminho certo em sua busca por formas de reduzir custos. Explique a importância da Figura 3.1. Discuta como os princípios da vantagem competitiva se aplicam pessoalmente ao seu caso.

UTILIZE SEUS CONHECIMENTOS

1. Suponhamos que você decida abrir uma empresa que recrute estudantes para trabalhar durante as férias. Você designará os estudantes disponíveis de acordo com as funções oferecidas. Você precisa saber as funções que estão sendo oferecidas e os estudantes que estão disponíveis para preencher essas funções. Ao abrir a sua empresa, você sabe que terá concorrentes, inclusive a sua universidade.
   - **a.** Analise a estrutura desse setor de acordo com o modelo das cinco forças de Porter.
   - **b.** Considerando a sua análise do item a, recomende uma estratégia competitiva.
   - **c.** Descreva as atividades básicas contidas na cadeia de valores de acordo com a sua aplicação à empresa em questão.
   - **d.** Descreva um processo de negócios para o recrutamento de estudantes.
   - **e.** Descreva sistemas de informação que possam ser utilizados como apoio para o processo de negócios citado no item d.

f. Explique como o processo descrito no item d e o sistema descrito no item e refletem a sua estratégia competitiva.

2. Considere as duas locadoras de bicicletas apresentadas na Figura 3.6. Pense nas bicicletas que elas alugam. Obviamente, as bicicletas para estudantes podem ser qualquer coisa que eles possam sair da loja pedalando. As bicicletas para executivos, por sua vez, devem ser novas e estar limpas, brilhando e em perfeitas condições.
   a. Compare e contraste as cadeias de valores operacionais dessas duas empresas no que concerne ao gerenciamento da locação de bicicletas.
   b. Descreva um processo de negócios para manutenção de bicicletas para ambas as empresas.
   c. Descreva um processo de negócios para aquisição de bicicletas para ambas as empresas.
   d. Descreva um processo de negócios para alienação de bicicletas para ambas as empresas.
   e. Que funções você vê para os sistemas de informação descritos nas suas respostas às perguntas anteriores? Os sistemas de informações podem ser aqueles que você desenvolver dentro da sua empresa ou aqueles desenvolvidos por outras empresas.

3. Samantha Green é proprietária e dirigente da Twigs Tree Trimming Service. Ela é formada pelo programa de administração florestal de uma universidade local e trabalhou para uma grande empresa de projetos paisagísticos na função de poda e remoção de árvores. Depois de vários anos de experiência, ela comprou um caminhão, um triturador de tocos e outros equipamentos e abriu a sua própria empresa em St. Louis, Missouri, EUA. Embora muitas de suas funções consistam em operações isoladas de remoção de árvores ou tocos, algumas são recorrentes, como a poda anual ou bianual de árvores ou grupos de árvores. Quando o movimento está fraco, ela liga para antigos clientes para lembrá-los de seus serviços e da necessidade de eles podarem regularmente suas árvores.

   Samantha nunca ouviu falar de Michael Porter ou de quaisquer de suas teorias. Ela opera a sua empresa com base na experiência.
   a. Explique de que maneira uma análise das cinco forças competitivas poderia ajudar Samantha.
   b. Você acha que Samantha possui uma estratégia competitiva? Que estratégia competitiva pareceria adequada para ela?
   c. De que maneira os conhecimentos de sua estratégia competitiva auxiliariam os seus esforços de marketing e vendas?
   d. Descreva em termos gerais o tipo de sistema de informação de que ela necessita para servir de apoio aos seus esforços de marketing e vendas.

4. A FiredUp Inc. é uma pequena empresa de propriedade de Curt e Julie Robards. Sediada em Brisbane, na Austrália, a FireUp fabrica e vende um fogão portátil leve chamado FiredNow. Curt, que anteriormente trabalhou como engenheiro aeroespacial, inventou e patenteou um bico queimador que permite que o fogão permaneça aceso sob efeito de ventos muito fortes – até 144 quilômetros por hora. Julie, desenhista industrial por formação, desenvolveu um elegante design dobrável, pequeno, leve, fácil de montar e muito estável. Curt e Julie fabricam o fogão em sua garagem e o vendem diretamente a seus clientes pela internet e por telefone.
   a. Explique de que maneira uma análise das cinco forças competitivas poderia ajudar a FiredUp.
   b. Qual parece ser a estratégia competitiva da FireUp?
   c. Resuma como as atividades básicas da cadeia de valores se aplicam à FiredUp. Como a empresa deveria criar essas cadeias de valores de modo a adequá-las à sua estratégia competitiva?
   d. Descreva os processos de negócios de que a FiredUp necessita para implementar as suas funções de marketing e vendas e as atividades da sua cadeia de valores de serviço.
   e. Descreva em termos gerais sistemas de informação que respaldem a sua resposta ao item d.

ESTUDO DE CASO 3

Bola Bosu

A bola Bosu é um dispositivo projetado para desenvolver o equilíbrio, a força e o condicionamento aeróbico.

Inventada em 1999, a Bosu se tornou popular em academias, ginásios esportivos e residências. Bosu significa "ambos os lados para cima (ou ambos os lados utilizados)", porque qualquer dos dois lados do equipamento pode ser usado para fins de treinamento. A Figura 3.13 mostra o uso de um Bosu.

FIGURA 3.13 O treinador de equilíbrio Bosu

O Bosu não é apenas um dispositivo de treinamento. O equipamento reflete também uma filosofia em condicionamento atlético focada no equilíbrio. De acordo com o inventor do Bosu, David Weck,

> A bola Bosu nasceu da paixão de melhorar o meu equilíbrio. Em minha eterna busca por um atletismo de melhor qualidade, cheguei à conclusão de que o equilíbrio é a base sobre a qual todos os demais componentes do desempenho são construídos.

Para obter uma ampla aceitação do mercado tanto para a sua filosofia quanto para o produto Bosu, Weck licenciou as atividades de marketing e vendas da Bosu para a Fitness Quest em 2001.

O Bosu foi muito bem-sucedido, e esse sucesso acabou atraindo as imitações. A Fitness Quest conseguiu derrotar esses produtos utilizando uma série de técnicas, mas basicamente alavancando suas alianças com instrutores profissionais.

De acordo com Dustin Schnabel, gerente de produtos da Bosu,

> Desenvolvemos relações sólidas e eficazes com mais de 10 mil instrutores profissionais. Fazemos o possível para garantir o sucesso desses instrutores com o Bosu e eles, por sua vez, incentivam seus clientes a adquirir o nosso produto, e não uma imitação barata.
>
> É tudo uma questão de qualidade. Construímos um excelente produto, desenvolvemos relacionamentos de qualidade com os instrutores e nos asseguramos de que esses instrutores recebam tudo de que necessitam para proporcionar a seus clientes uma experiência de qualidade.

Essa estratégia deu certo. Em 2004, a Fitness Quest enfrentou um sério desafio ao Bosu por parte de um grande fornecedor de equipamentos esportivos que tinha alianças com grandes cadeias varejistas, como Target e Walmart. O concorrente lançou uma imitação da bola Bosu por um preço ligeiramente menor. No espaço de alguns meses, na tentativa de angariar vendas, o concorrente reduziu o preço do seu produto várias vezes até que a imitação ficasse por menos da metade do preço do Bosu. Hoje esse produto de imitação desapareceu do mercado. De acordo com Schnabel, "Ninguém o quer nem de graça." Por quê? Porque os clientes entravam na loja para adquirir o produto Bosu recomendado por seus instrutores.

A Fitness Quest possui um banco de dados de instrutores e o utiliza para enviar correspondência postal ou eletrônica, bem como para outros fins de marketing. Por exemplo, depois que uma mensagem de marketing é enviada, Schnabel e outros ficam de olho no banco de dados para ver se houve alterações na posição das inscrições para instrutor. As inscrições aumentam depois de uma mensagem que é efetivamente enviada, e, consequentemente, caem quando as mensagens não alcançam o remetente.

A Fitness Quest e Schnabel também têm um equipamento para exercícios aeróbicos chamado Indo-Row (ilustrado na Figura 3.14) para o qual eles pretendem utilizar a mesma estratégia de marketing. Primeiro, eles alavancarão suas relações com os instrutores para obter a adesão desses profissionais ao novo conceito. Após a adesão dos instrutores, eles utilizarão a estratégia para vender o Indo-Row para clientes individuais.

FIGURA 3.14 O Indo-Row

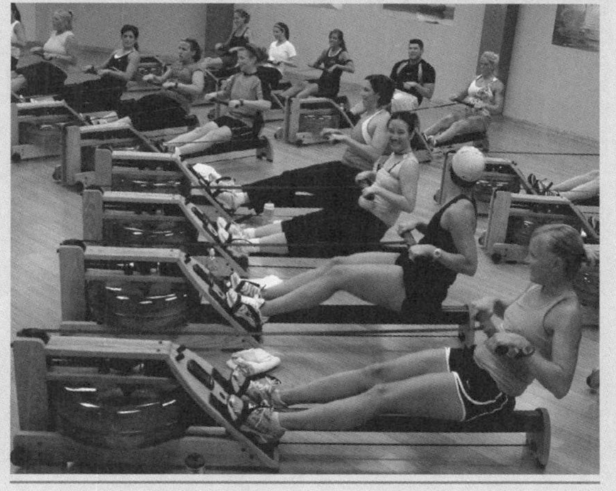

Visite o site www.indorow.com e assista ao vídeo. Como você verá, o Indo-Row compete diretamente com outras formas de exercício em grupo com o auxílio de equipamentos, como o spinning, por exemplo. Schnabel afirma que muitos clubes esportivos e academias procuram um meio de treinamento coletivo novo, divertido e inovador, e que o Indo-Row atende a essa necessidade.

Você encontrará mais informações sobre os dispositivos Bosu no site www.bosu.com, sobre o Indo-Row, em www.indorow.com, e sobre a Fitness Quest, no endereço www.fitnessquest.com.

Fontes: ‹www.bosu.com›. Acesso em jun. de 2012; ‹www.indorow.com›. Acesso em jun. de 2012.

QUESTÕES

1. Reveja os princípios da vantagem competitiva na Figura 3.7. Que tipos de vantagem competitiva o Bosu utilizou para derrotar as imitações?
2. Que função os sistemas de informação desempenharam na sua resposta à questão 1?
3. Que sistemas de informação adicionais a Fitness Quest poderia desenvolver para criar barreiras ao ingresso da concorrência no mercado e para fidelizar seus clientes?
4. Em 2004, a Fitness Quest mantinha alianças com instrutores, e o seu maior concorrente, com grandes redes varejistas. Consequentemente, ambas as empresas estavam competindo com base em suas alianças. Por que você acha que a Fitness Quest venceu essa disputa? Até que ponto o seu sucesso em alavancar suas relações com os instrutores dependia dos sistemas de informação? E de outros fatores?
5. O caso não explica todas as formas como a Fitness Quest utiliza o seu banco de dados de instrutores. Cite cinco aplicações desse banco de dados que elevariam a posição competitiva da empresa.
6. Descreva as grandes diferenças entre o produto Bosu e o produto Indo-Row. Considere aspectos como uso e preço do produto, resistência do cliente, concorrência, ameaças competitivas e outros fatores relacionados à aceitação do mercado.
7. Descreva os sistemas de informação que a Fitness Quest poderia utilizar para reforçar a sua estratégia de colocação do Indo-Row no mercado. Considere os fatores identificados na sua resposta à questão 6.

PARTE II

Tecnologia da informação

Os três próximos capítulos tratam da tecnologia existente por trás dos sistemas de informação. Você pode achar que essa tecnologia não é importante para você como profissional da área de negócios. Entretanto, como você verá na FlexTime, os gerentes e profissionais da área de negócios de hoje trabalham o tempo todo com a tecnologia da informação, pelo menos como consumidores, se não com um envolvimento maior.

Isto poderia acontecer com você

O Capítulo 4 aborda a questão do hardware e do software e define termos básicos e conceitos fundamentais de computação. Você verá que Neil e Kelly têm importantes decisões a tomar em relação à próxima versão de software que eles utilizarão para dirigir sua empresa.

O Capítulo 5 aborda o processamento de bancos de dados. Você aprenderá a terminologia essencial utilizada pelos bancos de dados e será apresentado às técnicas de processamento dessas fontes. Apresentaremos também a criação de modelos de dados, caso você precise avaliar modelos criados para bases de dados desenvolvidas por outras pessoas. Na FlexTime, Neil utilizará um banco de dados para analisar as alternativas de redução de custos identificadas pela equipe no Capítulo 3.

O Capítulo 6 prossegue com a discussão sobre dispositivos de computação iniciada no Capítulo 4 e descreve as tecnologias de comunicação de dados e internet. A FlexTime está respondendo à ameaça do proprietário de seu prédio (um fornecedor) comprando o seu próprio imóvel. A empresa precisa reduzir custos, mas precisa também fazer o cabeamento do prédio para a instalação do sistema de comunicação de dados nos próximos dez anos. De que recursos a FlexTime precisa?

Os três próximos capítulos têm por finalidade lhe ensinar o suficiente sobre tecnologia para que você seja um consumidor eficaz de TI, como Neil na FlexTime. Você aprenderá os termos básicos, os conceitos fundamentais e as estruturas úteis que lhe oferecerão o conhecimento necessário para fazer boas perguntas e solicitações pertinentes aos profissionais de sistemas de informação que trabalharão para você. Esses conceitos e estruturas serão muito mais úteis para você do que as últimas tendências tecnológicas, que, até você se formar, já poderão estar defasadas.

CAPÍTULO 4

Hardware e software

ISTO PODERIA ACONTECER COM VOCÊ

- Neil, eu não queria interromper a nossa noite juntos, mas eu estou confusa em relação ao problema do software no trabalho. Por que nós não atualizamos o programa?

- Faça um retrospecto, Kelly. Há quatro anos, pagamos $ 35.000 pela versão 2 do software de Gerenciamento de Academias.

- Ok, isso eu entendi.

- Desde então, nós pagamos uma taxa anual de manutenção de $ 5.000. Essa taxa nos permite recorrer ao suporte técnico deles quando há qualquer problema, como quando instalamos as três novas impressoras no ano passado. Eles nos ajudam em outras situações também.

- Então, Neil, isso significa que pagamos $ 55.000 a eles até o momento.

- Exato. Agora, há dois anos eles lançaram a versão 3 do software. Eu a examinei e não vi qualquer razão para a atualização, e eles queriam que pagássemos uma nova taxa de licenciamento de $ 25.000. Por isso eu dispensei.

- Tudo bem, isso parece lógico. Então qual é o problema?

- Quando eu estava na Siebel, nós chamávamos isso de tática da *supressão e opressão*. Na verdade, eu acho que essa expressão veio da IBM na década de 1960, mas não importa. A ideia é interromper o suporte a uma versão mais antiga do produto (é a *supressão*) dizendo aos seus clientes que, para ter assistência, eles têm de fazer uma atualização da versão (é a *opressão*).

- Puxa! E nós podemos processá-los ou algo assim?

- Nós queremos nos aporrinhar com um processo judicial?

- Não.

- Além disso, os contratos dizem que eles podem fazer isso.

QUESTÕES DE ESTUDO

Q1. O que os profissionais da área de negócios precisam saber sobre hardware?
Q2. Qual a diferença entre um cliente e um servidor?
Q3. O que os profissionais da área de negócios precisam saber sobre software?
Q4. Por que os *thin clients* (clientes magros) têm preferência sobre os clientes (*thick clients* – clientes gordos)?[1]
Q5. O software de código aberto é uma alternativa viável?

De que maneira os conhecimentos contidos neste capítulo são úteis para a Kelly e para você?

- Então fazemos a atualização?

- Talvez, Kelly. A questão, porém, é que a arquitetura deles é antiga. Mesmo com a nova versão, eles ainda estão usando a arquitetura cliente e eu simplesmente não acho que seja interessante para nós continuar desse jeito.

- Neil, eu não tenho absolutamente nenhuma ideia do que você está falando. E estou com fome. Vamos fazer o pedido.

Eles pedem os pratos.

- Kelly, você sabe aquele computador que está no canto da minha sala? Aquele é o nosso servidor. É um computador que recebe solicitações dos outros computadores e as processa. Todos os computadores da FlexTime são computadores-clientes; eles recorrem ao servidor para executar tarefas como armazenar dados em nosso banco de dados. Mas, para fazer esse trabalho, tivemos que instalar um programa especial de computador em cada cliente.

- E o que isso quer dizer?

- Os clientes estão obsoletos; eles são baseados na tecnologia dos anos 1980. O novo método consiste em adotar uma tecnologia da internet e substituir o cliente por um navegador. Existem muitas razões para fazer isso, mas uma delas é que as pessoas não precisam ter um programa especial instalado em seu computador para ter acesso aos nossos sistemas. Elas podem fazer isso a partir de um navegador. Com isso, eu não preciso estar instalando e desinstalando software nos computadores de nossos instrutores. As pessoas podem acessar o sistema também a partir de seus iPhones, ou de qualquer outro dispositivo que estejam usando. Basta que utilizem os seus navegadores.

- Então essa atualização que eles estão querendo "empurrar" é baseada em uma tecnologia mais antiga?

- Exatamente. Estive olhando outras opções. O problema é que teríamos de treinar todos para usar o novo sistema... e isso seria desagradável... e dispendioso.

- Bem, se for preciso fazer, temos que fazer.

- É. Poderíamos esperar para quando estivermos no prédio novo, mas não me agrada a ideia de impor tantas mudanças ao mesmo tempo às pessoas.

- Tudo bem, e por que você está relutando?

- Por causa do custo. Eles querem $ 65.000 no ato e 10%, $ 6.500, por ano pelo serviço de suporte.

- Caramba!

- Existe outra opção: o **código aberto**. Há um grupo que criou uma versão que pode resolver o problema, e é gratuito.

- Como pode ser gratuito?

- Bem, eu diria que é isento de licença. Não teremos de pagar nada no ato da aquisição, apenas a empresa que presta assistência técnica ao programa.

- Mas por que não há o custo à vista?

- Por que os programadores que criam o software são voluntários não remunerados.

- Neil, você está dizendo que vamos dirigir a nossa empresa utilizando um programa criado por um bando de amadores?

- Não, não são amadores. Veja a Wikipedia. É feita por voluntários e a qualidade das informações é alta. A comunidade Wikipedia zela por isso. O mesmo acontece com um bom software de **código aberto**. O Linux foi criado assim.

- Linux? Ah, não, mais um termo. Chega. Vamos comer. De que maneira outras empresas de pequeno porte fazem isso? Quero dizer, você pas-

1. Em uma estrutura de rede baseada em uma arquitetura cliente-servidor, chama-se de magro o computador-cliente com poucos (ou nenhum) aplicativos instalados dependendo do servidor para realizar suas atividades. O cliente-gordo é o computador da rede que possui os aplicativos instalados nele próprio e com grande autonomia em relação ao servidor. Na prática, usa-se mais as expressões *thin clients* e clientes para diferenciar uns dos outros. Os thin clients também são conhecidos como "terminais burros."(NT).

sou todos esses anos vendendo software e conhece o assunto. Como a média dos donos de academia tomam suas decisões?

- Eles desperdiçam muito dinheiro.

- E tempo.

“Quando eu estava na Siebel, nós chamávamos isso de tática de supressão e opressão.”

Q1. O que os profissionais da área de negócios precisam saber sobre hardware?

Assim como Neil, você pode começar atuando no setor de informática e depois mudar de ramo. Nesse caso, você saberá "as regras do jogo". Mas é possível também que não. Pode ser que você seja um gerente de departamento, ou dono de uma pequena empresa, ou membro do comitê de tecnologia do seu escritório de advocacia. Qualquer que seja o ramo da sua carreira profissional, você não deve ser um desses profissionais que "desperdiçam muito dinheiro... e tempo". Os conhecimentos contidos neste capítulo podem ser úteis.

Você não precisa ser nenhum especialista. Não precisa ser engenheiro de hardware nem programador de softwares. Você precisa saber o suficiente, no entanto, para ser um consumidor eficaz. Você precisa dos conhecimentos e habilidades necessários para fazer perguntas importantes e relevantes e entender as respostas.

4.1 *Componentes básicos*

Como vimos na estrutura dos cinco componentes, o **hardware** consiste em componentes eletrônicos e dispositivos correlatos que inserem, processam, reproduzem e armazenam dados de acordo com as instruções codificadas nos programas de computador ou software. A Figura 4.1 mostra os componentes de um computador genérico.

Os **periféricos de entrada** são o teclado, o mouse, os scanners de documentos e os scanners de código de barras (Código Universal de Produtos) como aqueles usados nos supermercados. Os microfones também são dispositivos de entrada. Com um microcomputador tipo tablet, é possível inserir dados manuscritos também. Os periféricos de entrada mais antigos consistem em leitores de tinta magnética (usadas para ler os caracteres impressos na parte inferior dos cheques) e scanners como o scanner de teste Scantron mostrado na Figura 4.2.

FIGURA 4.1 Hardware de entrada, processamento, produção e armazenamento de dados

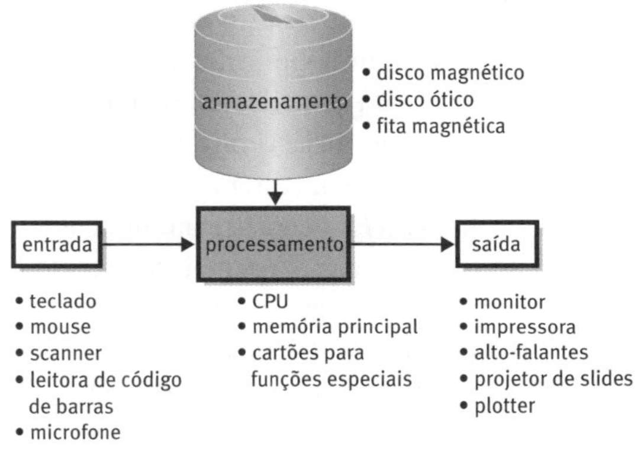

FIGURA 4.2 Scanner Scantron

Fonte: Cortesia do Harrison Public Relations Group, Scantron Corporation.

Os *dispositivos de processamento* incluem a **unidade central de processamento (Central Processing Unit – CPU)**, às vezes chamada de "cérebro" do computador. Embora o formato da CPU nada tenha em comum com a anatomia dos cérebros animais, a descrição é útil, uma vez que a CPU possui a "inteligência" da máquina. Ela seleciona e processa instruções, executa comparações aritméticas e lógicas e armazena os resultados das operações na memória. Alguns computadores possuem duas ou mais CPUs. Um computador com duas CPUs é denominado computador com **processador de núcleo duplo**. Os computadores com **processador de núcleo quádruplo** possuem quatro CPUs. Alguns computadores altamente sofisticados possuem dezesseis ou mais CPUs.

A velocidade, a função e o custo das CPUs variam. Fornecedores de hardware como a Intel, a Advanced Micro Devices (AMD) e a National Semiconductor estão sempre melhorando a velocidade e as funções e reduzindo o custo das CPUs (como vimos quando falamos sobre a Lei de Moore, no Capítulo 1). Se você ou o seu departamento precisa da maior e mais avançada CPU vai depender da natureza do seu trabalho, como iremos ver.

A **memória principal** consiste em um conjunto de circuitos para o armazenamento de dados e instruções que, por sua vez, são processados pela CPU. Ela lê dados e instruções a partir da memória e armazena os resultados dos processamentos na memória principal. Descreveremos a relação entre a CPU e a memória principal mais adiante neste capítulo. A memória principal, às vezes, é chamada de memória **RAM** (Random Access Memory - memória de acesso aleatório).

Por fim, os computadores podem ser dotados também de **cartões para funções especiais** (ver Figura 4.3), que são componentes eletrônicos montados em finas placas de fibra de vidro que podem ser acrescentados a um computador para ampliar suas funções básicas. Um exemplo comum é um cartão que proporciona maior clareza e velocidade de atualização da tela do computador.

Os **periféricos de saída** consistem em monitores, impressoras, alto-falantes, projetores de slides e outros dispositivos para finalidades especiais, como grandes plotadoras de mesa.

Os **periféricos de armazenamento** salvam dados e programas. O disco magnético é, sem comparação, o dispositivo de armazenamento mais comum, embora os discos óticos, como CDs e DVDs, também sejam populares. Nos centros de processamento de dados das grandes empresas, os dados, às vezes, são armazenados em fita magnética.

4.2 *Dados de computador*

Antes de prosseguirmos com uma descrição mais detalhada de hardware, precisamos definir vários termos importantes. Vamos começar pelos dígitos binários.

FIGURA 4.3 Cartão para funções especiais

Fonte: Cortesia da Creative Lab, Inc. Sound Blaster e Audigy são marcas registradas da Creative Technology Ltd. nos Estados Unidos e em outros países.

4.2.1 DÍGITOS BINÁRIOS

Os computadores representam dados utilizando **dígitos binários**, denominados **bits**. Um bit equivale a 0 ou 1. Os bits são utilizados para dados de computadores porque são fáceis de ser representados eletronicamente, conforme ilustrado na Figura 4.4. Um interruptor pode estar aberto (aceso) ou fechado (apagado). Um computador pode ser projetado de modo que um interruptor aberto represente 0 e um interruptor fechado represente 1. Ou o sentido de um campo magnético pode representar um bit. O magnetismo em uma direção representa zero, na direção oposta, um. Ou ainda, no caso das mídias óticas, pequenas covas são impressas (queimadas) na superfície do disco de modo a refletir a luz. Em um determinado ponto, um reflexo significa 1, a inexistência de reflexo significa 0.

Figura 4.4 Os bits são de fácil representação física

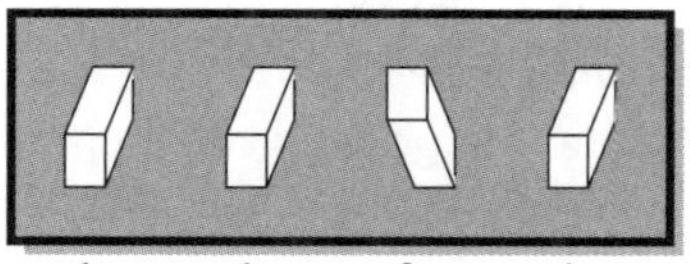

1 1 0 1

A. Interruptores de luz representando 1101

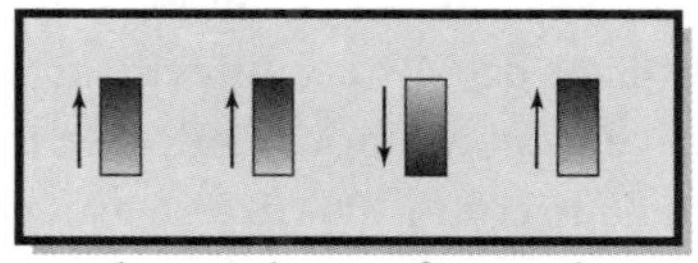

1 1 0 1

B. Direção do campo magnético representando 1101

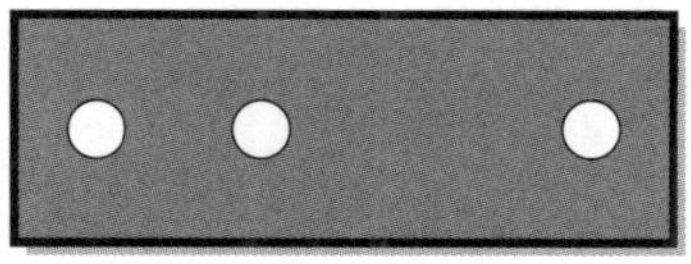

1 1 0 1

C. Reflexo/falta de reflexo representando 1101

4.2.2 Dimensionamento dos dados de computador

Todos os dados armazenados em um computador são representados por bits. Os dados podem ser números, caracteres, quantias monetárias, fotos, gravações ou o que for. Todos são simplesmente uma sequência de bits.

Os bits são reunidos em grupos de 8 bits chamados **bytes**. No caso de dados representados por caracteres, como as letras do nome de uma pessoa, por exemplo, um caractere equivale a um byte. Desse modo, quando você lê uma especificação dizendo que um dispositivo de computação tem 100 milhões de bytes de memória, você sabe que o dispositivo tem capacidade para armazenar até 100 milhões de caracteres.

Os bytes são usados também para medir dados não representados por caracteres. Podemos dizer, por exemplo, que uma determinada foto tem o tamanho de 100 mil bytes. Essa afirmação significa que a extensão da sequência de bits que representa a foto mede 100 mil bytes ou 800.000 bits (porque a equivalência é de 8 bits por byte).

As especificações referentes ao tamanho da memória principal, do disco e de outros dispositivos do computador são expressas em bytes. A Figura 4.5 mostra o conjunto de abreviaturas utilizadas para representar a capacidade de armazenamento de dados. Um **kilobyte**, abreviado como **KB**, é uma coleção de 1.024 bytes. Um **megabyte**, ou **MB**, equivale a 1.024 kilobytes. Um **gigabyte**, ou **GB**, contém 1.024 megabytes e um **terabyte**, ou **TB**, é igual a 1.024 gigabytes.

Às vezes, você verá essas definições simplificadas como 1 KB igual a 1.000 bytes e 1 MB igual a 1.000 K. Essas simplificações são incorretas, mas facilitam a matemática. Além disso, os fabricantes de discos e computadores são incentivados a

Figura 4.5 Terminologia importante de capacidade de armazenamento de dados

Termo	Definição	Abreviatura
Byte	Número de bits para representar um caractere	
Kilobyte	1.024 bytes	KB
Megabyte	1.024 K = 1.048.576 bytes	MB
Gigabyte	1.024 MB = 1.073.741.824 bytes	GB
Terabyte	1.024 GB = 1.099.511.627.776 bytes	TB

divulgar essa concepção errônea. Se um fabricante de discos define 1 MB como sendo 1 milhão de bytes - e não os corretos 1.024 K - ele pode usar a sua própria definição de MB ao especificar as capacidades do drive. O comprador pode pensar que um disco anunciado como 100MB tem espaço para 100 × 1.024 bytes, mas, na realidade, o disco tem espaço apenas para 100 x 1.000.000 bytes. Normalmente, a distinção não é tão importante, mas esteja atento às duas possíveis interpretações dessas abreviaturas.

4.3 *Em menos de 300 palavras, como funciona um computador?*

A Figura 4.6 mostra um aspecto de um computador em uso. A CPU é o ator principal. Para rodar um programa ou processar dados, o computador primeiro transfere o programa ou os dados do disco para a *memória principal*. Em seguida, para executar uma instrução, transfere a instrução da memória principal para a CPU através do **canal de dados** ou **bus (barramento)**. A CPU possui uma pequena capacidade de memória muito rápida chamada **cache,** onde são mantidas as instruções utilizadas com frequência. Uma memória cache de grande capacidade torna o computador mais rápido, mas é cara.

A memória principal do computador mostrado na Figura 4.6 contém instruções de programa para Microsoft Excel, Adobe Acrobat e um navegador (Microsoft Internet Explorer ou Mozilla Firefox), além de um bloco de dados e instruções para o **sistema operacional**, que é um programa que controla os recursos do computador.

A memória principal é pequena demais para comportar todos os programas e dados que um usuário pode querer processar. Por exemplo, nenhum microcomputador possui memória suficiente para acomodar o código completo do Microsoft Word, Excel e Access. Consequentemente, a CPU carrega os programas na memória em grupos. Na Figura 4.6, uma parte do Excel foi carregada na memória. Quando o usuário solicitou um processamento adicional (digamos, para organizar a planilha eletrônica), a CPU carregou outra parte do Excel.

Se o usuário abrir outro programa (o Word, por exemplo) ou precisar carregar mais dados (digamos, uma foto), o sistema operacional direcionará

FIGURA 4.6 Componentes do computador, em uso

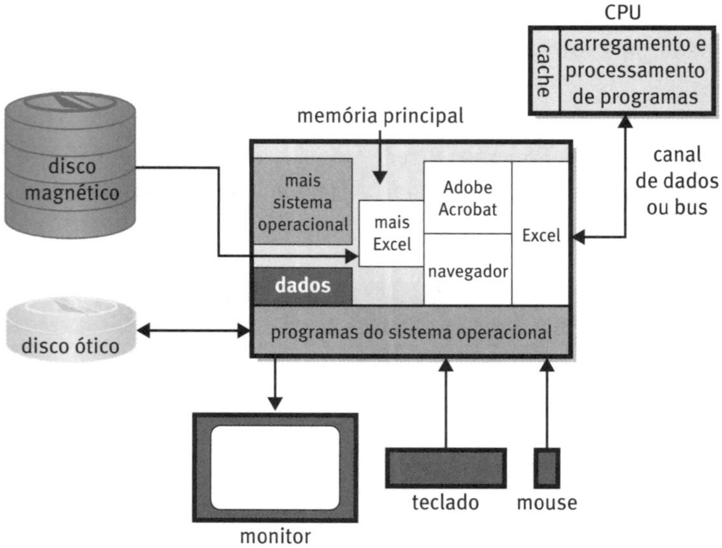

a CPU no sentido de tentar colocar o novo programa ou os novos dados na memória não utilizada. Caso não haja memória suficiente, o sistema removerá algo, talvez o bloco de memória rotulado "Mais Excel", e depois colocará o programa ou os dados agora solicitados no espaço vago. Esse processo é chamado **troca de memória**.

4.4 *Por que um gerente se interessa pelo funcionamento de um computador?*

Você pode pedir computadores com tamanhos variáveis de memória principal. Uma empresa que rode apenas um programa de cada vez e processe pequenos volumes de dados precisa de muito pouca memória – 1 GB é suficiente. Por outro lado, uma empresa que processe muitos programas ao mesmo tempo (digamos, Word, Excel, Firefox, Access, Acrobat e outros) ou um funcionário que processe arquivos muito grandes (arquivos com fotos, vídeo ou áudio) precisa de muita memória principal, talvez 3 GB ou mais. Se tiver uma memória muito pequena, o computador desse funcionário precisará estar constantemente trocando memória e se tornará lento. (A propósito, isso significa que se o seu computador estiver lento e houver muitos programas abertos, você provavelmente pode melhorar o desempenho fechando um ou mais programas. Dependendo do seu computador e da quantidade de memória disponível, você pode também melhorar o desempenho acrescentando mais memória.)

É possível também pedir computadores com CPUs de diferentes velocidades. A velocidade da CPU é expressa em ciclos chamados *hertz*. Em 2010, um microcomputador lento tinha uma velocidade de 1.5 Gigahertz. Um computador rápido tem uma velocidade de 3+ Gigahertz, com processador de núcleo duplo. Conforme previsto pela Lei de Moore, a velocidade da CPU aumenta continuamente.

Além disso, as CPUs de hoje são classificadas como 32 ou 64 bits. Sem nos aprofundarmos nos detalhes, uma **CPU de 32 bits** é um processador capaz de utilizar efetivamente até 4 GB de memória principal. Já uma **CPU de 64 bits**, é um processador que pode usar, pelos padrões atuais, uma quantidade de quase ilimitada de memória principal. Os processadores de 64 bits têm vantagens também em relação à velocidade. Naturalmente, são mais caros do que os de 32 bits.

Um funcionário que execute apenas tarefas simples, como processamento de texto, não precisa de uma CPU rápida; uma CPU de 32 bits e 1.5 Gigahertz serve. Entretanto, um funcionário que processe planilhas grandes e complicadas ou que manipule grandes arquivos de dados ou edite grandes arquivos com fotos, áudio ou vídeo precisa de um computador rápido, com um processador de núcleo duplo de 64 bits e 3.5 Gigahertz ou mais.

Um último comentário: As memórias cache e principal são **voláteis**, o que significa que o seu conteúdo se perde quando a fonte de energia é desligada. Os discos magnéticos e óticos **não são voláteis**, o que significa que o seu conteúdo sobrevive quando a energia é desligada. Se, de repente, houver uma interrupção de energia, o conteúdo que não tiver sido salvo na memória – documentos que tenham sido alterados, por exemplo – se perderá. Portanto, é essencial salvar com frequência os documentos ou arquivos que você estiver modificando. Salve os seus documentos antes que o seu colega de sala tropece no cabo de energia.

Q2. Qual a diferença entre um cliente e um servidor?

Antes de falarmos sobre programas de computador, você precisa entender a diferença entre um cliente e um servidor. A Figura 4.7 mostra o ambiente de computação do usuário comum. Os usuários empregam **computadores-clientes (ou só clientes)** para processamento de textos, planilhas, acesso a bancos de dados e assim por diante. Além disso, a maioria dos computadores-clientes é dotada de software que permite conexão a uma rede. Pode ser uma rede privada na empresa ou na escola do usuário ou a internet, que é uma rede pública. (Falaremos sobre redes e tópicos correlatos no Capítulo 6. Aguarde!).

Os **servidores**, como o próprio nome subentende, prestam algum serviço. Alguns servidores processam e-mail; outros processam sites da internet;

FIGURA 4.7 Computadores clientes e servidores

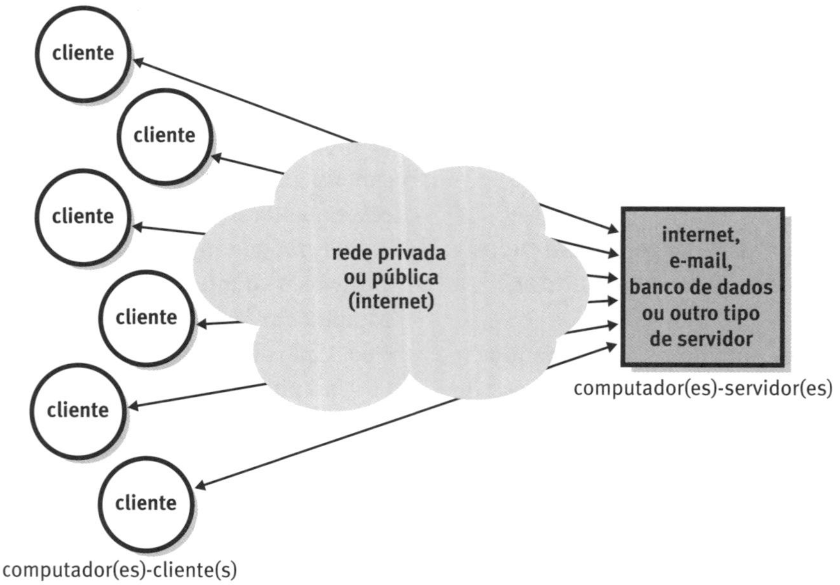

FIGURA 4.8 Um farm de servidores

Fonte: Lucidio Studios Inc., The Stock Collection.

outros, ainda, processam grandes bancos de dados compartilhados; e existem aqueles que executam todas essas funções ou outras funções similares.

Um servidor é apenas um computador, mas, como se pode imaginar, os computadores-servidores precisam ser rápidos e normalmente possuem várias CPUs. Eles necessitam de muito espaço de memória principal, pelo menos 4 GB, e exigem discos muito grandes - geralmente 1 terabyte ou mais. Por serem quase sempre acessados a partir de outro computador através de uma rede, os computadores-servidores têm monitores de vídeo limitados, ou nem têm monitor. Pela mesma razão, muitos não têm teclado. A maioria dos servidores hoje é dotada de processadores de 64 bits.

No caso de sites com grandes números de usuários (por exemplo, Amazon.com), os servidores são organizados em um grupo de servidores chamados **farms de servidores**, conforme ilustrado na Figura 4.8. Os servidores em um farm coordenam suas atividades em uma dança tecnológica incrivelmente sofisticada e fascinante. Eles recebem e processam centenas, possivelmente milhares, de solicitações de serviço por minuto. Por exemplo, em dezembro de 2009, a Amazon.com processou uma média de 110 pedidos por segundo durante 24 horas seguidas![2]

Q3. O que os profissionais da área de negócios precisam saber sobre software?

Como futuro gerente negócios ou profissional da área, você precisa conhecer a terminologia e os conceitos de software essenciais que lhe permitirão ser um consumidor inteligente de programas de computador. Para começar, vejamos as categorias básicas de software mostradas na Figura 4.9.

Todo computador possui um *sistema operacional*, que é um programa que controla os recursos desse computador. Algumas das funções de um sistema operacional incluem leitura e escrita de dados, alocação de memória principal, execução de trocas de memória, inicialização e encerramento de programas, resposta a condições de erro e facilitação de backup e recuperação de dados. Além disso, o sistema operacional cria e gerencia a interface do usuário, dentre os quais, o monitor, o teclado, o mouse e outros dispositivos.

Embora o sistema operacional torne o computador utilizável, o seu trabalho de aplicação específica é pequeno. Se quiser redigir um documento ou pesquisar um banco de dados, você precisa de *programas aplicativos* como Microsoft Word ou Oracle Customer Relationship Management (CRM). Além do sistema operacional, a licença de uso desses programas deve ser adquirida.

Tanto os computadores-clientes quanto os computadores-servidores necessitam de sistema operacional, embora esse sistema não precise ser o mesmo. Além disso, tanto clientes quanto servidores podem processar programas aplicativos. O projeto do aplicativo determina se o cliente, o servidor ou ambos são capazes de processá-lo.

Você precisa compreender duas limitações importantes de um software. Primeiro, uma determinada versão de um sistema operacional é escrita para um determinado tipo de hardware. Por exemplo, o Microsoft Windows funciona somente em processadores da Intel e de empresas que produzem processadores compatíveis com o **conjunto de instruções** da Intel (os comandos que uma CPU é capaz de processar). Além disso, a versão de 32 bits do Windows roda apenas em computadores Intel equipados com CPUs de 32 bits, enquanto a versão de 64 bits roda somente em computadores Intel com CPUs de 64 bits. Em outros casos, como do Linux, por exemplo, existem muitas versões para muitos conjuntos de instruções diferentes e tanto para computadores de 32 quanto de 64 bits.

Segundo, os programas aplicativos são escritos de modo a utilizar um determinado sistema operacional. O Microsoft Access, por exemplo, roda somente no sistema operacional Windows. Alguns aplicativos são oferecidos em diversas versões. Existem, por exemplo, versões do Microsoft Word para Windows e Macintosh. Partimos do princípio de que um determinado aplicativo roda apenas com um único sistema operacional.

2. Amazon kindle is the most gifted item ever on Amazon.com. BusinessWire. Disponível em: ‹http://www.businesswire.com/news/home/20091226005004/en/Amazon-Kindle-Gifted-Item-Amazon.com›. Acesso em: jun. 2012.

Veremos a seguir as categorias de software aplicativo e de sistema.

4.5 *Quais os quatro principais sistemas operacionais?*

Os quatro principais sistemas operacionais se encontram relacionados na Figura 4.10. Vejamos cada um deles.

4.5.1 Windows

Para usuários comerciais, o sistema operacional mais importante é o Microsoft **Windows**. Em mais de 85% dos microcomputadores do mundo reside alguma versão do Windows, e, considerados apenas os usuários comerciais, esse número sobe para mais de 95%. Existem muitas versões de Windows: o Windows 7, o Windows Vista e o Windows XP rodam em computadores de usuários. O Windows Server é uma versão de Windows criada para servidores. Como dissemos,

FIGURA 4.9 Categorias de programas de computador

	Sistema operacional	Programas aplicativos
Cliente	Programas que controlam os recursos do computador-cliente	Aplicativos processados em computadores-clientes
Servidor	Programas que controlam os recursos do computador-servidor	Aplicativos processados em computadores-servidores

FIGURA 4.10 O que um gerente precisa saber sobre software

Categoria	Sistema operacional	Conjunto de instruções	Aplicativos comuns	Usuário típico
Cliente	Windows	Intel	Microsoft Office: Word, Excel, Access, PowerPoint, muitos outros aplicativos	Comercial Doméstico
	Mac OS (pré-2006)	Power PC	Aplicativos para Macintosh, mais Word e Excel	Artistas gráficos Comunidade artística
	Mac OS (pós-2006)	Intel	Aplicativos Macintosh , mais Word e Excel. Pode rodar também Windows em hardware Macintosh	Artistas gráficos Comunidade artística
	Unix	Sun e outros	Engenharia, projetos assistidos por computador, arquitetura	Difícil para o usuário comum, mas popular entre alguns engenheiros e cientistas da computação
	Linux	Qualquer um	Open Office (Microsoft Office (equivalente ao Microsoft Office)	Raro – usado em casos de orçamento limitado
Servidor	Windows Server	Intel	Aplicativos tipo servidor para Windows	Empresa compromissada com Microsoft
	Unix	Sun e outros	Aplicativos-servidores Unix	Desaparecendo... o Linux está tomando o seu mercado
	Linux	Qualquer um	Aplicativos-servidores Linux e Unix	Muito popular – promulgado pela IBM

o Windows roda o conjunto de instruções Intel tanto em computadores de 32 quanto de 64 bits.

4.5.2 Mac OS

A Apple Computer Inc., desenvolveu o seu próprio sistema operacional para o Macintosh, o **Mac OS.** A versão atual é o Max OS X. Os computadores Macintosh são usados basicamente por artistas gráficos e profissionais da comunidade artística. O Mac OS foi projetado originalmente para rodar a linha de CPUs da Motorola. Em 1994, o Mac OS mudou para a linha de processadores PowerPC da IBM. A partir de 2006, os computadores Macintosh foram disponibilizados tanto para PowerPC quanto para CPUs Intel. Um Macintosh com processador Intel é capaz de rodar tanto o Windows quanto o Mac Os.

A maioria das pessoas concordaria que a Apple foi a pioneira no desenvolvimento de interfaces fáceis de usar. Certamente, muitas ideias inovadoras apareceram primeiro em um Macintosh e mais tarde, de uma forma ou de outra, foram acrescentadas ao Windows.

4.5.3 Unix

O **Unix** é um sistema operacional que foi desenvolvido na Bell Labs na década 1970 e desde então tem sido o cavalo de batalha das comunidades científica e de engenharia. Em geral, o Unix é considerado mais difícil de usar do que o Windows ou o Macintosh. Muitos usuários do Unix conhecem e empregam uma linguagem misteriosa para manipular arquivos e dados. Entretanto, após superar essa curva de aprendizado um tanto íngreme, a maioria dos usuários se torna fã incondicional do sistema. A Sun Microsystems e outros fornecedores de computadores para aplicações científicas e de engenharia são os grandes patrocinadores do Unix. Em geral, o Unix não é para o usuário de negócios.

4.5.4 Linux

O **Linux** é uma versão do Unix desenvolvida pela **comunidade de** código aberto (ver a questão Q5). Essa comunidade é um grupo independente de programadores que contribuem com códigos para o desenvolvimento e manutenção do Linux. A comunidade de código aberto é proprietária do Linux e não há cobrança de taxa para utilização do sistema. O Linux pode rodar em computadores-clientes, mas é usado com mais frequência para servidores, particularmente servidores de internet.

A IBM é o patrocinador básico do Linux. Embora não seja proprietária do Linux, a IBM desenvolveu muitas soluções de sistemas empresariais que utilizam o Linux. Utilizando o Linux, a IBM não precisa pagar taxa de licenciamento à Microsoft ou a qualquer outro fornecedor de sistemas operacionais.

4.6 *Próprio* versus *licenciado*

Ao comprar um programa de computador, você não está realmente comprando esse programa. Na realidade, você está comprando uma **licença**, que é o direito de uso de um determinado número de cópias desse programa, sujeito aos limites de responsabilidade do fornecedor. Normalmente, quando você compra uma licença do Windows, a Microsoft lhe vende o direito de utilizar o Windows em um único computador, sujeito a páginas e páginas de "legalês" que limitam a responsabilidade da Microsoft. A Microsoft continua sendo a proprietária do programa.

As grandes empresas não compram uma licença para cada usuário. Ao contrário, elas negociam uma **licença para o local**, que consiste no pagamento de uma taxa fixa pelo direito de instalar o produto (sistema operacional ou aplicativo) em todos os computadores da empresa ou em todos os computadores de um local específico.

No caso do Linux, nenhuma empresa pode vender uma licença para utilizá-lo. Por ser propriedade de uma comunidade de código aberto, que afirma que o Linux não requer pagamento de taxa de licenciamento (com determinadas restrições razoáveis). As grandes empresas, como a IBM, e empresas menores, como a Red Hat, podem ganhar dinheiro prestando suporte ao Linux, mas nenhuma empresa ganha dinheiro vendendo licenças de uso do Linux.

4.7 *Computação em nuvem e virtualização*

Você pode ouvir dois novos termos que se tornaram populares com relação aos itens de hardware e software de computadores-servidores: computação em nuvem e virtualização. **Computação em nuvem** é uma forma de arrendamento de hardware/software na qual as empresas obtêm recursos de servidor de fornecedores especializados em processamento de servidor.[3] A quantidade de tempo e recursos de servidor arrendados é flexível e pode mudar dinamicamente (e radicalmente). Os clientes pagam apenas os recursos utilizados. Dentre as grandes empresas que oferecem produtos de computação em nuvem estão a Amazon.com, a IBM, a Microsoft e a Oracle.

A sua universidade é uma séria candidata a utilizar a computação em nuvem para sistemas como matrículas de aulas. No caso de programas semestrais, a matrícula ocorre apenas três vezes por ano, de modo que quaisquer servidores dedicados exclusivamente a matrículas permanecerão ociosos durante a maior parte do ano. Com a computação em nuvem, a sua universidade poderia arrendar recursos de servidor de um fornecedor em nuvem como a IBM quando necessitasse deles. A instituição utilizará recursos substanciais de computação para tarefas de suporte às matrículas em agosto, janeiro e junho, mas quase nenhum nos demais meses, e pagará apenas pelos serviços que utilizar.

A computação em nuvem permite que várias empresas utilizem a mesma infraestrutura de computação. As empresas de preparação de imposto de renda podem utilizar em abril os mesmos computadores IBM que a sua universidade utiliza em agosto, janeiro e junho. De certo modo, a computação em nuvem é uma forma de consolidação de estoque de ciclos de CPU.

A computação em nuvem é viável porque os seus fornecedores aproveitam o poder da virtualização. **Virtualização** é o processo pelo qual múltiplos sistemas operacionais compartilham o mesmo hardware. Consequentemente, com a virtualização, um servidor pode atender, digamos, a duas instâncias de Windows Server, uma instância do Linux e três instâncias do Windows 7. Como essas instâncias são isoladas, parecerá que cada uma tem controle exclusivo sobre o computador-servidor.

Devido à virtualização, é bastante fácil para os fornecedores de computação em nuvem reconfigurarem os servidores a fim de atender eventuais mudanças na carga de trabalho. Se a sua universidade precisar de mais cem servidores em agosto, a IBM precisará apenas acrescentar cem instâncias do ambiente de servidor da sua universidade aos seus computadores virtuais. Se, dois dias depois, a sua faculdade precisar de mais cem instâncias, a IBM alocará mais cem. Por trás dos bastidores, a IBM provavelmente manipula essas instâncias entre os servidores, equilibrando a sua carga de trabalho entre os computadores que rodam os sistemas operacionais virtuais. Nenhuma dessas atividades é visível para a sua universidade ou para os alunos que se matriculam na turma.

4.8 *Que tipos de aplicativos existem e como as empresas os obtêm?*

O **software aplicativo** executa um serviço ou uma função. Alguns aplicativos são para uso geral, como o Microsoft Excel ou Word. Outros desempenham funções específicas. O QuickBooks, por exemplo, é um programa aplicativo que executa funções de escrita contábil geral (livro-razão) e outras funções contábeis. Começamos descrevendo as categorias de programas aplicativos e depois as suas respectivas fontes.

4.8.1 QUAIS AS CATEGORIAS DE PROGRAMAS APLICATIVOS QUE EXISTEM?

O software **aplicativo para o mercado horizontal** oferece capacidades comuns a todas as empresas e setores. Os processadores de texto, os programas gráficos, as planilhas eletrônicas e os programas de apresentação são todos software aplicativos de mercado horizontal.

Constituem exemplos desse tipo de software o Microsoft Word, o Excel e o PowerPoint. Exemplos de outros fornecedores são o Acrobat, o Photoshop e o Page Maker, da Adobe, bem como o Paint Shop Pro, da Jasc Corporation. Esses aplicativos são utilizados em uma ampla variedade de empresas, em todos os setores. São programas padronizados disponíveis em estoque que exigem (ou permitem) pouca customização de funções.

O software **aplicativo para o mercado vertical** atende às necessidades de um setor específico,

3. Para mais informações, acesse: www-03.ibm.com/cloud; www.microsoft.com/ComputacaoEmNuvem.

e normalmente pode ser alterado ou customizado. Em geral, a empresa que vende o software aplicativo presta esse tipo de serviço ou indica consultores qualificados que o façam.

O software **aplicativo específico** é desenvolvido para uma necessidade específica e exclusiva.

4.8.2 Como as empresas adquirem programas aplicativos?

Você pode adquirir programas aplicativos exatamente da mesma maneira que compra um novo par de sapatos. A opção mais rápida e menos arriscada é adquirir um par de sapatos padronizado disponível em estoque. Com esse método, você recebe o seu par imediatamente e sabe exatamente quanto irá custar. Entretanto, pode ser que o produto não seja adequado às suas necessidades. Alternativamente, você pode comprar um par de sapatos padronizado e alterá-lo, o que exigirá mais tempo, poderá custar mais e ainda existe a possibilidade de que a alteração resulte em uma má customização. O mais provável, no entanto, é que um par de sapatos customizado seja mais adaptável do que um padronizado disponível em estoque.

Por fim, você pode contratar um customizador para fazer um par de sapatos sob medida. Nesse caso, você terá de descrever o que quer, estar disponível para múltiplas adaptações e estar disposto a pagar um preço consideravelmente maior. Embora a chance de uma ótima adaptação seja excelente, existe também a possibilidade de um desastre. Contudo, se você quiser um par de sapatos de couro italiano, com detalhes em dourado e tamanho específico de salto, a customização é a melhor alternativa. Você pode adquirir programas de computador exatamente da mesma forma: **software padronizado disponível em estoque, software padronizado disponível em estoque com alterações** ou **software customizado.** O software customizado às vezes é chamado **software desenvolvido sob medida**.

As próprias empresas desenvolvem aplicativos customizados ou contratam um desenvolvedor. Assim como a aquisição do par de sapatos de couro italiano com detalhes em dourado, esse tipo de desenvolvimento é feito em situações em que as necessidades de uma empresa são tão peculiares que nenhum aplicativo horizontal ou vertical serve. Desenvolvendo um software sob medida, a empresa pode customizar o seu aplicativo de modo a adequá-lo às suas exigências.

O desenvolvimento customizado é difícil e arriscado. Contratar e gerenciar equipes de desenvolvedores é um desafio. A gestão de projetos de software pode ser assustadora. Muitas empresas que embarcaram em projetos de desenvolvimento de aplicativos acabaram descobrindo que os projetos levam o dobro do tempo planejado - ou mais - para serem concluídos. Extrapolações de custo de 200% e 300% não são incomuns. Falaremos sobre esses riscos no Capítulo 10.

Além disso, todo programa aplicativo precisa ser adaptado para se adequar às novas necessidades e às tecnologias mutáveis. Os custos de adaptação de um software horizontal e vertical são amortizados entre todos os usuários desse software,

FIGURA 4.11 Fontes e tipos de software

fonte de software

tipo de software	Padronizado disponível em estoque	Padronizado disponível em estoque posteriormente customizado	Customizado
Aplicativos horizontais			
Aplicativos verticais			
Aplicativos específicos			

talvez milhares ou milhões de clientes. No caso de software desenvolvido internamente pela empresa, no entanto, os custos de adaptação devem ser de responsabilidade da própria empresa desenvolvedora. Com o tempo, o ônus desse custo fica pesado.

Devido ao risco e ao custo, o desenvolvimento interno é última opção, utilizado apenas quando não há nenhuma outra alternativa. A Figura 4.11 resume os tipos e fontes de software.

4.9 *O que é firmware?*

Firmware é um programa de computador instalado em dispositivos, como impressoras, servidores de impressão e diversos tipos de dispositivos de comunicação. O software é codificado exatamente como qualquer outro software, mas é instalado em uma memória especial somente de leitura da impressora ou de outro dispositivo. Desse modo, o programa passa a fazer parte da memória do dispositivo; é como se a lógica do programa fosse embutida no circuito do dispositivo. Os usuários não precisam carregar o firmware na memória do dispositivo.

O firmware pode ser alterado ou atualizado, mas isso normalmente é uma tarefa para profissionais de sistemas de informação. A tarefa é fácil, mas requer conhecimento de programas especiais e técnicas que a maioria dos usuários comerciais prefere não aprender.

Q4. Por que os *thin clients* (clientes magros) têm preferência sobre os clientes (*thick clients* – clientes gordos)?

Quando você utiliza aplicativos como Word, Excel ou Acrobat, esses programas rodam apenas em um computador e não precisam estar conectados a nenhum servidor para operar. Esses programas são chamados **programas desktop** e não são considerados clientes de qualquer espécie.

Os aplicativos que processam código tanto no cliente quanto no servidor são denominados **aplicativos-clientes/servidores**. Um aplicativo cliente é um programa aplicativo que deve ser pré-instalado no computador-cliente. O sistema da FlexTime é um aplicativo do tipo cliente porque cada computador que acessa a programação de aulas da academia tem que ter aplicativo-cliente instalado. Neil ou outro funcionário precisa instalar esse aplicativo para poder utilizar um determinado computador. O Microsoft Outlook é um exemplo de aplicativo-cliente.

Um aplicativo ***thin client*** é aquele que roda dentro de um navegador (Internet Explorer, Firefox, Safari ou Chrome) e não precisa ser pré-instalado. Quando o usuário inicializa esse tipo de aplicativo, se for necessário qualquer código, o navegador carrega esse código por meio dinâmico a partir do servidor. Não é necessário pré-instalar qualquer tipo de código-cliente. Se a FlexTime quisesse implementar uma solução de *thin client*, Neil não teria perdido tempo instalando programas aplicativos nos computadores da empresa.

Para resumir, a relação dos tipos de aplicativo do usuário é a seguinte:

- Aplicativo desktop
- Aplicativo-cliente/servidor
  - Aplicativo cliente
  - Aplicativo thin client

Em circunstâncias normais, os aplicativos do tipo *thin client* têm preferência sobre os clientes porque requerem apenas um navegador; nenhum software-cliente especial precisa ser instalado. Isso significa também que, quando uma nova versão de um aplicativo *thin client* é criada, o navegador baixa automaticamente esse novo código. No caso do aplicativo cliente, um administrador do sistema precisa instalar a nova versão no computador de cada usuário. Além disso, os *thin clients* facilitam o acesso das pessoas ao sistema a partir de localidades remotas e de dispositivos com finalidades especiais, como telefones celulares, por exemplo.

Como dissemos, tanto os computadores-clientes quanto os computadores-servidores rodam diferentes sistemas operacionais. Muitas empresas utilizam o Windows XP ou o Windows 7 como sistema padrão em seus computadores-clientes, mas usam o Windows Server ou o Linux em seus computadores-servidores. A Figura 4.12 mostra um exemplo. Dois *thin clients* estão conectados através de navegadores a um servidor de internet que está rodando o Windows Server. Dois clientes estão conectados através de um cliente de e-mail (como Microsoft Outlook) a um servidor de e-mail que está rodando o Linux. Esses dois são clientes porque o Microsoft Outlook é pré-instalado neles.

Q5. O software de código aberto é uma alternativa viável?

Para responder a essa pergunta, você precisa primeiro conhecer um pouco sobre o movimento e o processo de código aberto. A maioria dos historiadores da computação concordaria que Richard Matthew Stallman é o pai do movimento. Em 1983, ele desenvolveu um conjunto de ferramentas chamado **GNU** (uma sigla autorreferencial que significa *GNU; não é Unix*) para criar um sistema operacional gratuito tipo Unix. Stallman prestou muitas outras contribuições ao movimento de código aberto, dentre as quais o **contrato de licença do GNU para o público em geral (GPL)**, um contrato padronizado de licenciamento para software de código aberto. Stallman conseguiu atrair desenvolvedores suficientes para concluir o sistema gratuito Unix, mas continuou prestando outras contribuições ao movimento.

Em 1991, Linus Torvalds, trabalhando em Helsinque, começou a desenvolver uma nova versão do Unix com o auxílio de algumas das ferramentas de Stallman. Essa versão acabou por se transformar no Linux, o sistema operacional de alta qualidade e muito popular de que falamos anteriormente.

A internet provou ser um grande ativo para a fonte aberta, e muitos projetos de código aberto desfrutaram bastante sucesso, dentre os quais:

- Open Office (um similar do Microsoft Office)
- Firefox (um navegador)

FIGURA 4.12 *Thin clients* e clientes

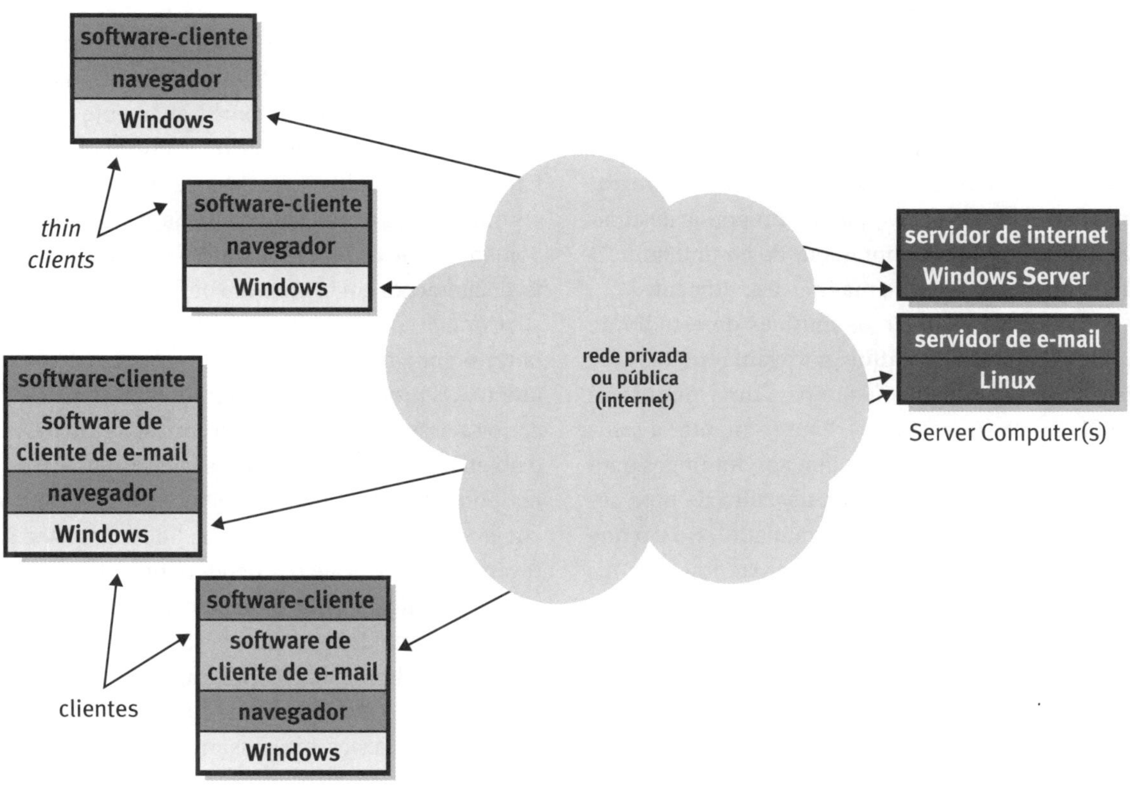

- My SQL (um DBMS, ver Capítulo 5)
- Apache (um servidor de internet, ver Capítulo 8)
- Ubuntu (um sistema operacional desktop similar ao Windows)
- Android (um sistema operacional para dispositivos móveis)

4.10 *Por que os programadores oferecem seus serviços voluntariamente?*

Para qualquer pessoa que nunca tenha gostado de escrever programas de computador, é difícil compreender por que alguém doaria o seu tempo e suas habilidades no intuito de contribuir para projetos de código aberto. Programação, no entanto, é uma intensa combinação de arte e lógica, e projetar e escrever um complexo programa de computador é algo extremamente prazeroso (e viciante). Como muitos programadores, algumas vezes na vida dediquei 16 horas por dia à tarefa de escrever programas de computador – dia após dia – e os dias voavam. Caso tenha uma mente artística ou lógica, você deveria experimentar.

De qualquer modo, a primeira razão pela qual as pessoas contribuem para o código aberto é o seu caráter divertido! Além disso, há quem contribua para o movimento porque tem a liberdade de escolher os projetos em que trabalha. A pessoa pode exercer uma função diurna não tão interessante de programador, digamos, escrevendo um programa destinado a gerenciar uma impressora de computador. O trabalho paga as contas, mas não é gratificante.

Na década de 1950, os músicos de estúdio de Hollywood sofriam porque gravavam repetidas vezes o mesmo estilo de música para uma longa série de filmes desinteressantes. Para se manter a sanidade, esses músicos se reuniam aos domingos para tocar jazz, o que resultou na abertura de uma série de clubes de jazz de alta qualidade. Isso é o que o código aberto é para os programadores. Um lugar onde eles podem exercitar sua criatividade enquanto trabalham em projetos que consideram interessantes e gratificantes.

Outra razão para contribuir para o movimento de código aberto é a oportunidade que as pessoas têm de exibir suas habilidades, tanto por orgulho quanto para conseguir um trabalho ou um emprego de consultoria. Uma última razão é o desejo de abrir uma empresa que venda serviços de assistência técnica a um produto de código aberto.

4.11 *Como funciona o código aberto?*

O termo código aberto significa que o código-fonte do programa está disponível ao público. **Código-fonte** é um código de computador escrito por seres humanos e compreendido por seres humanos. A Figura 4.13 mostra uma parte do código de computador que eu escrevi para o site *www.LearningMIS.com*. O código-fonte é compilado no **código-máquina** que é processado por um computador. O código-máquina, em geral, é ininteligível para os seres humanos e não pode ser modificado. Quando você acessa *www.LearningMIS.com*, a versão do código-máquina do programa mostrado na Figura 4.13 roda no seu computador. Não mostramos código-máquina em uma figura porque apareceria assim:

110100101001011111100111011110010001110000011111101110111110011...

Em um projeto de código fechado, digamos, do Microsoft Office, o código-fonte é altamente protegido e disponibilizado somente para funcionários confiáveis e contratados cuidadosamente investigados. O código-fonte é protegido como ouro em um cofre. Somente aqueles programadores confiáveis podem fazer alterações em um projeto de fonte fechada.

Com o código aberto, qualquer pessoa pode obter o código-fonte no site do projeto de código aberto. Os programadores alteram ou fazem acréscimos a esse código de acordo com seus interesses e objetivos. Na maioria dos casos, os programadores podem incorporar aos seus próprios projetos código que eles encontram. Eles podem conseguir revender esses projetos, dependendo do tipo de contrato de licença utilizado pelo projeto.

Os projetos de fonte aberta são bem-sucedidos graças à colaboração. Um programador examina o código-fonte e identifica uma necessidade ou um projeto que pareça interessante. Ele, então, cria um novo recurso, reprojeta ou reprograma um recurso já existente ou corrige um problema conheci-

FIGURA 4.13 Exemplo de código-fonte

```
#region Dependency Properties

public static readonly DependencyProperty
    LessonIDProperty = DependencyProperty.Register(
        "LessonID",
        typeof(int),
        typeof(Lesson),
        new PropertyMetadata(new PropertyChangedCallback(Lesson.OnLessonDataChanged)));

public int LessonID
{
    get { return (int)GetValue(LessonIDProperty); }
    set { SetValue(LessonIDProperty, value); }
}

private static void OnLessonDataChanged(DependencyObject d, DependencyPropertyChangedEventArgs e)
{

    // reload the stage for the new TopicID property
    Lesson thisLesson = d as Lesson;

    lessonObject = thisLesson; // there is only one lesson object ... this is a static ref to it

    thisLesson.LoadLessonData(); // get data from xml file on server
    //call to thisLesson.CreateLessonForm(); must be done after load b/c of asynchronous read
}

#endregion
```

do. Em seguida, esse código é enviado para outros participantes do projeto de código aberto. Essas pessoas, por sua vez, avaliam a qualidade e os méritos do trabalho e os acrescentam ao produto, se for o caso.

Normalmente, existe uma relação muito grande de troca. Como em qualquer colaboração efetiva, existem muitos ciclos de repetição e feedback. Devido a essa repetição, um projeto bem gerenciado e rigorosamente revisado entre colegas pode resultar em um código de alta qualidade, como o do Linux, por exemplo.

4.12 *Então, o código aberto é viável?*

A resposta depende de para quem e para quê. O sistema de código aberto certamente se legitimou. De acordo com a revista *The Economist*, "Hoje é amplamente aceita a hipótese de que, no futuro, os programas de computador envolverão uma mistura de software próprio e de código aberto".[4] No decorrer de sua carreira, o sistema de código aberto provavelmente assumirá um papel cada vez maior no setor de desenvolvimento de software. Entretanto, se o sistema funciona ou não para uma determinada situação vai depender das exigências e limitações de cada situação. No Capítulo 10, você aprenderá mais sobre como correlacionar requisitos e programas.

A propósito, na FlexTime, Neil acabou decidindo por não usar o software de código aberto que ele identificara. Em alguns casos, as empresas escolhem programas de código aberto por serem "gratuitos". A questão é que essa vantagem pode ser menos importante do que você imagina, uma vez que, em muitos casos, os custos de suporte e operação oneram a taxa inicial de licenciamento.

De que maneira os conhecimentos contidos neste capítulo são úteis para Kelly e para você?

Kelly necessita dos conhecimentos contidos neste capítulo para melhorar as suas habilidades de sócia da FlexTime. Devido à tática de supressão e opressão, a FlexTime precisa atualizar o seu software de gestão empresarial para uma nova

4. Unlocking the cloud. *The Economist*, 28 mai. 2009. Disponível em: ‹www.economist.com/opinion/displaystory.cfm?sory_id=13740181›. Acesso em: jun. 2009.

versão de alguma coisa. Mas o quê? A empresa deve fazer um *upgrade* para o próximo aplicativo clientes? Deve mudar para um fornecedor que ofereça um aplicativo *thin client*? Deve optar por um software de código aberto? Sem os conhecimentos transmitidos por este capítulo, Kelly não tem como ter uma participação significativa nessa decisão.

Você precisa dos conhecimentos deste capítulo porque, um dia, pode estar na mesma situação. Pode ser que você trabalhe em uma pequena empresa similar que tenha de lidar com esse tipo de decisão. Ou, se você trabalha em uma grande empresa, podem lhe pedir que você participe desse tipo de decisão como gerente de um departamento.

GUIA ÉTICO: Produção e queima

Uma fonte anônima, que chamaremos de Mark, fez as seguintes declarações sobre os dispositivos de computação:

– Eu nunca atualizo o meu sistema. Pelo menos, procuro não fazê-lo. Veja bem, eu não faço nada no trabalho além de redigir memorandos e acessar e-mails. Eu uso o Microsoft Word, mas não utilizo nenhum dos recursos que não existiam no Word 3.0 há vinte anos. Todo esse setor é baseado na política da "produção e queima".

– Veja toda essa publicidade em torno dos processadores de 3.0 GHz e dos discos de 500 GB – quem precisa disso?

Tenho certeza de que eu não. E se a Microsoft não tivesse enfiado tanto lixo no Windows, poderíamos todos estar satisfeitos com um processador Intel 486 como o que eu tinha em 1993. Somos trouxas por cair na armadilha do "você tem que ter isso".

– Francamente, eu acho que existe uma conspiração entre os fornecedores de hardware e software. Ambos querem vender novos produtos, por isso o pessoal da área de hardware inventa esses computadores enormes incrivelmente rápidos. E então, dado todo esse poder, a turma do software desenvolve produtos monstruosos entupidos de recursos e funções que ninguém usa. Eu levaria meses para aprender todas as funções do Word e depois descobrir que eu não preciso dessas funções.

– Para você entender o que quero dizer, abra o Microsoft Word, clique em "Visualizar" e depois selecione a opção "Barra de Ferramentas". Na minha versão de Word, existem dezenove barras de ferramentas para serem selecionadas, mais uma que me dá a opção de customizar a minha própria barra. Agora eu pergunto, para que eu preciso dessas dezenove barras de ferramentas? Eu escrevo o tempo todo e tenho duas selecionadas: "Padrão" e "Formatação". Apenas duas das dezenove disponíveis! Será que eu poderia pagar 2/19 do preço do Word, porque isso é tudo o que eu quero ou uso?

– Mas eles pegam você da seguinte maneira: como nós vivemos em um mundo conectado, eles não precisam fazer que todos nós utilizemos essas dezenove barras de ferramentas; basta um de nós. Tomemos como exemplo a Bridgette, lá do jurídico. Bridgette gosta de usar recursos de realce, e quer que eu os utilize quando faço alterações nas minutas dos contratos que ela me envia. Portanto, se eu quiser trabalhar nos documentos dela, tenho de ativar a barra de ferramentas de "Revisão". Sabe como é, basta que um comece a utilizar uma determinada função de um programa para que, no mundo conectado em que vivemos, todos passem a adotar essa função.

– Os vírus são uma das maiores "manobras" dessa gente. Eles dizem que é bom você comprar o que há de mais avançado e sensacional em termos de software – e depois aplicam todos os *firewalls* para que você esteja protegido contra as últimas surpresas dos "vilões da computação". Pense um pouco. Se os fabricantes fizessem seus produtos corretamente logo na primeira vez, os vilões não encontrariam brechas, encontrariam? Portanto, os produtos deles têm defeitos que eles transformam em vantagem de vendas. Percebe? Eles desviam nossa atenção para o vírus, não para as falhas existentes em seus produtos. Na verdade, eles devem estar dizendo: "Compre o nosso produto mais avançado e proteja-se contra o lixo defeituoso que lhe vendemos no ano passado."

Mas em publicidade, a verdade não chega a tanto.

– Além disso, os usuários são os seus piores inimigos quando se trata de vírus. Se eu estiver na 17ª Rua em Nova York às 4 horas da manhã, embriagado e com um maço de dinheiro pendurado para fora do bolso, o que poderá me acontecer? Eu vou ser assaltado. Do mesmo modo, se eu entrar em alguma sala de bate-papo esquisita – sabe, dessas em que se vê fotos de atos sexuais bizarros e sabe-se lá mais o quê – e baixar e executar um arquivo, é claro que eu vou passar vírus para o meu computador. Os vírus são trazidos para o computador pela estupidez do usuário, só isso.

– Qualquer dia desses, os usuários irão se rebelar e dizer: "Basta! Não preciso de nada mais. Vou ficar com o que tenho, muito obrigado." Aliás, talvez isso esteja acontecendo neste momento. Talvez seja por isso que as vendas de software não estejam crescendo como antes. Talvez as pessoas finalmente tenham dito: "Basta de barras de ferramentas!".

Questões para discussão

1. Resuma a visão de Mark em relação ao setor de informática. Existe algum mérito nesse argumento? Por que sim ou por que não?
2. Que falhas você vê na lógica desse argumento?
3. Alguém poderia achar que essas afirmações não passam de um discurso vazio; que Mark pode dizer o que quiser, mas a indústria da informática continuará como sempre esteve. Adianta de alguma coisa Mark compartilhar as suas críticas?
4. Comente a afirmação de Mark: "Os vírus são trazidos para o computador pela estupidez do usuário, só isso."
5. Todo produto de software é embarcado com problemas conhecidos. A Microsoft, a Adobe e a Apple, todas embarcam software que elas sabem ter defeitos. Essa atitude é antiética? Os fabricantes de software têm a responsabilidade ética de divulgar abertamente os problemas existentes em seus programas? De que maneira essas empresas se protegem contra processos judiciais por danos causados por problemas conhecidos de software?
6. Suponhamos que um fabricante licencie e embarque um software contendo defeitos conhecidos e desconhecidos. Ao tomar conhecimento dos defeitos desconhecidos, o fabricante tem uma responsabilidade ética de informar os usuários sobre esses problemas? Ele tem a responsabilidade ética de corrigir os problemas? É ético o fabricante exigir que os usuários paguem uma taxa de atualização para uma nova versão do software que corrige os problemas de uma versão existente?

REVISÃO

Utilize esta revisão para verificar o que você assimilou das ideias e conceitos que respondem às questões de estudo do capítulo.

Q1. **O que os profissionais da área de negócios precisam saber sobre hardware?**
Cite as categorias de hardware e explique a finalidade de cada uma. Defina *bit* e *byte*. Explique por que são usados bits para representar dados de computador. Defina as unidades de bytes usadas para dimensionar a memória. Em termos gerais, explique como um computador funciona. Explique de que maneira um gerente pode utilizar seus conhecimentos. Explique por que você deve salvar o seu trabalho de vez em quando enquanto está utilizando o seu computador.

Q2. **Qual a diferença entre um cliente e um servidor?**
Explique as funções dos computadores-clientes e servidores. Descreva como as especificações do hardware variam entre os dois tipos. Defina farm *de servidores* e descreva a dança tecnológica que ocorre em um farm.

Q3. **O que os profissionais da área de negócios precisam saber sobre software?**
Reveja a Figura 4.10 e explique o significado de cada célula nessa tabela. Explique a diferença entre software próprio e software licenciado. Explique as diferenças entre aplicativos para o mercado horizontal, aplicativos para o mercado vertical e aplicativos específicos. Descreva as maneiras pelas quais as empresas podem adquirir software.

Q4. **Por que os *thin clients* têm preferência sobre os clientes?**
Defina aplicativo cliente-servidor e diferencie-o do Microsoft Excel, por exemplo. Explique a diferença entre *thin clients* e clientes. Descreva duas vantagens dos *thin clients*.

Q5. **O software de código aberto é uma alternativa viável?**
Defina *GNU* e *GPL*. Especifique três projetos de código aberto bem-sucedidos. Descreva quatro razões pelas quais os programadores contribuem para os projetos de código aberto. Defina código aberto, código fechado, código-fonte e *código-máquina*. Com suas próprias palavras, explique por que o código aberto é uma alternativa legítima mas que pode ou não ser apropriada para uma determinada aplicação.

UTILIZE SEUS CONHECIMENTOS

1. A Microsoft oferece licenças gratuitas de determinados produtos de software para alunos universitários que participam da Aliança Acadêmica da Rede de Desenvolvedores da Microsoft (MSDN).[5] Se a sua universidade participa desse programa, você tem a oportunidade de obter gratuitamente centenas de dólares em software. Eis uma lista parcial dos programas disponíveis:
   - Microsoft Access 2010
   - OneNote
   - Expression Studio
   - Windows 2008 Server
   - Microsoft Project 2010
   - Visual Studio Developer
   - SQL Server 2008
   - Visio

   a. Pesquise em www.microsoft.com ou www.google.com e determine a função de cada um desses produtos.
   b. Quais desses produtos de software são sistemas operacionais e quais são programas aplicativos?
   c. Quais desses programas são produtos DBMS (o assunto do próximo capítulo)?
   d. Quais desses programas você deve baixar e instalar hoje à noite?
   e. (1) Baixe e instale os programas citados na sua resposta ao item d ou (2) explique por que você não optaria por fazê-lo?

5. Mais informações estão disponíveis em: <http://www.microsoft.com/brasil/educacao/comunidadeacademica/msdnaa/default.mspx>.

f. A Aliança Acadêmica da MSDN oferece uma vantagem injusta à Microsoft? Por que sim ou por que não?

2. Suponhamos que você trabalhe na FlexTime e Neil tenha lhe pedido ajuda para analisar a situação do software. Ele quer computar o custo total das três alternativas: (1) Atualização para a Versão 3 do software atual, (2) obtenção da licença de uso do software de código aberto, e (3) obtenção da licença de uso do software *thin clients* de outro fornecedor. Ele lhe pediu que identificasse todos os custos a serem considerados. Observe que ele não quer que você determine esses custos, tampouco que você saiba como determiná-los. Ele simplesmente quer uma lista dos custos a serem considerados (Figura 4.14).
   a. Utilizando a Figura 4.14 como orientação, identifique os possíveis custos de cada componente para fins de desenvolvimento e operação do novo sistema.
   b. Usando a intuição, você acha que a lista de custos que você identificou no item a provavelmente vai onerar a taxa de licenciamento? Por que sim ou por que não?

ESTUDO DE CASO 4

A Dell vende diretamente pela internet, mas por quanto tempo?

Quando Michael Dell fundou a Dell Computer em 1984, os microcomputadores eram vendidos apenas em lojas do varejo. Os fabricantes embarcavam seus produtos para os atacadistas, que os embarcavam para as lojas, que, por sua vez, os vendiam para os usuários finais. As empresas mantinham dispendiosos estoques em cada fase dessa cadeia de suprimento. A Dell achou que poderia eliminar o canal varejista vendendo computadores diretamente aos consumidores.

> Fui inspirado pela maneira como eu via os computadores sendo vendidos. Ao que me parecia, era um processo muito caro e ineficiente. Na época, um computador custava cerca de US$ 3.000, mas havia o equivalente a apenas US$ 600 em peças dentro do computador. E então eu pensei, ora, e se você vendesse o computador por US$ 800? Você não precisa vendê-lo por US$ 3.000. E assim, reduzindo o custo de distribuição e vendas e eliminando esse custo extra que era ineficiente, mudamos completamente o sistema de venda de computadores.

FIGURA 4.14 Fontes de custos do sistema

	Desenvolvimento	Operacional
Hardware	Aquisição de hardware	Taxas de manutenção de hardware
Software	Licenças de uso de software Custos de projeto para software customizado	Taxas e custos de manutenção e suporte de software
Dados	Custos de conversão de dados	Custos de aquisição de dados
Procedimentos	Projeto, desenvolvimento e documentação	Custos de manutenção de procedimentos
Pessoas	Custos de treinamento inicial	Custos de mão de obra para utilização do sistema

> Agora, o que eu não previa era o aparecimento da internet, permitindo que pessoas hoje utilizem e acessem o site www.dell.com e comprem um computador com muito mais facilidade.
>
> Eu diria que a coisa mais importante que fizemos foi ouvir com atenção nossos clientes. Perguntamos o que eles queriam, de que necessitavam e como poderíamos atender às necessidades deles e lhes oferecer algo que eles realmente valorizassem. Porque se fôssemos capazes de cuidar de nossos clientes, eles iriam querer mais produtos de nós, como é o caso.[6]

A eliminação da intermediação varejista resultou não só em uma redução de custos, como também na aproximação entre a Dell e o cliente final, permitindo que a empresa ouvisse melhor do que a concorrência. A medida serviu também para suprimir os estoques dos canais de vendas, permitindo que a Dell levasse rapidamente ao cliente novos computadores com nova tecnologia, o que, por sua vez, elimina também a necessidade de reciclar ou liquidar o estoque existente no canal de distribuição todas as vezes em que um novo modelo é anunciado.

Além disso, a Dell se concentrou em seus fornecedores e hoje possui uma das cadeias de suprimento mais eficientes do setor. A Dell dispensa muita atenção a seus fornecedores e compartilha com eles informações sobre qualidade de produto, estoque e assuntos correlatos através de seu site. De acordo com o site da empresa, as duas primeiras qualidades que a Dell procura nos fornecedores são (1) competitividade de custos e (2) conhecimento do ramo de atividade da Dell.

Além de computadores, a Dell oferece uma ampla variedade de serviços. A empresa presta suporte técnico a todo computador e os clientes podem fazer um upgrade dessa modalidade básica de serviço adquirindo um dos quatros níveis mais elevados de suporte disponíveis. Além disso, a Dell presta serviços de implantação a empresas para fins de configuração e utilização dos sistemas Dell – tanto hardware quanto software pré-instalado – nos ambientes de usuário dos clientes. A Dell oferece serviços complementares de manutenção e gerenciamento de seus sistemas depois de implantados.

A Dell desfrutou sucesso sem precedentes até a recente recessão econômica. Em maio de 2009, a empresa informou uma redução de 63% na receita do primeiro trimestre em relação ao mesmo período do ano anterior, e uma queda de 23% nas vendas. Esse relatório foi posterior às perdas anteriores no trimestre, quando foi registrada uma queda de receita na ordem de 48% em comparação ao mesmo trimestre do ano anterior.

Esse problema, no entanto, não é apenas da Dell. Em 2009, as vendas caíram também para outros fornecedores de hardware. A economia foi responsável por parte desse declínio, mas outra parte se deveu ao fato de os clientes estarem esperando para comprar microcomputadores após o lançamento do Windows 7 no final de 2010.

Entretanto, outro resultado financeiro só podia estar perturbando a Dell. Em 2009, a Intel anunciou que as vendas estavam retornando aos "padrões normais", e a Cisco (fabricante de roteadores e outros dispositivos de comunicação) informou que, aparentemente, as vendas já haviam atingido o seu nível mais baixo. Consequentemente, os componentes para microcomputadores pareciam estar vendendo, mas não os computadores propriamente ditos. O que isso poderia significar?

Em setembro de 2009, a Dell revelou como a empresa vê o futuro. No dia 21 de setembro daquele ano, a empresa comprou a Perot Systems por US$ 3,9 bilhões. A Perot era uma prestadora de serviços de sistemas de informação para clientes dos setores públicos e de assistência médica. Obviamente, a Dell pretende fazer algumas mudanças na sua estratégia corporativa.

Fonte: Dell: no relief in sight, *Business Week*, 28 maio 2009. Disponível em: ‹www.businessweek.com/technology/content/may2009/tc20090528_130058.htm›. Acesso em: jun. 2009).

Questões

1. Explique como o sistema de vendas diretas resultou em vantagem competitiva para a Dell.
2. Que sistemas de informação a Dell precisa ter para efetuar vendas diretas ao consumidor? Se você busca inspiração e ideias, visite *www.dell.com.*

6. Michael Dell, discurso proferido na Miami Springs Middle School, em 1 de setembro de 2004. Disponível em: ‹www.dell.com›. Acesso em: jun. 2012.

3. Além das vendas diretas, que outros programas a Dell criou que lhe proporcionam vantagem competitiva?
4. Considerando os recentes problemas financeiros da Dell:
   a. Quais as implicações da tática da empresa quando a receita cai 63% e as vendas caem apenas 23%?
   b. A Intel vende CPUs e memória e suas vendas se estabilizaram. A Dell e a HP produzem computadores e suas vendas continuaram a cair. Suponhamos que as vendas de outros fabricantes de microcomputadores estejam em níveis equiparados aos da Dell e da HP. O que você conclui?

CAPÍTULO 5

Processamento de bancos de dados

Isto poderia acontecer com você

- Negativo. Isso não faz nenhum sentido. Eu examinei os dados e verifiquei que não podemos "socar" clientes nas turmas. Não temos capacidade suficiente.

- Mas, Neil, veja aquela turma de spinning da noite... Está com metade da lotação. Nós poderíamos colocar mais 25 pessoas nessa turma.

- Não é o que parece. Eu pesquisei o banco de dados e, à primeira vista, daria a impressão de que temos muitas oportunidades de preencher os horários vagos. De acordo com o nosso banco de dados, temos uma taxa de disponibilidade de 9,7% em nossas turmas.

- Isso é muito.

- Sim, mas examinando melhor eu descobri que todas essas vagas existem em horários ingratos. O banco de dados mostra que todos os horários nobres de aula estão lotados de segunda a sábado - 99,8% de ocupação.

- Caramba!

- São as turmas de domingo e do meio do dia que têm vagas.

- Bem, vamos tentar juntar essas turmas.

- Isso não é uma boa ideia por duas razões. Primeiro, porque conseguiríamos cancelar apenas duas, talvez três, turmas, o que não representaria grandes economias para nós. Mas isso não dará certo principalmente porque as pessoas são inflexíveis em relação aos horários que escolhem.

- Como você sabe disso?

- Félix, eu fiquei surpreso, mas 93% de nossos clientes têm aula sempre nos mesmos dias e horários. Mesmo que tenham uma aula diferente, eles escolhem sempre os mesmos dias e horários.

- Acho que isso faz sentido, Neil. Eles se organizam para vir aqui em um determinado horário, em determinados dias, e não querem mudar isso.

- Isso vale para mais de 9 em cada 10 clientes.

– Mas, Neil, que bom que o nosso software permite que você pesquise os dados desse jeito.

– Na realidade, não é um sistema tão flexível assim. Existem cerca de 25 consultas-padrão que eu posso fazer no banco de dados, selecionando clientes que tiveram determinadas aulas etc. Essas consultas padronizadas, no entanto, não me fornecem todos os dados de que eu necessito. Se eu fosse programador, poderia escrever as minhas próprias consultas no banco de dados, mas eu não sou.

– E o que você faz?

– Félix, eu sou craque em Excel! Faço uma consulta no banco de dados que chega bem próximo do que eu quero e depois transporto os resultados para o Excel. Eu manuseio, classifico, resumo e tiro a média dos dados dentro do Excel até obter as informações que eu quero.

– Parece ser uma mão de obra.

– É, talvez, mas funciona.

– Neil, isso nos leva de volta ao nosso ponto de partida, né? Se não pudermos economizar "socando" clientes nas turmas, o que vamos fazer?

– Agora eu estou vendo a questão da lanchonete. Parece que os nossos custos de estoque estão altos demais e talvez seja necessário reduzir o seu horário de funcionamento. Mas não diga nada a ninguém sobre isso. Eu ainda não analisei os dados.

– Os instrutores vão ficar satisfeitos por não estarmos cancelando aulas.

– Sim, por que você não lhe diz isso no seu site de equipe? E o fato de não cancelarmos aulas evita que tenhamos possíveis problemas de relações públicas com os nossos clientes. De qualquer modo, evitamos uma catástrofe. Vou dar uma corrida. Até mais!

"O banco de dados mostra que todos os horários nobres de aula estão lotados de segunda a sábado – 99,8% de ocupação."

Questões de estudo

Q1. Qual a finalidade de um banco de dados?

Q2. O que um banco de dados contém?

Q3. O que é um DBMS (*data base management system*)?

Q4. O que é um aplicativo de banco de dados?

Q5. Qual a diferença entre um DBMS empresarial e um DBMS individual?

De que maneira os conhecimentos contidos neste capítulo são úteis para a FlexTime e para você?

Q1. Qual a finalidade de um banco de dados?

Um banco de dados tem por finalidade manter o controle das coisas. Quando tomam conhecimento disso, os alunos, na sua maioria, se perguntam por que precisamos de uma tecnologia especial para uma tarefa tão simples. Por que não usar apenas uma lista? Se a lista for longa, eles pensam, é só colocá-la em uma planilha eletrônica.

Muitos profissionais mantêm controle das coisas com o auxílio de planilhas eletrônicas. Se a estrutura da lista for suficientemente simples, não há necessidade de utilizar a tecnologia de banco de dados. A lista com as notas dos alunos ilustrada na Figura 5.1, por exemplo, funciona perfeitamente bem em uma planilha eletrônica.

Suponhamos, no entanto, que o professor queira controlar outras variáveis além das notas. Ele pode querer registrar também mensagens de e-mail. Ou, talvez, e-mails e visitas à secretaria. Não há espaço na Figura 5.1 para o registro de quaisquer dados complementares. É claro que o professor poderia elaborar uma planilha separada para e-mails e outra para visitas, mas essa solução desajeitada seria de difícil utilização porque não fornece todos os dados em um único lugar.

Em vez disso, o professor quer um formulário como o da Figura 5.2. Com esse formulário, ele pode registrar as notas dos alunos, os e-mails e as visitas à secretaria, tudo em um único lugar. É difícil, se não impossível, produzir um formulário como esse a partir de uma planilha eletrônica. Entretanto, esse tipo de formulário é facilmente produzido a partir de um banco de dados.

A principal distinção entre as Figuras 5.1 e 5.2 é que a lista mostrada na Figura 5.1 envolve um único tema ou conceito, ou seja, apenas as notas dos alunos. A lista da Figura 5.2, por outro lado, trata de diversos assuntos; mostra as notas dos alunos, os

FIGURA 5.1 Lista de notas dos alunos apresentada em uma planilha eletrônica

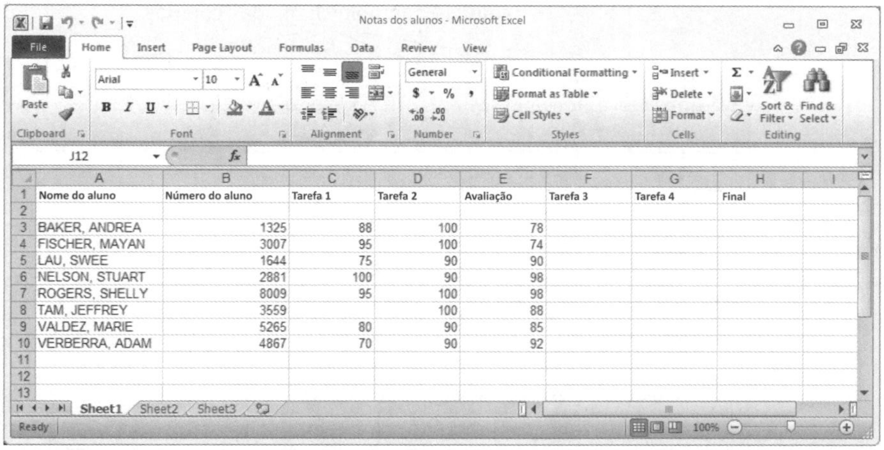

FIGURA 5.2 Dados dos alunos mostrados em um formulário criado a partir de um banco de dados

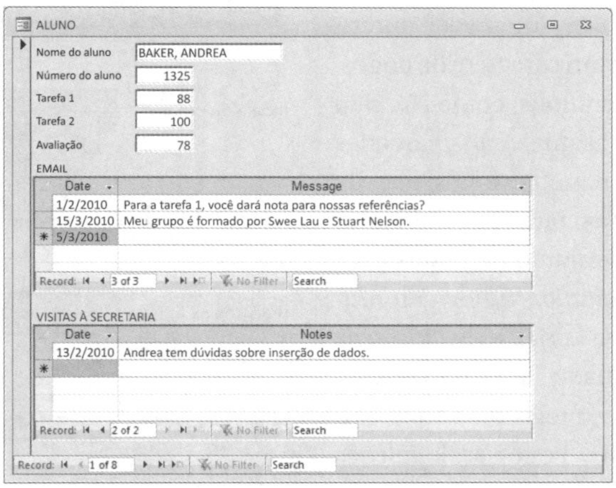

e-mails dos alunos e as visitas dos alunos à secretaria. Podemos criar uma regra geral a partir desses exemplos: as listas que envolvem um único tema podem ser armazenadas em uma planilha eletrônica;[1] por outro lado, aquelas que contêm múltiplos temas requerem um banco de dados. Aprenderemos mais sobre essa regra geral ao longo deste capítulo.

Resumindo, a finalidade de um banco de dados é manter controle de variáveis que envolvem mais de um tema.

1. Isso não significa, no entanto, que qualquer lista que contenha um único tema deva ser armazenada em uma planilha eletrônica. Se houver uma grande quantidade de dados e você quiser pesquisar, classificar e filtrar esses dados, talvez fosse mais recomendável você utilizar um banco de dados, mesmo para dados relativos a um único tema.

Q2. O que um banco de dados contém?

Um **banco de dados** é um conjunto autodescritivo de registros integrados. Para compreender essa

FIGURA 5.3 Tabela de alunos (também denominada arquivo)

colunas, também chamadas campos

linhas, também chamadas registros

NÚMERO DO ALUNO	NOME DO ALUNO	TAREFA DE CASA 1	TAREFA DE CASA 2	AVALIAÇÃO DE MEIO DE PERÍODO
1325	BAKER, ANDREA	88	100	78
1644	LAU, SWEE	75	90	90
2881	NELSON,STUART	100	90	98
3007	FISCHER, MAYAN	95	100	74
3559	TAM, JEFFREY		100	88
4867	VERBERRA, ADAM	70	90	92
5265	VALDEZ, MARIE	80	90	85
8009	ROGERS, SHELLY	95	100	98

caracteres, também chamados bytes

definição, você precisa compreender primeiro os termos ilustrados na Figura 5.3. Como você aprendeu no Capítulo 4, um **byte** é um caractere de dados. Os bytes são agrupados em **colunas**, como *Número do Aluno* e *Nome do Aluno*, as quais são chamadas também de **campos**. As colunas ou campos, por sua vez, são agrupadas em **linhas**, também chamadas **registros**. Na Figura 5.3, o conjunto de dados para todas as colunas (*Nome do Aluno, Número do Aluno, Tarefa de Casa 1, Tarefa de Casa 2* e *Avaliação de Meio de Período*) é denominado linha ou registro. Por fim, um grupo de linhas ou registros similares é chamado de **tabela** ou **arquivo.** Por essas definições você pode ver que existe uma hierarquia de elementos de dados, conforme mostrado na Figura 5.4.

É tentador continuar esse processo de agrupamento dizendo que um banco de dados é um grupo de tabelas ou arquivos. Mas essa afirmação, embora verdadeira, não vai muito longe. Conforme mostrado na Figura 5.5, um banco de dados é um conjunto de tabelas *mais* as relações entre as linhas dessas tabelas, *mais* dados especiais, chamados *metadados,* que descrevem a estrutura do banco de dados. A propósito, o símbolo cilíndrico representa um drive de computador e é utilizado em diagramas como o da Figura 5.5 porque os bancos de dados normalmente são armazenados em discos magnéticos.

FIGURA 5.4 Hierarquia de elementos de dados

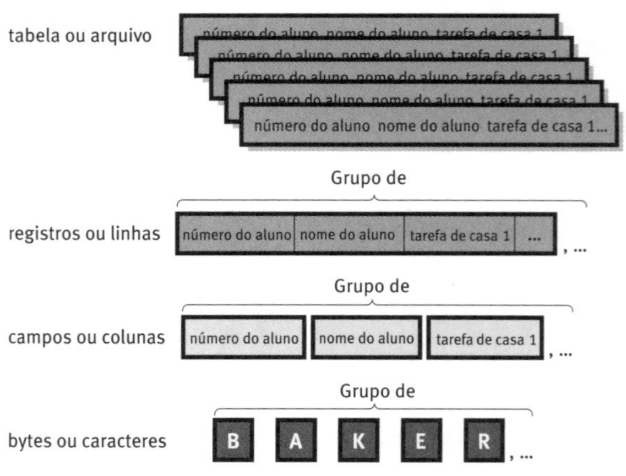

5.1 *Correlações entre os registros*

Consideremos os termos do lado esquerdo da Figura 5.5. Você sabe o que são tabelas. Para compreender o que significa *correlações entre as linhas das tabelas,* examine a Figura 5.6.

A figura contém amostras de dados extraídos de três tabelas: *E-mail, Aluno* e *Visita_Secretaria*. Observe a coluna denominada *Número do Aluno* na tabela de *E-mail*. Essa coluna indica a linha da tabela do *Aluno* à qual está ligada uma linha da tabela *E-mail*. Na primeira linha da tabela *E-mail,* o *Número do Aluno* é 1325. Isso indica que esse e-mail especificamente foi enviado pelo aluno de número 1325. Examinando a tabela do *Aluno,* você verá que a linha referente a Andrea Baker tem esse número. Consequentemente, a primeira linha da tabela de *E-mail* corresponde a Andrea Baker.

FIGURA 5.5 Componentes de um banco de dados

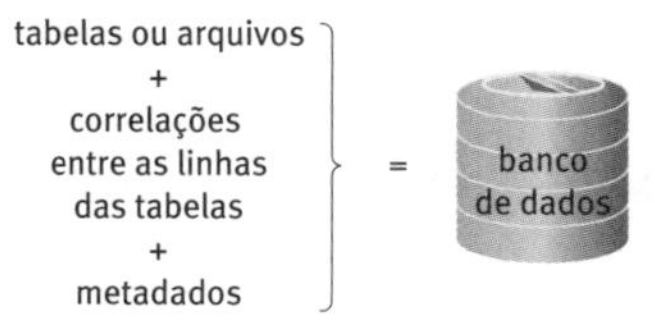

Agora veja a última linha da tabela *Visita_Secretaria* na parte inferior da figura. O *Número do Aluno* nessa linha é 4867. Esse número indica que a última linha da tabela *Visita_Secretaria* pertence a Adam Verberra.

Por esses exemplos, você pode ver que os números contidos em uma tabela estabelecem a correlação entre as linhas dessa tabela e aquelas de uma segunda tabela. Vários termos especiais são usados para expressar essas ideias. Uma **chave** é uma coluna ou grupo de colunas que identifica uma linha específica em uma tabela. O *Número do Aluno* é a chave da tabela do *Aluno*. Dado um determinado *Número do Aluno,* podemos determinar apenas uma linha na tabela do *Aluno*. Somente um aluno tem o número 1325, por exemplo.

Toda tabela deve ter uma chave. A chave da tabela de *E-mail* é *NumEmail* e a chave da tabela *Visita_Aluno* é *IDVisita*. Às vezes, é necessária mais de uma

FIGURA 5.6 Exemplo de correlações entre linhas

Tabela de E-mail

NumE-mail	Data	Mensagem	Número do Aluno
1	01/02/2011	Na tarefa de casa 1, você quer que coloquemos notas sobre as nossas referências	1325
2	15/03/2011	O meu grupo é formado por Swee Lau e Stuart Nelson.	1325
3	15/03/2011	Você poderia me designar para um grupo?	1644

Tabela do Aluno

Número do Aluno	Nome do Aluno	Tarefa de Casa 1	Tarefa de Casa 2	Avaliação de Meio de Período
1325	BAKER, ANDREA	88	100	78
1644	LAU, SWEE	75	90	90
2881	NELSON,STUART	100	90	98
3007	FISCHER, MAYAN	95	100	74
3559	TAM, JEFFREY		100	88
4867	VERBERRA, ADAM	70	90	92
5265	VALDEZ, MARIE	80	90	85
8009	ROGERS, SHELLY	95	100	98

Tabela de Visita_Secretaria

IDVisita	Data	Notas	Número do Aluno
2	13/02/2011	Andrea tinha dúvidas em relação ao uso de sistemas de informação para eliminação das barreiras ao ingresso no mercado.	1325
3	17/02/2011	Jeffrey está cogitando instalar um grande sistema de informação. Queria falar sobre oportunidades profissionais.	3559
4	17/02/2011	Faltará à aula na sexta-feira devido a conflito no trabalho	4867

coluna para formar um identificador específico. Em uma tabela chamada *Cidade*, por exemplo, a chave consistiria em uma combinação de colunas (*Cidade, Estado*), uma vez que o nome de uma determinada cidade pode aparecer em mais de um estado.

Número do Aluno não é a chave das tabelas de *E-mail* e *Visita_Secretaria*. Sabemos isso quanto à tabela de *E-mail* porque existem duas linhas nessa tabela com o *Número do Aluno* 1325. O número 1325 não identifica uma determinada linha; portanto, *Número do Aluno* não é a chave da tabela de *E-mail*.

Tampouco *Número do Aluno* é a chave da tabela *Visita_Secretaria*, embora não se tenha como saber isso pelos dados da Figura 5.6. Se você pensar, no entanto, verá que nada impede que um aluno visite um professor mais de uma vez. Se isso acontecesse, haveria duas linhas na tabela de *Visita_Secretaria* com mesmo *Número do Aluno*. Acontece que, nos limitados dados ilustrados na Figura 5.6, nenhum aluno fez duas visitas.

As colunas que desempenham uma função como aquela do *Número do Aluno* nas tabelas de *E-mail* e *Visita_Secretaria* são chamadas **chaves estrangeiras**. Esse termo é usado porque as colunas são chaves, mas de uma tabela diferente (estrangeira) daquela em que residem.

Antes de prosseguirmos, os bancos de dados que carregam seus dados em forma de tabelas e que representam correlações utilizando chaves estrangeiras são chamados **bancos de dados relacionais**. (O termo *relacional* é usado porque outra denominação mais formal para uma tabela é **relação**.) Antigamente, havia bancos de dados que não eram relacionais no formato, mas hoje esses bancos são praticamente inexistentes. As chances são de que você nunca encontre um, por isso, não continuaremos falando deles.[2]

5.2 *Metadados*

Vamos recordar a definição de banco de dados: Um *banco de dados* é um conjunto autodescritivo de registros integrados. Os registros são integrados porque, como você acabou de aprender, as correlações entre as linhas são representadas no banco de dados. Mas o que significa *autodescritivo*?

Significa que um banco de dados contém uma descrição de seu conteúdo. Pense em uma biblioteca. Uma biblioteca é um acervo autodescritivo de livros e outros materiais. É autodescritiva porque a biblioteca contém um catálogo que descreve o seu conteúdo. A mesma ideia se aplica a um banco de dados. Eles são autodescritivos porque contêm não apenas dados, mas também dados sobre os dados nele contidos.

Metadados são dados que descrevem dados. A Figura 5.7 mostra metadados referentes a uma tabela de *E-mail*. O formato dos metadados depende do produto de software que está processando os dados. A Figura 5.7 ilustra como os metadados aparecem no Microsoft Access 2010. Cada linha localizada na parte superior desse formulário descreve uma coluna da tabela de *E-mail*. As colunas dessas descrições são *Campo Nome, Tipo de Dado* e *Descrição*. *Campo Nome* contém o nome da coluna, *Tipo de Dado* mostra o tipo de dados que a coluna pode conter, e *Descrição* contém notas que explicam a fonte ou o uso da coluna. Como você pode ver, existe apenas uma linha de metadados para cada uma das quatro colunas da tabela de *E-mail*: *NumEmail, Data, Mensagem* e *Número do Aluno*.

A parte inferior desse formulário fornece mais metadados, que o Access chama de *Propriedades de campo*, para cada coluna. Na Figura 5.7, o destaque é para a coluna *Data* (a linha circundada por uma borda mais espessa). Como a coluna focalizada na janela superior é *Data*, o detalhe na janela inferior pertence à coluna *Data*. A janela *Propriedades do campo* descreve formatos, um valor preestabelecido a ser fornecido pelo Access quando uma nova linha é criada, e a obrigatoriedade de um valor para essa coluna. Você não precisa se lembrar desses detalhes. Em vez disso, basta entender que os metadados são dados sobre dados e que esses metadados sempre fazem parte de um banco de dados.

A presença dos metadados torna os bancos de dados muito mais úteis do que as planilhas eletrônicas ou os dados constantes em outras listas. Gra-

2. Outro tipo de banco de dados, o *banco de dados objeto-relacional*, raramente é utilizado em aplicações comerciais. Pesquise na internet, caso tenha interesse em saber mais sobre os bancos de dados objeto-relacionais. Neste livro, falaremos apenas dos bancos de dados relacionais.

Figura 5.7 Amostra de metadados (em acesso)

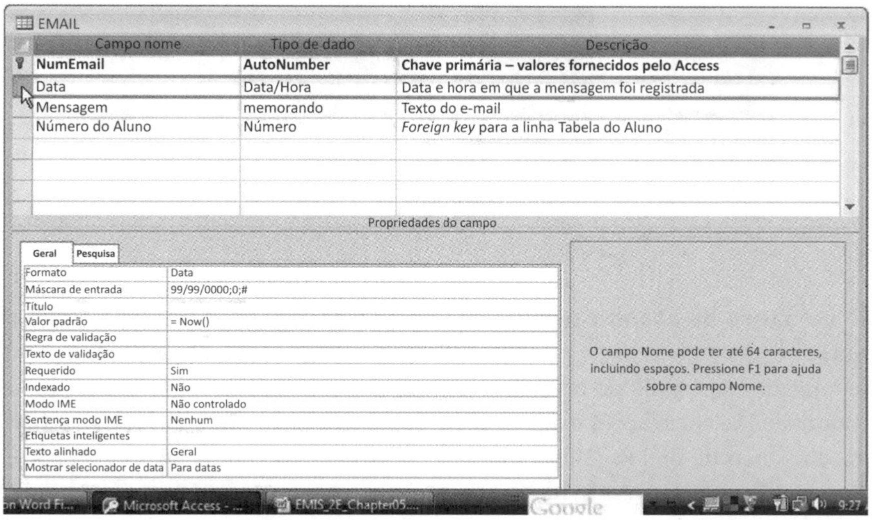

ças aos metadados, ninguém precisa adivinhar, lembrar ou até mesmo registrar o que está no banco de dados. Para descobrir o conteúdo de um banco de dados, basta olharmos os metadados contidos nele.

Q3. O que é um DBMS (*data base management system*)?

Um banco de dados por si só não tem muita utilidade. As tabelas mostradas na Figura 5.6 contêm todos os dados que um professor quer, mas o formato não é prático. O professor quer ver os dados no formulário em que aparecem na Figura 5.2 e também como um relatório formatado. Os dados puros contidos no banco de dados estão corretos, mas em estado bruto não são pertinentes nem úteis.

A Figura 5.8 mostra os componentes de um **sistema de aplicação de banco de dados**, que é um conjunto de formulários, relatórios, consultas e programas aplicativos que processam um banco de dados. Esses aplicativos tornam o conteúdo dos bancos de dados mais acessível e útil.

Os formulários, relatórios, consultas e programas aplicativos recorrem ao sistema gerenciador de bancos de dados (DBMS) para processar tabelas de bancos de dados. Descreveremos primeiro as características do DBMS e depois falaremos sobre os componentes de aplicação do banco de dados.

5.3 *Sistemas de gerenciamento de bancos de dados*

Um **sistema gerenciador de banco de dados (DBMS)** é um programa utilizado para criar, processar e administrar um banco de dados. Assim como com os sistemas operacionais, quase nenhuma empresa desenvolve o seu próprio DBMS. Em vez disso, elas adquirem a licença de uso de produtos de DBMS de fornecedores como a IBM, a Microsoft, a Oracle e outros. Entre os produtos populares de DBMS estão o **DB2**, da IBM, o **Access** e o **SQL Server**, da Microsoft, e o **Oracle**, da Oracle Corporation. Outro DBMS popular é o **MySQL,** um produto de DBMS de código aberto que é gratuito para a maioria das aplicações. Existem outros produtos, mas esses cinco processam a grande maioria dos bancos de dados hoje.

Observe que um DBMS e um banco de dados são duas coisas diferentes. Por alguma razão, a imprensa especializada e até mesmo alguns livros confundem os dois. Um DBMS é um software; um banco de dados é um conjunto de tabelas, correlações e metadados. Os dois são conceitos muito diferentes.

Figura 5.8 Componentes de um sistema de aplicação de banco de dados

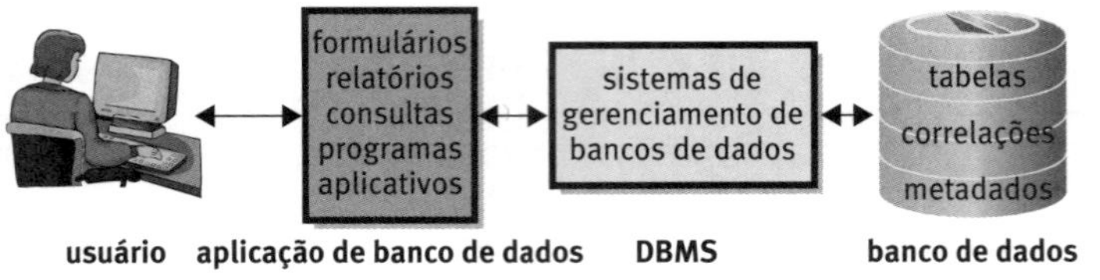

5.3.1 Criação do banco de dados e de suas estruturas

Os desenvolvedores de bancos de dados utilizam o DBMS para criar tabelas, correlações e outras estruturas dentro do banco de dados. O formulário ilustrado na Figura 5.7 pode ser usado para definir uma nova tabela ou modificar uma tabela existente. Para criar uma nova tabela, o desenvolvedor simplesmente preenche um novo formulário como o da Figura 5.7.

Para modificar uma tabela existente - acrescentar uma nova coluna, por exemplo - o desenvolvedor abre o formulário de metadados para a tabela em questão e acrescenta uma nova linha de metadados. Na Figura 5.9, por exemplo, o desenvolvedor acrescentou uma nova coluna chamada *Resposta*. Essa nova coluna contém os dados do tipo *Sim/Não*, o que significa que a coluna pode conter apenas um dos valores - Sim ou Não. O professor utilizará essa coluna para indicar se ele respondeu ao e-mail do aluno. Outras estruturas de bancos de dados são definidas de maneira semelhante.

5.3.2 Processamento do banco de dados

A segunda função do DBMS é processar o banco de dados. Os aplicativos utilizam o DBMS para quatro operações: para *ler*, *inserir*, *modificar* ou *apagar* dados. Os aplicativos recorrem ao DBMS de diferentes maneiras. A partir de um formulário, quando o usuário lança dados novos ou alterados, um

Figura 5.9 Acréscimo de uma nova coluna a uma tabela (em Access)

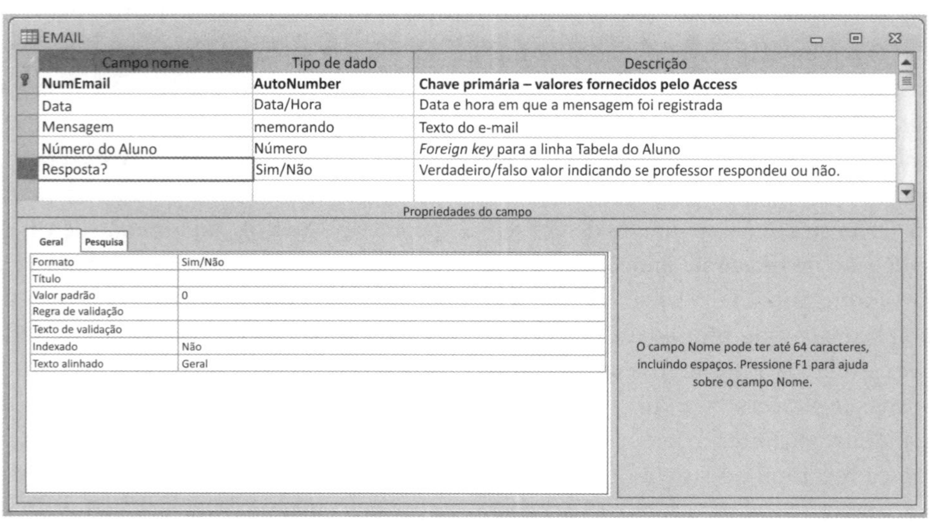
EMAIL

Campo nome	Tipo de dado	Descrição
NumEmail	**AutoNumber**	**Chave primária – valores fornecidos pelo Access**
Data	Data/Hora	Data e hora em que a mensagem foi registrada
Mensagem	memorando	Texto do e-mail
Número do Aluno	Número	*Foreign key* para a linha Tabela do Aluno
Resposta?	Sim/Não	Verdadeiro/falso valor indicando se professor respondeu ou não.

Propriedades do campo

Geral | Pesquisa

Formato	Sim/Não
Título	
Valor padrão	0
Regra de validação	
Texto de validação	
Indexado	Não
Texto alinhado	Geral

O campo Nome pode ter até 64 caracteres, incluindo espaços. Pressione F1 para ajuda sobre o campo Nome.

programa de computador que processa o formulário aciona o DBMS para fazer as alterações necessárias no banco de dados. A partir de um programa aplicativo, o programa aciona o DBMS diretamente para fazer a alteração.

Linguagem SQL (*Structured Query Language*) é uma linguagem internacional padronizada para o processamento de bancos de dados. Os cinco produtos de DBMS citados anteriormente aceitam e processam enunciados SQL. Por exemplo, o seguinte enunciado SQL insere uma nova linha em uma tabela do *Aluno*:

INSERT INTO Aluno
([Número do Aluno], [Nome do Aluno],
Tarefa de Casa 1, Tarefa de Casa 2,
Avaliação Meio de Período) VALORES
(1000, "Franklin, Benjamin", 90, 95, 100)

Enunciados desse tipo são emitidos "por trás dos bastidores" por programas que processam formulários. Alternativamente, podem ser emitidos também diretamente para o DBMS por um programa aplicativo.

Você não precisa compreender a sintaxe da linguagem SQL ou se lembrar dela. Basta saber que a SQL é um padrão internacional para o processamento de um banco de dados. Além disso, pode ser utilizada para criar bancos de dados e estruturas de bancos de dados. Você aprenderá mais sobre SQL se assistir à aula de gerenciamento de bancos de dados.

5.3.3 Consultas na FlexTime

O aplicativo-cliente da FlexTime permite um conjunto de consultas fixas predefinidas. Essas consultas predefinidas não fornecem os dados exatos de que Neil necessita para determinar a disponibilidade de horários de aula vagos e a disposição dos associados para ter aulas em horários diferentes. Como ele diz, no entanto, ele é craque em Excel. Por isso, ele importa os resultados das consultadas para o Excel e depois manipula os dados para obter os dados de que necessita. Essa é uma estratégia comum para os usuários empresariais.

Se conhecesse a linguagem SQL, Neil poderia formular suas próprias consultas no banco de dados. Na realidade, praticamente nenhum gerente de empresa tem conhecimento suficiente de SQL para fazer isso. (E, por razões de segurança, talvez não seja uma boa ideia eles terem esse tipo de conhecimento mesmo). Entretanto, analistas de negócios que trabalham em depósitos de dados geralmente conhecem a SQL e a utilizam para esses fins, como você verá no Capítulo 9.

Para entender o poder e os problemas dos usuários finais que utilizam a SQL, veja o Guia Ético.

5.3.4 Administração do banco de dados

Uma terceira função do DBMS é fornecer ferramentas que auxiliem na administração do banco de dados. A administração de bancos de dados envolve uma ampla variedade de atividades. Por exemplo, o DBMS pode ser usado para configurar um sistema de segurança contendo contas de usuários, senhas, permissões e limites para o processamento do banco de dados. Para fins de segurança do banco de dados, o usuário deve acessar o sistema utilizando uma conta de usuário válida antes de processar o banco de dados.

As permissões podem ser limitadas de formas muito específicas. No banco de dados do *Aluno*, por exemplo, é possível limitar um determinado usuário somente à leitura do *Nome do Aluno* a partir da tabela do *Aluno*. Outro usuário pode ter permissão para ler toda a tabela do *Aluno*, mas só poder atualizar as colunas *Tarefa de Casa 1, Tarefa de Casa 2* e *Avaliação de Meio de Período*. Outros usuários, ainda, podem obter outros tipos de permissão.

Além da segurança, as funções administrativas do DBMS incluem backup dos dados contidos no banco de dados, acréscimo de estruturas destinadas a melhorar o desempenho dos aplicativos do banco de dados, remoção de dados não mais desejados ou necessários e tarefas similares.

Q4. O que é um aplicativo de banco de dados?

Um **aplicativo de banco de dados** é um conjunto de formulários, relatórios, consultas e programas aplicativos que processam um banco de dados.

FIGURA 5.10 Uso de diversos aplicativos de banco de dados

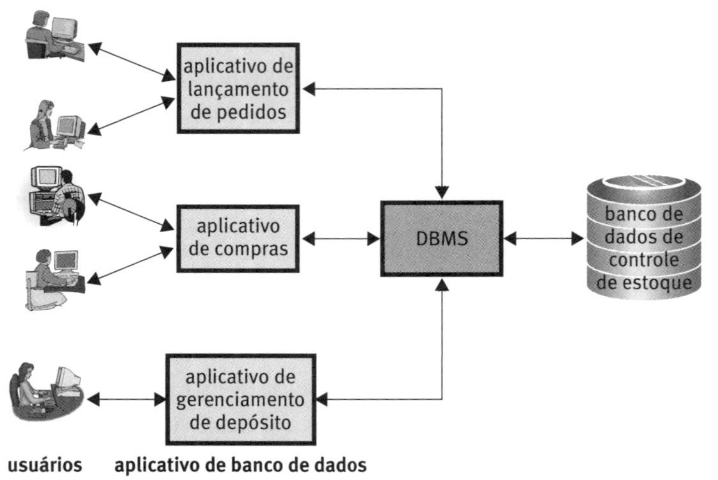

Um banco de dados pode ter um ou mais aplicativos e cada aplicativo pode ter um ou mais usuários. A Figura 5.10 mostra três aplicativos; os dois de cima possuem vários usuários. Esses aplicativos têm diferentes finalidades, recursos e funções, mas todos processam os mesmos dados de controle de estoque armazenados em um banco de dados comum.

5.4 *Formulários, relatórios e consultas*

A Figura 5.2 mostra um **formulário** característico de lançamento de dados e a Figura 5.11 mostra um **relatório** típico. Os formulários de lançamento de dados são usados pra ler, inserir, modificar e apagar dados. Os relatórios exibem os dados em um contexto estruturado.

Alguns relatórios, como o da Figura 5.11, computam também valores à medida que apresentam os dados. Um exemplo disso é a computação do *Total da Avaliação de Meio de Período* na Figura 5.11. Lembre-se do Capítulo 1 em que uma das definições de *informação* é "dados apresentados em um contexto significativo". A estrutura desse relatório gera informação porque mostra os dados do aluno em um contexto que será significativo para o professor.

Os programas de DBMS oferecem recursos sólidos e abrangentes para a consulta de dados em um banco de dados. Por exemplo, suponhamos que o professor que utilize o banco de dados do Aluno se lembre de que um dos alunos tenha feito referência ao tópico "barreiras para ingresso no mercado" por ocasião de uma visita à secretaria, mas não se recorde do aluno ou de quando isso aconteceu. Se houver centenas de alunos e visitas registradas no banco de dados, o professor terá de dedicar algum esforço e tempo para procurar esse evento em todos os registros de visitas à secretaria. O DBMS, no entanto, é capaz de encontrar qualquer registro rapidamente. A Figura 5.12(a) mostra um formulário de **consulta** no qual o professor digita a palavra-chave que está procurando. A Figura 5.12(b) mostra os resultados da consulta.

5.5 *Programas aplicativos de bancos de dados*

Formulários, relatórios e consultas funcionam bem para funções padronizadas. Entretanto, a maioria dos aplicativos envolve requisitos específicos aos quais um formulário, um relatório ou uma consulta simples não tem como atender. Por exemplo, para o aplicativo de lançamento de dados mostrado na

FIGURA 5.11 Exemplo de relatório de aluno

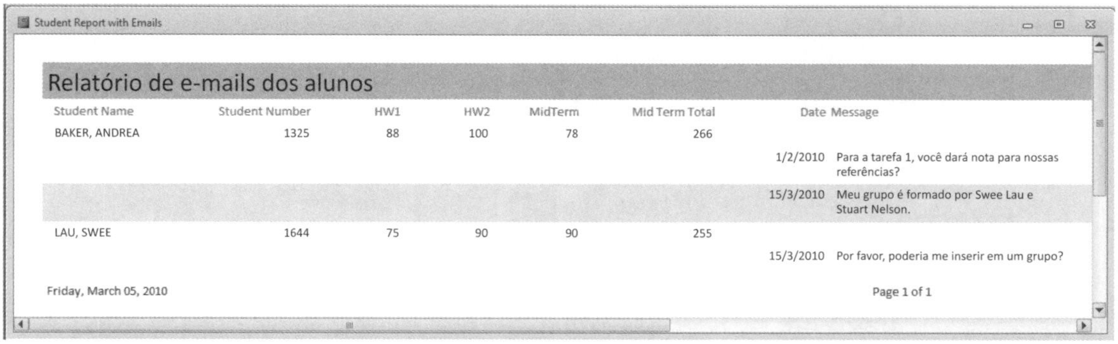

FIGURA 5.12(A) Amostra de consulta – formulário utilizado para inserção de frase de busca

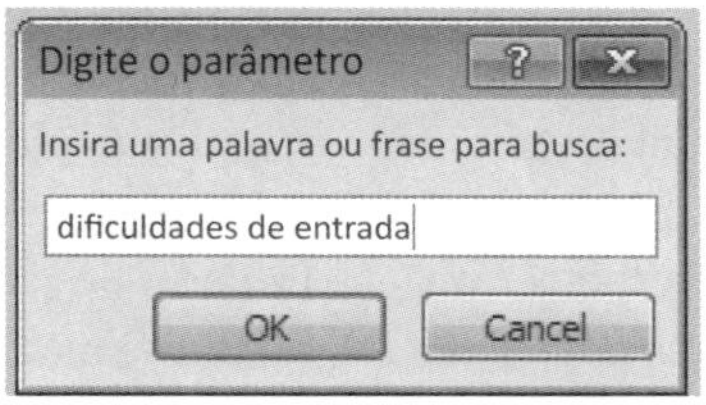

FIGURA 5.12(B) Amostra de consulta – resultados de operação de consulta

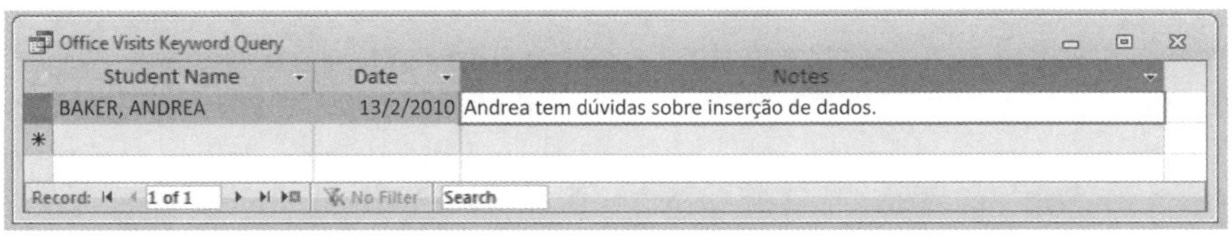

Figura 5.10, o que deve ser feito se apenas uma parte da solicitação de um cliente puder ser atendida? Se alguém quiser dez dispositivos e houver apenas três em estoque, deve ser gerado automaticamente um pedido em carteira para mais sete? Ou deve ser tomada alguma outra providência?

Os programas aplicativos processam a lógica específica para uma determinada necessidade de trabalho. No banco de dados do Aluno, um exemplo de aplicação é a atribuição de notas ao final do período. Se o professor lançar as notas em uma curva, o aplicativo lê os pontos de interrupção para cada nota a partir de um formulário e depois processa cada linha na tabela do *Aluno*, atribuindo uma nota com base nos pontos de interrupção e no número total de pontos recebidos.

Outra forma de uso importante dos programas aplicativos consiste em permitir o processamento através da internet. Para esse uso, o programa aplicativo serve como um intermediário entre o servidor de internet e o banco de dados. O programa aplicativo responde aos eventos, como quando um

FIGURA 5.13 Quatro programas aplicativos em um computador servidor de internet

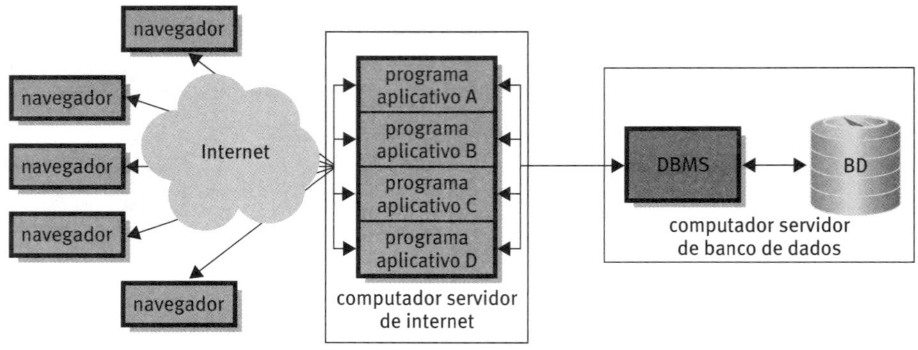

usuário aperta um botão "enviar", além de ler, inserir, modificar e apagar dados contidos no banco de dados.

A Figura 5.13 mostra quatro programas aplicativos diferentes para banco de dados rodando em um servidor de internet. Os usuários que utilizem um navegador se conectam ao servidor de internet através da rede. O servidor de internet direciona as solicitações do usuário ao programa aplicativo adequado. Cada programa, então, processa o banco de dados conforme necessário. No Capítulo 8, você aprenderá mais sobre bancos de dados habilitados via internet.

5.6 *Considerações sobre o processamento multiusuário*

As Figuras 5.10 e 5.13 mostram vários usuários processando o banco de dados. Esse **processamento multiusuário** é comum, mas apresenta alguns problemas específicos que você, como futuro gerente, deve conhecer. Para entender a natureza desses problemas, imagine a seguinte situação.

Dois usuários, Andrea e Jeffrey, são funcionários que utilizam o aplicativo de lançamento de pedidos ilustrado na Figura 5.10. Andrea está ao telefone com o seu cliente, que quer comprar cinco dispositivos. Ao mesmo tempo, Jeffrey está conversando com o seu cliente, que quer comprar três. Andrea lê o banco de dados para ver quantos dispositivos há em estoque. (Sem saber, ela invoca o aplicativo de lançamento de pedidos ao digitar seus dados no formulário de lançamento de dados.) O DBMS responde com uma linha indicando que há dez dispositivos em estoque.

Enquanto isso, logo depois que Andrea acessa o banco de dados, o cliente de Jeffrey diz que quer os dispositivos e ele também lê o banco de dados (através do programa aplicativo de lançamento de pedidos) para verificar quantas peças há em estoque. O DBMS lhe responde com a mesma linha, indicando que há dez dispositivos acessíveis.

O cliente de Andrea agora diz que levará cinco dispositivos e ela registra o fato em seu formulário. O aplicativo reescreve no banco de dados a linha referente ao dispositivo, indicando que agora há cinco dispositivos em estoque.

Enquanto isso, o cliente de Jeffrey diz que levará três dispositivos. Jeffrey registra o fato em seu formulário e o aplicativo reescreve no banco de dados a linha referente ao dispositivo. Entretanto, o aplicativo de Jeffrey desconhece o trabalho e subtrai três do total original de dez, armazenando, assim, um número incorreto de sete dispositivos em estoque. Obviamente, estamos diante de um problema. Começamos com dez dispositivos, Andrea tirou cinco e Jeffrey, três, mas o banco de dados diz que há sete unidades em estoque, quando deveria indicar dois.

Esse problema, conhecido como o **problema da atualização perdida**, exemplifica uma das características especiais do processamento multiusuário de um banco de dados. Para evitar esse problema, deve ser usado algum tipo de travamento para coordenar as atividades dos usuários que nada sabe sobre as ações uns dos outros. O travamento, por sua vez, tem os seus problemas e esses problemas também devem ser resolvidos. Entretanto, não nos aprofundaremos nesse assunto aqui.

Observe por esse exemplo que a conversão de um banco de dados monousuário em um banco de dados multiusuário requer mais do que uma simples conexão com o computador de outro usuário. A lógica do processamento da aplicação básica também precisa ser ajustada.

Cuidado com possíveis conflitos de dados ao gerenciar atividades de negócios que envolvam um processamento multiusuário. Caso você encontre resultados imprecisos que não pareçam ter uma causa, você pode estar diante de um conflito de dados durante um processamento multiusuário. Solicite a assistência do seu departamento de SIG.

Q5. Qual a diferença entre um DBMS empresarial e um DBMS individual?

Os produtos de DBMS se enquadram em duas amplas categorias. Os de **DBMS empresarial** processam bancos de dados de grandes empresas e grupos de trabalho. Esses produtos atendem a muitos usuários (talvez milhares deles) e diversos aplicativos diferentes de bancos de dados. Esses produtos de DBMS prestam suporte operacional durante 24 horas por dia, 7 dias na semana e conseguem gerenciar bancos de dados que ocupam dezenas de discos magnéticos com centenas de gigabytes ou mais de dados. O DB2, da IBM, o SQL Server, da Microsoft, o Oracle, da Oracle, e MySQL, da Sun (agora Oracle) são exemplos de produtos de DBMS empresarial.

Os produtos de **DBMS individuais** são projetados para aplicativos de bancos de dados menores e mais simples. Esses produtos são usados para aplicações pessoais ou de pequenos grupos de trabalho que envolvem menos de cem usuários, e normalmente menos de quinze. Aliás, a grande maioria de bancos de dados nessa categoria tem um único usuário. O banco de dados do Aluno do professor é um exemplo de banco de dados processado por um produto de DBMS individual.

Antigamente, havia muitos produtos de DBMS individual - Paradox, dBase, R:base e FoxPro. A Microsoft desbancou esses produtos ao desenvolver o Access e incluí-lo na suíte do Microsoft Office. Hoje, o único DBMS individual importante que ainda resta é o Microsoft Access.

FIGURA 5.14 Sistema individual de banco de dados

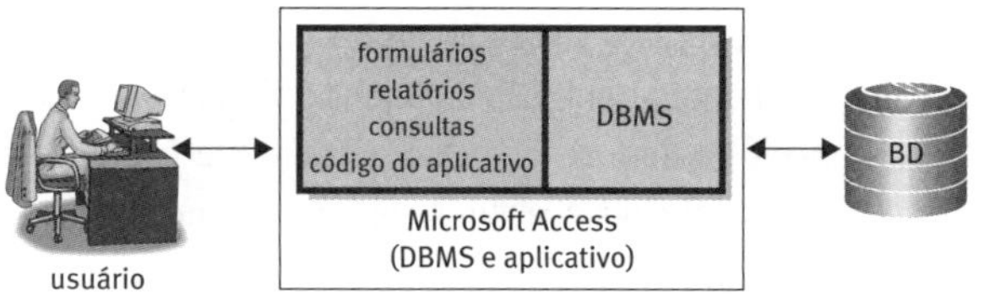

Para evitar confusão para você no futuro, a distinção de programas aplicativos e de DBMS mostrada na Figura 5.10 é válida somente para produtos de DBMS empresarial. O Microsoft Access inclui recursos e funções para o processamento de aplicativos juntamente com o DBMS propriamente dito. Por exemplo, o Access possui um gerador de formulários e um gerador de relatórios. Consequentemente, conforme mostrado na Figura 5.14, o Access é tanto um DBMS quanto um produto de desenvolvimento de aplicativos.

Neil tem conhecimentos suficientes de processamento de banco de dados para saber importar resultados de consulta para o Excel e retrabalhar os dados no próprio Excel para obter as informações de que necessita. Kelly, Felix, Tara e outros funcionários da FlexTime se beneficiariam pessoalmente se tivessem esses conhecimentos também.

Neil tem conhecimentos suficientes também desse material para, ao entrevistar fornecedores de novos programas de gerenciamento de academias (discutido no Capítulo 4), não se deixar intimidar quando eles usarem os termos contidos neste capítulo. Ele consegue participar da conversa com esses fornecedores.

Você também pode desfrutar esses benefícios se conseguir se lembrar da estratégia de consulta de Neil: Se você estiver trabalhando com um aplicativo que lhe permita efetuar consultas fixas que se aproximem daquilo que você deseja, importe essas consultas para o Excel e use os seus conhecimentos de Excel para obter os dados exatos de que necessita. Além disso, você pode participar da conversa com os seus fornecedores e profissionais de TI. Munido dos conhecimentos contidos neste capítulo, você não precisa se esconder ao ouvir termos como *Oracle, DBMS, consulta* ou *metadados.*

GUIA ÉTICO: Ninguém disse que eu não deveria

Meu nome é Chris e presto suporte de sistemas para o nosso grupo. Eu configuro os novos computadores, conecto a rede, verifico se os servidores estão operando e assim por diante. Além disso, eu faço todos os backups dos bancos de dados. Eu sempre gostei de computadores. Após concluir o ensino médio, fiz alguns bicos e ganhei um pouco de dinheiro. Depois fiz um curso de tecnólogo em tecnologia da informação em nossa universidade local.

– Mas como eu disse, faço backups de nossos bancos de dados. Certa vez, durante um fim de semana, eu não tinha muito que fazer e copiei um dos backups do banco de dados em um pen drive e o levei para casa. Eu havia assistido a uma aula sobre processamento de bancos de dados como parte de meu curso e nós utilizamos o SQL Server (o nosso sistema gerenciador de bancos de dados) em minha turma. Aliás, eu suponho que essa foi a razão pela qual eu consegui esse emprego. De qualquer modo, era fácil recuperar o banco de dados no meu computador de casa e eu o fiz.

– É claro que, como lhe dirão na sua aula sobre bancos de dados, uma das grandes vantagens do processamento de bancos de dados é que essas bases de armazenamento possuem metadados, ou seja, dados que descrevem o conteúdo do banco de dados. De modo que, embora eu não soubesse que tabelas estavam armazenadas em nosso banco de dados, eu sabia acessar os metadados do SQL Server. Bastou consultar uma tabela chamada *sysTables* para conhecer as denominações de nossas tabelas. A partir daí ficou fácil descobrir as colunas de cada tabela.

– Encontrei tabelas com dados sobre pedidos, clientes, vendedores e assim por diante, e só para me divertir e ver até que ponto eu conseguia me lembrar da linguagem de consultas SQL, comecei a brincar manipulando os dados. Tive a curiosidade de saber quem era o melhor funcionário responsável pelo lançamento de pedidos e comecei a consular os dados referentes aos pedidos efetuados pelos funcionários, o número total de pedidos, o valor total dos pedidos, coisas desse tipo. Era algo fácil e divertido de fazer.

– Conheço bem um dos funcionários responsáveis da área de lançamento de pedidos, o Jason, e por isso comecei a olhar os dados de seus pedidos. Eu só estava curiosa e era uma SQL muito simples. Eu estava apenas brincando de manipular os dados quando notei algo estranho. Todos os grandes pedidos dele eram efetuados por uma determinada empresa, a Valley Appliances, e mais estranho ainda, todos com um enorme desconto. Eu pensei: "Bem, talvez isso seja comum". Por curiosidade, no entanto, comecei a examinar os dados de outros funcionários e observei que muito poucos tinham pedidos da Valley Appliances. Mas quando tinham, a Valley não recebia um grande desconto. Então resolvi olhar o restante dos pedidos do Jason e nenhum deles oferecia grandes descontos também.

– Na sexta-feira seguinte, saímos em um grupinho para tomar uma cerveja depois do trabalho. Por acaso eu vi o Jason e lhe perguntei sobre a Valley Appliances, fazendo um gracejo em relação aos descontos. Ele me perguntou do que eu estava falando e eu então lhe disse que estivera olhando os dados só por curtição e havia observado esse padrão estranho. Ele simplesmente riu, disse que apenas "fazia o seu trabalho" e em seguida mudou de assunto.

– Bem, para resumir, quando eu cheguei ao trabalho na segunda-feira pela manhã, a minha sala estava vazia. Não havia nada lá, a não ser um bilhete me dizendo que fosse falar com o chefe. Resultado: fui demitida. Além disso, a empresa me ameaçou dizendo que, se não devolvesse todos os seus dados, eu iria passar os próximos cinco anos às voltas com a justiça... coisas desse tipo. Fiquei tão chateada que nem comentei nada com o Jason. Agora o meu problema é que estou desempregada e não posso exatamente usar a minha última empresa como referência.

Questões para discussão

1. Em que ponto Chris errou?
2. Você considera ilegal, antiético ou nenhuma das duas coisas Chris ter levado o banco de dados para casa e consultado os dados?
3. A empresa compartilha a culpabilidade com Chris?
4. O que você acha que Chris deveria ter feito ao descobrir o estranho padrão nos pedidos de Jason?
5. O que a empresa deveria ter feito antes de demitir Chris?
6. É possível que alguém que não Jason esteja envolvido no arranjo com a Valley Appliances? O que Chris deveria ter feito diante dessa possibilidade?
7. O que Chris deveria fazer agora?
8. "Os metadados facilitam o uso dos bancos de dados – tanto para fins autorizados quanto não autorizados." Explique o que as empresas deveriam fazer diante desse fato.

REVISÃO

Utilize esta revisão para verificar o que você assimilou das ideias e conceitos que respondem às questões de estudo do capítulo.

Q1. Qual a finalidade de um banco de dados?

Descreva a finalidade de um banco de dados. Explique quando usar uma planilha eletrônica e quando usar um banco de dados.

Q2. O que um banco de dados contém?

Explique a hierarquia dos dados de bytes e tabelas. Mostre como um banco de dados armazena as correlações entre as linhas. Defina *chave* e *foreign key*. Defina *metadados* e explique como os metadados tornam os bancos de dados mais úteis.

Q3. O que é um DBMS?

Descreva um sistema aplicativo de banco de dados. Defina DBMS. Cite três produtos de DBMS conhecidos. Descreva a diferença entre um banco de dados e um DBMS. Explique as três principais funções de um DBMS. Para que serve a linguagem SQL?

Q4. O que é um aplicativo de banco de dados?

Cite e descreva os componentes de um aplicativo de banco de dados. Descreva as circunstâncias que exigem uma lógica especial para os aplicativos de banco de dados. Descreva o problema da atualização perdida. Em termos gerais, explique como esse problema é evitado.

Q5. Qual a diferença entre um DBMS empresarial e um DBMS individual?

Explique a função de um DBMS empresarial e descreva as suas características. Explique a função de um DBMS individual e descreva as suas características. Cite o único DBMS individual ainda existente. Explique as diferenças entre as Figuras 5.10 e 5.15.

Explique duas maneiras pelas quais Neil se beneficia do fato de possuir os conhecimentos contidos neste capítulo. Descreva de que maneira esses mesmos benefícios podem valer para você.

UTILIZE SEUS CONHECIMENTOS

1. Suponhamos que você seja assistente de marketing em uma empresa de aparelhos eletrônicos de consumo e receba a incumbência de montar o estande da empresa em feiras comerciais. Semanas antes dos eventos, você se reúne com os gerentes

FIGURA 5.15 Planilha eletrônica utilizada para controlar a distribuição de partituras

	A	B	C	D	E
1	Sobrenome	Nome	E-mail	Telefone	Parte
2	Ashley	Jane	JA@somewhere.com	703.555.1234	Soprano
3	Davidson	Kaye	KD@somewhere.com	703.555.2236	Soprano
4	Ching	Kam Hoong	KHC@overhere.com	703.555.2236	Soprano
5	Menstell	Lori Lee	LLM@somewhere.com	703.555.1237	Soprano
6	Corning	Sandra	SC2@overhere.com	703.555.1234	Soprano
7		B-minor mass	J.S. Bach	Soprano Copy 7	
8		Requiem	Mozart	Soprano Copy 17	
9		9th Symphony Chorus	Beethoven	Soprano Copy 9	
10	Wei	Guang	GW1@somewhere.com	703.555.9936	Soprano
11	Dixon	Eleanor	ED@thisplace.com	703.555.12379	Soprano
12		B-minor mass	J.S. Bach	Soprano Copy 11	
13	Duong	Linda	LD2@overhere.com	703.555.8736	Soprano
14		B-minor mass	J.S. Bach	Soprano Copy 7	
15		Requiem	J.S. Bach	Soprano Copy 19	
16	Lunden	Haley	HL@somewhere.com	703.555.0836	Soprano
17	Utran	Diem Thi	DTU@somewhere.com	703.555.1089	Soprano

de marketing e determina os vídeos de apresentação e equipamentos que a empresa deseja exibir. Depois você identifica cada um dos componentes que precisam ser embarcados e contrata um agente de carga para entregá-los no local de realização do evento. Em seguida, supervisiona o pessoal da convenção encarregado da montagem dos estandes e equipamentos. Após o término do evento, você supervisiona o acondicionamento do estande e de todos os equipamentos e providencia o embarque do material de volta para a sua base. Quando os equipamentos chegam, você os recolhe ao seu armazém e verifica se todas as peças do estande e todos os equipamentos retornaram. Se houver quaisquer problemas envolvendo avarias ou perda, você os resolve. A sua função é importante; em um evento normal, você é responsável por mais de $ 250.000 em equipamentos.

a. Você precisará controlar os dados relativos aos componentes do estande, equipamentos, agentes de carga e embarques. Cite os campos comuns para cada tipo de dados.

b. Você poderia utilizar uma planilha eletrônica para controlar esses dados? Quais seriam as vantagens e desvantagens nesse caso?

c. Utilizando a sua resposta ao item a, cite um exemplo de duas correlações que você precise rastrear. Mostre as chaves e chaves estrangeiras para cada uma.

d. De quais dos seguintes componentes de um aplicativo de banco de dados você provavelmente necessitaria: formulários de lançamento de dados, relatórios, consultas ou programa aplicativo? Explique uma forma de uso para cada um dos componentes necessários.

e. O seu aplicativo será utilizado por apenas um usuário ou por vários usuários? Você precisará de um DBMS individual ou de um DBMS empresarial? No caso de DBMS individual, que produto você utilizará?

2. Samantha Green (a mesma Samantha que conhecemos no final do Capítulo 3) é proprietária e dirigente da Twigs Tree Trimming Service. Ela é formada em administração florestal e recentemente abriu a sua empresa em St. Louis, Missouri, EUA. A sua atividade envolve muitas operações isoladas (como remoção de árvores ou tocos, por exemplo) e muitos serviços recorrentes (como a poda regular de árvores a cada um ou dois anos). Em épocas de pouco movimento, Samantha liga para antigos clientes para lhes lembrar de seus serviços e da necessidade de eles podarem regularmente suas árvores.

a. Cite e descreva as tabelas de dados que Samantha precisará utilizar para dirigir a sua empresa. Indique os possíveis campos para cada tabela.

b. Samantha poderia utilizar uma planilha eletrônica para controlar esses dados? Quais seriam as vantagens e desvantagens nesse caso?

c. Utilizando a sua resposta ao item a, cite um exemplo de duas correlações que Samantha precise rastrear. Mostre as chaves e chaves estrangeiras para cada uma.

d. De quais dos seguintes componentes de um aplicativo de banco de dados Samantha provavelmente necessitaria: formulários de lançamento de dados, relatórios, consultas ou programa aplicativo? Explique uma forma de uso para cada um dos componentes necessários.

e. Esse aplicativo será utilizado por apenas um usuário ou por vários? Ela precisará de um DBMS individual ou de um DBMS empresarial? No caso de DBMS individual, que produto ela utilizará?

3. A FiredUP Inc. (a mesma FiredUp que conhecemos no final do Capítulo 3) é uma pequena empresa de propriedade de Curt e Julie Robards. Sediada em Brisbane, Austrália, a FiredUp fabrica e vende o FiredNow, um fogão leve portátil. Curt usou a sua experiência anterior como engenheiro aeroespacial para inventar um bico queimador que permite que o fogão permaneça aceso sob efeito de ventos muito fortes. Utilizando a sua formação em desenho industrial, Julie projetou um fogão pequeno, leve, fácil de montar e muito estável. Curt e Julie vendem o fogão diretamente a seus clientes via internet e pelo telefone. A garantia do equipamento cobre cinco anos de reparos gratuitos no caso de fogões utilizados para fins recreativos.

A FiredUp quer rastrear cada fogão e o cliente que o adquiriu. Eles querem saber que clientes possuem que fogões no caso de precisarem notificá-los de quaisquer problemas de segurança ou solicitar um recall. Curt e Julie querem também ter um controle dos reparos efetuados.

a. Cite e descreva as tabelas de dados de que a FiredUp irá precisar. Indique os possíveis campos para cada tabela.

b. A FiredUp poderia utilizar uma planilha eletrônica para controlar esses dados? Quais seriam as vantagens e desvantagens nesse caso?

c. Utilizando a sua resposta ao item a, cite um exemplo de duas correlações que a FireUp precise rastrear. Mostre as chaves e chaves estrangeiras para cada uma.

d. De quais dos seguintes componentes de um aplicativo de banco de dados a FiredUp provavelmente necessitaria: formulários de lançamento de dados, relatórios, consultas ou programa aplicativo? Explique uma forma de uso para cada um dos componentes necessários.

e. Esse aplicativo será utilizado por apenas um usuário ou por vários? A FiredUp precisará de um DBMS individual ou de um DBMS empresarial? No caso de DBMS individual, que produto a empresa utilizará? No caso de DBMS empresarial, que produto pode ser obtido sem custo de licenciamento?

ESTUDO DE CASO 5

Aviation Safety Network[3]

A Aviation Safety Network (ASN) tem por missão fornecer informações atualizadas, completas e confiáveis sobre acidentes aéreos e questões de segurança àqueles que se interessam profissionalmente pela aviação. A ASN define um *avião* como uma aeronave capaz de transportar catorze ou mais passageiros. Os dados da ASN incluem informações sobre aeronaves comerciais, militares e executivas.

A ASN reúne dados a partir de diversas fontes, dentre as quais o International Civil Aviation Board, o National Transportation Safety Board[4] e a Civil Aviation Authority.[5] Os dados são extraídos também de revistas, como a *Air Safety Week* e a *Aviation Week & Space Technology*, e diversos livros; e fornecidos por indivíduos de projeção no setor de segurança de voo.

A ASN compila os dados-fonte em um banco de dados do Microsoft Access. A tabela básica contém mais de 10 mil linhas de dados com descrições de incidentes e acidentes aéreos. Essa tabela está ligada a várias outras tabelas que armazenam dados sobre aeroportos, empresas aéreas, tipos de aeronaves, países e assim por diante. Periodicamente, os dados em Access são reformatados e exportados para um banco de dados MySQL, utilizado por programas de suporte a consultas realizadas no site da ASN (http://aviation-safety.net/database).[6]

Nesse site, os dados sobre incidentes e acidentes aéreos podem ser acessados por ano, empresa, aeronave, país e de outras formas. Por exemplo, a Figura 5.16 mostra uma lista de incidentes e acidentes que envolveram o Airbus 320. Quando o usuário clica em um determinado acidente, como aquele ocorrido em 15 de janeiro de 2009, um resumo do incidente é apresentado, como mostra a Figura 5.17.

Além das descrições de incidentes e acidentes, a ASN sintetiza também os dados destinados a ajudar seus usuários a determinar as tendências em termos de acidentes aéreos. Por exemplo, a Figura 5.18 mostra as localizações geográficas de acidentes fatais em 2007. Observe que não houve praticamente nenhum acidente desse tipo na Austrália, na Rússia ou na China. Ou esses países são particularmente vigilantes no que tange à segurança de voo, têm sorte ou nem todos os acidentes foram divulgados.

Em 1995, o holandês Hugo Ranter fundou o site da ASN, mantido desde 1998 pelo argentino Fabian I. Lujan. A ASN tem aproximadamente 10 mil assinantes em 170 países e o site recebe mais de 50 mil visitas por semana. Para mais informações sobre esse site, acesse http://aviation-safety.net/about.

3. Aviation Safety Network é um site privado que registra informações sobre voos baseando-se em informações oficiais.

4. A National Transportation Safety Board (NTSB) foi criada em 1967 como uma organização independente, responsável pela investigação de acidentes de aviação, autoestradas, marinha, transporte tubular, dos EUA.

5. Órgão regulador da aviação no Reino Unido.

6. No Brasil, informações sobre acidentes aéreos podem ser encontradas em: www.desastresaereos.net.

Figura 5.16 Incidentes e acidentes com o Airbus 320 extraídos do banco de dados sobre segurança de voo da ASN

AviationSafetyNetwork

an exclusive service of Flight Safety Foundation

FLIGHT SAFETY FOUNDATION

www.flightsafety.org

Home » ASN Aviation Safety Database

Home
Aviation safety
Database
Investigation
News
Photos
Publications
Statistics
Links
Mailing list
E-mail
About ASN

ASN Aviation Safety Database

19 occurrences in the ASN safety database, showing occurrence 1 - 19

< 1 >

date	type	registration	operator	fat.	location		pic	
26-JUN-1988	Airbus A320-111	F-GFKC	Air France	3	Mulhouse-Hab...			A1
14-FEB-1990	Airbus A320-231	VT-EPN	Indian Airlines	92	near Bangalore-Hi...			A1
20-JAN-1992	Airbus A320-111	F-GGED	Air Inter	87	near Strasbourg-E...			A1
14-SEP-1993	Airbus A320-211	D-AIPN	Lufthansa	2	Warszawa-Oke...			A1
10-MAR-1997	Airbus A320-212	A4O-EM	Gulf Air	0	Abu Dhabi In...			A1
22-MAR-1998	Airbus A320-214	RP-C3222	Philippine Air Lines	0+ 3	Bacolod Airp...			A1
11-APR-2000	Airbus A320-231	F-OHMD	Mexicana	0	Minatitlan A...			O1
23-AUG-2000	Airbus A320-212	A4O-EK	Gulf Air	143	near Bahrain Inte...			A1
07-FEB-2001	Airbus A320-214	EC-HKJ	Iberia	0	Bilbao Airpo...			A1
24-JUL-2001	Airbus A320-231	4R-ABA	SriLankan Airlines	0	Colombo-Band...			C1
28-AUG-2002	Airbus A320-231	N635AW	America West	0	Phoenix-Sky ...			A1
03-MAY-2006	Airbus A320-211	EK-32009	Armavia	113	near Adler/Sochi ...			A1
05-MAY-2006	Airbus A320-211	EK-32010	Armavia	0	Brussel-Zave...			O1
05-MAY-2006	Airbus A320-211	EK-32001	Armenian International Airways, opf. Air Arabia	0	Brussel-Zave...			O1
05-MAY-2006	Airbus A320-232	SX-BVB	HellasJet, opf. Volare Airlines	0	Brussel-Zave...			O1
17-JUL-2007	Airbus A320-233	PR-MBK	TAM Brasil	187+ 12	São Paulo-Co...			A1
30-MAY-2008	Airbus A320-233	EI-TAF	TACA	3+ 2	Tegucigalpa-...			A1
27-NOV-2008	Airbus A320-232	D-AXLA	Air New Zealand, opf. XL Airways Germany	7	near Canet-Plage			A1
15-JAN-2009	Airbus A320-214	N106US	US Airways	0	Hudson River...			A1

Fonte: Reproduzido com permissão da Aviation Safety Network, ©2009 ASN. www.aviation-safety.net.

Questões

1. Qual foi a causa do incidente mostrado na Figura 5.17? Esse incidente, no qual não houve vítimas fatais, foi causado por uma revoada de gansos que atingiram um Airbus 320 da US Airways que partira do Aeroporto de La Guardia,em Nova York. A julgar por esse incidente, seria ilógico concluir que é perigoso voar em áreas em que há gansos ou voar em aeronaves do tipo Airbus 320, com a US Airways ou a partir de La Guardia. Ou teria alguma lógica? Suponhamos que você quisesse determinar a suposta existência de um padrão sistemático de voos derrubados por gansos ou envolvendo aeronaves Airbus 320, a US Airways ou o Aeroporto de La Guardia. Como você procederia? Como você utilizaria os recursos do site http://aviation-safety.net para determinar essa questão?
2. O banco de dados e o site da ASN foram criados e são mantidos por dois indivíduos. O banco de dados pode ser completo e preciso, ou não. Até que ponto você deve confiar nesses dados? O que você pode fazer para decidir se deve confiar nos dados desse site?
3. Veja os dados apresentados na Figura 5.18. Você observa qualquer indicação de que é possível que nem todos os dados sobre acidentes estejam incluídos nessa figura? Se você acredita que nem todos os dados estão incluídos, que valor essa figura tem para você? Quais seriam as formas legítimas de uso desses dados e quais provavelmente são errôneas?

FIGURA 5.17 Descrição de incidentes – resumo extraído do banco de dados sobre segurança de voo da ASN

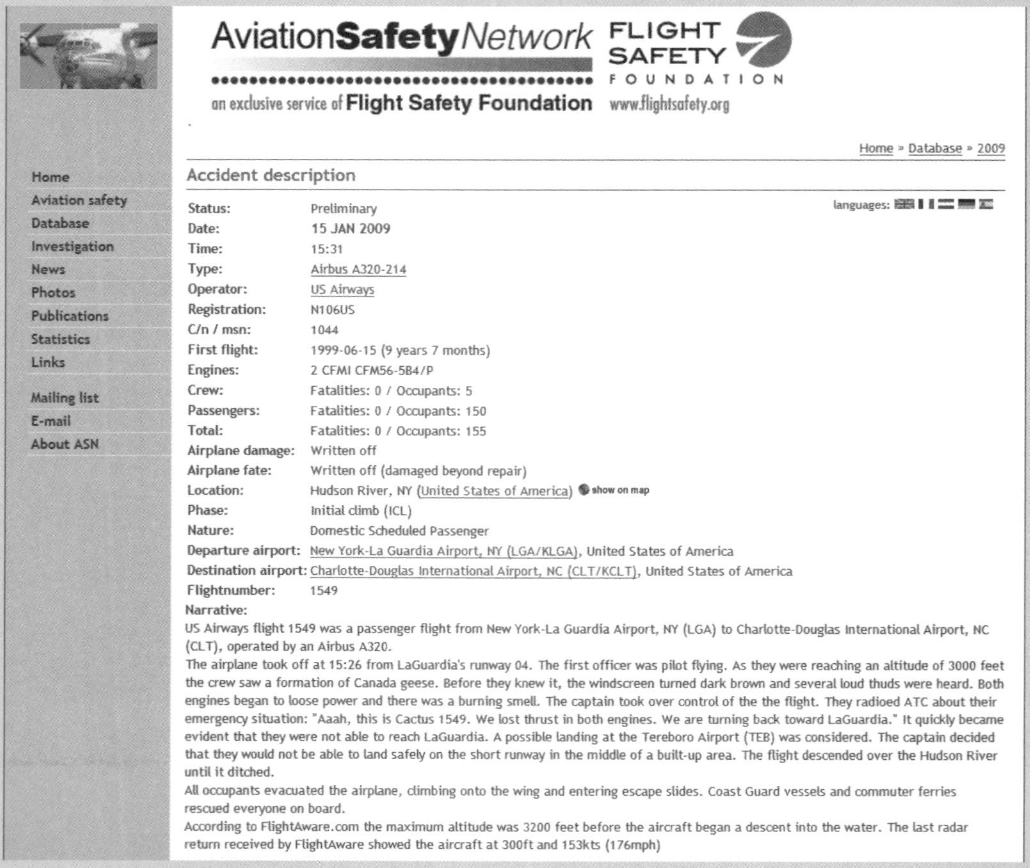

AviationSafetyNetwork
an exclusive service of Flight Safety Foundation
FLIGHT SAFETY FOUNDATION
www.flightsafety.org

Home » Database » 2009

Home
Aviation safety
Database
Investigation
News
Photos
Publications
Statistics
Links

Mailing list
E-mail
About ASN

Accident description

languages:

Status:	Preliminary
Date:	15 JAN 2009
Time:	15:31
Type:	Airbus A320-214
Operator:	US Airways
Registration:	N106US
C/n / msn:	1044
First flight:	1999-06-15 (9 years 7 months)
Engines:	2 CFMI CFM56-5B4/P
Crew:	Fatalities: 0 / Occupants: 5
Passengers:	Fatalities: 0 / Occupants: 150
Total:	Fatalities: 0 / Occupants: 155
Airplane damage:	Written off
Airplane fate:	Written off (damaged beyond repair)
Location:	Hudson River, NY (United States of America) show on map
Phase:	Initial climb (ICL)
Nature:	Domestic Scheduled Passenger
Departure airport:	New York-La Guardia Airport, NY (LGA/KLGA), United States of America
Destination airport:	Charlotte-Douglas International Airport, NC (CLT/KCLT), United States of America
Flightnumber:	1549

Narrative:
US Airways flight 1549 was a passenger flight from New York-La Guardia Airport, NY (LGA) to Charlotte-Douglas International Airport, NC (CLT), operated by an Airbus A320.
The airplane took off at 15:26 from LaGuardia's runway 04. The first officer was pilot flying. As they were reaching an altitude of 3000 feet the crew saw a formation of Canada geese. Before they knew it, the windscreen turned dark brown and several loud thuds were heard. Both engines began to loose power and there was a burning smell. The captain took over control of the the flight. They radioed ATC about their emergency situation: "Aaah, this is Cactus 1549. We lost thrust in both engines. We are turning back toward LaGuardia." It quickly became evident that they were not able to reach LaGuardia. A possible landing at the Tereboro Airport (TEB) was considered. The captain decided that they would not be able to land safely on the short runway in the middle of a built-up area. The flight descended over the Hudson River until it ditched.
All occupants evacuated the airplane, climbing onto the wing and entering escape slides. Coast Guard vessels and commuter ferries rescued everyone on board.
According to FlightAware.com the maximum altitude was 3200 feet before the aircraft began a descent into the water. The last radar return received by FlightAware showed the aircraft at 300ft and 153kts (176mph)

Fonte: Reproduzido com permissão da Aviation Safety Network, ©2009 ASN. www.aviation-safety.net.

4. Suponhamos que você trabalhe no departamento de marketing de uma empresa aérea. Você pode utilizar esses dados em suas iniciativas de marketing? Em caso afirmativo, de que maneira? Quais os perigos de criar uma campanha de marketing baseada na segurança?

5. Suponhamos que você seja gerente de manutenção de uma grande empresa aérea. De que maneira você pode utilizar esses dados? Seria inteligente você desenvolver o seu próprio banco de dados, semelhante a esse? Por que sim ou por que não?

FIGURA 5.18 Acidentes fatais em nível mundial, 2007

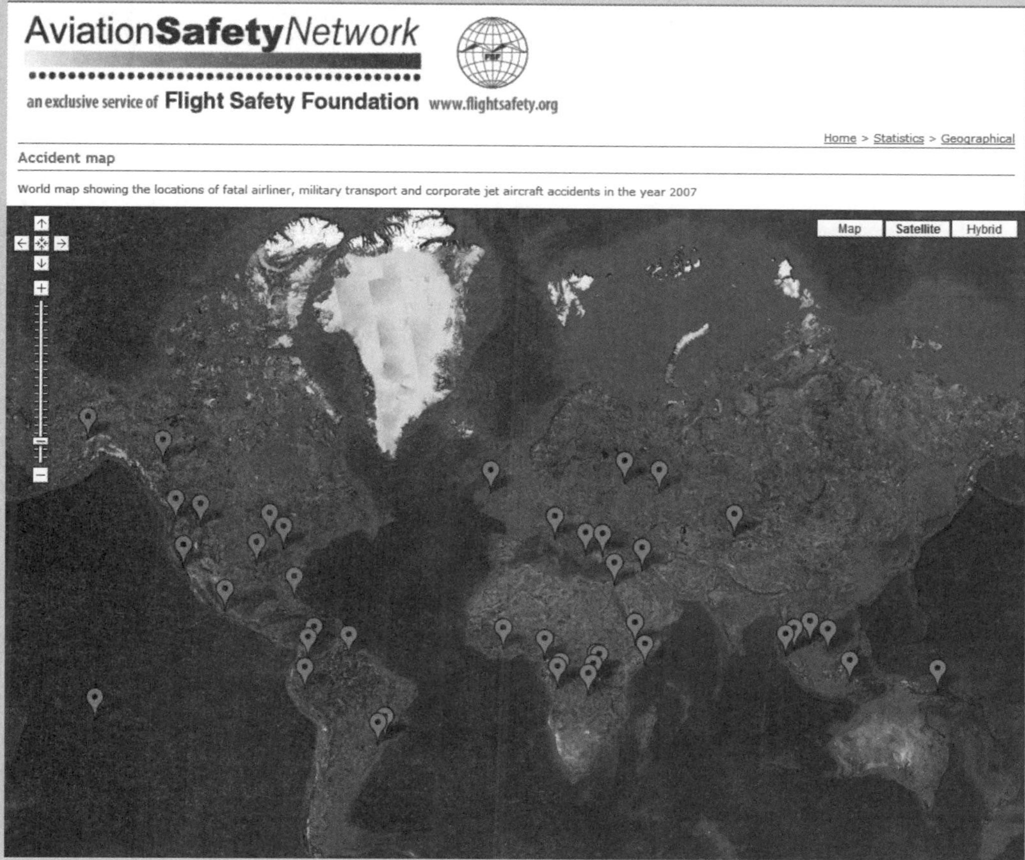

Fonte: Reproduzido com permissão da Aviation Safety Network, ©2009 ASN. www.aviation-safety.net.

CAPÍTULO 6

Comunicação de dados

Isto poderia acontecer com você

- Neil, eu não quero anunciar o apartamento.

- Kelly, você estava lá. Nós estávamos juntos e ouvimos o que ele disse: A avaliação da nossa casa foi baixa demais e eles querem mais garantias. É o apartamento ou tirar mais $ 150.000 da infraestrutura do prédio.

- Se essa economia não melhorar, e se a FlexTime não conseguir aguentar o novo financiamento, podemos perder tudo. A empresa, a nossa casa, tudo. O apartamento seria tudo que nos restaria.

- Tudo bem, Kelly, vamos dar uma olhada nos custos novamente.

Neil abre o seu laptop sobre a sua mesa e os dois olham juntos.

- O terreno, a construção básica do prédio, os estacionamentos... Não vejo como reduzir esses custos, mas vou falar com a empreiteira novamente. E os vestiários? Alguma coisa que possamos fazer para reduzir os custos dos vestiários?

- Neil, eu estive pensando sobre isso. Talvez pudéssemos optar por um estilo armazém. É claro que temos que ter chuveiros, sanitários, pias e espelhos... e armários, mas que tal radicalizar e adotar um estilo industrial? Poderíamos economizar com azulejos e acessórios.

- O.k., Kelly, isso já é um começo. O que mais?

- Ei, Neil, o que são estes $ 175.000 para infraestrutura de rede? Para que precisamos disso?

- Para conectar todos os computadores?

- 175 mil para conectar um computador? Ora, Neil, caia na real.

- Kelly, não é apenas um computador, são todos os nossos computadores. E mais todos os novos equipamentos.

- Por falar em novos equipamentos - Félix enfia a cabeça na sala de Neil. - Veja os meus novos tênis. Eles se comunicam com a minha munhequeira e, se houver uma rede sem fio por perto, a munhequeira se comunica com a rede e armazena os dados sobre os meus exercícios no meu site de exercícios na Internet. Legal! Isso vai funcionar no novo prédio?

Felix segue pelo corredor.

- Você entende o quero dizer, Kelly? Além disso, todas as novas máquinas possuem adaptadores de rede - com ou sem fio. E isso é apenas a ponta do iceberg. Todos querem ver os seus dados coletados, armazenados e processados. Vamos ter de armazenar um volume cada vez maior de dados sobre exercícios pessoais. E é preciso tirá-los de algum modo da máquina de spinning, dos tênis ou de onde for e transferi-los para a rede.

- Neil, eu consigo até entender que se gaste dinheiro com fios; eles são feitos de alguma coisa e têm de ser instalados. Mas sem fio? Por que o ar custa $ 175 mil?

- Isso não é justo, Kelly. Os $ 175 mil incluem os fios instalados no interior das paredes, mas, na realidade, essa não é a grande despesa. As grandes despesas são com equipamentos como interruptores e roteadores e outros equipamentos que podem nos oferecer o desempenho de que necessitamos.

- Neil, essas coisas são caras. Roteador Cisco??? Por que precisamos de quatro? Ou, ei, o que é um dispositivo VPN/firewall? Dispositivo? Algo como uma engenhoca? Coisinha cara. Podemos nos virar sem isso? Deve haver alguma gordura que dê para remover.

Neil faz uma careta.

- Neil, por que não usamos apenas iPhones? Eles se comunicam com tênis também.

- Você quer dizer, fazer os nossos clientes utilizarem um aplicativo para iPhone?

- Sim. Eu experimentei um na semana passada, Neil, e foi ótimo. Não havia nenhuma rede sem fio por perto e por isso o sistema usou um satélite ou algo assim. Enfim, quando voltei para cá, usei o aplicativo para baixar os dados para o nosso computador. Por que os nossos clientes não fazem isso?

- Kelly, onde fica a FlexTime nessa transação?

- A FlexTime? Em lugar nenhum. Era só eu, os tênis, o iPhone, o aplicativo e, ah, Neil, eu entendi. Por que eles precisariam de nós?

- Além disso, temos de fazer o possível para estar aptos a receber quaisquer dispositivos que estejam vindo por aí nos próximos dez anos.

- Neil, isso tudo está além da minha compreensão. Eu nem sequer sei a diferença entre uma LAN e uma WAN. Mas vou falar com o nosso arquiteto e tentar baixar os custos dos vestiários. Enquanto isso, você poderia dar uma olhada nesses $ 175 mil? Nós precisamos de tudo isso? Precisamos de tudo isso agora? Será que teríamos como abater sequer $ 20 mil daí?

“ $ 175.000 para conectar um computador? ”

Questões de estudo

Q1. O que é uma rede de computadores?
Q2. Quais os componentes de uma LAN?
Q3. Quais as alternativas de conexão com uma WAN?
Q4. Quais os conceitos fundamentais que você deve conhecer sobre a Internet?
Q5. O que acontece em um típico servidor Web?
Q6. Como as empresas se beneficiam das VPNs?

De que maneira os conhecimentos contidos neste capítulo são úteis para a FlexTime e para você?

Q1. O que é uma rede de computadores?

Se você entrar em um negócio por conta própria, é bem provável que tenha um problema exatamente igual ao da FlexTime. Quanto você realmente tem de pagar por uma infraestrutura de rede? Você precisará dos conhecimentos deste capítulo para compreender as conversas que terá para fazer essa avaliação. É claro que você pode simplesmente confiar nos especialistas externos, mas isso provavelmente não funciona no século XXI. Muitos dos seus concorrentes serão capazes de fazer e compreender essas perguntas - e de usar o dinheiro que os seus conhecimentos lhes poupam para empregá-lo em outras instalações de que eles necessitam, como vestiários e estacionamentos.

E se você for gerente de produtos de uma grande empresa? O seu produto “fala” com alguma rede? Se não fala, poderia ou deveria falar? Isso requer uma LAN ou uma WAN? Começaremos com essa pergunta.

Uma **rede** de computadores é um conjunto de computadores que se comunicam uns com os outros através de linhas de transmissão ou de sistema de comunicação sem fio. Conforme mostrado na Figura 6.1, os três tipos básicos de rede são as redes locais, as redes de longa distância e a Internet.

Uma **rede local (*Local Area Network* - LAN)** conecta computadores que residem em uma única área geográfica no interior das dependências da empresa que opera a LAN. O número de computadores conectados pode variar de dois a várias centenas de máquinas. A característica distinta de uma LAN é o fato de estar limitada a *uma única localidade*. As **redes de longa distância (*Wide Area Network* - WAN)**, por outro lado, conectam computadores localizados em diferentes áreas geográficas. Os computadores nos locais de duas empresas diferentes devem ser conectados por uma WAN. A título de ilustração, os computadores de uma escola de negócios localizada em um único campus podem ser conectados através de uma LAN. Já os computadores de uma escola de negócios localizada em múltiplos campus devem ser conectados através de uma WAN.

A distinção entre uma ou diversas localidades é importante. Com uma LAN, uma empresa pode instalar linhas de comunicação onde quiser, visto que todas as linhas residem em suas dependências. O mesmo, no entanto, não se pode dizer de uma WAN. Uma empresa com escritórios em Chicago e Atlanta, por exemplo, não pode "cabear" a rodovia para conectar os computadores localizados nas duas cidades. Em vez disso, a empresa contrata um prestador de serviços de comunicação que já é licenciado pelo governo e, consequentemente, já possui as linhas ou tem autorização para instalar novas linhas entre as duas cidades.

Uma **internet** é uma rede de redes. As internets conectam as LANs, as WANs e outras internets. A internet mais famosa é "**a Internet**" (com *I* maiúsculo), o conjunto de redes que você utiliza quando envia um e-mail ou acessa um site da Rede Mundial de Computadores (Web). Além da Internet, existem também as redes privadas de redes, chamadas *internets*.

As redes que contêm uma internet utilizam uma grande variedade de métodos e convenções de comunicação, e os dados fluem continuamente através delas. Para oferecer um fluxo contínuo, é utilizado um sofisticado sistema chamado *protocolo em camadas*. Como os detalhes dos protocolos extrapolam o escopo deste texto, no entanto, entenda apenas que um **protocolo** é um conjunto de regras seguidas por dois dispositivos que se comunicam. Existem muitos protocolos diferentes; alguns utilizados pelas LANs, outros, pelas WANs; alguns, pelas internets e pela Internet, e outros ainda, que são utilizados para todas essas modalidades. Neste capítulo, identificaremos vários protocolos comuns.

FIGURA 6.1 Principais tipos de rede

TIPO	CARACTERÍSTICA
Rede local (LAN)	Computadores conectados em uma única localidade física
Rede de longa distância (WAN)	Computadores conectados entre duas ou mais localidades separadas
A Internet e as internets	Redes de redes

Q2. Quais os componentes de uma LAN?

Uma LAN é um grupo de computadores conectados entre si em uma única localidade. Normalmente, os computadores estão localizados dentro de um raio de aproximadamente 1.300 m de distância um do outro. A principal distinção, no entanto, é que todos os computadores estão localizados em um local controlado pela empresa que opera a LAN. Isso significa que a empresa pode instalar cabos onde bem entender para conectar os computadores.

6.1 *Uma típica SOHO LAN*

A Figura 6.2 mostra uma LAN característica daqueles que trabalham em pequenas empresas ou *home office* (***Small Office Home Office* - SOHO**). Normalmente, estas LANs conectam, no máximo, uma dezena de computadores e impressoras. É claro que muitas empresas operam LANs muito maiores. Os princípios são os mesmos para uma LAN maior, mas a complexidade adicional está fora do escopo deste texto.

Os computadores e impressoras mostrados na Figura 6.2 se comunicam através de uma combinação de conexões com e sem fio. Os computadores 1 e 3 e

FIGURA 6.2 LAN típica para pequenos escritórios/escritórios domésticos (SOHO)

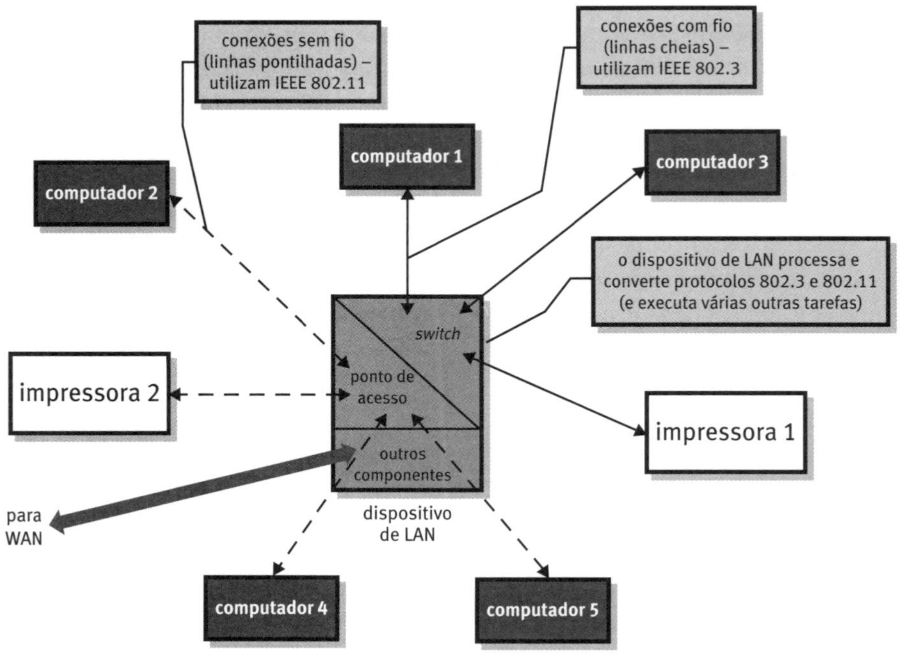

a impressora 1 utilizam conexões com fio; os computadores 2, 4 e 5, bem como a impressora 2, utilizam conexões sem fio. Os dispositivos e protocolos utilizados diferem para conectividade com e sem fio.

6.1.1 CONECTIVIDADE COM FIO

Os computadores 1 e 3 e a impressora 1 estão conectados a um **comutador**, que é um computador com finalidade especial que recebe e transmite o tráfego com fio em uma LAN. Na Figura 6-2, o *switch* está contido em uma caixa rotulada "Dispositivo de LAN". Os computadores 1 e 3 se comunicam um com outro ou com a impressora 1 enviando o tráfego para o *switch*, que então redireciona o tráfego para o outro computador ou para a impressora 1.

O **dispositivo de LAN** contém vários componentes de rede importantes. Além do *switch* que acabamos de descrever, existe um dispositivo para comunicação sem fio, como você irá ver. Na maioria dos casos, existem também dispositivos de conexão com uma WAN e através da WAN com a Internet e vários outros elementos (abordados na questão Q3). Para aplicações SOHO, os dispositivos LAN normalmente são fornecidos através de linha telefônica ou de um provedor de Internet. Esses dispositivos têm diversas denominações, dependendo da marca. O dispositivo exemplificado na Figura 6.3 é chamado de gateway. O dispositivo é fabricado pela 2Wire Corporation foi fornecido ao usuário pela Qwest.

Cada computador ou impressora com fio ligada à LAN possui um **cartão de interface de rede (Network Interface Card - NIC)**, que é um dispositivo que conecta os circuitos do computador ou da impressora aos cabos de rede. O NIC funciona com programas em cada dispositivo para implementar os protocolos necessários para que a comunicação se estabeleça. A maioria dos computadores hoje já sai da fábrica com um **NIC onboard**, que é um NIC montado na placa-mãe do computador.

Os computadores, as impressoras e o *switch* em uma LAN são conectados através de uma das duas opções de dispositivo com fio existentes. A maioria das conexões LAN é feita através de **cabo de par trançado não blindado (Unshielded Twisted Pair - UTP)**. Esse cabo contém grupos de fios trançados para melhorar a qualidade do sinal. Entretanto, se for uma conexão com grande intensidade de tráfego, o cabo UTP pode ser substituído por **cabos de fibra ótica**. Os sinais nesse tipo de cabo são raios de luz que se refletem no interior do núcleo de vidro do cabo de fibra ótica.

No caso de LAN maiores do que aquela ilustrada na Figura 6.2, deve ser utilizado mais de um *switch*. Normalmente, em um prédio com vários andares, é colocado um *switch* em cada andar e os computadores daquele andar são ligados ao *switch* através de um cabo UTP. Os switchs de cada andar, por sua vez, são conectados entre si através do cabo ótico de maior velocidade.

FIGURA 6.3 Gateway

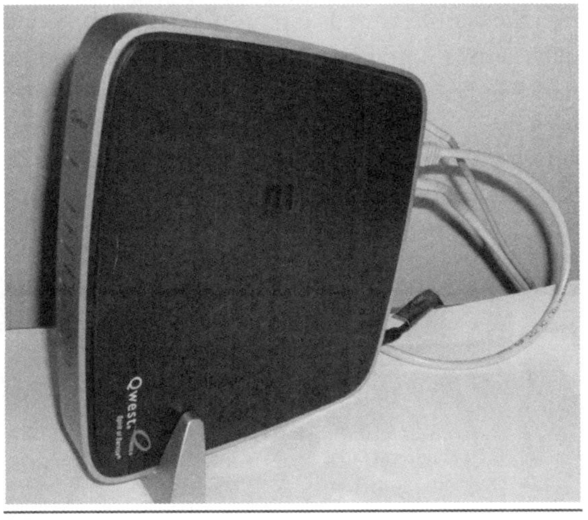

6.1.2 Conexões sem fio

Na Figura 6.2, três dos computadores e uma impressora estão conectados à LAN com uso de tecnologia sem fio. Nos computadores e na impressora sem fio, é utilizado um **NIC sem fio (wireless network interface card - WNIC)** em vez de um NIC. Hoje, quase todo microcomputador já sai de fábrica com um WNIC onboard. (A propósito, em quase todos os casos, é possível instalar um NIC ou um WNIC em um computador que não o possua.)

Conforme mostrado na Figura 6.2, os dispositivos WNIC são conectados a um **ponto de acesso**, que é o componente do dispositivo da LAN que processa o tráfego sem fio e se comunica com o *switch* com fio. Consequentemente, nesse formato, todo dispositivo conectado à LAN, seja com ou sem fio, pode se comunicar com todos os demais dispositivos. Os dispositivos sem fio se comunicam entre si através do ponto de acesso. Se eles precisarem se conectar a um dispositivo com fio, essa comunicação é feita através do ponto de acesso, passa pelo *switch* e, por fim, chega aos dispositivos com fio. Da mesma forma, os dispositivos com fio se comunicam entre si através do *switch*. Se esses dispositivos precisarem se conectar aos dispositivos sem fio, a comunicação é efetuada através do *switch*, passa pelo ponto de acesso e finalmente chega aos dispositivos sem fio.

6.1.3 Protocolos LAN

Para que dois dispositivos se comuniquem, eles precisam utilizar o mesmo protocolo. O *Institute for Electrical and Electronic Engineers* (IEEE) patrocina comitês que criam e publicam protocolos e outros padrões. O comitê que trata dos padrões LAN se chama *Comitê IEEE 802*. Desse modo, os protocolos de LAN do IEEE sempre se iniciam com os números 802.

O **protocolo IEEE 802.3** é utilizado para conexões LAN com fio. Esse padrão de protocolo, também chamado **Ethernet**, especifica características de hardware, como, por exemplo, que cabos transportam que sinais, além de descrever como as mensagens devem ser acondicionadas e processadas para a transmissão com fio pela LAN.

O NIC existente na maioria dos microcomputadores hoje suporta a chamada **Ethernet 10/100/1000**. Esses produtos obedecem à especificação 802.3 e permitem taxas de transmissão de 10, 100 e 1000 Mbps (megabits por segundo). Os *switchs* detectam a velocidade que um determinado dispositivo é capaz de absorver e se comunicam com esse dispositivo com essa velocidade. Se você verificar as especificações dos computadores da Dell, HP, Lenovo e de outros fabricantes, verá que os microcomputadores anunciados são equipados com Ethernet 10/100/1000.

A propósito, as siglas usadas para velocidades de comunicação diferem daquelas usadas para memória de computador. No caso de equipamentos de comunicação, *k* corresponde a 1.000, não a 1.024 como para memória. Da mesma forma,

M corresponde a 1.000.000, não a 1.024 x 1.024; *G* corresponde a 1.000.000.000, não a 1.024 x 1.024 x 1.024. Consequentemente, 100 Mbps equivalem a 1.000.000.000 bits por segundo. Além disso, as velocidades de comunicação são expressas em *bits,* enquanto os tamanhos de memória são expressos em *bytes*.

As conexões LAN sem fio utilizam o protocolo **IEEE 802.11**. Existem várias versões de 802.11, e desde 2010 a mais popular é a IEEE 802.11g. As diferenças entre as variações, no entanto, fogem ao alcance desta discussão. Por isso, basta observar que o padrão atual, 802.11g, permite velocidades de até 54 Mbps.

Observe que a LAN ilustrada na Figura 6.2 utiliza protocolos 802.3 e 802.11. Os NICs operam de acordo com o protocolo 802.3 e são conectados diretamente ao *switch*, que também opera no padrão 802.3. Os WNICs operam de acordo com o protocolo 802.11 e são conectados ao ponto de acesso sem fio. O ponto de acesso deve processar mensagens utilizando os padrões 802.3 e 802.11; o protocolo 802.11 é utilizado para o envio e o recebimento de tráfego sem fio, e o protocolo 802.3, para a comunicação com o *switch*. As características das LANs se encontram sintetizadas nas duas linhas superiores da Figura 6.4.

O **Bluetooth** é outro protocolo sem fio muito comum, criado para transmitir dados em curtas distâncias, substituindo os cabos. Alguns dispositivos, como os mouses e teclados sem fio, utilizam o protocolo Bluetooth para se conectar a um computador. Os telefones celulares utilizam o Bluetooth para fins de conexão com os sistemas de entretenimento dos automóveis.

A FlexTime possui uma LAN que conecta as estações de trabalho entre si e também ao servidor. Além disso, a rede permite conexões pela Internet utilizando um modem DSL. Os computadores desktop e alguns equipamentos estacionários para exercícios utilizam fios e Ethernet. Os laptops e alguns outros equipamentos para exercícios são do tipo sem fio e utilizam uma versão do protocolo IEEE 802.11. Alguns dos dispositivos utilizados pelos clientes da FlexTime, como os tênis falantes do Félix, são conectados através do Bluetooth.

Figura 6.4 Resumo de redes LAN e WAN

Tipo	Topologia	Linha de Transmissão	Velocidade de Transmissão	Equipamento Utilizado	Protocolo Normalmente Utilizado	Observações
Rede local	Rede local	UTP ou fibra ótica	10.000 ou 1.000 Mbps	– switch – NIC – UTP ou cabo ótico	IEEE 802.3 (Ethernet)	*switches* para conexão de dispositivos, múltiplos *switches* em quase todas as pequenas LANs
	Rede local sem fio	UTP ou fibra ótica para conexões com fio	Até 54 Mbps	– Ponto de acesso – NIC sem fio	IEEE 802.11	Ponto de acesso transforma LAN com fio (802.3) em LAN sem fio (802.11).
Conexões em rede de longa distância	Modem DSL para ISP	Telefone DSL	Até 256 kbps para transmissão e até 1.544 Mbps para recebimento	– Modem DSl – Linha telefônica DSL	DSL	Permite uso simultâneo de computador e telefone Sempre conectado
	Modem-cabo para ISP	Linhas de TV a cabo para cabo ótico	Até 256 kbps para transmissão e 300 a 600 Mbps para recebimento (teoricamente 10 Mbps)	– Modem-cabo – Cabo de TV a cabo	Cabo	Capacidade compartilhada com outros locais. Desempenho varia dependendo do padrão de uso dos outros
	WAN sem fio	Conexão sem fio com WAN	500 kbps a 1 Mpbs	– Modem WAN sem fio	EVDO, HSDPA, WiMax	Protocolo sofisticado permite que vários dispositivos utilizem a mesma frequência sem fio

Q3. Quais as alternativas de conexão com uma WAN?

Uma WAN conecta computadores em localidades físicas separadas. Uma empresa com escritórios em Detroit e Atlanta utiliza uma WAN para contar os computadores de seus escritórios. Como as localidades são fisicamente distintas, a empresa não tem como fazer o cabeamento de um local para outro e precisa obter a capacidade de conexão necessária junto a outra empresa (ou empresas) autorizada pelo governo a prestar serviços de comunicação.

Embora você possa ainda não ter percebido, ao conectar o seu microcomputador, iPhone, iPad ou Kindle à Internet, você está se conectando a uma WAN. Você está estabelecendo uma conexão com computadores pertencentes e operados por um **provedor de serviço de Internet (*Internet Service Provider* - ISP)** que não se encontram fisicamente presentes onde você esteja.

Um ISP tem três funções importantes. Primeiro, oferecer um endereço legítimo de Internet. Segundo, funcionar como o seu portão de entrada para a Internet. O ISP recebe as comunicações do seu computador e as transmite para a Internet e vice-versa. Por fim, os ISPs pagam pelo uso da Internet. Eles cobram de seus clientes e pagam taxas de acesso e outros encargos em seu favor.

A Figura 6.4 mostra as três alternativas comuns de WAN para fins de conexão com a Internet. Observe que estamos discutindo aqui a maneira como o seu computador se conecta a uma WAN, não a estrutura da WAN propriamente dita. As arquiteturas de WAN e seus protocolos estão fora do alcance desta discussão.

As SOHO LANs (como aquela mostrada na Figura 6.2) e os computadores domésticos e comerciais normalmente são conectados a um ISP de uma das seguintes maneiras: uma linha telefônica especial chamada linha DSL, uma linha de TV a cabo ou uma conexão do tipo telefone celular. Essas três alternativas exigem que os *dados digitais* armazenados no computador sejam convertidos em um sinal de ondas, ou **analógico**. Um dispositivo chamado **modem**, ou *modulador/demodulador*, efetua essa conversão. A Figura 6.5 mostra uma das formas de conversão do byte digital 01000001 em sinal analógico.

(A propósito, por conterem quase que invariavelmente um modem, os dispositivos de LAN como aquele mostrado na Figura 6.3, às vezes, são chamados de *modem*. Como você aprendeu, no entanto, esses dispositivos contêm muito mais do que apenas um modem, razão pela qual não utilizamos esse termo neste texto.)

Conforme mostrado na Figura 6.6, depois que o modem converte os dados digitais do seu computador em dados analógicos, esse sinal analógico é então enviado pela linha telefônica, pelo cabo da TV ou pelo ar. Se enviado pela linha telefônica, o primeiro *switch* telefônico que o seu sinal alcance converte o sinal na forma usada pelo sistema internacional de telefonia.

6.1.4 Modems DSL

DSL significa **linha digital por assinatura (*Digital Subscriber Line* - DSL)**. Os **modems DSL** operam nas mesmas linhas que os telefones convencionais, mas seus sinais não interferem no serviço de telefonia de voz. Como os sinais DSL não interferem nos sinais telefônicos, a transmissão de dados via DSL e as conversas telefônicas podem ocorrer simultaneamente. Um dispositivo na operadora de telefonia separa os sinais do telefone dos sinais do computador, enviando o segundo tipo de sinal para o ISP. Para fins de transmissão de dados, os modems DSL utilizam seus próprios protocolos.

Existem graduações de serviço e velocidade DSL. A maioria das linhas domésticas DSL tem capacidade para receber dados com velocidades que variam de 256 kbps a 6.544 Mbps e transmitir dados com velocidades menores - 512 kbps, por exemplo. As linhas DSL com velocidades diferentes para recebimento e transmissão de dados são chamadas **linhas digitais assimétricas por assinatura (*Asymmetric Digital Subscriber Line* - ADSL).** A maioria das residências e pequenas empresas podem utilizar o sistema ADSL porque recebem mais dados do que transmitem (por exemplo, fotos contidas em matérias publicadas) e, por conseguinte, não necessitam transmitir com a mesma velocidade com que recebem.

Alguns usuários e empresas de maior porte, no entanto, necessitam de linhas DSL com as mesmas velocidades de recebimento e transmissão. Esses usuários precisam também de garantias de nível de desempenho. E as **linhas digitais simétricas por assinatura (*symmetric digital subscriber line* - SDSL)** atendem a essa necessidade oferecendo a mesma alta velocidade em ambas as direções.

> Muitos funcionários usam os computadores para enviar e receber e-mails pessoais no trabalho. Isso é uma atitude ética? Abordamos essa questão nas páginas do Guia Ético.

FIGURA 6.5 Sinais analógicos *versus* sinais digitais

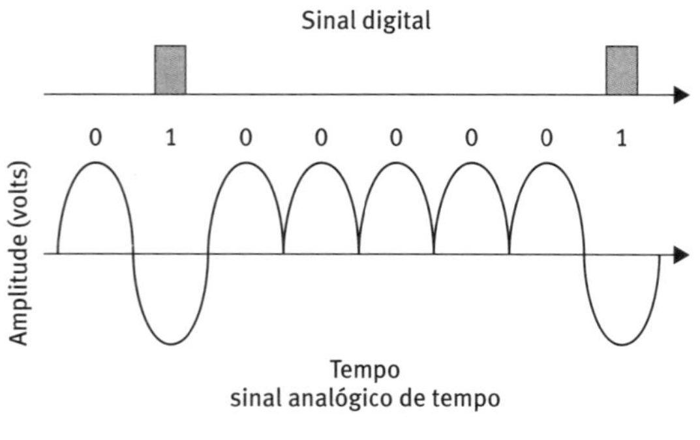

6.1.5 CABLE-MODEM

Os **cable-modem** permitem a transmissão de dados em alta velocidade através de linhas de TV a cabo. A operadora de TV a cabo instala um cabo de fibra ótica de alta velocidade e capacidade em um centro de distribuição localizado em cada bairro atendido pela empresa. No centro de distribuição, o cabo de fibra ótica é conectado aos cabos comuns de TV a cabo que são puxados para a residência ou a empresa do assinante. Os cable-modem modulam de tal modo que os seus sinais não interferem nos sinais da TV.

Como essas instalações podem ser compartilhadas por até quinhentos bases de usuários, o desempenho varia dependendo de quantos outros usuários estão enviando e recebendo dados. No máximo, os usuários podem receber dados à velocidade de até 50 Mbps e enviar dados a 512 kbps. Normalmente, o desempenho é muito mais baixo do que isso. Na maioria dos casos, a velocidade dos cable-modem e dos modems DSL é mais ou menos a mesma. Os cable-modem utilizam seus próprios protocolos.

6.1.6 CONEXÃO WAN SEM FIO

Outra maneira de você conectar o seu computador, iPhone, Kindle, iPad ou outro dispositivo de comunicação à Internet é através de uma conexão **WAN sem fio**. O Kindle, da Amazon, por exemplo, utiliza uma rede sem fio Sprint para oferecer conexões de dados sem fio. O iPhone utiliza uma rede de LAN sem fio se houver uma disponível e uma rede WAN sem fio na falta da primeira. A rede LAN é preferível porque proporciona um desempenho

FIGURA 6.6 Acesso DSL e internet a cabo

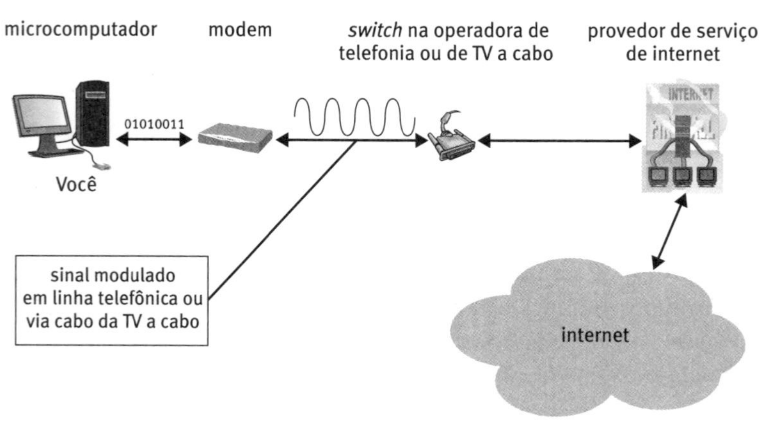

consideravelmente melhor. Desde 2010, a WAN sem fio proporciona um desempenho médio de 500 kbps, com picos de até 1.7 Mbps, em comparação com os 50 Mpbs normais da LAN sem fio.

Existe uma grande variedade de protocolos de WAN sem fio. A Sprint e a Verizon utilizam um protocolo chamado **EVDO**; a AT&T, que suporta o iPhone, e a T-Mobile utilizam um chamado **HSDPA**. Outro protocolo, o **WiMax**, foi implementado pela Clearwire e está disponível na rede XOHM, da Sprint (ver Caso 6). O significado dessas siglas e suas particularidades não têm importância para nós; basta que você saiba que está sendo travada uma verdadeira batalha de marketing e tecnologia pelas WANs sem fio. O WiMax tem o maior potencial de velocidade, mas atualmente o que oferece menor disponibilidade. A Figura 6.4 apresenta um resumo dessas alternativas.

Quando os tênis de Félix estavam se comunicando com o seu iPhone e o aplicativo do iPhone estava transferindo dados para um servidor, os seus tênis estavam utilizando o protocolo sem fio Bluetooth e o iPhone estava utilizando uma WAN sem fio. Se ele estivesse no interior do prédio da FlexTime, para aumentar o desempenho, o iPhone teria utilizado a LAN - e não a WAN - sem fio da FlexTime.

Às vezes, você irá ouvir os termos *banda estreita* e *banda larga* em relação a velocidades de comunicação. As linhas de **banda estreita** normalmente têm velocidades de transmissão inferiores a 56 kbps. As linhas de **banda larga**, por outro lado, permitem velocidades de mais de 256 kbps. Hoje, todas as tecnologias populares de comunicação oferecem capacidade de banda larga, de modo que esses termos cairão em desuso.

Q4. Quais os conceitos fundamentais que você deve conhecer sobre a Internet?

Como vimos na questão Q1, a Internet é uma *internet*, ou seja, uma rede de redes. Como você deve imaginar, a tecnologia fundamental da Internet é complicada e está além do alcance deste texto. Entretanto, devido à popularidade da Internet, determinados termos se tornaram inerentes à sociedade empresarial do século XXI. Nesta questão, definiremos e explicaremos os termos que você precisa conhecer para ser um profissional de negócios e um consumidor de serviços de Internet bem informado.

6.2 *Um exemplo da Internet*

A Figura 6.7 ilustra um dos usos da Internet. Suponhamos que você esteja na gelada cidade de Minneapolis nos EUA e queira se comunicar com um hotel na tropical e ensolarada Ilha Norte da Nova Zelândia. Talvez você esteja fazendo uma reserva através do site do hotel, ou então enviando um e-mail ao setor de reservas com um pedido de informações sobre as instalações ou os serviços do hotel.

Para começar, observe que este exemplo ilustra uma internet por se tratar de uma rede de redes que consiste em duas LANs (a sua e a do hotel) e quatro WANs. (Na realidade, a Internet real é formada por dezenas de milhares de WANs e LANs, mas para economizar papel, não mostramos todas elas aqui).

A sua comunicação com o hotel envolve uma complexidade quase inimaginável. De alguma forma, o seu computador se comunica com um servidor no hotel da Nova Zelândia, um computador que o seu não "conhece" e sobre o qual nada sabe. Além disso, a sua transmissão, que é grande demais para se deslocar em uma peça inteira, é desmembrada em partes e cada parte transmitida de WAN para WAN de modo a chegar intacta ao seu destino. Em seguida, a sua mensagem original é remontada, quaisquer partes que porventura tenham se perdido ou sido danificadas (isso acontece) são reenviadas e a mensagem reconstruída é entregue ao servidor para ser processada. Tudo isso é realizado por computadores e dispositivos de comunicação de dados que provavelmente nunca interagiram antes.

O que todos esses dispositivos sabem, no entanto, é que eles processam o mesmo conjunto de protocolos. Consequentemente, precisamos começar pelos protocolos da Internet.

FIGURA 6.7 Uso da Internet para uma reserva de hotel

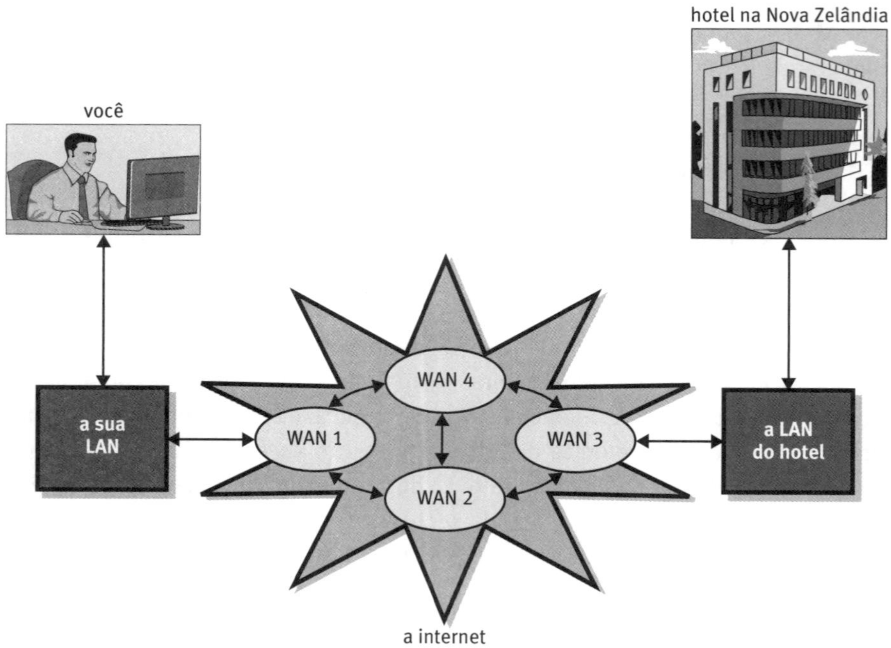

6.3 *A arquitetura do protocolo TCP/IP*

Os protocolos usados na Internet são organizados de acordo com uma estrutura conhecida como **arquitetura do protocolo TCP/IP (TCP/IP)**, que é um sistema de cinco tipos de protocolos dispostos em camadas. Conforme ilustrado na Figura 6.8, as camadas superiores representam os protocolos para aplicativos como navegadores e servidores de Internet. As suas camadas seguintes dizem respeito aos protocolos relativos às comunicações de dados no âmbito de qualquer internet (observe o *i* minúsculo, o que significa qualquer rede de redes), inclusive a Internet. As duas camadas inferiores envolvem protocolos relacionados à transmissão de dados dentro de uma rede. Por exemplo, os protocolos LAN IEEE 802.3 e 802.11 operam nas duas camadas inferiores.

Como dissemos, um protocolo é um conjunto de regras e estruturas de dados para a organização da comunicação. Um ou mais protocolos são definidos em cada camada. As comunicações de dados e os fornecedores de software escrevem programas de computador que implementam as regras de um determinado protocolo. (No caso dos protocolos da camada inferior, a camada física, eles constroem dispositivos de hardware que implementam o protocolo.)

Você deve estar se perguntando: "Por que eu deveria saber disso?" Você deveria saber disso para poder compreender os termos que irá ouvir e os produtos que irá utilizar e comprar – e nos quais possivelmente irá investir – que se relacionam entre si através dessa arquitetura.

6.4 *Protocolos da camada de aplicação*

Você encontrará diretamente pelo menos três protocolos da camada de aplicação na sua vida profissional. (Aliás, você já utilizou dois deles). O **Protocolo de Transferência de Hipertexto (Hipertext Transport Protocol – HTTP)** é o protocolo usado entre navegadores e servidores de Internet. Ao utilizar um navegador como Internet Explorer, Firefox, Safari ou Chrome, você está utilizando um programa que implementa o protocolo HTTP. Do outro lado, no hotel da Nova Zelândia, por exemplo, há

FIGURA 6.8 Arquitetura do Protocolo TCP/IP

CAMADA	NOME	ESCOPO	FINALIDADE	EXEMPLO DE PROTOCOLO
5	aplicação	Programa para programa	Permitir comunicação entre programas	HTTP; HTTPS; SMTP; FTP
4	transporte	internets	Transferência confiável através de uma internet	TCP
3	Internet	internets	Roteamento em uma internet	IP
2	comunicação de dados	Rede	Fluxo entre switch e pontos de acesso	IEEE 802.3 IEEE 802.11
1	física	Dois dispositivos	Especificações de hardware	IEEE 802.3 IEEE 802.11

servidor que também processa o HTTP, como você verá na questão Q5. Embora o seu navegador e o servidor do hotel não se "conheçam", eles podem se comunicar um com o outro porque ambos seguem as regras do HTTP. O seu navegador envia solicitações de serviço codificadas em um *formato de solicitação* HTTP predefinido; o servidor que recebe essa solicitação faz algo e formata uma resposta em um *formato de resposta* HTTP predefinido.

Como você irá aprender no Capítulo 12, existe uma versão segura de HTTP chamada **HTTPS**. Quando vir *https* na barra de endereços do seu navegador, você estará diante de uma transmissão segura e pode enviar dados confidenciais com segurança, como números de cartões de crédito, por exemplo. Entretanto, quando estiver na Internet, a menos que você veja *https* na barra de endereços, não deve supor que toda a sua comunicação esteja aberta e possa sair publicada na primeira página do jornal da sua universidade amanhã de manhã.

Por conseguinte, quando você estiver utilizando HTTP, e-mail, mensagens de texto, bate-papo, videoconferências ou qualquer outra ferramenta que não HTTPS, saiba que qualquer coisa que você digite ou diga pode cair no conhecimento de terceiros. Na sua sala de aula, quando você envia uma mensagem de texto a um colega, essa mensagem pode ser interceptada e lida por qualquer pessoa na sua turma, inclusive o seu professor. O mesmo vale para aqueles que se encontram em um café, um aeroporto ou em qualquer lugar.

Dois protocolos adicionais da camada de aplicação TCP/IP são comuns. O **SMTP**, ou **Protocolo Simples de Transferência de Correio (*Simple Mail Transfer Protocol* - SMTP)**, é utilizado para transmissões de e-mail (juntamente com outros protocolos também). E o **FTP**, ou **Protocolo de Transferência de Arquivos (*Transmission Control Protocol* - TCP)**, é utilizado para transferir arquivos via internet. Uma forma de uso muito comum para o FTP é a manutenção de sites da internet. Quando o administrador de um site deseja postar uma nova foto ou história em um servidor de Internet, ele geralmente usa o FTP para transferir a foto ou qualquer outro item para o servidor. Assim como o HTTP, o FTP também possui uma versão segura, mas não suponha que você a esteja utilizando.

Munidos desses conhecimentos, podemos esclarecer um equívoco comum. Você está utilizando a Internet quando usa qualquer desses protocolos. Entretanto, só está utilizando a Web quando usar o protocolo HTTP ou HTTPS. Portanto, a **Web** é a rede de navegadores e servidores baseada na Internet que processa os protocolos HTTP e HTTPS. Ao utilizar o FTP ou SMTP, você está utilizando a Internet, mas não a Web.

6.5 *Protocolos TCP e IP*

Você agora já tem uma ideia dos protocolos usados na camada de aplicação (camada superior) da Figura 6.8, e pela discussão na questão Q2, você tem uma ideia dos protocolos LAN utilizados nas duas camadas inferiores. Mas qual a finalidade das camadas intermediárias, ou seja, as camadas de transporte e internet? Você sabe que essas duas camadas devem ser importantes porque a arquitetura tem o nome de seus protocolos.

Esses protocolos gerenciam o tráfego que circula pela internet (incluindo a Internet) de uma rede para outra. O protocolo mais importante da camada de transporte é o **TCP**, ou **Protocolo de Controle de Transmissão**. Como protocolo de transporte, o TCP tem muitas funções, a maioria fora do escopo da nossa discussão. Uma função de fácil compreensão, no entanto, é a de que os programas de TCP desmembram o seu tráfego em partes e enviam cada parte para o seu destino, trabalhando com programas de TCP em outros dispositivos na internet de modo garantir que todas as partes cheguem ao seu destino. Se uma ou mais partes se perderem ou forem danificadas, os programas de TCP detectam essa condição e executam a retransmissão dessa parte. Consequentemente, diz-se que a camada do TCP permite um *transporte confiável via internet.*

O protocolo básico da camada de internet é o **IP (*Internet Protocol* - protocolo de internet)**, que é um protocolo que especifica o encaminhamento das partes da sua comunicação de dados através das redes formadoras de qualquer internet (incluindo a Internet). Na Figura 6.7, os programas instalados nos dispositivos de cada uma das redes (as duas LANs e as quatro WANs) recebem uma parte da sua mensagem e a encaminham para outro computador na sua própria rede ou para outra rede. Um **pacote** é uma parte de uma mensagem manipulada pelos programas que implementam o IP. Um **roteador** é um dispositivo com finalidade especial que transfere o tráfego de pacotes de acordo com as regras do IP.

A sua mensagem é desmembrada em pacotes e cada pacote é enviado pela internet. O pacote contém o endereço para onde deve ser enviado. Os roteadores instalados pelo caminho recebem o pacote, examinam o endereço IP de destino e o enviam ou para o destino desejado ou para outro roteador mais próximo do destino desejado.

Quando a sua mensagem parte em direção ao hotel na Nova Zelândia, nenhum dispositivo sabe o caminho que os pedaços irão seguir. Até a última etapa do percurso, o roteador apenas envia o pacote para outro roteador que ele considera mais próximo do destino final. Aliás, os pacotes que formam a sua mensagem podem seguir diferentes caminhos em sua trajetória pela Internet (o que é raro, mas pode ocorrer). Devido a esse sistema de roteamento, a Internet é muito robusta. Na Figura 6.7, por exemplo, a WAN 2 ou a WAN 4 podem falhar e, mesmo assim, os seus pacotes chegarão ao hotel.

Para resumir, o TCP permite um transporte confiável via internet e o IP permite o roteamento pela internet.

6.6 *Endereço IP*

Um **endereço IP** é um número que identifica um determinado dispositivo. Os **endereços IP públicos** identificam um determinado dispositivo na Internet pública. Como os endereços IP públicos devem ser exclusivos, a sua designação em todo o mundo é controlada por um órgão público conhecido como **ICANN (*internet corporation for assigned names and numbers*)**.

Os **endereços IP privados** identificam um determinado dispositivo em uma rede privada, normalmente uma LAN. Sua designação é controlada no interior da LAN, normalmente pelo dispositivo denominado "Dispositivo de LAN" na Figura 6.2. Quando você se conecta a uma LAN em uma cafeteria, por exemplo, o dispositivo de LAN lhe empresta um endereço IP privado para você usar enquanto está conectado à LAN. Quando você sai da LAN, esse endereço é reutilizado pela rede.

6.6.1 Uso de endereços IP privados

Quando o seu computador usa o TCP/IP dentro de uma LAN, para acessar um servidor privado dentro da LAN, por exemplo, a sua máquina utiliza um servidor IP privado. Entretanto, o que é muito mais comum, quando você acessa um site público a partir da LAN, a sua linha de tráfego utiliza o seu endereço IP interno até chegar ao dispositivo LAN. Nesse ponto, o dispositivo LAN substitui o seu endereço IP privado pelo endereço IP público da rede e envia o seu tráfego pela Internet.

Esse sistema de endereço IP privado/público tem dois grandes benefícios. Primeiro, os endereços IP públicos são conservados. Todos os

FIGURA 6.9 Página de boas-vindas da GoDaddy.com[1]

computadores conectados à LAN utilizam um único endereço IP público. Segundo, utilizando endereços IP privados, você não precisa registrar um endereço IP público para o seu computador junto aos órgãos credenciados pelo ICANN. Além disso, se você tivesse um endereço IP público para o seu computador, todas as vezes em que mudasse a máquina de local, de casa para a escola, por exemplo, a Internet teria que atualizar os seus mecanismos de endereçamento para encaminhar o tráfego para o seu novo local. Esse tipo de atualização resultaria em um enorme ônus (e uma completa bagunça)!

6.6.2 Endereços IP públicos e nomes de domínio

Os endereços IP possuem dois formatos. O formato mais comum, chamado **IPv4**, adota uma notação decimal pontuada como 165.193.123.253; o segundo, chamado **IPv6**, tem um formato mais longo e não interessa para a nossa finalidade aqui. No seu navegador, se você digitar http://165.193.123.253, o seu navegador se conectará com o dispositivo da Internet pública designado para esse endereço. Experimente para ver de quem é esse endereço.

Ninguém quer digitar endereços IP do tipo *http://165.193.123.253* para encontrar um determinado site. Em vez disso, queremos digitar nomes como www.woot.com ou www.groupon.com.br. Para facilitar esse desejo, o ICANN administra um sistema de atribuição de nomes a endereços IP. Primeiro, um **nome de domínio** é um nome exclusivo associado a um endereço IP público. Quando uma empresa ou uma pessoa quer registrar um nome de domínio, ela se dirige a uma empresa que solicita o registro a um órgão credenciado pelo ICANN. Um exemplo de empresa que registra nomes de domínio junto ao ICANN é a GoDaddy.com (www.gGodDaddy.com) e, no Brasil, o www.registro.br; veja a Figura 6.9.

A GoDaddy.com (ou outra empresa similar) determinará primeiro se o nome desejado é único no mundo. Se for, a empresa solicitará o registro desse nome em favor do solicitante. Efetuado o registro, o solicitante pode se associar a um endereço IP público com o nome de domínio em questão. A partir daí, o tráfego para o novo nome de domínio será encaminhado para o endereço IP correspondente (ou associado).

Observe dois pontos importantes: Primeiro, vários (ou muitos) nomes de domínio podem apontar para o mesmo endereço IP. No momento, tanto o endereço *www.MyMISProf.com* quanto o

1. No Brasil, o www.registro.br registra nomes de domínio junto ao ICANN.

www.MyMISTutor.com apontam para o mesmo endereço IP público. Segundo, a associação dos nomes de domínio a endereços IP é dinâmica. O proprietário do nome de domínio pode mudar os endereços IP associados a seu critério.

Antes de deixarmos a Internet, você precisa conhecer mais um termo. Um **URL (*uniform resource locator* - Localizador Universal de Recursos)** é um endereço na Internet. Normalmente, esse endereço consiste em um protocolo (como http:// ou https://) seguido por um nome de domínio ou um endereço IP público. Na realidade, um URL é bem mais complicado do que essa descrição, mas esse conhecimento detalhado não lhe dará muito a ganhar. Por isso, passaremos adiante. A pronúncia preferida de URL é o som das letras U, R, L.

Q5. O que acontece em um típico servidor Web?

Nesta questão, utilizaremos os conhecimentos contidos neste capítulo para investigar o que acontece em um típico servidor Web. Utilizaremos o exemplo de uma loja virtual na Internet, que é um servidor Web através do qual você pode adquirir produtos. As lojas virtuais são um tipo de comércio eletrônico (e-commerce), assunto que abordaremos no Capítulo 8. Aqui, vamos considerar a loja virtual como um exemplo de servidor Web.

Suponhamos que você queira comprar equipamentos de escalada da REI, uma cooperativa que vende peças de vestuário e equipamentos para atividades ao ar livre. Para isso, você acessa www.rei.com[2] e navega até o(s) produto(s) que deseja comprar (ver Figura 6.10). Ao encontrar algo que lhe interesse, você coloca o produto no seu carrinho e prossegue com as suas compras. Em determinado momento, você se dirige ao caixa fornecendo os dados do seu cartão de crédito.

Na questão Q4, vimos como o seu tráfego atravessa a Internet para chegar ao servidor da REI. A próxima pergunta é: O que acontece nesse servidor quando o seu tráfego chega? Ou, por outra perspectiva, se você quiser montar uma loja virtual para a sua empresa, de que instalações você irá necessitar?

2. No Brasil, há vários sites de vendas online que têm o mesmo funcionamento do exemplo citado.

6.7 *Arquitetura em três camadas*

Quase todos os aplicativos de e-commerce utilizam a **arquitetura em três camadas**, que é um ordenamento de computadores de usuário e servidores em três categorias, ou camadas, conforme ilustrado na Figura 6.11. A **camada do usuário** consiste em computadores, telefones e outros dispositivos dotados de navegadores que solicitam e processam páginas da Web. A **camada do servidor,** por sua vez, consiste em computadores que rodam servidores Web e processam programas aplicativos. Por fim, a **camada de banco de dados** é formada por computadores que rodam um DBMS que processa solicitações de recuperação e armazenamento de dados em SQL. A Figura 6.11 mostra apenas um computador na camada de banco de dados. Alguns sites possuem camadas de banco de dados formadas por múltiplos computadores também.

Quando você acessa http://www.rei.com no seu navegador, o navegador envia uma solicitação que se desloca pela Internet até um computador existente na camada do servidor no site da REI. Essa solicitação é formatada e processada de acordo com as regras de HTTP. (Observe, a propósito, que se você simplesmente digitar www.rei.com, o seu navegador acrescentará o http:// para indicar que está usando HTTP.) Em resposta à sua solicitação, um computador da camada do servidor envia uma **página da Web**, que é um documento codificado em uma das linguagens-padrão de formatação de hipertexto. A linguagem de formatação de página mais popular que existe é a *Linguagem de Marcação de Texto (HTML)*, descrita mais adiante nesta seção.

Os **servidores Web** são programas que rodam em um computador localizado na camada do servidor e que gerenciam o tráfego HTTP enviando e recebendo páginas da Web de/para clientes. Um **servidor de comércio eletrônico** é um programa aplicativo que roda em um computador localizado na camada do servidor. Um servidor de e-commerce recebe solicitações de usuários através do servidor Web, toma alguma providência e retorna uma

FIGURA 6.10 Amostra de páginas de servidor de comércio eletrônico: página de oferta de produtos

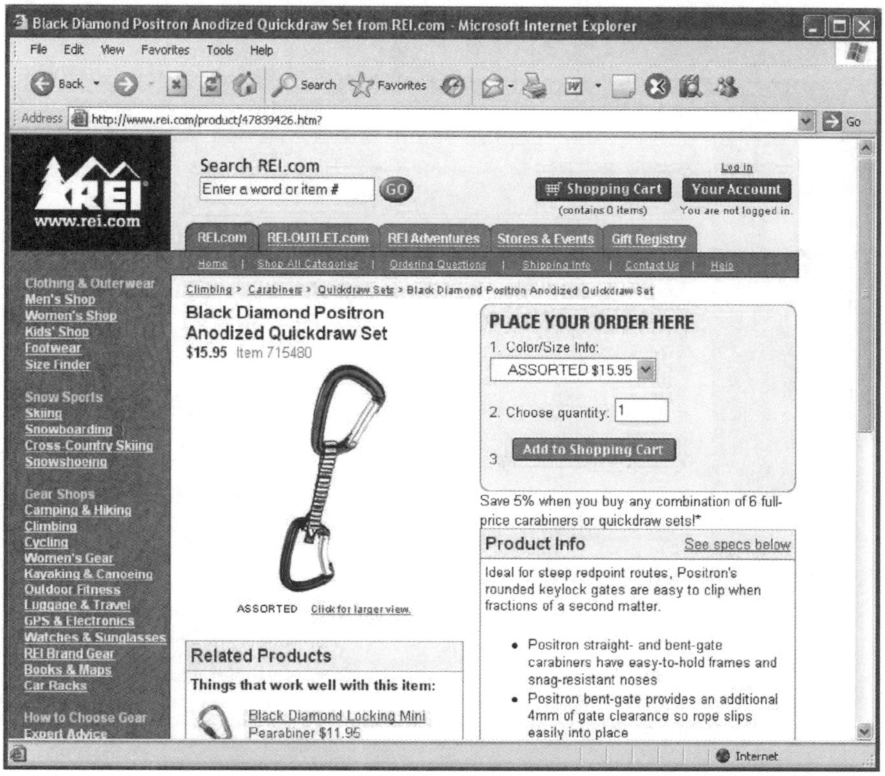

Fonte: Utilizado com permissão da REI e da Black Diamond

FIGURA 6.11 Arquitetura em três camadas

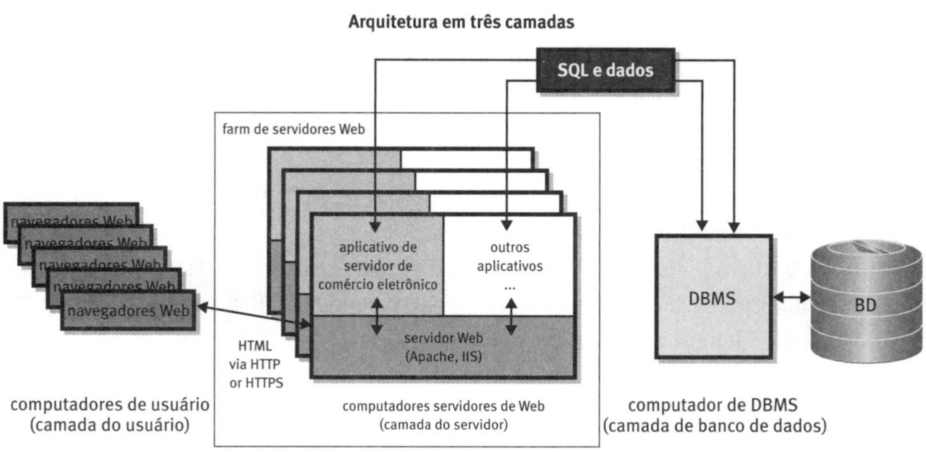

FIGURA 6.12 Página do carrinho de compras

Fonte: Utilizado com permissão da REI.

resposta aos usuários através do servidor Web. As funções normais do servidor de e-commerce consistem em obter dados de produtos a partir de um banco de dados, gerenciar os produtos existentes em um carrinho de compras e coordenar o processo de pagamento no caixa. Na Figura 6.11, os computadores da camada do servidor estão rodando um programa de servidor Web, um aplicativo de servidor de comércio eletrônico e outros aplicativos com finalidade não especificada.

Para garantir um desempenho aceitável, os sites comerciais da Web normalmente são suportados por vários computadores de servidores Web em uma instalação chamada **farm de servidores Web**. As tarefas são distribuídas entre os computadores em uma farm de servidores de modo a minimizar os atrasos do cliente. A coordenação entre vários computadores servidores de Web é uma dança fantástica, mas, infelizmente, não há espaço para contar essa história aqui. Imagine apenas a coordenação que deve haver à medida que você acrescenta itens a um pedido on-line quando, no intuito de melhorar o desempenho, diferentes computadores servidores de Web recebem e processam cada acréscimo ao seu pedido.

6.8 *Veja as três camadas em ação!*

Para ver um exemplo de três camadas em ação, acesse o site da sua loja virtual favorita, coloque algum produto em um carrinho de compras e observe a Figura 6.11 durante esse processo. Quando você digita um endereço no seu navegador, ele envia a solicitação da página-padrão a um computador servidor nesse endereço. Um servidor Web e possivelmente um servidor de comércio eletrônico processam a sua solicitação e retornam à página-padrão.

À medida que você clica nas páginas da Web à procura dos produtos que deseja, o servidor de e-commerce acessa o banco de dados para recuperar dados sobre esses produtos. O servidor cria páginas de acordo com as suas seleções e envia os resultados de volta para o seu navegador através do servidor Web. Novamente, diferentes computadores localizados na camada do servidor podem processar a sua série de solicitações e devem se comunicar constantemente sobre as suas atividades. Você pode acompanhar esse processo na Figura 6.11.

Na Figura 6.10, o usuário navegou pelos equipamentos de escalada no site www.rei.com à procura de um determinado produto. Para exibir essa página, o servidor de comércio eletrônico acessou um banco de dados para obter a foto do produto, o preço, condições especiais oferecidas (desconto de 5% para compras de seis ou mais unidades), informações sobre o produto e produtos correlatos.

O usuário colocou seis produtos em sua cesta e você pode ver a resposta na Figura 6.12. Novamente, acompanhe a ação na Figura 6.11 e imagine o que ocorreu para que a segunda página fosse exibida. Observe que o desconto foi aplicado corretamente.

Quando o cliente passar pelo caixa, o programa do servidor de e-commerce será acionado para processar o pagamento, programar o processamento do estoque e providenciar o embarque. É provável que o servidor de e-commerce estabeleça uma interface com alguns aplicativos empresariais como aqueles que veremos no Capítulo 7. Essa é uma capacidade realmente surpreendente!

6.9 *Linguagem HTML (Hypertext Markup Language)*

A **Linguagem HTML** é a linguagem mais comum para definir a estrutura e o formato das páginas da Web. Um **tag** de HTML é uma notação usada para definir um elemento de dados para exibição ou outras finalidades. A seguinte HTML representa uma típica tag de cabeçalho:

<h2>Preço do Produto</h2>

Observe que as tags são delimitadas por <> (chamado *colchete angular*) e se apresentam em pares. O início dessa tag é indicado por <h2>, e o final da tag, por </h2>. As palavras entre as tags representam o valor da tag. Essa tag de HTML tem por finalidade colocar as palavras "Preço do Produto" em uma página da Web na forma de um cabeçalho de nível dois. O criador da página da Web definirá o estilo (tamanho da fonte, cor e assim por diante) para os cabeçalhos h2 e as demais tags a serem usadas.

As páginas da Web contêm **hiperlinks**, que são indicadores de outras páginas da Web. Um hiperlink contém o URL da página da Web a ser encontrada quando o usuário clica no hiperlink. O URL pode indicar uma página no servidor que gerou a página contendo o hiperlink ou indicar uma página em outro servidor.

A Figura 6.13(a) contém uma amostra de um documento em HTML. O documento tem um cabeçalho que fornece metadados sobre a página e um corpo com o conteúdo. A tag <h1> tem por finalidade formatar o texto indicado como cabeçalho de nível um; <h2> significa um cabeçalho de nível dois. A tag <a> tem um **atributo**, que é uma variável utilizada para fornecer as propriedades relativas à tag. Nem toda tag possui atributos, mas muitas, sim. Cada atributo tem um nome-padrão. O atributo para um hiperlink é *href*, e o seu valor indica a página da Web a ser exibida quando o usuário clica no link. Aqui, deve aparecer a página www.pearsonhighered.com/kroenke quando o usuário clica no hiperlink. A Figura 6.13(b) mostra essa página conforme cedida pelo Internet Explorer.

6.10 *XML, Flash, Silverlight, HTML*

A HTML é o cavalo de batalha da Web há mais de quinze anos. Entretanto, a HTML tem problemas e limitações que têm sido superados por tecnologias mais novas. A **XML (*eXtensible Markup Language* – Linguagem Extensível de Formatação)** é uma linguagem de formatação que corrige várias deficiências da HTML e normalmente é utilizada para interações entre programas na Web. O **Flash** é um plug-in para navegadores desenvolvido pela Adobe e é útil para a exibição de animação, filmes e outros gráficos avançados dentro de um navegador.

FIGURA 6.13(A) Amostra de trecho de código HTML

```
<title>UMIS Example HTML</title>
<style type="text/css">
.style1 {
    font-size: xx-large;
    text-align: center;
    font-family: Arial, Helvetica, sans-serif;
}
.style2 {
    color: #FF00FF;
}
.style3 {
    font-size: medium;
    text-align: center;
    font-family: Arial, Helvetica, sans-serif;
}
.style5 {
    font-size: medium;
    text-align: left;
    font-family: Arial, Helvetica, sans-serif;
}
</style>
</head>

<body>

<p class="style1">
    <span class="style2"><strong>Using</strong></span>
    <strong>MIS</strong></p>
<p class="style1"> </p>
<p class="style3"><em>Fourth Edition</em></p>
<p class="style3"> </p>
<p class="style5">Example HTML Document</p>
<p class="style5"> </p>
<p class="style5"> </p>
<p class="style5">Click <a href="http://www.PearsonHigherEd.com/kroenke">here</a>
for the textbook&#39;s web site at Pearson Education.</p>

</body>
```

O **Silverlight** é um plug-in para navegadores desenvolvido pela Microsoft para os mesmos fins que o Flash. O Silverlight incorpora uma tecnologia mais nova e mais funcionalidade do que o Flash, mas é utilizado com menos frequência. Por fim, a HTML 5.0 é uma nova versão de HTML que também suporta animação, filmes e gráficos.

Quase todos os especialistas concordam que a XML continuará a ser a linguagem mais popular para comunicação entre programas na Web. Alguns acham que a HTML 5.0 substituirá a HTML padrão e o Flash, e possivelmente o Silverlight também.

Q6. Como as empresas se beneficiam das VPNs?

Uma **rede virtual privada (*Virtual Private Network* - VPN)** utiliza a Internet para criar a aparência de conexões ponto-a-ponto. No mundo da TI, o termo *virtual* significa algo que parece existir, mas que na realidade não existe. Aqui, uma VPN utiliza a Internet pública para criar a aparência de uma conexão privada.

6.11 *Uma típica VPN*

A Figura 6.14 mostra uma das maneiras de criar uma VPN para conectar um computador remoto - talvez um funcionário que trabalhe em um hotel em Miami - a uma LAN localizada em Chicago. O usuário remoto é o cliente VPN. O cliente primeiro estabelece uma conexão com a Internet. Podemos obter a conexão acessando um ISP local, conforme mostrado na figura; ou, em alguns hotéis, o próprio hotel oferece uma conexão direta com a Internet.

FIGURA 6.13(B) Documento criado a partir do código HTML mostrado na Figura 6.13a

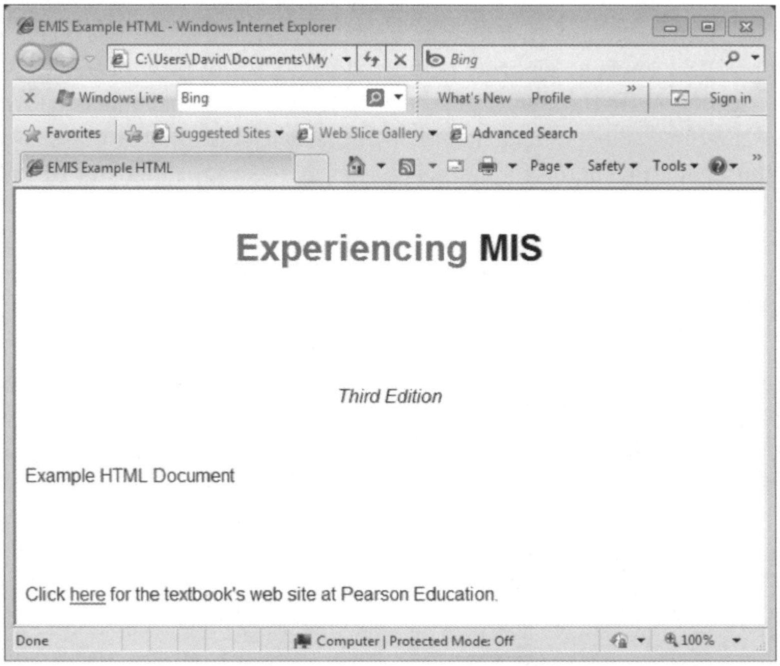

Fonte: Foto da tela de produto da Microsoft reproduzida com permissão da Microsoft Corporation

FIGURA 6.14 Acesso remoto utilizando uma VPN; conexões reais

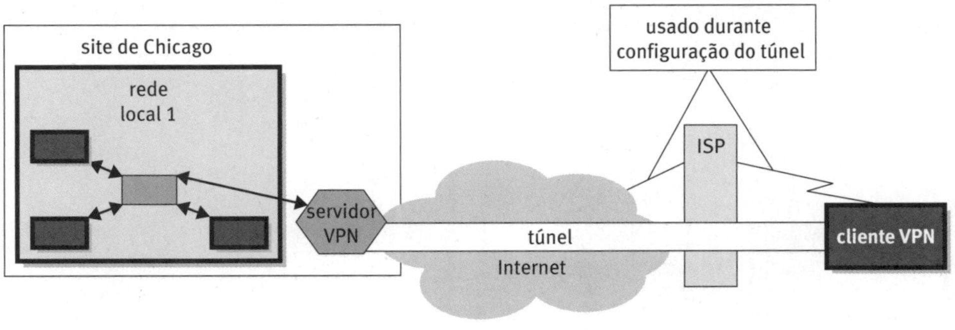

Em qualquer dos casos, depois de estabelecida a conexão com a Internet, o software da VPN instalado no computador do usuário estabelece uma conexão com o servidor VPN em Chicago. O cliente VPN e o servidor VPN então se comunicam através de uma conexão ponto a ponto. Essa conexão, chamada **túnel**, é um caminho virtual privado do cliente VPN para o servidor VPN por uma rede pública ou compartilhada. A Figura 6.15 ilustra a conexão conforme aparece no usuário remoto.

As comunicações através da VPN são seguras, embora transmitidas pela Internet pública. Para garantir a segurança, o software do cliente VPN *encripta*, ou codifica (ver Capítulo 12), a mensagem original de modo que o seu conteúdo permaneça protegido contra invasões. Em seguida, o cliente VPN anexa à mensagem o endereço de Internet do servidor VPN e envia esse pacote pela Internet para o servidor VPN. Ao receber a mensagem, o servidor VPN retira o seu endereço da parte da frente da mensagem, *desencripta* a mensagem codificada e envia a mensagem de texto pura e simples ao endereço original na LAN. Desse modo, as mensagens privadas seguras são entregues pela Internet pública.

FIGURA 6.15 Acesso remoto utilizando uma VPN; conexão aparente

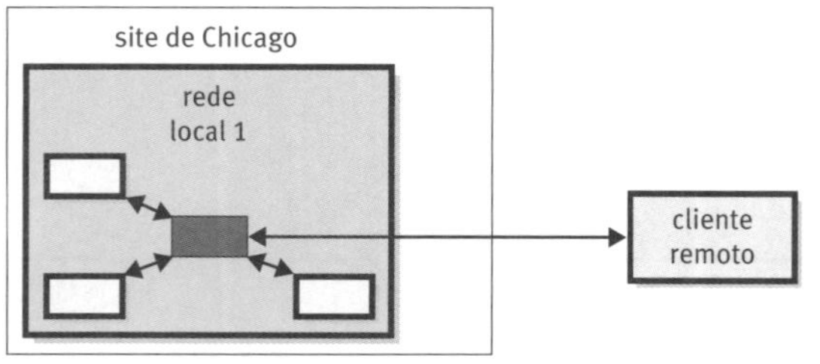

As VPNs oferecem o benefício das linhas arrendadas ponto a ponto e permitem acesso remoto, tanto por parte dos funcionários quando de quaisquer outras pessoas registradas junto ao servidor VPN. Por exemplo, se estiverem registrados no servidor VPN, clientes ou fornecedores podem utilizar a VPN a partir de suas próprias localidades. A Figura 6.16 mostra três túneis: um suporta uma conexão ponto a ponto entre os sites de Atlanta e Chicago, enquanto os outros dois suportam conexões remotas.

A Microsoft estimulou a popularidade das VPNs incluindo suporte a VPN no Windows. Todas as versões do Microsoft Windows têm capacidade para funcionar como clientes VPN. Os computadores que rodam Servidor Windows podem operar como servidores VPN.

A FlexTime utiliza uma VPN. Atualmente, a Versão 2 de seu software só pode ser acessada através de uma LAN. Mas Kelly, Neil e os funcionários-chave precisam poder acessar esse software de casa ou de qualquer outra localidade remota. Consequentemente, a empresa montou uma VPN. Os usuários remotos se conectam a ela e então podem trabalhar como se estivessem utilizando um computador conectado diretamente à LAN da FlexTime.

FIGURA 6.16 Uma WAN utilizando uma VPN

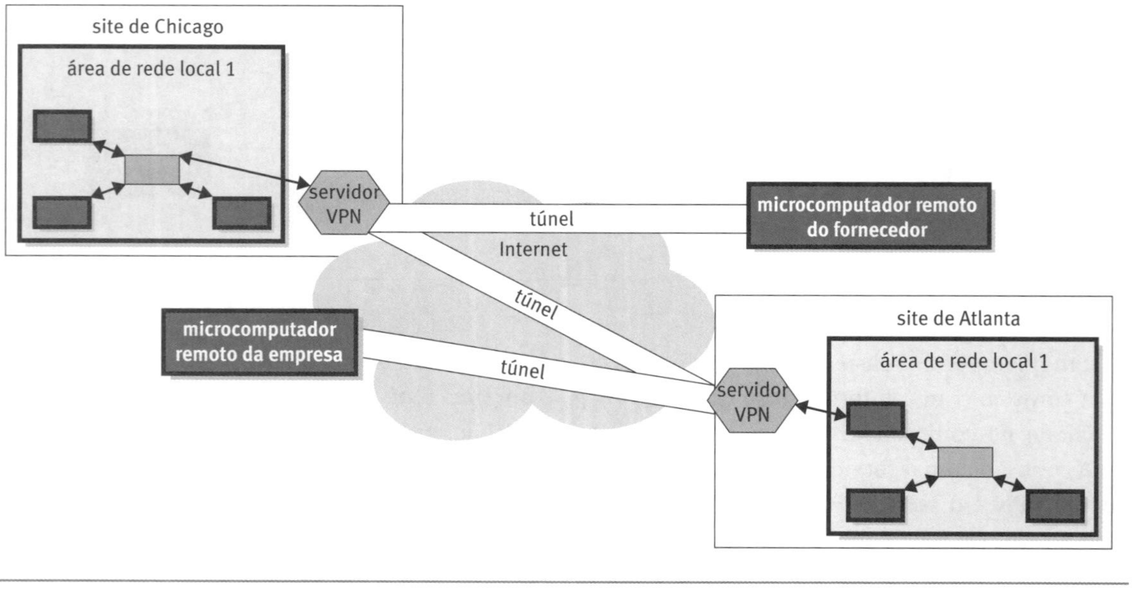

A FlexTime poderia continuar utilizando a VPN dessa maneira e não mudar para um aplicativo *thin client*. Entretanto, a empresa ainda teria o ônus da instalação e manutenção dos clientes nos computadores de usuário, e Neil quer eliminar esse ônus. Além disso, com a mudança para um aplicativo de *thin client*, os clientes poderiam acessar o sistema da FlexTime usando os seus navegadores.

Os proprietários da FlexTime têm de tomar uma decisão em relação ao equipamento de comunicações de dados a ser instalado no novo prédio da empresa. Não se trata de uma opção; eles têm de fazer isso. Quaisquer decisões que eles tomarem envolvem riscos. Entretanto, com o conhecimento necessário, eles têm mais chance de tomar uma boa decisão. E como Kelly diz, por não ter nenhum conhecimento de comunicações de dados, ela não pode ser uma boa sócia.

O mesmo pode acontecer com você. Com os conhecimentos contidos neste capítulo, você está no caminho certo para adquirir os conhecimentos necessários como Neil, e não ser um espectador passivo como Kelly.

GUIA ÉTICO: Trabalho pessoal no trabalho?

Suponhamos que você esteja de férias na Nova Zelândia e resolva enviar um e-mail a um amigo que trabalhe em uma empresa em Ohio, por exemplo, com algumas fotos mostrando as suas surpreendentes habilidades no surfe. O seu e-mail não tem nenhuma relação com o trabalho ou a empresa do seu amigo. Não é um e-mail de emergência, tampouco uma solicitação de transporte do aeroporto para a sua casa. O seu e-mail trata de habilidades de surfe! E o que é pior, não são apenas algumas linhas que consumam pouco espaço em um arquivo. Ao contrário, o e-mail contém dezenas de fotos e, sem perceber, você enviou fotos com resolução de altíssima qualidade com 6.2 megabytes cada uma.

– Ora – você deve estar pensando – dá um tempo. Qual o problema com um e-mail e algumas fotos? Afinal, sou eu surfando, não nenhum material pornográfico.

Talvez você tenha razão; talvez não seja nada de mais. Mas pense nos recursos que você consumiu enviando esse e-mail: A sua mensagem com mais de 60 megabytes percorreu a Internet até o ISP da empresa do seu amigo. Os pacotes do e-mail e das fotos foram transmitidos para o roteador da empresa em Ohio e do roteador para o servidor de e-mail. A sua mensagem consumiu ciclos de processamento no roteador e no computador servidor de e-mail. Uma cópia da sua foto foi armazenada nesse servidor de e-mail até que o seu amigo a apague, talvez semanas depois. Além disso, o seu amigo utilizará o seu computador e a LAN da empresa para baixar as fotos para o seu próprio computador, onde o material ficará armazenado. Aliás, toda a infraestrutura de computação, do ISP à mesa de trabalho do seu amigo, pertence ao empregador e é operada e paga por ele. Por fim, quando o seu amigo lê esse e-mail no horário de trabalho, ele está consumindo recursos da empresa – o valor que a empresa paga pelo tempo e pela atenção dele enquanto está no trabalho.

Se pensarmos nessa situação a partir de 2008,veremos que ela ficou mais complicada ainda. Agora, além (ou em vez) de enviar fotos por e-mail, é bem provável que você esteja atualizando a sua página no Facebook com as fotos, e o seu amigo provavelmente está usando o seu computador para ver essas fotos, fazer comentários sobre a sua página e atualizar a dele. Agora, as fotos não são mais armazenadas nos servidores da empresa em Ohio, mas continuam sendo transmitidas através da rede de comunicações de dados dessa empresa.

Agora, vamos considerar a situação a partir de 2010 em que os dispositivos pessoais inteligentes, como o iPhone, o iPad e os telefones Windows 7 Series, para não falar nos telefones BlackBerry, se tornaram acessíveis e populares. Consequentemente, o seu amigo pode optar por ler as suas atualizações no Facebook, os seus tweets etc. em seu próprio telefone ou iPad. Se o dispositivo dele estiver conectado à LAN da empresa, ele continuará usando a rede de comunicações de dados da empresa. Entretanto, se esse telefone efetuar uma conexão WAN sem fio, ele deixará de usar a rede de comunicações de dados da empresa. Mas continuará usando o tempo da empresa para fazer isso.

Questões para discussão

As questões de 1 a 4 estão relacionadas à situação original, antes dos cenários de 2008 e 2010.

1. É uma atitude ética você enviar o e-mail e as fotos para o seu amigo no trabalho?
2. A sua resposta à questão 1 muda dependendo do tamanho das fotos? A sua resposta muda se você enviar cem fotos? E se você enviar mil? Caso a sua resposta mude, qual seria o seu limite?
3. A partir do momento em que as fotos são armazenadas no servidor de e-mail da empresa, a quem esse material passa a pertencer? Quem controla essas fotos? A empresa tem o direito de inspecionar o conteúdo das caixas de correio de seus funcionários? Nesse caso, o que os gerentes devem fazer quando encontrarem a sua foto que não tem absolutamente nada a ver com as atividades da empresa?
4. O que você acha que custa mais para a empresa do seu amigo: a infraestrutura necessária para transmitir e armazenar o e-mail ou o tempo que o seu amigo leva no trabalho para ler e ver as suas fotos? Essa consideração muda alguma de suas respostas anteriores?
5. Até que ponto o cenário de 2008 muda a ética da situação? Explique. É uma atitude ética o seu amigo usar os computadores da empresa para ler e atualizar a sua página no Facebook?
6. Até que ponto o cenário de 2010 muda a ética da situação? Interessa à empresa o que o seu amigo faz com o seu iPhone ou qualquer outro dispositivo no trabalho?
7. Descreva uma política razoável para o uso de computadores/telefones/dispositivos de comunicação no trabalho. Considere recursos como e-mail, Facebook e Twitter, bem como os cenários de 2008 e 2010. Procure desenvolver uma política que se mantenha sólida diante das prováveis mudanças no sistema de comunicação de dados no futuro.

REVISÃO

Utilize esta revisão para verificar o que você assimilou das ideias e conceitos que respondem às questões de estudo do capítulo.

Q1. **O que é uma rede de computadores?**
Defina *rede de computador*. Explique as diferenças entre as LANs, as WANs, as internets e a Internet. Descreva a finalidade de um protocolo.

Q2. **Quais os componentes de uma LAN?**
Explique a principal distinção de uma LAN. Descreva a finalidade de cada componente apresentado na Figura 6.2. Descreva a instalação de roteadores em um prédio com vários andares. Explique quando são usados cabos de fibra ótica para uma LAN. Defina *IEEE 802.3* e *802.11* e estabeleça a diferença entre os dois. Especifique as funções do dispositivo LAN.

Q3. **Quais as alternativas de conexão com uma WAN?**
Explique por que a sua conexão a um ISP é uma WAN e não uma LAN. Cite três funções de ISP. Descreva a finalidade de um modem. Identifique e descreva três formas de conexão à Internet. Descreva as diferenças entre as alternativas de DSL, cabo e WAN sem fio.

Q4. **Quais os conceitos fundamentais que você deve conhecer sobre a Internet?**
Explique a afirmação: "A Internet é uma internet". Defina *TCP/IP* e especifique as suas camadas. Qual a finalidade de HTTP, HTTPS, SMTP e FTP? Explique por que se diz que o TCP permite um *transporte confiável via internet*. Defina *IP*, *pacote* e *roteador*. Explique por que se diz que o IP permite o roteamento pela internet. Descreva as vantagens dos endereços de IP públicos e privados. Em termos gerais, explique como você obteria um nome de domínio. Descreva a relação entre nomes de domínio e endereços de IP públicos. Defina URL.

Q5. **O que acontece em um típico servidor Web?**
Explique o que é uma loja virtual. Defina *arquitetura em três camadas*, especificando e descrevendo cada camada. Explique a função de uma página da Web, um servidor Web e um servidor de comércio eletrônico. Explique a finalidade de uma farm de servidores Web. Explique a função de cada camada ilustrada na Figura 6.10 à medida que as páginas das Figuras 6.9 e 6.11 são processadas. Defina *HTML* e explique a sua finalidade. Defina *href* e *atributo*. Explique a finalidade do XML, do Flash, do Silverlight e do HTML 5.

Q6. **Como as empresas se beneficiam das VPNs?**
Descreva o problema que uma VPN soluciona. Utilize a Figura 6.15 para explicar um dos modos de configuração e uso de uma VPN. Defina túnel. Descreva como a encriptação é usada em uma VPN. Explique por que um usuário de Windows não precisa instalar ou adquirir uma licença de uso de outro software para utilizar uma VPN.

Resuma a necessidade de Kelly adquirir os conhecimentos contidos neste capítulo. Explique de que maneira o papel dela como sócia seria diferente se ela conhecesse este material. Explique até que ponto a situação da Kelly se aplica ao seu caso.

UTILIZE SEUS CONHECIMENTOS

1. Suponhamos que você gerencie um grupo de sete funcionários em uma pequena empresa. Cada um dos seus funcionários quer estar conectado à Internet. Considere duas alternativas:
   - Alternativa A: Cada funcionário tem o seu próprio modem e se conecta individualmente à Internet.
   - Alternativa B: Os computadores dos funcionários estão conectados utilizando uma LAN, e a rede usa um único modem para conexão.

   a. Faça um esquema dos equipamentos e das linhas necessárias para cada alternativa.
   b. Explique as providências que você precisa tomar para criar cada alternativa.
   c. Qual dessas duas alternativas você recomenda?

2. Suponhamos que uma empresa de consultoria esteja implementando LANs para grêmios estudantis masculinos e femininos no campus da sua universidade.

a. Considere a sede de um grêmio. Explique de que maneira uma LAN poderia ser usada para conectar todos os computadores da sede. Você recomendaria uma LAN Ethernet, uma LAN 802.11 ou uma combinação das duas?
b. Este capítulo não lhe fornece informações suficientes para determinar de quantos *switchs* a sede do grêmio poderá necessitar. Entretanto, em termos gerais, descreva como o grêmio poderia utilizar um sistema de múltiplos *switches*.
c. Considerando a conexão com a Internet, você recomendaria que a sede do grêmio utilizasse uma alternativa de modem DSL, modem-cabo ou WAN sem fio? Embora você possa descartar pelo menos uma dessas alternativas com os conhecimentos que você já tem, de que informações complementares você necessita para fazer uma recomendação específica?
d. Você deveria desenvolver um pacote de solução padronizada para cada um dos seus clientes? Quais as vantagens resultantes de uma solução padronizada? E as desvantagens?

3. Considere o problema de Neil na FlexTime. Ele quer rever cuidadosamente a proposta da infraestrutura de rede de $ 175 mil e eliminar quaisquer equipamentos ou serviços que puder. Ao mesmo tempo, como o prédio está sendo reformado, as paredes serão abertas, de modo que esse é o melhor momento de fazer o cabeamento e instalar quaisquer outros equipamentos de que a FlexTime possa necessitar.

   Suponhamos que você tenha a tarefa de Neil. Como você procederia? Não dispomos de informações suficientes para analisar os detalhes dessa proposta. Em vez disso, responda às seguintes perguntas que dizem respeito à maneira como o Neil poderia fazer essa análise.

a. Descreva os equipamentos da FlexTime que provavelmente têm uma conexão com fio com uma LAN.
b. Descreva os equipamentos da FlexTime que provavelmente têm uma conexão com fio sem uma LAN.
c. Descreva os equipamentos do cliente que provavelmente têm uma conexão sem fio com a LAN da FlexTime.
d. Neil (e você) precisa se planejar para o futuro. De que maneira as suas respostas aos itens **a** a **c** provavelmente mudarão nos próximos cinco anos? E nos próximos dez anos?
e. Descreva um processo para determinar a demanda total por equipamentos sem fio para uma sala com cinquenta bicicletas de spinning.
f. Utilizando os conhecimentos que você adquiriu neste capítulo, relacione todos os equipamentos e cabeamentos de que a FlexTime necessitará para o novo prédio. Relacione apenas as categorias de equipamento. Você não precisa ter informações suficientes para especificar determinadas marcas ou modelos de equipamento.
g. Suponhamos que Neil receba três propostas diferentes para a infraestrutura de rede. Ele escolhe necessariamente a proposta de menor custo? Por que sim ou por que não? Que processo o Neil deve utilizar para analisar as três propostas?

ESTUDO DE CASO 6

Acompanhando os desenvolvimentos da tecnologia sem fio

A tecnologia de comunicações de dados é uma das tecnologias que mais rápido mudam – se não *a* que mais rápido muda – de todo o setor de TI. Partes substanciais dos conhecimentos que você adquirir neste capítulo se tornarão obsoletas nos primeiros cinco anos de sua carreira. Infelizmente, não sabemos que partes serão essas.

Veja o exemplo da tecnologia das WANs sem fio. Existem três padrões de protocolo na disputa: EVDO, HSDPA e WiMax. Como o WiMax oferece o maior potencial de desempenho, falaremos sobre esse padrão mais adiante neste caso.

Craig McCaw construiu uma das primeiras redes celulares do mundo no início da década de 1980 e trouxe os telefones celulares para as massas. Na década de 1990, ele vendeu sua empresa para a AT&T por

US$ 11,5 bilhões. Em 2003, McCaw abriu uma nova empresa, a Clearwire,[3] comprando os direitos da tecnologia WiMax, a fim de abordar o chamado "problema da última milha". O WiMax derrotará as outras tecnologias de WAN sem fio? Não sabemos. Porém, quando alguém com o conhecimento, a experiência e os recursos de McCaw abre uma nova empresa baseada nessa nova tecnologia, devemos prestar atenção.

Para começar, o que é o **problema da última milha**? O gargalo de entrada das comunicações de dados nos lares, e nas empresas de menor porte, é a última milha. As velozes linhas de transmissão de fibra ótica estão enterradas no subterrâneo da rua em frente ao seu apartamento ou escritório. O problema é levar essa capacidade para dentro do prédio e para o seu computador ou a sua TV. Cavar a rua e o quintal de cada residência e pequena empresa para instalar a fibra ótica não é uma proposta acessível. Mesmo que isso pudesse ser feito, esse tipo de infraestrutura não pode ser usado por dispositivos móveis. Você não tem como assistir a um filme baixado da Internet a bordo de um trem usando uma linha de fibra ótica.

O padrão WiMax, **IEEE 802.16**, poderia ser implementado por muitas empresas, mas somente se essas empresas possuíssem frequências sem fio para transmissão de dados. Daí o interesse de pessoas como McCaw e outros participantes do mercado celular, como a Sprint. O padrão WiMax oferece dois modelos de uso: *fixo* e *móvel*. O primeiro é semelhante à LAN sem fio hoje existente; o acesso móvel, por outro lado, permite que os usuários se desloquem, como fazem com os seus telefones celulares, enquanto estão conectados.

Em 01 de dezembro de 2008, a Clearwire fez uma fusão com a Sprint Nextel e recebeu um investimento externo de US$ 3.2 bilhões. Nesse processo, a Clearwire ganhou acesso ao espectro da rede da Sprint Nextel (licença de uso de determinadas frequências para sinais celulares). A empresa se chama Clearwire e os produtos são comercializados como Sprint Xohm.

3. A Clearwire é uma prestadora de serviços de acesso banda larga à Internet dos Estados Unidos que oferece soluções wireless para o mercado residencial e de pequenas empresas utilizando a tecnologia Wimax.

A Clearwire já oferece serviços de uso fixo em muitas cidades nos EUA. A partir de junho de 2010, os serviços móveis de WiMax passaram a ser oferecidos apenas em algumas cidades selecionadas, mas há previsão de serem lançados para muitas outras localidades em um futuro próximo.

Questões

1. Leia o Guia sobre pensamento exponencial.[4] Com os princípios desse Guia em mente, especifique cinco aplicações comerciais possíveis para o padrão WiMax móvel. Considere aplicações que requerem mobilidade.
2. Avalie cada uma das aplicações possíveis na sua resposta à questão 1. Selecione as três mais promissoras e justifique a sua escolha.
3. A Clearwire abriu o seu capital em março de 2007 por um preço inicial de US$ 27,25. A partir de abril de 2010, o preço era de US$ 8,00. Pesquise na Internet a empresa para verificar o que aconteceu com o preço de suas ações. Explique por que o preço caiu.[5]
4. A AT&T e a T-Mobile aderiram ao padrão HSDPA, que não tem as mesmas taxas máximas possíveis de transmissão. Em vez de embarcar na onda do WiMax, essas empresas pretendem desenvolver uma tecnologia diferente chamada Evolução de Longo Prazo (LTE). Procure na Internet comparações entre LTE e WiMax[6] e compare essas duas tecnologias.
5. Onde isso irá terminar? Em qual dessas tecnologias você estaria disposto a investir $100 milhões? Por quê?

4. Disponível no site do livro: www.saraivauni.com.br.
5. Nesta questão pode ser trabalhado o exemplo das ações do Facebook, que, poucos dias depois da estreia da empresa na bolsa Nasdaq, em maio de 2012, sofreram forte queda.
6. Sugestões de pesquisa: ARRUDA, Felipe. *Conexões 4G LTE e WiMax: o que podemos esperar delas.* Disponível em: <http://www.tecmundo.com.br/4g/8722-conexoes-4g-lte-e-wimax-o-que-podemos-esperar-delas.htm>. Acesso em: jul. 2012. *Tecnologia 4G: WiMax e LTE disputam título de banda larga do futuro.* Disponível em: http://www.gizmodo.com.br/tecnologia-4g-wimax-e-lte-disputam-titulo-de-banda-larga-do-futuro/. Acesso em: jul. 2012.

PARTE III

Uso dos sistemas de informação para estratégia competitiva

O Fox Lake Country Club é um clube privado de golfe e tênis localizado nos arredores de Hartford, Connecticut, EUA. Fundado em 1982, o clube oferece campos de golfe com dezoito buracos, catorze quadras de tênis, uma piscina, um restaurante, salas de reuniões e uma loja especializada que vende equipamentos e roupas de golfe e tênis. Os campos de golfe, projetados por um famoso profissional do esporte, são bonitos e desafiadores. Aliás, todas as áreas do Fox Lake são pitorescas e extremamente bem-cuidadas pelo pessoal da manutenção.

Isto poderia acontecer com você

Toda essa beleza não é barata. A taxa de adesão custa US$ 125.000, e a mensalidade, US$ 425. Os estatutos do clube permitem um quadro de até 1.500 sócios. Como na maioria das instituições desse tipo, as taxas de adesão são investidas e os rendimentos pagam as hipotecas das instalações do clube e as despesas de manutenção com bens de capital. As mensalidades pagam as despesas operacionais, inclusive o salário dos 35 funcionários efetivos e os cerca de 100 funcionários sazonais do Fox Lake. O restaurante e a loja especializada funcionam como centros geradores de lucro para o clube.

O Fox Lake emprega profissionais de golfe e tênis como subcontratados. Esses profissionais cuidam da loja e dos centros de atividades durante algumas horas por semana. A maior parte do tempo, no entanto, eles passam dando aulas para os sócios do clube.

Os problemas no setor financeiro dos Estados Unidos afetaram muito o Fox Lake. Pela primeira vez em trinta anos, o clube tinha vagas disponíveis. Desde 2010, a lista de espera é de apenas alguns meses para os interessados em fazer parte do quadro de associados, enquanto no fim de 2008, era de anos. Além disso, tanto a loja quanto o restaurante perderam dinheiro em 2009 e 2010.

Em resposta a esses desafios financeiros, a diretoria do clube pediu ao gerente geral, Jeff Lloyd, que procurasse fontes adicionais de receita. Devido à beleza de suas instalações, o Fox Lake fora usado algumas vezes como cenário para vários casamentos, razão pela qual Lloyd resolveu elaborar um plano comercial para expandir esses eventos isolados, transformando o clube em um local para festas de casamento. O Fox Lake é magnífico no verão, é claro, mas mesmo no inverno, quando a área ao ar livre fica coberta de neve, o visual é encantador, e o gerente argumentou que os casamentos e recepções poderiam gerar receita durante todo o ano.

Com a aprovação da diretoria, Lloyd contratou Anne Foster para desenvolver essa nova atividade. Na época, Foster era uma bem-sucedida organizadora autônoma de festas de casamentos e queria uma oportunidade para expandir o seu negócio. Parece que tudo veio a calhar. O Fox Lake lhe ofereceu um belo local e uma maior oportunidade para organizar mais eventos, enquanto os conhecimentos que Foster tinha do setor e os seus contatos com fornecedores e possíveis clientes lançaram o Fox Lake como local para recepções de casamento.

Usaremos o Fox Lake Country Club como exemplo para os Capítulos 7 a 12. Para evitar complicar desnecessariamente, ignoraremos as atividades de tênis e natação no clube, bem como a loja especializada. O campo de golfe, os eventos de casamento, o restaurante e as unidades comerciais de manutenção de instalações serão elementos mais do que suficientes para a nossa investigação dos sistemas de informação organizacionais.

CAPÍTULO 7

Sistemas empresariais

Isto poderia acontecer com você

- Mike, o que você está me dizendo? - Anne Foster se esforça para manter um tom de voz baixo enquanto fala com Mike Stone, o gerente de instalações.

- Estou dizendo que temos de fazer a reforma geral no Oak Room.

- Tudo bem, Mike. Faça isso no próximo inverno. Eu vou "empurrando com a barriga".

- Anne, isso não vai dar certo. Essa obra tem de ser feita até o dia 1º de novembro. A empresa de seguros já avisou.

- Veja bem, eu sou uma organizadora de festas de casamento, eu planejo casamentos. Aliás, já tenho quatro eventos para as duas primeiras semanas de outubro. O bom é que eu só preciso do Oak Room para um deles.

Questões de estudo

Q1. Como os sistemas de informação variam em finalidade?

Q2. Quando os silos de informação são um problema?

Q3. De que maneira os sistemas de gestão empresarial eliminam os silos de informação?

Q4. De que maneira os recursos de CRM, ERP e EAI prestam suporte aos sistemas empresariais?

Q5. Quais os desafios da implementação de novos sistemas empresariais?

De que maneira os conhecimentos contidos neste capítulo são úteis para o Fox Lake e para você?

- Sinto muito, Anne, sinto mesmo. Pensei que você soubesse.

- Soubesse? Então eu iria planejar um casamento que eu não pudesse fazer? O que devo fazer, voltar à noiva e dizer: "Olhe só, os planos mudaram e você terá de fazer a sua recepção de casamento em outro lugar?"

- Lamento, mas tem de ser assim.

- Ah, não, Mike. Você pode ser um bom gerente de instalações, mas não entende nada de noivas!

A revolta e o desespero encheram a voz de Anne.

- Bem, podemos colocar 150 pessoas na Maple Suíte, se abrirmos as paredes móveis e colocarmos mesas do lado de fora.

- Ah, ótimo!!! Maravilha!!! Eu tenho dois problemas nesse caso, Mike. Primeiro: E se o tempo estiver ruim? E se estiver frio demais para abrir as paredes móveis? Mas isso não é nada comparado ao meu segundo problema.

- Diga lá.

- Quantos anos tem a sua filha, Mike?

- Três.

- O.k., eu vou aceitar que você simplesmente não entende. A nossa noiva está tendo o seu dia especial. Ela e o noivo já enviaram os convites. Para 185 pessoas, Mike! São 185, e não 150 se o tempo estiver bom.

- Anne, essa manutenção OBRIGATÓRIA está programada há meses.

- Poder ser, Mike, mas ninguém me disse nada.

- Tudo bem, Anne. Imagine o seguinte: Digamos que nós adiemos essa manutenção e tomara que não venha um "terremoto" por aí. Você sabe o que os advogados diriam se estivéssemos cientes da necessidade desse serviço mas simplesmente não o fizéssemos para não perder a receita de mais 35 pessoas?

- Advogados!!! - Anne grita. - Você quer ouvir os advogados???? O pai da noiva é sócio da maior empresa da cidade, membro fundador do Fox Lake Country Club, ex-presidente do conselho de administração.

- Então eu tenho certeza de que ele irá entender.

- Mike, você é um idiota.

- Vamos falar com o Jeff.

> **"Pode ser, Mike, mas ninguém me disse nada."**

Q1. Como os sistemas de informação variam em finalidade?

Algo está errado no Fox Lake Country Club. Há seis meses, o departamento de manutenção de instalações agendou a manutenção necessária nos prédios do clube. Desconhecendo essa manutenção programada, o grupo de organização de casamentos planejou uma recepção que conflita com a atividade de manutenção. O departamento de manutenção de instalações afirma que o serviço não pode ser protelado por instrução da empresa de seguros. O Fox Lake acabará resolvendo esse problema. Entretanto, a diretoria do clube estará em polvorosa até que uma solução seja encontrada e implementada, uma solução tão cara que irá extrapolar o lucro dos eventos para o segundo semestre daquele ano.

Esse problema foi causado basicamente pela existência de **silos de informação**, uma condição que se caracteriza quando os dados são isolados em sistemas de informação separados. (Sistemas isolados são chamados de *silos* porque, quando representados em diagramas, assumem a forma de longas colunas verticais - como silos de grãos.) Neste capítulo, veremos os problemas desses silos e a função dos sistemas de informação empresariais de eliminá-los.

Para iniciar essa discussão, consideremos a finalidade dos sistemas de informação sintetizados na Figura 7.1. À medida que nos deslocamos do tipo para a base dessa figura, a finalidade dos sistemas de informação se amplia, incluindo mais pessoas e empresas.

7.1 *Sistemas de informação individuais*

Sistemas de informação individuais são sistemas utilizados por um único indivíduo. O gerenciador de contatos da sua conta de iPhone ou e-mail é um exemplo de sistema de informação individual. Como esses sistemas têm apenas um usuário, os procedimentos são simples e provavelmente não documentados ou formalizados.

Você e os demais membros da sua empresa podem duplicar dados. Muitos de vocês podem ter os telefones e e-mails das mesmas pessoas, mas essa duplicação de dados normalmente não é importante. Quando os números dos telefones mudam, por exemplo, todos fazem essa mudança do seu jeito e quando bem entendem sem qualquer problema.

É fácil gerenciar essas mudanças aos sistemas de informação individuais. Se mudar de e-mail, do Hotmail para o Google, por exemplo, você terá de

FIGURA 7.1 Finalidade dos sistemas de informação

FINALIDADE	EXEMPLO DO FOX LAKE	CARACTERÍSTICAS
Pessoal	Gerente de contatos	Um único usuário; procedimentos informais; problemas isolados; duplicação de dados entre os funcionários; fácil gerenciamento de mudanças
Grupo de trabalho	Programação do pessoal de manutenção	dez a cem usuários; procedimentos conhecidos dentro do grupo; solução de problemas dentro do grupo; duplicação de dados entre os departamentos; certa dificuldade para mudar
Empresa	Cobrança de taxas de associação	Uma centena a milhares de usuários; procedimentos formalizados; solução de problemas afetam a empresa; minimização da duplicação de dados; grande dificuldade para mudar
Interempresas	Pedidos de provisões para o restaurante junto aos fornecedores	Milhares de usuários; procedimentos formalizados; solução de problemas afeta múltiplas empresas; duplicação de dados controlada; dificuldade para mudar; necessidade de sistema de informação interorganizacional

transferir a sua agenda de contatos de um fornecedor para outro e informar aos seus correspondentes o seu novo endereço, mas é você quem controla essa mudança. Como você será o único usuário do novo sistema, se forem necessários novos procedimentos, somente você precisará se adaptar. E, se houver qualquer problema, você mesmo poderá resolvê-lo.

7.2 *Sistemas de informação de grupos de trabalho*

Um **sistema de informação de grupos de trabalho** é um sistema de informação compartilhado por um grupo de pessoas para um determinado fim. No Fox Lake, os zeladores (pessoas responsáveis pela manutenção dos campos de golfe e dos jardins do clube) compartilham um sistema de informação de grupo de trabalho para agendar tarefas a serem executadas pelos funcionários.

Os sistemas de informação de grupos de trabalho que servem de suporte para um determinado departamento às vezes são chamados **sistemas de informação departamentais**. Um exemplo é o sistema de contas a pagar utilizado pelo departamento de contas a pagar. Existem sistemas de informação de grupos de trabalho que prestam suporte a uma determinada função da empresa e são chamados **sistemas de informação funcionais**. Um exemplo de sistema funcional é uma loja virtual como aquela que vimos no Capítulo 6.

Os sistemas de informação de grupos de trabalho, sejam departamentais, funcionais ou colaborativos, compartilham as características mostradas na Figura 7.1. Normalmente, os sistemas de grupos de trabalho atendem de dez a cem usuários. Em geral, os procedimentos são formalizados em documentos e os usuários, às vezes, são treinados no uso desses procedimentos.

Quando ocorre qualquer problema, eles quase sempre conseguem resolvê-lo dentro do próprio grupo. Se o sistema de contas a pagar duplicar o registro de um determinado fornecedor, o grupo de contas a pagar pode fazer a correção. Se a loja virtual estiver com o número errado de dispositivos no banco de dados de controle de estoque, essa conta pode ser corrigida dentro do próprio grupo da loja.

(Observe, a propósito, que as *consequências* de um problema não são isoladas do grupo. Como o grupo de trabalho existe para prestar um serviço ao restante da empresa, seus problemas têm consequências em toda a empresa. Entretanto, a *correção* dos problemas normalmente pode ser obtida dentro do grupo.)

Dois ou mais grupos de trabalho dentro de uma empresa podem duplicar dados, e essa duplicação pode ser muito problemática para a empresa, como veremos na questão Q2. Por fim, como muitas pessoas utilizam os sistemas de informação de grupos de trabalho, mudá-los é mais difícil do que mudar os sistemas de informação individuais. Todos os membros do grupo de trabalho precisam estar informados e treinados para mudar os procedimentos quando o sistema é alterado.

7.3 *Sistemas de informação empresariais*

Sistemas de informação empresariais são sistemas de informação que abrangem toda a empresa e prestam suporte às atividades de diversos departamentos. No Fox Lake, todas as despesas dos clientes são registradas nas contas do sócio, não sendo permitido nenhum tipo de transação em espécie ou com cartão de crédito. O restaurante, o campo de golfe, a loja e os departamentos de organização de casamentos utilizam o mesmo sistema de informação empresarial para registrar suas vendas.

Os sistemas de informação empresariais normalmente têm de centenas a milhares de usuários. Os procedimentos são formalizados e extensamente documentados; os usuários são submetidos a um treinamento formal nos procedimentos adotados. Às vezes, os sistemas empresariais incluem categorias de procedimentos e os usuários são definidos de acordo com níveis de qualificação com o sistema e por níveis de autorização de segurança.

As soluções dos problemas em um sistema empresarial normalmente envolvem mais de um departamento. Por abrangerem muitos departamentos e envolverem possivelmente milhares de usuários, os sistemas empresariais são muito difíceis de ser alterados. As mudanças devem ser cuidadosamente planejadas, implementadas com cautela, e os usuários devem receber um treinamento considerável. Às vezes, os usuários recebem incentivos e outros atrativos que os motivem a mudar. Como você aprenderá neste capítulo, uma grande vantagem dos sistemas empresariais é que a duplicação de dados é eliminada por completo ou pode continuar existindo, mas as alterações nos dados duplicados são cuidadosamente gerenciadas de modo a manter a coerência.

Veremos os exemplos mais comuns de sistemas de informação empresariais na questão Q4, e os problemas da implementação e alteração dos sistemas empresariais, na questão Q5.

7.4 *Sistemas de informação interempresariais*

Sistemas de informação interempresariais são sistemas de informação compartilhados por duas ou mais empresas independentes. No Fox Lake, o sistema de informação que o restaurante utiliza para fazer pedidos de suprimentos e ingredientes junto aos fornecedores é um sistema interorganizacional. Como esses sistemas são utilizados pelos funcionários de diferentes empresas, os procedimentos são formalizados e o treinamento do usuário é obrigatório.

Esse tipo de sistema normalmente envolve milhares de usuários, e a solução dos problemas requer a cooperação entre diferentes empresas, normalmente independentes. Os problemas são resolvidos através de reunião, contrato e, às vezes, processo judicial.

Em geral, os dados são duplicados entre as empresas, mas essa duplicação é cuidadosamente administrada. Devido à ampla abrangência, complexidade e multiplicidade de empresas envolvidas, esses sistemas podem ser excessivamente difíceis para ser alterados. É necessária a interação entre os sistemas de informação pertencentes e operados por entidades independentes.

Falaremos sobre os sistemas de informação interorganizacionais no Capítulo 8.

Q2. Quando os silos de informação são um problema?

Como dissemos, os silos de informação existem quando os dados são isolados em sistemas de informação separados. Os silos de informação são criados ao longo do tempo, à medida que os sistemas de informação são implementados como instrumentos de suporte para aplicações individuais e de grupo de trabalho. À medida que as empresas crescem, no entanto, em algum momento esses silos duplicarão os dados e se transformarão em uma fonte de possíveis problemas sérios.

7.5 *Como surgem os silos de informação?*

Nenhuma empresa planeja criar silos de informação. Eles surgem em decorrência do próprio

FIGURA 7.2 Metas dos departamentos do Fox Lake Country Club

organização de casamentos	operações de golfe	Instalações

• desenvolver a atividade • desenvolver uma reputação de serviços de alta qualidade • administrar detalhes complexos • clientes isolados	• satisfazer aos golfistas • manter os profissionais de golfe ocupados • Estender temporada • Gerenciar lucratividade da loja • Clientes repetidos	• Manter alto nível de aparência do clube • Proteger e conservar ativos físicos do clube • Resolver rapidamente eventuais problemas • Manter-se dentro do orçamento

desenvolvimento da empresa e do crescente uso dos sistemas de informação.

Vejamos o exemplo do Fox Lake na Figura 7.2. O departamento de organização de casamentos é novo e Anne, a gerente, recebeu incentivos para desenvolver o negócio. Ao mesmo tempo, tanto ela quanto o Fox Lake têm uma reputação a preservar, de modo que Anne quer desenvolver o negócio para que os casamentos e recepções realizados no Fox Lake tenham um reconhecimento superior.

O departamento de operações de golfe possui um conjunto de metas muito diferente. O golfe é o interesse básico dos sócios do clube e o clube deve oferecer aos golfistas horários precisos de início das partidas e uma agradável experiência ao praticarem o esporte. O clube contrata jogadores profissionais para dar aulas de golfe. A maior parte da renda dos profissionais é proveniente das aulas, e para atrair e manter profissionais de qualidade, o clube precisa mantê-los ocupados. Outros interesses do departamento de golfe estão relacionados na Figura 7.2.

As metas do departamento de manutenção de instalações são completamente diferentes daquelas dos outros dois grupos. O departamento está interessado em manter o alto nível de status do clube, proteger seus ativos, solucionar problemas e assim por diante. Ao contrário dos departamentos de organização de casamentos e de golfe, o departamento de manutenção de instalações não gera receita, apenas custo. Por essa razão, o gerente do departamento é incentivado a administrar cuidadosamente o orçamento.

Antes de prosseguir, consideremos as diferentes necessidades por sistemas de informação entre esses grupos. O departamento de organização de eventos está interessado em expandir os eventos isolados. O departamento de golfe, por sua vez, está interessado em satisfazer ao cliente e manter as aulas de golfe profissional. Por fim, o departamento de manutenção de instalações está interessado na execução dos serviços de manutenção necessários dentro do prazo e do orçamento estipulados, bem como na solução rápida e eficiente dos eventuais problemas.

Devido a essas diferentes orientações, cada grupo desenvolverá sistemas de informação de naturezas diferentes, conforme mostrado na Figura 7.3. Por não terem praticamente nenhuma relação entre si, esses sistemas podem operar como entidades isoladas por muito tempo, sem nenhum problema. Aliás, **ilhas de automação** é outro termo para designar os silos de informação. Significa simplesmente grupos de sistemas de informação que operam isolados uns dos outros.

Os silos de informação (ou ilhas de informação) não representam nenhum problema enquanto não começam a compartilhar dados sobre as mesmas entidades. Ou, em outras palavras, enquanto não começam a duplicar dados. A partir daí, os silos podem se tornar bastante problemáticos, como o Fox Lake e tantas outras empresas aprenderam ao longo do tempo.

7.6 *Quais os aplicativos departamentais comuns?*

Antes de falarmos sobre os problemas causados pelos silos de informação, observe que muitos aplicativos departamentais e sistemas de informação foram desenvolvidos e permanecem em uso até hoje. A Figura 7.4 relaciona os aplicativos departamentais comuns. Assim como os sistemas departamentais no Fox Lake, cada um desses sistemas foi criado para atender às necessidades de processamento de informação de um determinado departamento. Esses sistemas funcionam bem para esses departamentos.

Entretanto, mesmo uma rápida olhada nessa lista indica que é bem provável que essas atividades gerem duplicação de dados. Por exemplo, muitos desses aplicativos dizem respeito aos clientes. Os sistemas de informação de marketing e vendas, operações, produção e serviço de atendimento ao cliente processam seus próprios dados relativos ao cliente. Pelo menos os três primeiros processam dados relativos ao estoque de produtos acabados. Todos processam dados de pedidos. Os sistemas do departamento de recursos humanos duplicam dados sobre funcionários e pessoal, seus respectivos treinamentos e sua disponibilidade junto a outros departamentos.

Mesmo com essa revisão superficial, você pode ver que esses aplicativos funcionais duplicam grandes quantidades de dados e provavelmente causam problemas.

7.7 *Quais os problemas causados pelos silos de informação?*

Já vimos um problema decorrente dos silos de informação no Fox Lake. Por utilizarem as mesmas estruturas físicas, os departamentos de organização de casamentos, operações e manutenção de instalações duplicam dados sobre essas instalações em seus sistemas isolados. Processando dados isolados, seus planos podem conflitar, como foi o caso.

FIGURA 7.3 Sistemas de informação departamentais do Fox Lake Country Club

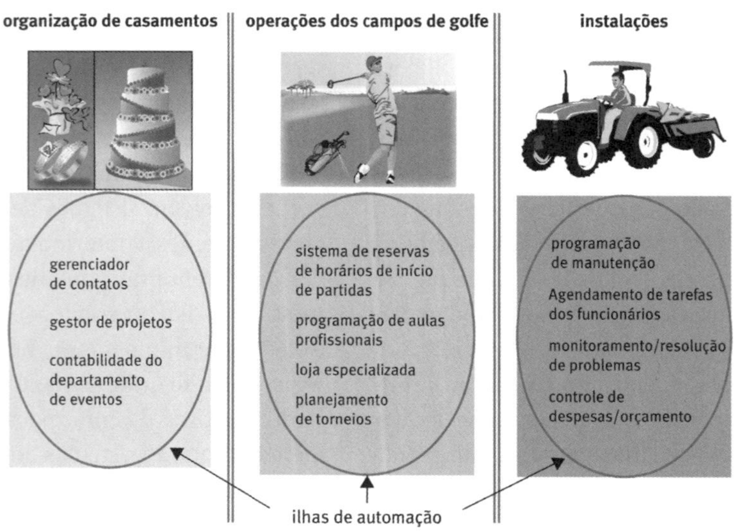

FIGURA 7.4 Sistemas de informação departamentais comuns

DEPARTAMENTO	APLICATIVO
Marketing e vendas	– Geração de perspectiva de venda – Monitoramento de perspectiva de venda – Gestão de clientes – Previsão de vendas – Gerenciamento de produtos e marcas
Operações	– Lançamento de pedidos – Gerenciamento de pedidos – Gerenciamento de estoque de produtos acabados
Produção	– Estoque (matérias-primas, produtos em processo de elaboração) – Planejamento – Cronograma – Operações
Serviço de atendimento ao cliente	– Monitoramento de pedidos – Monitoramento de contas – Suporte ao cliente e treinamento
Recursos humanos	– Recrutamento – Remuneração – Avaliação – Planejamento de RH
Contabilidade	– Escrita contábil geral (livro-razão) – Relatórios financeiros – Contabilidade de custos – Contas a receber – Contas a pagar – Gerenciamento de caixa – Elaboração orçamentária – Gestão de tesouraria

Consideremos, porém, o exemplo mais complexo apresentado pela Figura 7.5. Todos os dias, pacientes recebem alta dos hospitais. Pense nos diversos departamentos que precisam ser comunicados quando isso ocorre. Os médicos emitem a ordem de alta. Em resposta, as enfermeiras precisam preparar o paciente, a farmácia precisa preparar os medicamentos para serem levados para casa, a cozinha precisa suspender o fornecimento de refeições para o paciente que recebeu alta, o pessoal da limpeza precisa limpar o quarto vago e a família precisa ser comunicada para providenciar alguém que possa levar o paciente para casa. Se cada um desses departamentos mantiver a sua própria ilha de automação, será um desastre. Veremos alguns desses problemas e as respectivas soluções na questão Q3.

A Figura 7.6 sintetiza os problemas dos silos de informação criados por sistemas de informação isolados. Primeiro, os dados são duplicados porque cada aplicativo possui o seu próprio banco de dados. Se os aplicativos de contabilidade e marketing/vendas forem separados, os dados do cliente serão duplicados, podendo haver incoerência. As alterações nos dados do cliente feitas no aplicativo de marketing/vendas podem levar dias ou semanas para chegar ao banco de dados do aplicativo contábil. Durante esse período, os embarques chegarão ao cliente sem atrasos, mas as faturas serão enviadas para o endereço errado.

FIGURA 7.5 Alguns dos departamentos envolvidos no processo de alta de pacientes

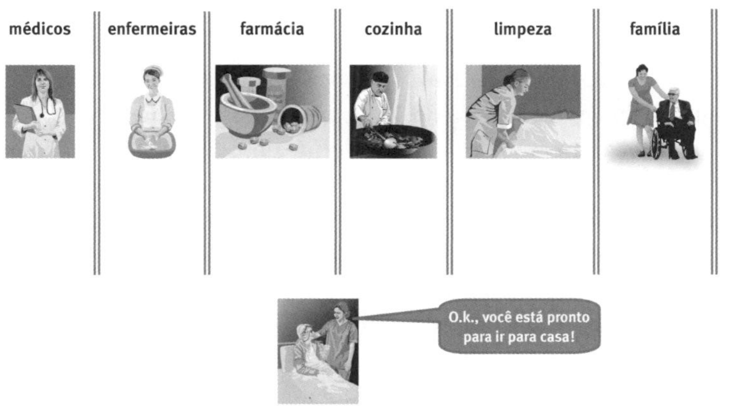

FIGURA 7.6 Problemas criados pelos silos de informação

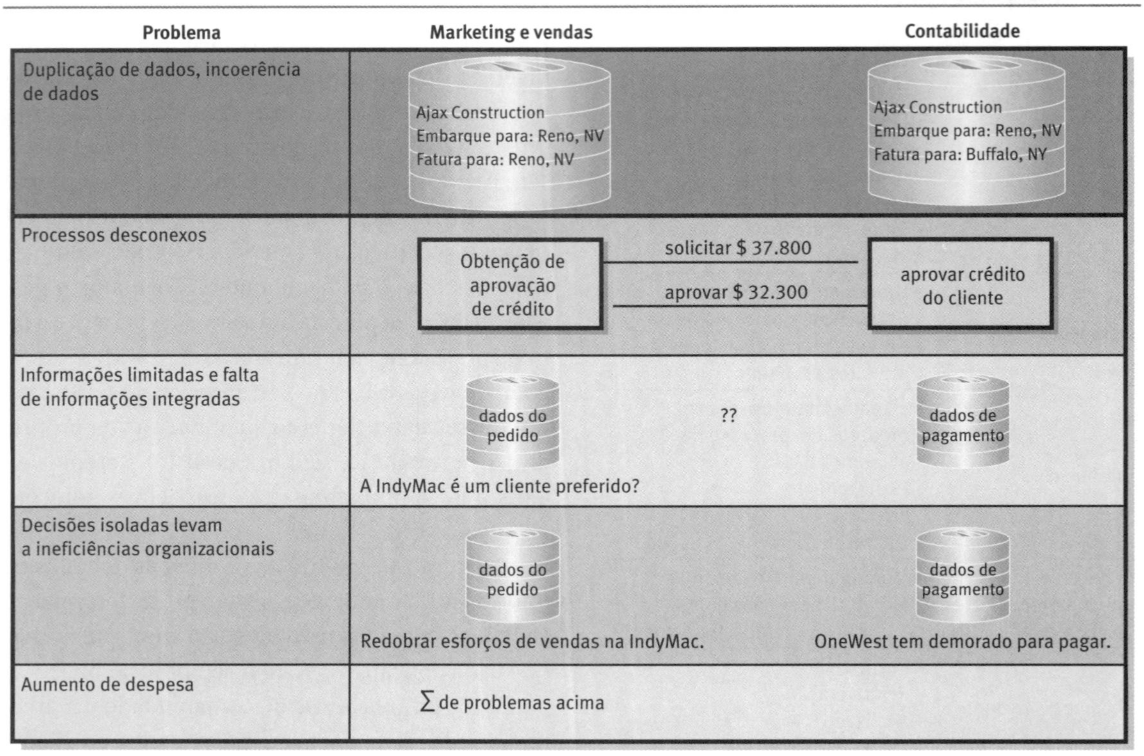

Além disso, quando os aplicativos são isolados, os processos de negócios ficam desconexos. Suponhamos que uma empresa tenha uma regra segundo a qual os pedidos de crédito acima de $ 20.000 devem ser pré-aprovados pelo departamento de contas a receber. Se os aplicativos de suporte forem separados, será difícil as duas atividades conciliarem seus dados e o processo de aprovação será moroso e possivelmente errôneo.

Na segunda linha da Figura 7.6, o departamento de marketing e vendas quer aprovar um pedido de $ 20.000 junto à Ajax. De acordo com o banco de dados da empresa, a Ajax atualmente possui um saldo de $ 17.800, de modo que o departamento de vendas solicita um crédito total de $ 37.800. O banco de dados contábil, no entanto, mostra a Ajax com um saldo de $ 12.300 porque o aplicativo de contas a receber creditou uma devolução de $ 5.500 para a Ajax. De acordo com os registros contábeis, são necessários apenas $ 32.300 para que o pedido de $ 20.000 seja aprovado, por isso é concedido apenas esse valor. O departamento de marketing e vendas não saber o que fazer com uma aprovação de crédito de $ 32.300. Foram aprovados apenas $ 14.700 do pedido? E por que esse valor? Ambos os departamentos querem aprovar o pedido. Serão necessários vários e-mails e telefonemas, no entanto, para resolver essa questão. Os processos de negócios interagentes estão desconexos.

Uma consequência desses processos desconexos é a falta de informações empresariais integradas. Suponhamos, por exemplo, que para determinar se isso procede, é preciso comparar os dados do histórico de pedidos com aqueles do histórico de pagamentos. Entretanto, com os silos de informação, esses dados residirão em dois bancos de dados diferentes e, em um deles, a IndyMac é conhecida pelo nome da empresa que a adquiriu, o Banco OneWest. A integração de dados será difícil. Para determinar a veracidade dos fatos, serão necessários processos manuais e dias de trabalho, quando essa questão deveria ser prontamente respondida em segundos.

Isso leva à quarta consequência: a ineficiência. Quando usamos aplicativos funcionais isolados, as decisões são tomadas isoladamente. Conforme mostrado na quarta linha da Figura 7.6, o departamento de marketing e vendas decidiu redobrar os seus esforços de vendas com a IndyMac. Entretanto, a contabilidade sabe que a IndyMac foi executada pelo FDIC e vendida para o Banco OneWest, e que tem demorado para pagar. Existem perspectivas muito melhores para uma maior atenção do departamento de vendas. Sem integração, a mão esquerda da empresa não sabe o que a sua mão direita está fazendo.

Por fim, os silos de informação podem resultar em aumento de custos para a empresa. Dados duplicados, sistemas desconexos, informações limitadas e ineficiências; tudo isso significa maiores custos.

Esses problemas são solucionados pelos sistemas de informação empresariais, sobre os quais falaremos no restante deste capítulo.

Q3. De que maneira os sistemas de gestão empresarial eliminam os silos de informação?

O problema fundamental dos silos de informação são os dados duplicados e armazenados em sistemas isolados. A maneira mais óbvia de corrigir esse problema é eliminar esses dados duplicados armazenando uma única cópia dos dados em um banco de dados compartilhado e revisando os processos (e os aplicativos) de negócios para utilizá-lo. Outra medida corretiva é permitir a duplicação, mas administrá-la de modo a evitar problemas.

7.8 *Um sistema empresarial no Fox Lake*

A Figura 7.7 mostra como o primeiro plano de ação corretivo é aplicado no Fox Lake. Primeiro, é criado um banco de dados que contenha as reservas para o uso das instalações do clube. Em seguida, cada departamento altera os seus processos (e aplicativos) de negócios para utilizar o banco de dados compartilhado. Nesse exemplo simples, a única alteração necessária consiste em desenvolver procedimentos para a verificação de disponibilidade antes que sejam programadas quaisquer atividades e em registrar qualquer intenção de utilização dos recursos compartilhados contidos no banco de dados. Talvez um ou mais aplicativos de banco de dados precisem ser desenvolvidos para que a verificação de disponibilidade possa ser efetuada.

Entretanto, com essa solução, cada departamento deve ter em mente que está processando um recurso compartilhado. Por exemplo, antes do banco de dados compartilhado, o departamento

FIGURA 7.7 Sistema de reservas empresarial do Fox Lake Country Club

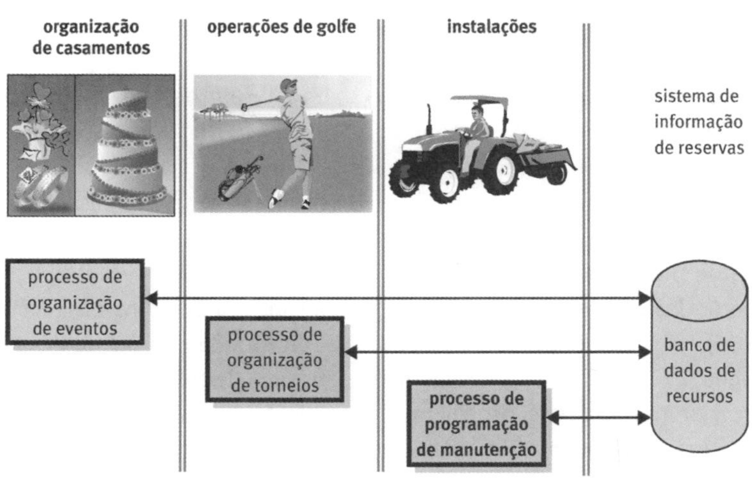

de manutenção de instalações reservava algumas semanas em seu calendário para manutenção do prédio, ou seja, muito mais tempo do que realmente era necessário. Durante esse tempo então, o departamento executava os serviços de manutenção de acordo com as suas próprias tarefas e prioridades. Se persistir nessa prática, o departamento acabará impedindo a realização de alguns eventos e reduzindo uma possível fonte de receita para o clube. Com o banco de dados compartilhado, o departamento precisa programar atividades específicas a serem realizadas em dependências específicas durante o menor período de tempo necessário.

Antes de prosseguirmos, esse exemplo simples ilustra um fenômeno que cria difíceis desafios gerenciais. Quando um sistema empresarial é implementado, todos os departamentos que o utilizam devem mudar seus processos de negócios. E as pessoas não gostam de mudar; aliás, a menos que o benefício das mudanças seja facilmente reconhecido, as pessoas resistem em mudar. Entretanto, em alguns casos, os novos sistemas empresariais exigem que os departamentos mudem sem quaisquer benefícios óbvios para *qualquer departamento específico*. No exemplo do Fox Lake, ao mudar para o sistema ilustrado na Figura 7.7, o departamento de manutenção de instalações precisará mudar os seus processos para beneficiar o departamento de organização de casamentos (e o Fox Lake como empresa), mas não em benefício próprio. O pessoal do departamento de manutenção de instalações pode perceber o novo sistema como muito transtorno por nada.

O sistema mostrado na Figura 7.7 é um sistema de informação empresarial na medida em que diferentes departamentos compartilham dados. Entretanto, observe que os processos de negócios não são comuns aos diferentes departamentos; ou seja, continuam sendo processos isolados. Esse não é o caso da maioria das empresas. Normalmente, os processos de negócios das empresas abrangem vários departamentos. E nesse caso, o desenvolvimento dos sistemas empresariais é consideravelmente mais complexo, mas potencialmente mais benéfico. Vejamos o exemplo do hospital citado anteriormente.

7.9 *Um sistema empresarial para a alta hospitalar*

A Figura 7.8 mostra alguns dos departamentos e processos de um hospital envolvidos na rotina de alta de pacientes. Um médico inicia o processo emitindo uma ordem de alta de paciente. Essa ordem é entregue ao funcionário responsável do setor de enfermagem, o qual, por sua vez, dá início aos procedimentos necessários junto à farmácia, à família do paciente e à cozinha. Alguns desses procedimentos dão início às atividades a serem executadas pelo pessoal de enfermagem. Nessa figura, o sistema de informação empresarial é representado por uma linha pontilhada vermelha.

Antes do sistema empresarial, o hospital desenvolvera procedimentos que lhe permitissem utilizar um sistema baseado em papel e mensagens informais por via telefônica. Cada departamento mantém os seus próprios registros. Quando o novo sistema de informação empresarial foi implementado, não só os dados foram integrados ao banco de dados, como novos formulários e relatórios computadorizados foram criados. Os funcionários precisavam fazer a transição do sistema baseado em papel para o sistema computadorizado, bem como parar de fazer ligações telefônicas e deixar que o novo sistema emitisse os comunicados para todos os departamentos. Essas medidas envolveram mudanças substanciais, e a maioria das empresas sente uma angústia considerável ao passar por esse tipo de transição.

7.10 *Reengenharia de processos de negócios*

Sistemas empresariais como aquele ilustrado na Figura 7.8 não eram viáveis até que as tecnologias de rede, comunicação de dados e banco de dados alcançassem um nível satisfatório de capacidade e maturidade no final da década de 1980 e início da década de 1990. Naquela ocasião, muitas empresas começaram a desenvolver sistemas empresariais.

Ao fazer isso, as empresas perceberam que os seus processos de negócios da época precisavam mudar – em parte para utilizar bancos de dados

FIGURA 7.8 Exemplo de processo e sistema de informação empresarial

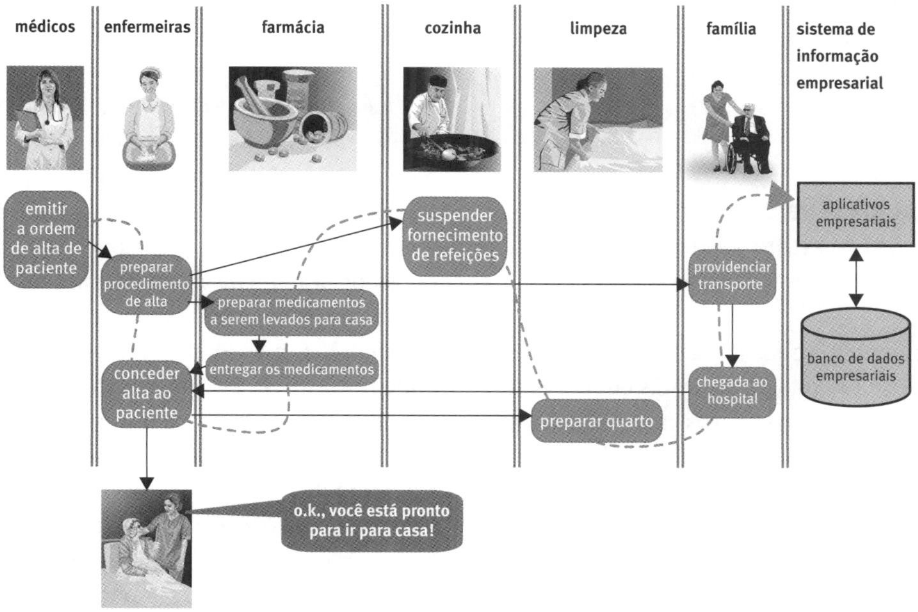

compartilhados, e em parte para utilizar novos formulários e relatórios computadorizados. Uma razão ainda mais importante para a mudança dos processos de negócios era que os dados integrados e sistemas empresariais ofereciam a possibilidade de um nível substancial de eficiência operacional. A partir daí, coisas até então consideradas impossíveis passaram a ser possíveis. Utilizando a linguagem de Porter (Capítulo 3), os sistemas empresariais permitiram a criação de elos mais fortes, mais ágeis e mais eficazes entre as cadeias de valores.

Por exemplo, quando o hospital utilizava um sistema baseado em papel, a cozinha preparava as refeições para todos os pacientes a partir de meia noite. Não era possível obter quaisquer dados sobre as altas concedidas antes da meia noite seguinte. Consequentemente, havia um desperdício considerável de comida que resultava em um custo substancial.

Com o sistema empresarial, a cozinha pode ser informada das altas concedidas à medida que elas ocorrem no decorrer do dia, resultando em uma redução substancial do desperdício de comida. Mas quando a cozinha deve ser avisada? Imediatamente? E se a alta for cancelada antes de se concretizar? Quem comunicará a cozinha do cancelamento da alta? Existem muitas possibilidades e alternativas. Portanto, para criar o seu novo sistema empresarial, o hospital precisava determinar a melhor maneira de mudar os seus processos de modo a aproveitar as vantagens da nova capacidade. Esse tipo de projeto passou a ser conhecido como **reengenharia de processos de negócios**, que é a atividade de alteração e criação de processos de negócios com o intuito de desfrutar as vantagens dos novos sistemas de informação.

Infelizmente, a reengenharia dos processos de negócios é difícil, lenta e excessivamente dispendiosa. Os analistas de sistemas precisam entrevistar o pessoal-chave de toda a empresa para determinar a melhor forma de uso da nova tecnologia. Devido à complexidade envolvida, esse tipo de projeto requer habilidades de alto nível e caras, além de consumir um tempo considerável. Muitos projetos iniciais fracassaram quando a enormidade do projeto se tornou aparente, deixando algumas empresas com sistemas parcialmente implementados que acabaram por gerar consequências desastrosas. Os funcionários não sabiam se estavam usando o novo sistema, o velho sistema ou alguma combinação "engendrada" de ambos.

O terreno estava preparado para o surgimento dos fornecedores de aplicativos empresariais, sobre os quais falaremos a seguir.

Q4. De que maneira os recursos de CRM, ERP e EAI prestam suporte aos sistemas empresariais?

Quando surgiu a necessidade da reengenharia dos processos de negócios, a maioria das empresas ainda desenvolvia seus aplicativos internamente. Na época, as empresas viam suas necessidades como "demasiadamente peculiares" para serem satisfeitas por aplicativos padronizados ou alterados. Entretanto, à medida que os aplicativos foram se tornando mais complexos, os custos do desenvolvimento interno acabaram se tornando inviáveis. Como vimos no Capítulo 4, os sistemas construídos internamente são caros não apenas por causa de seu desenvolvimento inicial, mas também devido à constante necessidade de adaptação desses sistemas aos requisitos que estão sempre mudando.

No início da década de 1990, quando os custos da reengenharia dos processos de negócios se somaram aos custos do desenvolvimento interno, as empresas começaram a ver com bons olhos a ideia do licenciamento de aplicativos preexistentes. "Afinal, talvez não sejamos tão peculiares."

Alguns fornecedores aproveitaram essa mudança de atitude e licenciaram sistemas de folha de pagamento e recursos humanos de capacidade limitada; um sistema de monitoramento e gerenciamento de perspectivas de vendas; e um sistema chamado *gestão de recursos empresariais*.

Essas empresas, e posteriormente dezenas de outras como elas, ofereciam não apenas projetos

FIGURA 7.9 Ciclo de vida do cliente

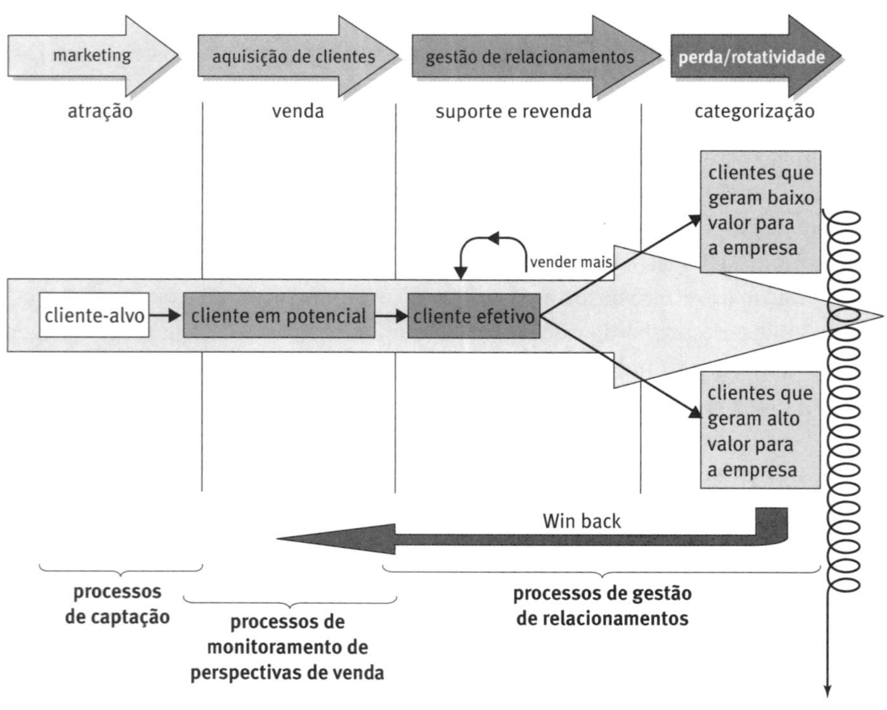

Fonte: *The customer life cycle.* Utilizado com permissão do professor Douglas Maclachian, Faculdade de Administração da Universidade de Washington, Seattle, Washington.

de software e hardware, como também processos de negócios padronizados. Esses **processos inerentes**, que eram procedimentos pré-criados para o uso de produtos de software, pouparam as empresas da dispendiosa e morosa reengenharia dos processos de negócios. Em vez disso, as empresas poderiam licenciar o software e obter, como parte do negócio, procedimentos pré-elaborados que os fornecedores garantiram ser baseados nas "melhores práticas do setor".

Algumas partes dessa transação eram boas demais para ser verdade, porque, como você verá na questão Q5, os processos inerentes quase nunca são uma alternativa perfeita. Contudo, a oferta era boa demais para que muitas empresas conseguissem resistir. Com o tempo, surgiram três categorias de aplicativos empresariais: gestão de relacionamento com clientes; planejamento de recursos empresariais e integração de aplicativos empresariais. Vejamos cada uma delas:

7.11 *Gestão de Relacionamento com Clientes (*Customer Relationship Management – *CRM)*

Um **sistema de gestão de relacionamento com clientes (CRM)** é uma suíte de aplicativos, um banco de dados e um conjunto de processos inerentes para o gerenciamento de todas as interações com o cliente, desde a criação de uma perspectiva de venda até o serviço prestado ao cliente. Todo contato e transação com o cliente são registrados no banco de dados de CRM. Os fornecedores de software de CRM afirmam que seus produtos tornam a empresa *centrada no cliente*. Embora pareça exagero de vendas, esse termo indica a natureza e a intenção dos pacotes de CRM.

A Figura 7.9 mostra quatro fases do **ciclo de vida do cliente**: marketing, aquisição de clientes, gestão de relacionamentos e perda/rotatividade. A atividade de marketing envia mensagens para que o mercado-alvo atraia possíveis clientes. Ao efetuar um pedido, esses possíveis clientes se tornam clientes efetivos que necessitam de suporte. Além disso, os processos de gestão de relacionamentos aumentam o valor dos clientes existentes vendendo-lhes mais produtos. Inevitavelmente, com o tempo, a empresa perde clientes. Quando isso acontece, os processos de reconquista categorizam os clientes de acordo com o valor e a tentativa de reconquistar os clientes geradores de alto valor para a empresa.

A Figura 7.10 ilustra os principais componentes de um aplicativo de CRM. Observe que existem componentes para cada fase do ciclo de vida do cliente. Conforme mostrado, todos os aplicativos processam um banco comum de dados sobre o cliente. Esse esquema elimina a duplicação de dados do cliente e a possibilidade da incoerência de dados, além de significar que cada departamento sabe o que está acontecendo com o cliente em outros departamentos. O setor de suporte ao cliente, por exemplo, sabe que não deve prestar o equivalente a $ 1000 em serviços de suporte a um cliente que tenha gerado $ 300 de receita para a empresa ao longo do tempo. Por outro lado, os funcionários do setor sabem também que devem se desdobrar para agradar aos clientes geraram grandes quantias de dinheiro à empresa. O resultado dessa integração para o cliente é que ele se sente como se estivesse lidando com uma única entidade, e não várias.

FIGURA 7.10 Aplicativos de CRM

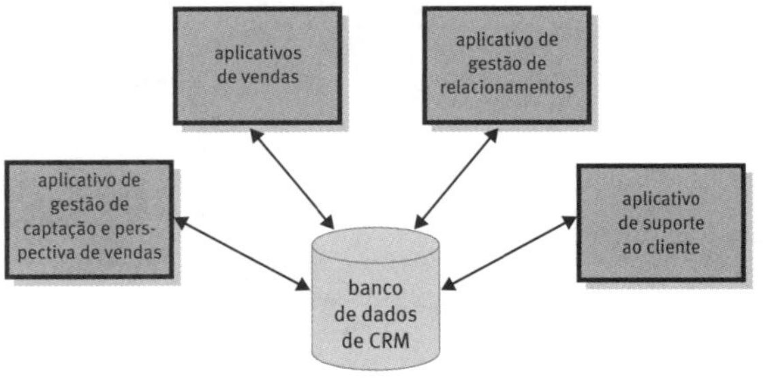

Os sistemas de CRM variam de acordo com o nível de funcionalidade que oferecem. Uma das tarefas básicas quando se trata de selecionar um pacote de CRM é determinar as características de que você necessita e procurar um pacote que atenda a esse conjunto de necessidades. Você pode se envolver apenas nesse tipo de projeto ao longo de sua carreira.

7.12 *Sistemas integrados de gestão* (Enterprise Resource Planning – *ERP)*

Sistemas integrados de gestão (ERP) é uma suíte de aplicativos, um banco de dados e um conjunto de processos inerentes para a consolidação das operações da empresa em uma única e coerente plataforma de computação. Conforme mostrado na Figura 7.11, o ERP inclui as funções de CRM, mas também incorpora aplicativos de operações contábeis, produção, controle de estoque e recursos humanos.

Os sistemas de ERP são usados para fins de previsão de vendas e criação de planos e cronogramas de produção para satisfazer a essas previsões. Os cronogramas de produção incluem o uso de material, equipamento e pessoal, razão pela qual precisa incorporar os aplicativos de controle de estoque e recursos humanos. Como o ERP inclui contabilidade, todas essas atividades são automaticamente lançadas no livro-razão geral e em outros aplicativos contábeis.

A SAP é a líder mundial de fornecedores de ERP. Além de sua oferta básica de ERP, ela oferece pacotes específicos para o setor que customizam o seu produto para determinadas aplicações. Existe um pacote da SAP para fabricação de automóveis, por exemplo, assim como para muitos outros setores especializados.

> Apesar dos óbvios benefícios dos processos inerentes e do ERP, pode haver uma consequência involuntária. Veja o Guia Ético e considere esse risco.

O ERP é originário do setor de produção e tem um claro sabor de produção. Entretanto, o sistema foi adaptado para uso em empresas de serviço, como hospitais e muitas outras instituições.

7.13 *Integração de Aplicativos Empresariais* (Enterprise Application Integration – *EAI)*

Os sistemas de ERP não são apropriados para qualquer empresa. Por exemplo, algumas empresas de setores que não o de produção consideram inadequada a orientação do ERP para a produção. Até mesmo algumas empresas de produção consideram intimidante o processo de conversão de seus sistemas atuais para um sistema de ERP. Outras estão bastante satisfeitas com os seus sistemas de aplicativos de produção e não desejam mudá-los.

FIGURA 7.11 Aplicativos de ERP

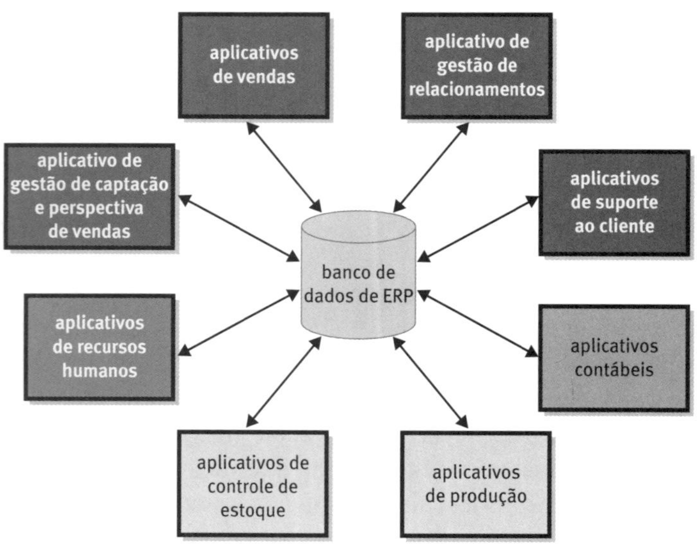

As empresas para as quais o ERP é inadequado ainda têm os problemas dos silos de informação, no entanto, e algumas optam pelo sistema de **integração de aplicativos empresariais (EAI)** para solucionar esses problemas. A EAI é uma suíte de aplicativos de software que integra os sistemas existentes fornecendo camadas de software que conectam os aplicativos. O sistema de EAI faz o seguinte:

- Conecta as "ilhas" de sistemas através de uma nova camada de software/sistema.
- Permite que os aplicativos existentes se comuniquem e compartilhem dados.
- Proporciona informação integrada.
- Alavanca os sistemas existentes - deixando os aplicativos funcionais como estão, mas acrescentando uma camada de integração.
- Permite uma mudança gradativa para o ERP.

As camadas do software de EAI mostradas na Figura 7.12 permitem que os aplicativos existentes se comuniquem entre si e compartilhem dados. Por exemplo, o software de EAI pode ser configurado para fazer automaticamente a conversão de dados necessária para as conversões de dados entre diferentes sistemas. Quando os aplicativos de CRM enviam dados para o sistema aplicativo de produção, por exemplo, o sistema de CRM envia os seus dados para um software de EAI. Esse programa de EAI faz a conversão e envia os dados convertidos para o sistema de ERP. A ação reversa é efetuada para enviar dados de volta do sistema de ERP para o de CRM.

Embora não exista um banco de dados centralizado de EAI, o software de EAI mantém arquivos de metadados que descrevem onde os dados estão localizados. Os usuários podem acessar o sistema de EAI para procurar os dados de que necessitam. Em alguns casos, o sistema de EAI presta serviços que oferecem um "banco de dados integrado virtual" para o usuário processar.

O grande benefício da EAI é permitir que as empresas usem os aplicativos existentes enquanto eliminam muitos dos sérios problemas de sistemas isolados. A conversão para um sistema de EAI nem se compara ao transtorno causado pela conversão para o ERP, além de oferecer muitos dos benefícios do ERP. Algumas empresas desenvolvem aplicativos de EAI como um trampolim para sistemas completos de ERP.

Q5. Quais os desafios da implementação de novos sistemas empresariais?

A implementação de novos sistemas empresariais é uma tarefa desafiadora, difícil, dispendiosa e arriscada. Não é incomum os projetos de sistemas empresariais extrapolarem em muito o orçamento e serem entregues com um ou mais anos de atraso. A despesa e os riscos são decorrentes de quatro fatores básicos:

FIGURA 7.12 Arquitetura de integração de aplicativos empresariais (EAI)

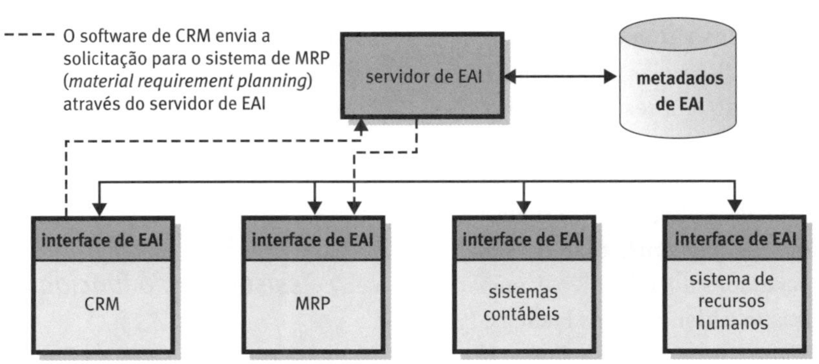

- Gestão colaborativa
- Lacunas de requisitos
- Problemas de transição
- Resistência do funcionário

7.14 *Gestão colaborativa*

Ao contrário dos sistemas departamentais, onde existe um gerente de departamento responsável, os sistemas empresariais não têm um chefe definido. Examine o processo de alta hospitalar da Figura 7.8; não há um gerente de altas de pacientes. O processo de alta é um esforço colaborativo entre muitos departamentos (e clientes).

Não havendo um gerente, quem resolve os inevitáveis conflitos que surgem? Todos esses departamentos acabam se reportando ao presidente, que é o único gestor acima de todos, mas os funcionários não podem se dirigir diretamente ao presidente no caso, por exemplo, de um eventual problema de coordenação de atividades de alta de paciente entre a enfermagem e o pessoal da limpeza. Dificilmente o presidente os atenderia. Em vez disso, a empresa precisa desenvolver algum tipo de gestão colaborativa para resolver as questões relacionadas ao processo.

Normalmente, isso significa que a empresa forma comitês e grupos diretivos que prestam serviços de gestão de processos empresariais. Embora essa possa ser uma solução eficaz, e, aliás, talvez a única solução, o trabalho desses grupos é lento e dispendioso.

7.15 *Lacunas de requisitos*

Como dissemos na questão Q3, poucas empresas hoje criam seus próprios sistemas empresariais a partir do zero. Em vez disso, elas adquirem a licença de uso de um produto empresarial com funções e características específicas e que contenha procedimentos inerentes. Entretanto, esses produtos licenciados nunca são uma alternativa perfeita. Quase sempre existem lacunas entre os requisitos da empresa e as capacidades do aplicativo licenciado.

O primeiro desafio é identificar as lacunas. Para especificar uma lacuna, uma empresa deve saber de que necessita e o que o novo produto faz. Entretanto, pode ser muito difícil uma empresa determinar as suas necessidades. E essa dificuldade é uma das razões pelas quais as empresas optam por adquirir uma licença de uso, em vez de criar seus próprios produtos. Além disso, não é fácil identificar as características e funções de produtos complexos como os programas de CRM e ERP. Consequentemente, a identificação da lacuna é uma tarefa importante na implementação de sistemas empresariais.

O segundo desafio é decidir o que fazer com as lacunas depois de identificadas. Ou a empresa precisa mudar o seu modo de fazer as coisas para se adaptar ao novo aplicativo ou o aplicativo deve ser alterado para atender às necessidades da empresa. Qualquer das duas opções é problemática. Os funcionários resistirão à mudança, mas pagar o preço das alterações sai caro e, conforme observado no Capítulo 4, a empresa tem o compromisso de manter essas alterações à medida que o aplicativo muda com o tempo.

7.16 *Problemas de transição*

A transição para um novo sistema empresarial também é difícil. A empresa deve, de alguma forma, deixar de usar sistemas departamentais isolados e passar a utilizar o novo sistema empresarial, enquanto funciona normalmente. É como fazer uma cirurgia de coração em um atleta durante uma corrida de 100 metros.

Esse tipo de transição requer um planejamento criterioso e um treinamento substancial. Inevitavelmente, os problemas ocorrem. Sabendo disso, a alta gerência precisa comunicar a necessidade de mudança aos funcionários e depois apoiar o novo sistema enquanto as falhas são corrigidas. É uma fase incrivelmente estressante para todos os funcionários envolvidos. Falaremos mais sobre técnicas de desenvolvimento e estratégias de implementação no Capítulo 10.

7.17 *Resistência do funcionário*

As pessoas resistem às mudanças. As mudanças exigem esforço e geram medo. Existe um volume considerável de pesquisas e literatura especializada sobre as razões para a resistência às mudanças e como as empresas podem administrar essa questão. Aqui, resumiremos os princípios mais importantes.

Primeiro, a alta gerência precisa comunicar a necessidade de mudança à empresa e, conforme necessário, reiterar o fato durante todo o processo de transição. Segundo, o funcionário teme as mudanças porque elas ameaçam a sua **autoeficácia**, que é a convicção de uma pessoa de que ela pode ser bem-sucedida em seu trabalho. Para melhorar a autoconfiança, os funcionários precisam ser treinados e orientados quanto ao uso adequado do novo sistema. A propaganda boca a boca é um fator muito poderoso e, em alguns casos, os principais usuários são treinados antecipadamente para gerar uma propaganda positiva sobre o novo sistema.

Terceiro, os funcionários talvez precisem ser induzidos a mudar para o novo sistema. Como um experiente consultor de mudanças disse: "Nada surte tanto efeito quanto o elogio ou o dinheiro, especialmente o dinheiro". A remuneração imediata pelas mudanças é suborno, mas premiações podem ser muito eficazes para incentivar a mudança.

A implementação de novos sistemas empresariais pode resolver muitos problemas e resultar em maior eficiência e redução de custos para uma empresa, mas não é para os medrosos.

Se o pessoal-chave do Fox Lake conhecesse os problemas causados pelos silos de informação, a situação que ocorreu aqui poderia ter sido evitada. Em termos específicos, ao criar o plano empresarial de organização de casamentos, Jeff Stone teria sabido avaliar a necessidade dos sistemas empresariais para as reservas de instalações. Aliás, além dos conflitos de recursos entre os departamentos de organização de casamentos e manutenção de instalações, ele deveria também ter levado em consideração os prováveis conflitos entre as recepções de casamento, os eventos de golfe e tênis e as instalações.

Você pode se beneficiar desses conhecimentos porque foi advertido sobre as consequências decorrentes dos silos de informação e da duplicação de dados. Você consegue entender também que os sistemas empresariais podem eliminar os silos, mas sabe que o desenvolvimento e a implementação desses sistemas não é fácil. Você conhece também as funções básicas dos "três grandes" sistemas empresariais: CRM, ERP e EAI. Por fim, você conhece os grandes desafios da implementação dos sistemas empresariais e tem alguma ideia de como lidar com a resistência às mudanças.

GUIA ÉTICO: Disque-dinheiro

Suponhamos que você seja vendedor e o sistema de CRM da sua empresa preveja que as suas vendas do trimestre ficarão substancialmente abaixo da cota. Você ligou para os seus melhores clientes com o objetivo de aumentar as vendas, mas ninguém está disposto a comprar mais.

Sua chefe diz que foi um trimestre difícil para todo o pessoal de vendas. Pena, aliás, que a vice-diretora de vendas tenha autorizado um desconto de 20% sobre os novos pedidos. A única condição é de que os clientes devem receber a mercadoria antes do final do trimestre para que a contabilidade possa incluir o valor do pedido.

– Comecem a ligar à caça de dinheiro – ela diz – e vejam o que vocês conseguem. Sejam criativos.

Utilizando o seu sistema de CRM, você identifica os seus maiores clientes e lhes oferece o desconto. O primeiro cliente reluta em aumentar o seu estoque.

– Acho que não temos como vender isso tudo.

– Bem – você responde – e se concordarmos em receber de volta qualquer estoque que vocês não tiverem vendido no próximo trimestre?

(Desse modo, você aumenta as suas vendas atuais e a sua comissão, além de ajudar sua empresa a alcançar suas projeções de vendas para o trimestre. O produto excedente provavelmente retornará no trimestre seguinte, mas você pensa: "Mas isso é futuro, agora estamos vivendo o presente")

– Tudo bem – ele diz –, mas eu quero que vocês estipulem a opção de devolução na ordem de compra.

Você sabe que não pode escrever isso na ordem de compra porque, nesse caso, não contabilizará todo o pedido. Então você diz ao seu cliente que lhe enviará um e-mail com essa condição. Desse modo, ele aumenta o pedido e a contabilidade registra o valor do preço total.

Com outro cliente, você tenta uma segunda estratégia. Em vez de oferecer o desconto, você oferece o produto pelo preço normal, mas concorda em conceder um crédito de 20% no trimestre seguinte. Assim, você pode contabilizar o preço total agora. Sua justificativa para essa oferta é a seguinte:

– O nosso departamento de marketing analisou vendas passadas utilizando o nosso novo e sofisticado sistema de computação e nós sabemos que o aumento da propaganda irá gerar mais vendas. Portanto, se você fizer um pedido maior agora, nós lhe devolveremos 20% do pedido no próximo trimestre para cobrir os seus custos com propaganda.

Na verdade, você duvida que o cliente vá gastar o dinheiro com propaganda. Em vez disso, ele simplesmente irá aceitar o crédito e ficar com um estoque maior. Isso inviabilizará suas vendas para esse cliente no próximo trimestre, mas, até lá, você resolverá esse problema.

Mesmo com esses pedidos extras, você ainda está abaixo da cota estipulada. Desesperado, resolve vender alguns produtos para uma empresa fictícia "pertencente" ao seu cunhado. Você abre uma nova conta e, quando a contabilidade liga para o seu cunhado para fazer uma verificação de crédito, ele coopera com o seu esquema. Você então faz uma venda de $ 40.000 para a empresa fictícia e embarca a mercadoria para a garagem do seu cunhado. A contabilidade contabiliza a receita no trimestre e você finalmente alcança a cota. Uma semana após o início do trimestre seguinte, o seu cunhado devolve a mercadoria.

Enquanto isso, você mal sabe que o sistema de ERP da sua empresa está programando a produção. O programa que cria o cronograma de produção lê as vendas a partir do seu movimento (e do movimento de outros vendedores) e verifica um acentuado aumento na demanda de produtos. Consequentemente, o sistema gera um cronograma que exige aumentos substanciais de produção e escala os funcionários para os respectivos turnos de trabalho. O sistema de produção, por sua vez, programa as necessidades de material com o auxílio do aplicativo de controle de estoque, que aumenta as compras de matéria-prima para fazer jus à intensificação do cronograma de produção.

Questões para discussão

1. É uma atitude ética você enviar um e-mail concordando em receber o produto de volta? Se esse e-mail vier à tona mais tarde, o que você acha que o seu chefe dirá?
2. É uma atitude ética você oferecer o desconto para "propaganda"? Que efeito esse desconto tem no balanço financeiro da sua empresa?
3. É uma atitude ética você embarcar mercadoria para uma empresa fictícia? É lícito?
4. Descreva o impacto desta atitude nos estoques do próximo trimestre.
5. Deixando de lado as questões éticas, você diria que o sistema empresarial é uma ajuda ou um empecilho neste exemplo?

REVISÃO

Utilize esta revisão para verificar o que você assimilou das ideias e conceitos que respondem às questões de estudo do capítulo.

Q1. **Como os sistemas de informação variam em finalidade?**
Explique como os sistemas de informação variam em finalidade. Dê um exemplo de finalidade de um sistema de informação baseado em uma empresa semelhante ao Fox Lake Country Club, mas diferente daquela ilustrada na Figura 7.1. Descreva as características dos sistemas de informação de cada tipo.

Q2. **Quando os silos de informação são um problema?**
Defina *silo de informação* e explique como esses silos se originam. Quando esses silos passam a ser um problema? Cite e descreva cinco aplicativos funcionais comuns. Descreva dados que provavelmente sejam duplicados entre esses cinco aplicativos. Resuma os problemas causados por esses silos de informação.

Q3. **De que maneira os sistemas de gestão empresarial eliminam os silos?**
Explique como o silo de informação do Fox Lake levou ao conflito entre os departamentos de organização de casamentos e manutenção de instalações. Descreva de que maneira o sistema ilustrado na Figura 7.7 soluciona esse problema. Descreva uma situação em que um sistema empresarial cria um ônus e nenhum benefício para um determinado departamento. Explique a principal diferença entre o sistema empresarial do Fox Lake e o do hospital da Figura 7.8. Descreva um benefício-chave para as operações da cozinha do sistema empresarial do hospital. Defina *reengenharia de processos de negócios* e explique por que é algo difícil e dispendioso.

Q4. **De que maneira os recursos de CRM, ERP e EAI prestam suporte aos sistemas empresariais?**
Explique duas grandes razões por que é caro desenvolver sistemas de informações empresariais internamente. Explique as vantagens dos processos inerentes. Defina e estabeleça a diferença entre CRM, ERP e EAI. Explique por que os sistemas de CRM e ERP têm mais semelhanças entre si do que com o de EAI.

Q5. **Quais os desafios da implementação de novos sistemas empresariais?**
Cite e descreva quatro fontes de desafio naturais à implementação dos sistemas empresariais. Descreva por que a gestão de sistemas empresariais deve ser colaborativa. Explique duas importantes tarefas necessárias para a identificação de lacunas de requisitos. Resuma os desafios da transição para um sistema empresarial. Explique por que os funcionários resistem às mudanças e descreva três maneiras de responder a essa resistência.

Explique como Jeff Stone se beneficiaria dos conhecimentos contidos neste capítulo. Descreva como você também pode se beneficiar. Suponhamos que em uma entrevista de emprego lhe perguntassem: "Você tem conhecimentos de ERP?" Como você responderia?

UTILIZE SEUS CONHECIMENTOS

1. Utilizando o caso da sua universidade, dê exemplos de sistemas de informação para cada um dos quatro níveis de finalidade mostrados na Figura 7.1. Descreva três sistemas de informação de grupos de trabalho que provavelmente duplicariam dados. Explique de que maneira as características dos sistemas de informação ilustrados na Figura 7.1 estão relacionados aos seus exemplos.

2. Em sua resposta à questão 1, explique de que maneira os três sistemas de informação de grupos de trabalho geram silos de informação. Descreva os tipos de problemas que esses silos podem causar. Utilize a Figura 7.6 como orientação.

3. Utilizando a sua resposta à questão 3, descreva um sistema de informação empresarial que elimine os silos. Explique se o seu sistema de informação é mais parecido com o da Figura 7.7 ou com o da Fi-

gura 7.8. A implementação do seu sistema exigiria uma reengenharia de processo? Explique por que sim ou por que não.

4. O sistema de informação que você propôs na sua resposta à questão 3 é um destes aplicativos de CRM, ERP ou EAI? Em caso afirmativo, qual deles e por quê? Caso contrário, explique por que não.

Explique de que maneira as quatro fontes de desafio discutidas na questão Q5 estariam relacionadas à implementação do sistema de informação que você propôs na sua resposta à questão 3. Dê exemplos específicos de uma.

ESTUDO DE CASO 7

Processo gravado na pedra

Bill Gates e a Microsoft foram extremamente generosos ao distribuir opções de ações aos funcionários da empresa, especialmente nos primeiros vinte anos de existência da Microsoft. Devido a essa generosidade, a Microsoft criou 4 bilionários e possivelmente 12 mil milionários à medida que a empresa lograva êxito e o valor das opções de ações dos funcionários disparava. Nem todos esses milionários ficavam em Seattle/Redmond/Bellevue, na área de Washington, EUA mas milhares deles, sim. A esses milhares de milionários se juntou um número menor que faturava milhões na Amazom.com e, em menores proporções, na RealNetworks, na Visio (adquirida pela Microsoft) e na Aldus (adquirida pela Adobe). Hoje, alguns funcionários do Google que trabalham no escritório da empresa em Seattle estão começando a fazer parte dessa categoria.

Essa afluência de riqueza teve um forte impacto em Seattle e nas comunidades vizinhas. Um dos resultados foi a criação de um mercado próspero refletido nas sofisticadas residências. Esses milionários da Microsoft e de outras empresas têm formação universitária. São pessoas que construíram não apenas mansões situadas em áreas extremamente valorizadas, mas também construídas com itens da mais alta qualidade.

Hoje, ao passar por uma pequena área ao sul da zona central de Seattle, você vê, em um espaço de alguns quarteirões, dezenas de fornecedores de granito, mármore, pedra calcária, pedra-sabão e quartzito de primeira linha, além de outros tipos de lajotas. Esses materiais revestem balcões, banheiros e outras superfícies nas casas recém-construídas ou reformadas dessa classe milionária. A pedra é extraída aqui no Brasil, na Índia, na Itália, na Turquia e em outros países, e cortada na origem ou enviada para corte na Itália. Enormes lajotas de 1,8 m × 3 m chegam aos fornecedores na zona sul de Seattle, que as estocam em seus depósitos. As lajotas variam não apenas quanto ao material, mas também quanto à cor, à padronagem e à beleza em geral (ver Figura 7.13).

Normalmente, o cliente contrata um arquiteto que, ou desenha as plantas para a cozinha, o banheiro ou qualquer outra área revestida com as pedras em questão como parte do projeto geral da casa, ou contrata um arquiteto especializado em projetos de cozinha para desenhar essas plantas. A maioria desses clientes contrata também decoradores de interiores que os ajudam a escolher as cores, os tecidos, os móveis, as peças de arte e outros objetos de casa. Como a tarefa de selecionar uma lajota é como escolher uma peça de arte, os clientes costumam visitar pessoalmente os depósitos dos fornecedores de pedras. Quase sempre acompanhados por seus designers de interiores, e talvez também por seus arquitetos de cozinhas planejadas, eles percorrem os depósitos carregando pequenas caixas nas quais os funcionários do fornecedor depositam lascas das lajotas em que o cliente demonstra estar interessado.

Normalmente, a equipe seleciona várias lajotas para apreciação e essas peças são separadas para o cliente. O nome do cliente ou do decorador é escrito em tinta na lateral da pedra para deixá-la reservada. Quando o cliente ou a equipe de projeto faz a seleção final, o nome é retirado das peças não escolhidas. As lajotas selecionadas, então, são separadas para embarque.

Durante o processo de construção, a contratada seleciona um lapidador de pedras que corta as lajotas no tamanho adequado para revestir os balcões do cliente. O lapidador faz o acabamento das bordas da pedra, possivelmente aplica um novo polimento à peça e abre os furos para a instalação das pias e torneiras. Os lapidadores levam a pedra do fornecedor para as suas oficinas, preparam a lajota e, por fim, a instalam na casa do cliente.

QUESTÕES

1. Identifique os principais atores nesse cenário. Cite quem os contratou (se for o caso) e descreva a função deles. Inclua como participante-chave o pessoal de operações que manuseia as pedras no depósito e que as embarca nos caminhões dos lapidadores.
2. Utilizando a Figura 2.2 como exemplo, diagrame o processo de seleção de pedras. Classifique esse processo como um processo pessoal, de grupo de trabalho, empresarial ou interempresarial.
3. O sistema atual não é baseado em papel; é um sistema baseado na pedra. Explique por que.
4. Crie um sistema empresarial que utilize um banco de dados compartilhado. Mude o diagrama que você criou na sua resposta à questão 2 e inclua esse banco de dados. (Supondo que cada lajota e cada local do depósito tenha um identificador exclusivo.) O sistema de banco de dados compartilhado resolve os problemas do sistema baseado na pedra? Por que sim ou por que não?
5. Você acha que os clientes, projetistas e lapidadores prefeririam o sistema baseado na pedra ou o sistema de banco de dados? Explique.
6. Suponhamos que você gerencie uma empresa fornecedora de pedras. Implementando o sistema da sua resposta à questão 4, que problemas você pode esperar que ocorram? Por outro lado, se não implementar esse sistema, que problemas você imagina que possam ocorrer? Que ação você tomaria e por quê?
7. Explique como, munido de alguns conhecimentos de sistemas de informação, você pode se tornar um cliente de lajotas, e não um lascador de pedras.

FIGURA 7.13 Tampos de alta qualidade da Pental

Fonte: Utilizado com permissão da Pental Granite and Marble.

CAPÍTULO 8

E-commerce, Web 2.0 e redes sociais

Isto poderia acontecer com você

- Recomendo totalmente o Fox Lake *Country Club para a sua recepção de casamento caso você queira "desconvidar" seus amigos mais íntimos e familiares. Sonhei a vida toda em fazer minha recepção de casamento lá e estava tão empolgada... mal eu sabia que eles eram completamente mentirosos e que estavam planejando fazer reformas DURANTE a minha recepção - me disseram que eu simplesmente cortasse 15 pessoas da minha lista de convidados!! De que adianta fazer um casamento dos sonhos se as pessoas que você ama não estão lá para curtir esse momento com você!!?? Simplesmente eles não passam de comerciantes gananciosos que querem arrancar o seu dinheiro a qualquer custo!!! Seja como for, jamais trabalhe com o Fox Lake Country Club!!!!!*
(Postado na página do Fox Lake no Facebook)

- Ela disse o quê? - perguntou Jeff Lloyd, gerente geral do Fox Lake Country Club.

- Ela disse que somos um bando de comerciantes gananciosos que querem arrancar o dinheiro das pessoas a qualquer custo - Anne respondeu.

- Na nossa página no Facebook? - Jeff diz incrédulo.

- Exatamente.

- Bem, apague isso então. Isso não deve ser tão difícil.

Jeff se vira e olha pela janela para ver os golfistas se dirigindo para o ponto de partida da primeira tacada.

- Jeff, nós podemos fazer isso, mas acho que devemos ir com cuidado - Anne emite cautelosamente a sua opinião, empurrando sua cadeira para trás.

- Não, claro, vamos deixar isso para lá. Vamos dizer ao mundo inteiro que você e eu somos comerciantes gananciosos dispostos a tirar vantagem de nossos clientes. O que ela disse? "Jamais trabalhe com o Fox Lake?" É, vamos deixar isso para lá também... Talvez devêssemos criar um link para esse caso no nosso site. Isso será útil na próxima reunião de diretoria.

O sarcasmo pingava da voz de Jeff.

QUESTÕES DE ESTUDO

Q1. Que tipos de sistemas interorganizacionais existem?

Q2. De que maneira as empresas utilizam o e-commerce?

Q3. Por que a Web 2.0 é importante para a empresa?

Q4. De que maneira o capital social beneficia você e as empresas?

Q5. De que maneira a CRM social proporciona autonomia aos clientes?

De que maneira os conhecimentos contidos neste capítulo são úteis para o Fox Lake e para você?

– Bem, Jeff, aí é que está. Você não deve despertar a ira dos internautas... eles têm poder. Você se lembra do que aconteceu com a Nestlé?

– Não, o quê? Eles também são comerciantes gananciosos?

– Eles simplesmente apagaram alguns comentários negativos publicados no site deles. De repente, voltou tudo, mas em um número mil vezes maior. E o pior foi que alguém na Nestlé se excedeu e postou críticas aos comentários; pronto, foi como jogar lenha na fogueira.

– Você me cansa, Anne. Então me diga o que PODEMOS fazer!

– Seja aberto. A chave é uma comunicação franca e aberta. Vamos corrigir o problema – antecipar a manutenção, não importa. Depois dizemos à nossa noiva aborrecida e nervosa que o corrigimos... e talvez peçamos gentilmente a ela que escreva isso na nossa página. Possivelmente depois apresentamos a nossa versão da história, de forma sucinta e não defensiva.

– Passivo demais para o meu gosto. Vamos processá-la por difamação.

O sarcasmo de Jeff se transforma em revolta.

– Não, Jeff, não. Não é por aí. Você tem ideia dos comentários que receberíamos?

– Muito.

– Além disso, temos outro problema – Anne reprime um sorriso enquanto pensa.

– O que, Anne?

– O pai dela. Ele é sócio de um escritório de advocacia. Você vai contratá-lo para processar a própria filha dele? Por causa dos planos de casamento dela? Anne se esforça para não rir.

Jeff olha fixamente para os golfistas pela janela.

– Casamentos. Por que eu fui achar que os casamentos eram uma boa ideia? Qual é o problema com o golfe? É um bom negócio... você rega a grama, coloca as bandeirinhas, troca as posições dos pinos...

> **“Ela disse o quê? – Na nossa página no Facebook?”**

Q1. Que tipos de sistemas interorganizacionais existem?

O Capítulo 7 apresentou sistemas de informação dentro de empresas. Neste capítulo, estendemos essa discussão e abordamos a questão dos **sistemas de informação interorganizacionais** que definimos como sistemas de informação usados entre duas ou mais empresas com titularidades e gerências independentes. Nessa discussão, colocamos os clientes como pessoas jurídicas, mesmo que se trate apenas de um único indivíduo. A Figura 8.1 mostra quatro tipos de sistemas interorganizacionais em uso hoje. Esses tipos são apresentados na ordem em que foram desenvolvidos.

8.1 *Sistemas pré-internet*

Antes do uso generalizado da Internet em meados da década de 1990, os sistemas interorganizacionais se comunicavam através de correspondência postal, telefone e fax. Como era de se esperar, pelos padrões de hoje o ritmo era incrivelmente lento.

Como esses sistemas estão caindo em desuso, não os levaremos em consideração neste texto. Entretanto, observe que na era pré-Internet os fornecedores controlavam o relacionamento com os clientes. Eles controlavam a maneira como a imagem deles era usada através dos recursos de propaganda e relações públicas. Eles decidiam quando e com que frequência lhes convinha fazer contato com o cliente. Exceto por um limitado serviço de suporte ao cliente, a comunicação era unilateral, do fornecedor para o cliente.

8.2 *E-commerce*

E-commerce é a compra e venda de produtos e serviços através de redes de computadores públicas e privadas. O comércio eletrônico se tornou viável com a criação e a expansão do uso do http, da HTML e dos aplicativos servidores, como as lojas virtuais na Web que passaram a permitir a realização de transações baseadas nos navegadores.

Além de ser mais rápido do que o comércio pré-Internet, o e-commerce aproximou os fornecedores de seus clientes e, durante esse processo, mudou as características e a dinâmica de mercado. A Amazon.com e o eBay foram as que mais ganharam na era do comércio eletrônico. Falaremos sobre o comércio eletrônico na questão Q2.

8.3 *Web 2.0*

A maior capacidade dos navegadores, juntamente com suas extensões, como o Flash, por exemplo, permitiram que os aplicativos de *thin clients* incorporassem uma funcionalidade considerável. Os fornecedores hoje podem executar operações sofisticadas em um navegador, sem necessidade de baixar ou instalar um programa. O conjunto de muitas dessas novas capacidades e os consequentes novos modelos empresariais passaram a ser conhecidos como Web 2.0.

O Google saiu na liderança quando desenvolveu um novo modelo empresarial que oferecia propaganda customizada (combinada à sua magnífica ferramenta de busca). A partir do momento em que os clientes começaram a receber anúncios baseados em suas buscas recentes, nascia uma nova era. Quando a Oracle coloca um anúncio do Oracle CRM no *Wall Street Journal*, a empresa tem apenas uma vaga ideia de quantos possíveis clientes qualificados leem o anúncio. Entretanto, publique esse mesmo anúncio para clientes que tenham acabado de buscar "Oracle CRM" no Google e a Oracle sabe que alcançou um leitor interessado, se não um leitor qualificado. Utilizando a tecnologia Web 2.0, a Oracle consegue determinar quantos clientes o anúncio alcançou, há quanto tempo eles leram o anúncio, que providências eles tomaram em resposta ao anúncio e assim por diante. Essa mudança no setor publicitário foi a morte anunciada dos jornais e revistas tradicionais, mas os resultados levaram uma década para aparecer.

Mais ou menos na mesma época em que o Google estava lançando o recurso de busca com propaganda, os usuários começavam a utilizar seus poderosos navegadores para fornecer feedback sobre produtos que eles haviam adquirido. A Amazon.com auxiliava com resenhas de livros; o eBay, com comentários dos vendedores; a CNET.com, com avaliações de produtos eletrônicos e assim por diante.

FIGURA 8.1 Tipos de sistemas interorganizacionais

TIPO	TECNOLOGIAS DE SUPORTE	CARACTERÍSTICAS
Pré-Internet	Correspondência postal, telefone, fax, EDI	Lento. Fornecedores controlam o relacionamento. Sistema de informação interorganizacional primitivo
E-commerce	HTTP, HTML, lojas virtuais na Web	Mais rápido. Fornecedores e clientes mais próximos. Nova dinâmica de mercado.
Web 2.0	*thin clients*, Flash	Mais rápido ainda. Modelos de receita gerada pela propaganda; flexibilidade. Aumento do conteúdo gerado pelo usuário.
Enterprise 2.0	Facebook, Twitter, CRM social; arquitetura orientada para serviços (SOA)	Relacionamentos emergentes; o cliente seleciona as características do relacionamento; os fornecedores perdem o controle do relacionamento. Sistema de informação interorganizacional dinâmico.

Surgiram também os sites de opiniões de consumidores, como o TripAdvisor (www.tripadvisor.com.br), por exemplo. Esse conteúdo gerado pelo usuário significava que os fornecedores estavam começando a perder o controle de suas mensagens e de sua imagem. Voltaremos a falar sobre Web 2.0 na questão Q3.

8.4 *Enterprise 2.0*

Enterprise 2.0 é a aplicação das tecnologias Web 2.0, dos sistemas colaborativos, das redes sociais e de tecnologias correlatas para facilitar o trabalho cooperativo dos trabalhadores intelectuais dentro das empresas. O termo foi criado por Andrew McAfee em 2006,[1] tendo desde então assumido diversas interpretações e nuances.

A *emergência* é um princípio básico do Enterprise 2.0. Os relacionamentos não são predefinidos; as ideias não são predefinidas; e até mesmo os projetos não são predefinidos. Em vez disso, eles emergem em decorrência da colaboração através das redes sociais. Embora McAfee tenha definido o Enterprise 2.0 de modo a abranger as interações dentro e entre as empresas, o termo até agora recebeu maior atenção em função de sua aplicação aos relacionamentos entre fornecedores e clientes, onde é conhecido como **CRM Social.**

O resultado desses movimentos, no entanto, é que o cliente hoje controla o seu relacionamento com a empresa. As empresas oferecem diversos pontos de contato com o cliente: o site da empresa, o Facebook, o Twitter, os sites de suporte ao cliente e outros. Os clientes moldam o seu relacionamento com o fornecedor na medida em que utilizam esses pontos de contato e, ao estilo Enterprise 2.0, surge o relacionamento. Esse fenômeno revolucionará o marketing e possivelmente o sistema de CRM. Examinamos melhor esse assunto na questão Q5.

O Enterprise 2.0 e o CRM Social impulsionaram também a **arquitetura orientada para serviços (*service oriented architecture* - SOA)**, que é uma metodologia de criação de software e um conjunto de padrões de comunicação de programas que melhoram sensivelmente a flexibilidade e a adaptabilidade da comunicação interorganizacional de programa para programa. Os padrões da SOA são meta. Trata-se de normas que definem como devem ser criados os metadados de comunicação interprogramas.

Começamos falando sobre e-commerce.

1. MCAFEE, Andrew.Enterprise 2.0: The dawn of emergent collaboration. *MIT Sloan Management Review*, 2006. Disponível em: http://sloanreview.mit.edu/the-magazine/files/saleable-pdfs/47306.pdf. Acesso em: maio 2010.

Q2. De que maneira as empresas utilizam o e-commerce?

Como dissemos anteriormente, e-commerce é a compra e venda de produtos e serviços através das redes de computadores públicas e privadas. Observe que essa definição restringe o comércio eletrônico às transações de compra e venda. Consultar o boletim meteorológico no yahoo.com não é comércio eletrônico, mas comprar uma assinatura do serviço de meteorologia que é paga e entregue pela Internet é.

FIGURA 8.2 Categorias de e-commerce

Empresas comerciais

- Empresas que vendem produtos ou prestam serviços ao consumidor final (B2C)
- Empresas que vendem produtos ou prestam serviços a outras empresas (B2B)
- Empresas que vendem produtos ou prestam serviços ao governo(B2G)

Empresas não comerciais

- Leilões
- Câmaras de compensação
- Bolsas eletrônicas de compra

A Figura 8.2 relaciona as categorias de empresas de e-commerce. O U.S. Census Bureau, que publica estatísticas sobre a atividade de comércio eletrônico, define as **empresas comerciais** como aquelas que detêm a propriedade/posse dos produtos que vendem. Essas empresas compram os produtos e os revendem. E define as **empresas não comerciais** como aquelas que providenciam a compra e a venda de produtos sem ter a propriedade ou a posse desses produtos. No que tange aos serviços, as empresas comerciais vendem os serviços que prestam; as empresas não comerciais, por sua vez, vendem os serviços prestados por terceiros. É claro que uma empresa pode ser tanto uma empresa comercial quanto não comercial.

8.5 *Empresas comerciais praticantes do e-commerce*

Os três principais tipos de empresas comerciais são aquelas que vendem diretamente para os consumidores, aquelas que vendem para outras empresas e aquelas que vendem para o governo. Cada uma utiliza sistemas de informação ligeiramente diferentes no curso da atividade. O **comércio eletrônico empresa-consumidor**, ou **B2C (*business to consumer*)**, diz respeito a vendas efetuadas entre um fornecedor e um cliente varejista (o consumidor). Os sistemas tradicionais de B2C dependem de uma **loja virtual na Web** que os clientes utilizam para efetuar e gerenciar seus pedidos. A Amazon.com, a REI.com e LLBean.com são exemplos de empresas que utilizam sistemas de informação de B2C. Sistemas mais modernos de B2C incorporam a funcionalidade de redes sociais, como você verá na questão Q5 deste capítulo.[2]

O termo **B2B (*business to business*)**, ou **comércio eletrônico empresa-empresa**, se refere a vendas entre empresas. Conforme ilustrado na Figura 8.3, os fornecedores de matéria-prima utilizam sistemas de B2B para efetuar vendas aos fabricantes, que, por sua vez, utilizam sistemas de B2B para vender aos distribuidores, que também utilizam sistemas de B2B para vender aos varejistas.

B2G (*business to government*), ou **comércio eletrônico empresa-governo**, se refere a vendas efetuadas entre empresas e órgãos do governo. Na Figura 8.3, o fabricante que utiliza um site de comércio eletrônico para vender computadores para o Departamento de Estado dos Estados Unidos está praticando comércio B2G. Fornecedores, distribuidores e varejistas também vendem para o governo.

Os aplicativos de B2C primeiro atraíram a atenção das empresas que vendem por reembolso postal e estabelecimentos correlatos. Entretanto, empresas de todos os setores da economia logo perceberam o enorme potencial do B2B e do B2G. O número de empresas envolvidas nessas duas modalidades de comércio hoje supera em muito o daquelas envolvidas no comércio B2C.

Além disso, os aplicativos de B2B e B2G de hoje implementam apenas uma pequena parcela de suas possíveis capacidades. A plena utilização dessas capacidades ainda levará alguns anos para ser alcançada. Embora a maioria dos especialistas concorde que esses aplicativos envolvem sistemas projetados pela SOA que integram os sistemas de CRM dos fornecedores aos sistemas dos clientes, a natureza dessa integração ainda está em fase de desenvolvimento.

FIGURA 8.3 Exemplo de uso de B2B, B2G e B2C

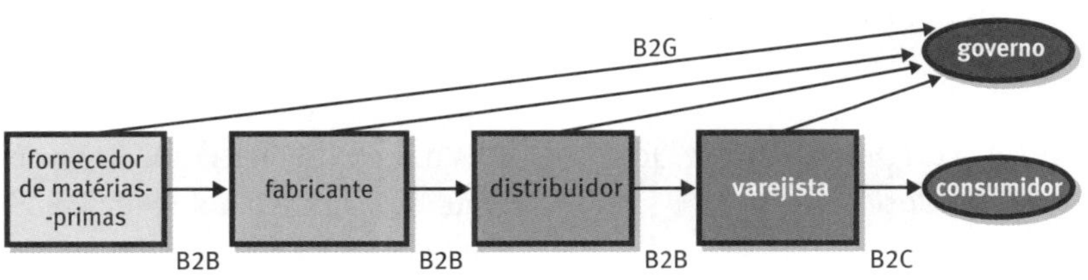

2. *Tourism Business Magazine*. p. 20, nov. 2009.

Consequentemente, você pode esperar um nível maior de progresso e desenvolvimento dos aplicativos de B2B e B2G ao longo de sua carreira.

8.6 *E-commerce não comercial*

Os tipos mais comuns de empresas não comerciais adeptas do e-commerce são os leilões e as câmaras de compensação. Os **leilões** através de comércio eletrônico combinam compradores e vendedores utilizando uma versão de um leilão padrão em formato de e-commerce. Esse aplicativo permite que a empresa de leilões ofereça produtos para venda e preste suporte a um processo competitivo de lances. A empresa de leilões mais conhecida é a eBay, mas existem muitas outras; e muitas atendem a setores específicos.

As **câmaras de compensação** oferecem produtos e serviços por um determinado preço e providenciam a entrega dos produtos, mas nunca detêm a propriedade dos produtos. Uma das divisões da Amazon.com, por exemplo, opera como uma câmara de compensação não comercial, permitindo que pessoas físicas e sebos vendam livros usados no site da Amazon.com na Web. Como uma câmara de compensação, a Amazon.com combina o vendedor e o comprador, recebe o pagamento do comprador e o transfere para o vendedor após deduzir uma comissão. A eBay opera da mesma maneira.

Outro tipo de câmara de compensação é uma **bolsa eletrônica de compras** que combina compradores e vendedores; o processo de negócios é semelhante ao de uma bolsa de valores. Os vendedores oferecem produtos por um determinado preço através da bolsa eletrônica, e os compradores fazem ofertas de compra através da mesma bolsa. A cobertura de ofertas resulta em transações das quais a bolsa deduz uma comissão. A Priceline.com é um exemplo de bolsa eletrônica de compras usada pelos consumidores.

8.7 *De que maneira o e-commerce melhora a eficiência de mercado?*

O comércio eletrônico melhora a eficiência de mercado de diversas maneiras. Primeiro, ele leva à **desintermediação**, que é a eliminação dos níveis intermediários de distribuições e fornecedores. Você pode comprar uma TV 3D de uma loja convencional de eletrônicos ou usar o e-commerce para comprá-la diretamente do fabricante. Optando pela segunda opção, você elimina o distribuidor, o lojista e possivelmente outras empresas. O produto sai do estoque de produtos acabados do fabricante e é embarcado diretamente para você. Você elimina os custos de manutenção de estoque do distribuidor e do lojista, bem como os custos gerais de transporte e a atividade de manuseio. Como os estoques do distribuidor e outros correlatos passam a ser um desperdício desnecessário, a desintermediação aumenta a eficiência de mercado.

O comércio eletrônico melhora também o fluxo das informações de preço. Como consumidor, você pode visitar diversos sites que oferecem comparações de preços de produtos. Pode buscar a TV 3D que deseja e classificar os resultados por preço e reputação do fornecedor. Pode procurar fornecedores reduzam os custos de transporte. A melhor distribuição das informações sobre preço e condições lhe permite pagar o preço mais baixo possível e, em última análise, serve para eliminar os fornecedores ineficientes. O mercado de um modo geral se torna mais eficiente.

Do ponto de vista do vendedor, o comércio eletrônico produz informações sobre **elasticidade de preço** até então não disponíveis. A elasticidade de preço mede o nível de oscilação da demanda à medida que o preço muda. Utilizando um leilão, uma empresa pode saber não apenas qual é o maior preço de um produto, mas também o segundo, o terceiro e outros preços das ofertas perdidas. Desse modo, a empresa consegue determinar o formato da curva da elasticidade de preço.

Da mesma forma, as empresas de e-commerce podem conhecer a elasticidade de preço diretamente a partir de experiências realizadas com os clientes. Por exemplo, em uma experiência, a Amazon.com criou três grupos de livros semelhantes, aumentou 10% o preço de um grupo, reduziu 10% o preço do segundo grupo e manteve inalterado o preço do terceiro grupo. Os clientes forneciam um feedback sobre essas mudanças ao decidir pela compra dos livros pelos preços ofertados. A Amazon.com mediu a receita total (quantidade multiplicada pelo preço) de cada grupo e trabalhou (aumentou, reduziu ou manteve os preços) em cima dos livros que maximizavam a receita. A empresa repetiu o processo até chegar ao ponto de decidir que a melhor medida era manter os preços vigentes na ocasião.

A gestão de preços através da interação direta com o cliente gera melhores informações do que a gestão de preços através da observação dos preços da concorrência. Fazendo experiências, as empresas tomam conhecimento de como os clientes internalizam os preços, a propaganda e a mensagem dos concorrentes. Pode ser que os clientes não tenham conhecimento dos preços mais baixos dos concorrentes, em cujo caso não há necessidade para uma redução de preço. Ou, pode ser que o concorrente esteja utilizando um preço que, se reduzido, aumentaria a demanda o suficiente para aumentar a receita total. A Figura 8.4 sintetiza as maneiras pelas quais o comércio eletrônico gera eficiências de mercado.

FIGURA 8.4 Eficiências de mercado de e-commerce

Eficiências de mercado

- Desintermediação
- Mais informação sobre preços e condições
- Conhecimento da elasticidade de preço
  - Preços de leilão dos lances perdidos
  - Experiência de preço
  - Informações mais precisas obtidas diretamente junto ao cliente

8.8 *Que fatores econômicos são desfavoráveis ao e-commerce?*

Embora existam enormes vantagens e oportunidades para muitas empresas praticarem o comércio eletrônico, a economia de alguns setores pode ser desfavorável à atividade. As empresas precisam levar em consideração os seguintes fatores econômicos:

- Conflito de canais
- Conflito de preços
- Custos logísticos
- Custos do serviço de atendimento ao cliente

Considere o exemplo do fabricante que vende diretamente ao órgão do governo mostrado na Figura 8.3. Antes de se engajar nesse tipo de comércio eletrônico, o fabricante deve levar em consideração os fatores econômicos desfavoráveis que acabamos de mencionar. Primeiro, que **conflito de canais** ocorrerá? Suponhamos que o fornecedor seja um fabricante de computadores vendendo diretamente, B2G, para o governo. Quando o fabricante começar a vender no formato B2G produtos que o governo comprava na loja da esquina, esse comerciante poderá se ressentir e descartar o fabricante. Se o valor das vendas perdidas for maior do que o valor das vendas B2G, o e-commerce não é uma boa solução, pelo menos não nessas bases.

Além disso, quando uma empresa adere à prática do comércio eletrônico, ela pode gerar também um **conflito de preços** com os seus canais tradicionais. Devido à desintermediação, o fabricante pode oferecer um preço menor e, ainda assim, ter lucro. Entretanto, assim que ele oferecer o preço mais baixo, os canais existentes irão reagir. Mesmo que o fabricante e o lojista não estejam disputando os mesmos clientes, o lojista pode não querer que um preço menor seja prontamente conhecido via Internet.

Além disso, os parceiros de distribuição e varejo existentes geram valor, não apenas custo. Sem eles, o fabricante terá uma elevação dos custos logísticos em decorrência da efetivação e processamento de pedidos em pequenas quantidades. Se o custo de processamento do pedido de uma unidade for o mesmo que para um pedido de doze unidades (o que é possível), o custo logístico médio por unidade será muito mais alto para produtos vendidos através de comércio eletrônico.

Da mesma forma, os *custos do serviço de atendimento ao cliente* provavelmente aumentarão para os fabricantes que utilizam o comércio eletrônico para efetuar vendas diretas ao consumidor. O fabricante terá de prestar serviços a usuários menos sofisticados e considerados caso a caso. Por exemplo, em vez de explicar para um único profissional de vendas que o recente embarque de 100 Gizmo requer um novo prazo, o fabricante precisará explicar isso cem vezes a clientes frustrados e com menos conhecimento do assunto. Esse serviço requer mais treinamento e despesa.

Os quatro fatores econômicos são importantes para que as empresas os levem em consideração ao cogitar uma prática de vendas através de e-commerce.

Q3. Por que a Web 2.0 é importante para a empresa?

Os sites de comércio eletrônico imitam a experiência de compra em um mercadinho ou outro estabelecimento varejista. O cliente circula pela loja, coloca os produtos em um carrinho de compras e se dirige ao caixa. Os carrinhos de compra e outras técnicas de e-commerce se revelaram benéficos para a atividade empresarial, especialmente para o comércio B2C, mas não exploram o pleno potencial da Internet.

A Amazon.com foi uma das primeiras a reconhecer outras possibilidades ao acrescentar a função "Clientes que compraram este livro adquiriram também..." ao seu site. Com essa função, o comércio eletrônico abriu uma nova frente. Nenhum mercadinho poderia ter ou teria uma placa anunciando: "Os clientes que compraram esta sopa de tomate adquiriram também..." Essa ideia foi o primeiro passo para o que passou a ser conhecido como Web 2.0.

8.9 *O que é Web 2.0?*

Embora seja difícil definir o significado específico de **Web 2.0,** o termo em geral se refere a um grupo solto de capacidades, tecnologias, modelos empresariais e filosofias. A Figura 8.5 compara a Web 2.0 com o processamento tradicional.

8.9.1 Software como um serviço (gratuito)

O Google, a Amazon.com e o eBay exemplificam o Web 2.0. Essas empresas não vendem licenças de uso de software porque software não é o produto delas. Em vez disso, elas oferecem **software como um serviço (SAAS – *software as a service*, na sigla em inglês)**. Você pode fazer buscas no Google, rodar o Google Docs., utilizar o Google Earth, processar o Gmail e acessar o Google Maps, tudo a partir de um navegador do tipo *thin client*, com a maior parte do processamento ocorrendo na nuvem, em algum ponto da Internet. Em vez de taxas de licença de uso de software, o modelo empresarial Web 2.0 depende da propaganda ou de outra fonte de receita gerada à medida que os usuários empregam o software como um serviço.

Os aplicativos de Web 2.0 são *thin clients* e, como tal, não precisam ser instalados no computador do usuário. Os servidores web baixam os programas Web 2.0 codificados em HTML, como Flash ou como código de Silverlight. Por essa razão, esses aplicativos são prontamente (e frequentemente) atualizados. Novas funções são acrescentadas de forma discreta e quase imperceptível. Os usuários da Web 2.0 estão acostumados, e até esperam, que seus programas isentos de licença de uso sejam atualizados com frequência.

A Figura 8.6 mostra algumas funções do Google Maps. Observe o aviso de que essas funções "podem mudar, quebrar ou desaparecer a qualquer tempo". Oferecendo atualizações frequentes dessa maneira, o Google mantém a sua reputação de empresa inovadora, enquanto, ao mesmo, recebe feedback sobre o teste e o uso das novas funções.

O software como serviço conflita com o modelo de software usado pelos fornecedores de software tradicionais, como a Microsoft, a Oracle e a SAP. Software é o produto dessas empresas. Elas lançam novas versões e novos produtos esporadicamente. Por exemplo, três anos se passaram entre o lançamento do Microsoft Office 2007 e o 2010. Os lançamentos, cada um precedido por extensos testes e genuínos programas beta, são feitos de forma muito controlada.

Os fornecedores de software tradicionais dependem das taxas de licença de uso de software. Se um grande número de usuários do Office mudasse para os aplicativos gratuitos de processamento de texto e planilhas eletrônicas, o impacto na receita da Microsoft seria catastrófico. Devido à importância da receita proveniente dos licenciamentos, substanciais esforços de marketing são feitos no sentido de converter os usuários aos novos lançamentos.

FIGURA 8.5 Comparação entre Web 2.0 e processamento tradicional

PROCESSAMENTO WEB 2.0	PROCESSAMENTO TRADICIONAL
Principais beneficiados: Google, Amazon.com, eBay	Principais beneficiados: Microsoft, Oracle, SAP
Software como serviço (gratuito)	Software como produto
Lançamentos frequentes de aplicativos do tipo *thin client*	Lançamentos esporádicos e controlados
O modelo empresarial depende da propaganda e outras fontes de receita proveniente do uso	O modelo empresarial depende da venda de licenças de uso de software
Marketing viral	Extensa propaganda
O valor do produto aumenta com o uso e os usuários	O valor do produto é fixo
Interfaces orgânicas, combinações incentivadas	Interface fixa e controlada
Participação	Publicação
Alguns direitos reservados	Todos os direitos reservados

FIGURA 8.6 Funções no Google Maps

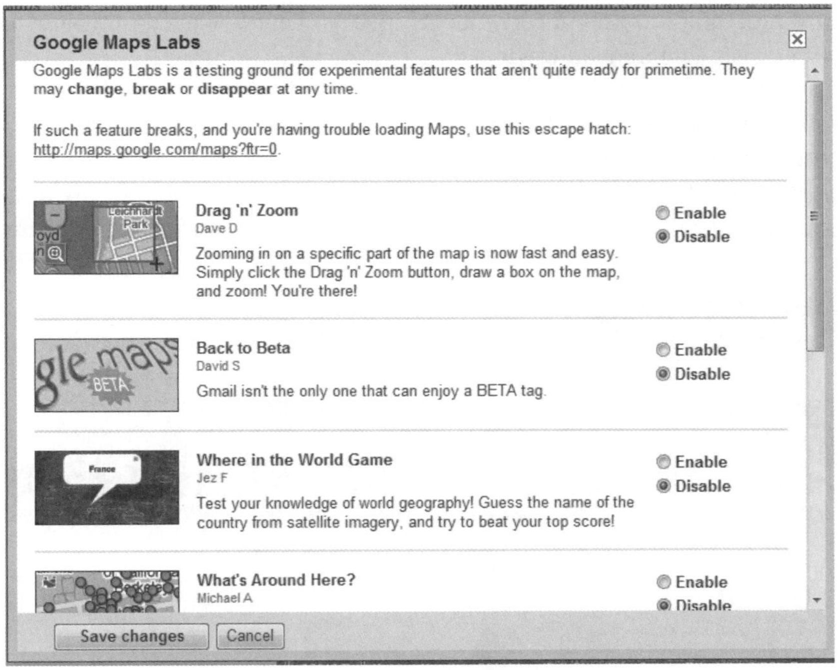

Fonte: Utilizado com permissão do Google.

No mundo Web 2.0, não existe esse tipo de marketing; novas funções são lançadas e os fornecedores esperam os usuários espalharem a notícia entre eles, um amigo enviando uma mensagem a muitos amigos, cuja maioria, por sua vez, envia essa mensagem aos seus amigos e assim por diante, em um processo chamado **marketing viral**. O Google nunca anunciou nenhum software em uma campanha de marketing. Os usuários transmitem a mensagem uns para os outros. Aliás, o produto que necessita de propaganda para ser bem-sucedido é porque não é um produto Web 2.0.

A propósito, as empresas de software tradicionais usam o termo *software como serviço*. Entretanto, elas o utilizam somente para indicar que fornecerão os seus produtos de software via nuvem, em vez de fazer os clientes instalarem esses programas em seus computadores. As licenças de uso de software para os produtos dessas empresas, às vezes, ainda implicam uma pesada taxa de licenciamento. Portanto, para ser exatos, devemos dizer que, no mundo Web 2.0, os programas de computador são fornecidos como um *serviço gratuito*.

8.9.2 O USO AUMENTA O VALOR

Outra característica da Web 2.0 é que o valor do site aumenta com os usuários e o uso. A Amazon.com ganha mais valor à medida que mais usuários escrevem mais comentários/críticas. A Amazon.com passa a ser o lugar certo para buscar informações sobre livros ou outros produtos. Da mesma forma, quanto mais pessoas compram ou vendem no eBay, mais o eBay ganha valor como site.

O termo **Conteúdo Gerado pelo Usuário – CGU (*User Generated Content* – UGC)** se refere a sites cujo conteúdo é gerado por contribuição dos usuários. Embora as críticas ainda constituam a maior parte desse conteúdo, algumas empresas criaram sites e ferramentas que incentivam usuários a contribuir de outras maneiras. Em alguns sites, os usuários podem prestar suporte uns aos outros, ou até mesmo participar da criação de especificações e projetos dos produtos e dos próprios produtos completos em um processo denominado **inteligência coletiva**. Conforme mostrado na Figura 8.7, a fabricante de calçados RYZ (www.ryzwear.com) patrocina competições de design de sapatos que a ajudem a decidir que sapatos criar e como comercializar esses modelos.

O *crowdsourcing* combina recursos de rede social, marketing viral e design de fonte aberta, economizando um custo considerável e, ao mesmo tempo, cultivando os clientes. Com a inteligência coletiva, as pessoas realizam um processo interno clássico de pesquisa e desenvolvimento de modo que os clientes sejam estimulados a comprar.

8.9.3 INTERFACES ORGÂNICAS ENTRE USUÁRIOS E COMBINAÇÕES (*MASHUPS*)

O modelo tradicional de software controla cuidadosamente a experiência dos usuários. Todos os programas do Office compartilham uma interface

FIGURA 8.7 Projeto de *Crowdsourcing* (Inteligência Coletiva)

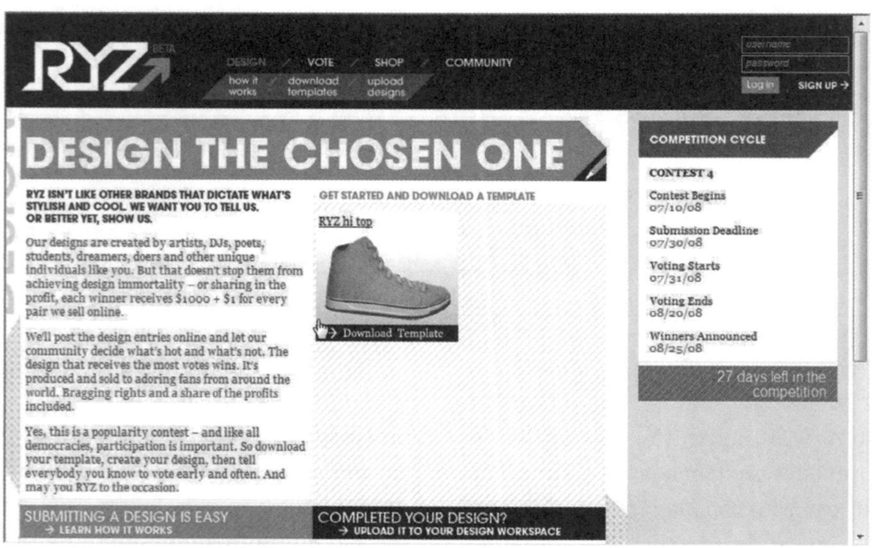

Fonte: Utilizado com permissão da RYZ.

de usuários comum; a faixa de opções (barra de ferramentas) do Word é semelhante à faixa do PowerPoint e do Excel. Por outro lado, as interfaces Web 2.0 são orgânicas. Os usuários se situam no eBay e no PayPal e, se a interface de usuários mudar a cada dia, bem, essa é simplesmente a natureza do Web 2.0. Além disso, as interfaces Web 2.0 incentivam as **combinações**, que ocorrem quando o resultado de dois ou mais sites são combinados em uma única experiência do usuário.

O **Meus Mapas**, do Google, é um excelente exemplo de combinação. O Google publica o Google Maps e disponibiliza ferramentas para que os usuários façam alterações customizadas nos mapas. Consequentemente, os usuários combinam os mapas do Google com os seus próprios conhecimentos. Um determinado usuário demonstrou à polícia local o aumento da atuação das gangues mapeando os novos locais de pichação nos mapas do Google. Outros usuários compartilham suas experiências ou fotos de caminhadas ou outras viagens.

Ao estilo Web 2.0, o Google oferece aos usuários um modo de compartilhar através da Internet o seu mapa combinado e inserir esse mapa no índice de busca do Google. Se você publicar a combinação de um mapa do Google com os seus conhecimentos sobre caminhadas pela Serra do Mar, qualquer pessoa que buscar "Serra do Mar" no Google encontrará o seu mapa. Novamente, quanto mais usuários criam seus próprios mapas, maior o valor da ferramenta Meus Mapas no Google Maps.

8.9.4 Diferenças entre participação e titularidade

As combinações levam a uma diferença fundamental. Os sites tradicionais envolvem publicação; a Web 2.0 envolve participação. Os usuários oferecem avaliações, mapas, respostas a discussões, comentários através de blogs e assim por diante. Uma última diferença, citada na Figura 8.5, diz respeito à *titularidade*.

> Ao contribuir com CGU, as pessoas têm interesses e tendências pessoais. Para refletir sobre as questões éticas envolvidas nesse tipo de contribuição, veja o Guia Ético.

Os fornecedores tradicionais e os sites da Web fazem valer todos os diretos legais possíveis. Por exemplo, a Oracle publica conteúdo e exige autorização por escrito para que esse conteúdo seja reutilizado. A Web 2.0 faz valer apenas alguns direitos. O Google publica mapas e diz: "Faça o que quiser com eles. Nós o ajudaremos a compartilhá-los."

8.10 *Como as empresas se beneficiam da Web 2.0?*

A Amazon.com, o Google, o eBay e outras empresas Web 2.0 foram os primeiros a usar a tecnologia e técnicas Web 2.0 em seu benefício. Uma boa pergunta hoje, no entanto, é como essas técnicas podem ser utilizadas por empresas não baseadas na Internet. De que maneira a 3M, a Alaska Airlines, a Procter & Gamble ou a loja de bicicletas da esquina utilizam a Web 2.0?

8.10.1 Propaganda

Consideremos novamente o anúncio do Oracle CRM na versão impressa de algum jornal. A Oracle não tem nenhum controle sobre quem lê esse anúncio, nem tem muita informação sobre as pessoas que o leem (apenas que são pessoas que se enquadram no perfil demográfico geral dos leitores do jornal). Em um determinado dia, pode acontecer de 10 mil compradores qualificados dos produtos Oracle lerem o anúncio, ou então de talvez apenas mil compradores qualificados o lerem. Nem a Oracle, nem o jornal sabem a quantidade, mas a Oracle paga o mesmo valor pelo anúncio, independentemente do número de leitores ou de quem eles sejam.

No mundo Web 2.0, a propaganda é dirigida especificamente aos interesses dos usuários. Uma pessoa que busque na Internet o tema "gestão de relacionamento com clientes" provavelmente é um profissional (ou um estudante) de TI com grande interesse na Oracle e em seus produtos concorrentes. A Oracle gostaria de anunciar para essa pessoa.

Como dissemos anteriormente, o Google foi o primeiro a anunciar a Web 2.0. Com o seu software **AdWords**,[3] com o qual os fornecedores pagam

3. Serviço de anúncio do Google no qual qualquer empresa ou pessoa pode exibir seu anúncio e pagar apenas quando alguém clica no link da referida propaganda.

ao Google um determinado valor por palavras específicas de busca. Por exemplo, a FlexTime (a empresa usada de exemplo nos Capítulos 1 a 6) pode concordar em pagar US$ 2 pela palavra *exercício*. Quando alguém buscar essa palavra no Google, este exibirá um link para o site da FlexTime. Se o usuário clicar nesse link, (e *somente* se ele clicar no link), o Google debita US$ 2 da conta da FlexTime. Ela não paga nada se o usuário não clicar. Se quiser, a FlexTime, que está sediada em Indianapolis, EUA pode concordar em pagar somente quando os usuários da área de Indianapolis clicarem no anúncio.

O valor que uma empresa paga por palavra pode ser mudado a cada dia, e mesmo de hora em hora. Se estiver prestes a abrir uma nova turma de *spinning*, a FlexTime estará mais disposta a pagar mais pela palavra *spinning* pouco antes do início da turma do que depois. O valor do clique na palavra *spinning* é baixo quando falta um mês para o início da próxima turma de *spinning*.

O **AdSense** é outra opção de propaganda. O Google busca o site de uma empresa e insere anúncios compatíveis com o conteúdo desse site. Quando os usuários clicam nesses anúncios, o Google paga uma taxa à empresa. Outros fornecedores que utilizam Web 2.0 oferecem serviços semelhantes ao AdWords e ao AdSense.

Com a Web 2.0, o custo para alcançar uma determinada pessoa qualificada é muito menor do que no modelo tradicional de propaganda. Consequentemente, muitas empresas estão mudando para este novo modelo, em que o custo médio é menor, e os jornais e revistas estão enfrentando acentuada redução da receita gerada pela propaganda.

8.10.2 Combinações

Como duas empresas não baseadas na Internet podem combinar o conteúdo de seus produtos? Suponhamos que você esteja assistindo a um filme de sucesso e queira comprar as joias, o vestido ou o relógio usado pela protagonista. Suponhamos que a Nordstrom[4] venda todos esses produtos. Com a tecnologia Web 2.0, o produtor do filme e a Nordstrom podem combinar seus conteúdos de modo que você, assistindo ao filme em casa no seu computador, possa clicar no produto que deseja e ser direcionado para um site de comércio eletrônico da Nordstrom que lhe fará a venda. Ou talvez a intermediação dessa empresa seja eliminada da transação e você seja encaminhado diretamente ao site de e-commerce do fabricante do produto.

4. Loja norte-americana de departamentos.

8.11 *Não vale para todas as aplicações*

Antes de se encantar pela Web 2.0, observe que nem todos os sistemas de informação empresariais se beneficiam da flexibilidade e do crescimento orgânico. Qualquer sistema de informação que lide com ativos, financeiros ou materiais, requer algum nível de controle. Você provavelmente não deseja combinar as suas transações com cartão de crédito no Meus Mapas e compartilhar essa combinação com o mundo. Um diretor financeiro provavelmente não quer que seu sistema de contas a pagar ou de livro-razão geral tenha uma interface direta com usuários; aliás, a Lei Sarbanes-Oxley[5] proíbe essa possibilidade.

Q4. De que maneira o capital social beneficia você e as empresas?

Você não precisa deste livro para aprender a usar o Facebook ou o Twitter. Você já sabe fazer isso. Mas quando usa esses sites, há mais coisas acontecendo do que você imagina. Se você usa esses sites exclusivamente para fins de entretenimento ou autoexpressão, não há tanta necessidade de um conhecimento mais profundo. Porém, se, como muitos profissionais, você os utiliza tanto para autoexpressão quanto para fins profissionais, é importante saber como eles contribuem para o seu capital social e até que ponto esse capital influencia e beneficia as empresas.

5. A **Lei Sarbanes-Oxley** (em inglês, *Sarbanes-Oxley Act*) é uma lei norte-americana criada depois dos escândalos financeiros corporativos (dentre eles o da Enron, que acabou por afetar drasticamente a empresa de auditoria Arthur Andersen), essa lei foi criada com o objetivo de evitar a fuga dos investidores causada pela aparente insegurança a respeito da governança adequada das empresas.

O capital social é adquirido através das redes sociais. Uma **rede social** é uma estrutura de indivíduos e empresas que se relacionam uns com os outros de alguma forma. A **formação de redes sociais** é o processo pelo qual as pessoas usam os relacionamentos para se comunicarem com outras pessoas em uma rede social.

8.12 *O que é capital social?*

A literatura de negócios define três tipos de capital. Karl Marx definiu **capital** como o investimento de recursos para lucro futuro. Essa definição tradicional se refere a investimentos em recursos como fábricas, máquinas, equipamentos de produção e outros do gênero. **Capital humano** é o investimento em conhecimento e habilidades humanas com vistas a um lucro futuro. Estudando, você está investindo no seu próprio capital humano. Você está aplicando o seu dinheiro e o seu tempo de modo a adquirir conhecimentos que espera que o diferenciem de outros trabalhadores e, em última análise, lhe rendam um salário diferenciado no mercado de trabalho.

De acordo com Nan Lin, **capital social** é o investimento em relações sociais com a expectativa de retorno no mercado.[6] Ao participar de uma atividade de negócios com a finalidade de conhecer pessoas e fortalecer os relacionamentos, você está investindo no seu capital social. Da mesma forma, quando se associa ao LinkedIn ou Facebook, você também está (ou pode estar) investindo no seu capital social.

De acordo com Lin, o capital social agrega valor de quatro maneiras:

- Informação
- Influência
- Credenciais sociais
- Fortalecimento pessoal

Os relacionamentos nas redes sociais podem gerar *informações* sobre oportunidades, alternativas, problemas e outros fatores importantes para os profissionais da área de negócios, além de oferecer uma oportunidade para *influenciar* aqueles que têm poder de decisão na empresa da própria pessoa ou em outras empresas fundamentais para o seu sucesso. Essa influência permeia estruturas organizacionais formais como as relações de subordinação. Além disso, o fato de estar conectado a uma rede de contatos altamente respeitados é uma forma de *credencial social*. Você pode se deleitar com a glória daqueles com os quais você se relaciona. As pessoas se sentirão mais inclinadas a trabalhar com você se acreditarem que o pessoal-chave está ao seu lado e pode lhe oferecer recursos de apoio. Por fim, a ligação com as redes sociais reforça a imagem e a posição de um profissional dentro de uma empresa ou setor. Reforça a maneira como você se define para o mundo (e para si mesmo).

As redes sociais diferem em termos de valor. A rede social que você mantém com os seus amigos da escola provavelmente tem menos valor do que aquela que você tem com os seus colegas de trabalho, mas não necessariamente. De acordo com Henk Flap,[7] o **valor do capital social** é determinado pelo número de relacionamentos em uma rede social, pela solidez desses relacionamentos e pelos recursos controlados pelos envolvidos. Se os seus amigos da escola por acaso forem Bill Gates e Paul Allen, e se você mantiver sólidas relações com eles através da sua rede da escola de ensino médio, então o valor dessa rede social supera em muito o de qualquer rede que você possa ter no trabalho. Para a maioria das pessoas, no entanto, é a rede de seus atuais contatos profissionais que gera capital social.

Portanto, ao utilizar as redes sociais para fins profissionais, observe esses três fatores. Você adquire capital social acrescentando mais amigos e fortalecendo as relações que você tem com os amigos existentes. Além disso, você aumenta o seu capital social acrescentando amigos e fortalecendo as relações com as pessoas que detêm o controle dos recursos que importam para você. Esses cálculos podem ser frios, impessoais e possivelmente até falsos, o que pode, de fato, ser o caso quando aplicados ao uso recreativo das redes sociais. Mas ao

6. LIN, Nan. *Social capital: the theory of social structure and action.* 1.ed. Cambridge: Cambridge University Press, 2001.

7. FLAP, Henk D. Social capital in the reproduction of inequality. *Comparative Sociology of Family, Health, and Education.* 1991, pp. 6179-6202, vol. 20.

utilizar as redes sociais para fins profissionais, tenha-os em mente.

8.13 *A importância dos relacionamentos inconsistentes*

Os relacionamentos sólidos geram mais capital social em uma rede social, mas, ironicamente, são os relacionamentos inconsistentes que mais contribuem para o crescimento das redes sociais. Para entender por quê, veja o diagrama da Figura 8.8. Suponhamos que cada linha represente uma relação entre duas pessoas. Observe que as pessoas do seu departamento tendem a se conhecer, e as pessoas do departamento contábil também. Isso é normal.

Agora suponhamos que você esteja no happy hour semanal dos funcionários e tenha a oportunidade de se apresentar à Laura ou à Eileen. Deixando de lado as considerações pessoais e pensando apenas em termos de formação de rede, qual das duas você acha que deveria conhecer?

Se você se apresentar à Laura, você reduz a sua distância para ela de dois passos para um, e para Sandra, de três passos para dois. Você não abre nenhum canal novo porque já o tem para as pessoas do seu departamento.

Entretanto, se você se apresentar a Eileen, você abre uma rede de conhecidos inteiramente nova. Portanto, pensando apenas em termos de formação de rede, você pode usar melhor o seu tempo conhecendo Eileen e outras pessoas que não fazem parte do seu círculo atual. Isso lhe abrirá um número muito maior de possibilidades. A sua conexão com Eileen é chamada de vínculo inconsistente na teoria das redes sociais,[8] e esses laços são fundamentais para aumentar o número de relacionamentos dentro da sua rede. *Em geral, as pessoas que você menos conhece são as que mais contribuem para a sua rede.*

Esse conceito é simples, mas você ficaria surpreso em saber como são poucas as pessoas que observam esse fato. Na maioria dos eventos das empresas, todos falam com as pessoas que conhecem e, se a atividade tiver por finalidade a diversão, esse comportamento faz sentido. A verdade, no entanto, é que, digam o que quiserem, nenhuma empresa promove atividades sociais para que as pessoas se divirtam. As atividades promovidas pela empresa existem por razões profissionais, e você pode utilizá-las para criar e ampliar as suas redes. Considerando que esse tempo é sempre limitado, você tem mais é que usar essas atividades de forma eficiente.

FIGURA 8.8 Diagrama de uma rede

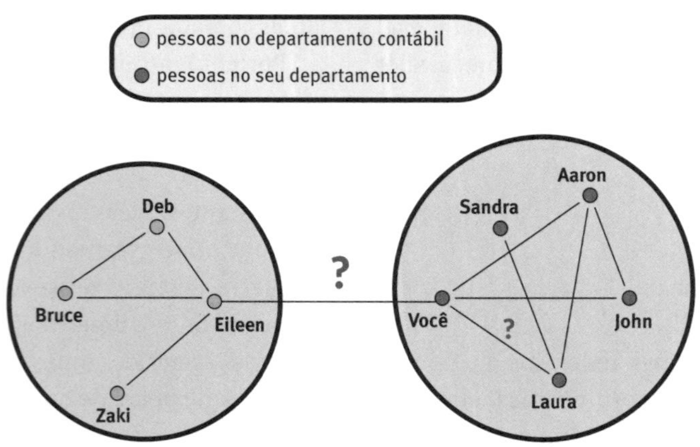

8. GRANOVETTER, Terry. The strength of weak ties. *American Journal of Sociology*, maio 1973.

Os mesmos comentários valem para as redes sociais on-line: os vínculos inconsistentes são os que acrescentam o maior número de novos contatos à sua rede social.

8.14 *De que maneira as redes sociais agregam valor à empresa?*

As empresas possuem capital social exatamente como os seres humanos. E o capital social organizacional é medido da mesma maneira: número de relacionamentos, solidez dos relacionamentos e recursos controlados pelos "amigos". Historicamente, as empresas criam capital social através dos profissionais de vendas, do serviço de suporte ao cliente e da função de relações públicas. Os endossos de pessoas influentes são uma forma tradicional de aumentar o capital social, mas isso tem os seus perigos.

Hoje, as empresas progressistas estão presentes no Facebook, no LinkedIn, no Twitter e possivelmente em outros sites. Essas empresas colocam em seus sites links para as redes sociais em que estão presentes, facilitando a vida de clientes e interessados que desejem deixar seus comentários. Na maioria dos casos, esses contatos são positivos, mas podem ter efeito contrário, como no caso do Fox Lake, apresentado na abertura deste capítulo.

Considere a formação de redes sociais organizacionais do ponto de vista do capital social. A Figura 8.9(a) mostra uma parte da minha página no Facebook em abril de 2010. Como se vê, eu acabara de me tornar fã de Yo-Yo Ma,[9] do Microsoft PowerPoint e da Lie-Nielsen Toolworks (fabricante de ferramentas de marcenaria de alta qualidade). Na Figura 8.9(b), você pode ver que a minha ligação com os fãs aparece nas páginas de meus amigos no Facebook. Ao endossar essas empresas ou produtos, estabeleci a conexão de minha rede social com eles.

Pense nesses endossos como uma troca de capital social. Se eu tiver, digamos, cinquenta amigos, a menos que se trate de pessoas como Bill Gates ou Warren Buffet (o que não é o caso), eu não contribuí com muito capital social para nenhum dos três. Todavia, conseguindo conectar os leitores deste texto a esses sites, porque são dezenas de milhares de leitores, eu estou contribuindo com um capital social considerável.

Entretanto, esse valor é variável para essas empresas porque cada uma percebe o seu valor de uma maneira diferente. É provável que poucos leitores atuem no ramo de marcenaria e que, como estudantes universitários, não optem por comprar serras, talhadeiras e plainas caras, de modo que o valor de um grande grupo de estudantes de negócios para a Lie-Nielsen é baixo. Da mesma forma, Yo-Yo Ma já tem algo em torno de 65 mil amigos e o valor da minha rede social, ainda que aumentado pelos leitores deste texto, é baixo para ele.

Normalmente, o mesmo valeria para a Microsoft; é uma empresa enorme e o meu capital social é pequeno. A diferença é que todos os leitores deste livro são futuros profissionais da área de negócios e o valor vitalício de suas futuras compras de software é enorme. Se endossar o PowerPoint (eu realmente acho o PowerPoint um produto incrivelmente útil e o endosso sinceramente e com muito entusiasmo), eu estou contribuindo de forma considerável para o capital social do PowerPoint - tudo por um custo muito baixo para a Microsoft.

Agora veja o outro lado da equação. Os meus endossos de fã acrescentam o capital social dessas empresas a mim também. Endossando Yo-Yo Ma, eu reforço uma imagem de que aprecio a boa música, sou suficientemente culto para conhecer Yo-Yo Ma, gosto de violoncelo e assim por diante. O endosso ao PowerPoint provavelmente será negativo para o meu capital social. Os fãs dos programas de computador de fonte aberta ficarão decepcionados comigo e o fato de ser fã de um produto da Microsoft não é motivo para causar uma impressão positiva em ninguém. E a menos que você seja marceneiro, o meu endosso a qualquer empresa que forneça madeira provavelmente é indiferente.

Em suma, o endosso a Yo-Yo Ma foi positivo para o meu capital social, o endosso à Microsoft foi negativo e o endosso ao fornecedor de madeiras foi neutro. Então por que eu endossei o PowerPoint? O meu entusiasmo pelo produto parece ter me levado a cometer um erro. Pense um pouco no meu erro na próxima vez em que você prestar uma contribuição ao seu capital social (profissional)!

9. Violoncelista norte-americano de origem chinesa.

FIGURA 8.9(A) Perfil do autor no Facebook

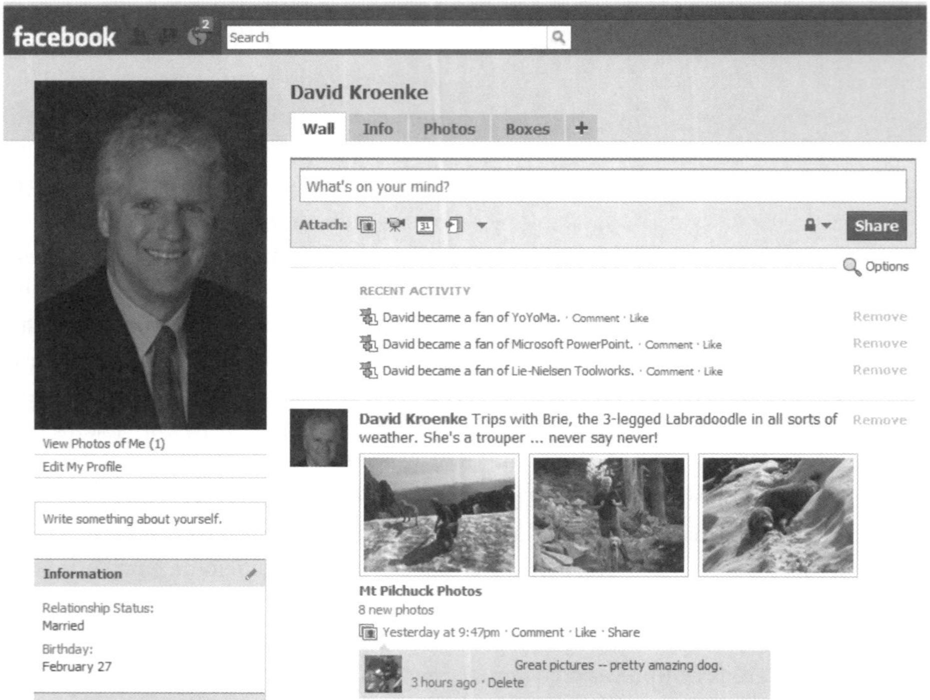

FIGURA 8.9(B) A ligação do autor com os fãs aparece nas páginas de seus amigos no Facebook

Q5. De que maneira a CRM Social proporciona autonomia aos clientes?

Antes do advento da Internet, as empresas controlavam os seus relacionamentos com os seus clientes. Aliás, a CRM tem por finalidade básica gerenciar os contatos com os clientes. A CRM tradicional garantia que a empresa falasse com os clientes em uníssono e controlasse as mensagens, as ofertas e até mesmo o suporte que os clientes recebiam com base no valor do cliente. Em 1990, se quisesse saber algo sobre um produto da IBM, você fazia contato com o escritório de vendas da empresa na sua cidade; esse escritório o classificava como possível cliente e depois usava essa classificação para controlar a literatura e a documentação que você recebia e o seu acesso ao pessoal da IBM.

Hoje, o relacionamento fornecedor-cliente é muito mais complexo e não é controlado pelo fornecedor. As empresas oferecem diversos pontos de contato com o cliente e os clientes moldam o seu próprio relacionamento com a empresa de acordo com o seu padrão de uso desses pontos de contato. A CRM Social é a criação e o uso do relacionamento colaborativo entre empresas e clientes proporcionado pelo Enterprise 2.0. Como o CRM Social é uma manifestação do Enterprise 2.0, começamos com ele.

8.15 *Quais as características do Enterprise 2.0?*

Como dissemos na questão Q1, o Enterprise 2.0 é a aplicação das tecnologias de Web 2.0, dos sistemas colaborativos, das redes sociais e das tecnologias correlatas com o intuito de facilitar o trabalho cooperativo das pessoas nas empresas. Você pode pensar em Enterprise 2.0 em termos de migração e uso das ferramentas e técnicas de Web 2.0 dentro da empresa. O Enterprise 2.0 oferece um conjunto de capacidades que os trabalhadores utilizam para colaborar e que permite que o conteúdo surja espontaneamente, em vez de ser previamente planejado.

McAfee definiu seis características do Enterprise 2.0, às quais ele se refere através da sigla SLATES (ver Figura 8.10). Os trabalhadores querem poder *buscar* conteúdo dentro da empresa exatamente como eles fazem na Web. A maioria dos trabalhadores considera o procedimento de busca mais eficaz do que navegar pelas estruturas de conteúdo, como listas e índices. Os trabalhadores querem acessar o conteúdo organizacional através de link, exatamente como fazem na Web. Eles querem também *criar* conteúdo organizacional utilizando blogs, wikis, grupos de debate, apresentações publicadas e assim por diante.

FIGURA 8.10 Modelo SLATES Enterprise 2.0 de McAfee.

COMPONENTE ENTERPRISE 2.0	OBSERVAÇÕES
Busca (*search*)	As pessoas têm mais sucesso buscando do que procurando a partir de um conteúdo estruturado
Links	Links para os recursos empresariais (como na Web).
Criação (*authoring*)	Criar conteúdo empresarial através de blogs, wikis, grupos de debate, apresentações etc.
Tags	O "tagueamento" flexível (por exemplo, a Delicious) resulta em folksonomias de conteúdo empresarial.
Extensões (*extensions*)	Utilização de padrões de uso para oferecer conteúdo empresarial através do processamento de tags.
Sinais (*signals*)	Oferta de conteúdo empresarial aos usuários com base nas assinaturas e alertas.

O conteúdo do Enterprise 2.0 é *"tagueado"*, exatamente como o conteúdo da Web, e as tags[10] são organizadas em estruturas, como é feito na Web em diversos sites. Essas estruturas organizam as tags como uma taxonomia faz, mas, ao contrário das taxonomias, não se trata de estruturas previamente planejadas, mas espontâneas. A **folksonomia**[11] é uma estrutura de conteúdo que surgiu a partir do processamento de muitas tags de usuários. Além disso, os trabalhadores adeptos do Enterprise 2.0 querem aplicativos que lhes permitam classificar o conteúdo "tagueado" e utilizar as tags para prever o conteúdo que lhes possa ser de interesse, um processo que a McAfee chama de *extensões*. Por fim, os trabalhadores adeptos do Enterprise 2.0 querem que o conteúdo relevante lhes seja ofertado; eles querem ser *avisados* quando algo que lhes interesse acontecer no conteúdo organizacional.

8.16 *CRM Social é CRM ao estilo Enterprise 2.0*

CRM Social é gestão de relacionamento com clientes ao estilo Enterprise 2.0; o relacionamento entre empresas e clientes quando ambas as partes criam e processam conteúdo. Além das formas tradicionais de promoção, os funcionários da empresa criam wikis, blogs, listas de debate, perguntas frequentes, sites para críticas e comentários dos usuários e outros tipos de conteúdo dinâmico. Os clientes podem buscar esse conteúdo, contribuir com críticas e comentários, "taguear" conteúdo, fazer mais perguntas, criar grupos de usuários e assim por diante. Com a CRM Social, cada cliente molda o seu próprio relacionamento com a empresa.

A CRM Social desafia os princípios da CRM tradicional. Como os relacionamentos surgem da atividade conjunta, os clientes têm tanta capacidade de controle quanto as empresas. Essa característica é uma maldição para os gerentes de vendas tradicionais que querem controlar o que os clientes leem, veem e ouvem sobre a empresa e seus produtos. Por exemplo, o gerente geral do Fox Lake está enlouquecido por causa de uma crítica negativa publicada na página de sua empresa no Facebook. Ele quer deletá-la mas acha que não tem poder social suficiente para isso.

Além disso, a CRM tradicional é centrada no valor vitalício; os clientes que têm probabilidade de gerar mais volume de negócios recebem mais atenção e produzem o maior impacto na empresa. Porém, com a CRM Social, o cliente que gasta dez centavos mas é um crítico, blogueiro ou muito popular nas redes sociais pode ter mais influência do que os clientes que compram silenciosamente US$ 10 milhões por ano. Esse desequilíbrio é algo incompreensível para os gerentes de vendas tradicionais.

Esse fato nos coloca na vanguarda do uso da Web 2.0, das redes sociais e do Enterprise 2.0 na atividade empresarial. Resta-nos ver o que ainda está por vir; você terá estimulantes oportunidades de trabalhar com essas tecnologias logo no início da sua carreira! Mas lembre-se de dizer ao mundo que você aprendeu tudo aqui primeiro: www.facebook.com/david.kroenke!

Os conhecimentos contidos neste capítulo ajudam Anne Foster a aumentar a receita gerada pelas recepções de casamento. Conhecendo o funcionamento da Web 2.0, da formação de redes sociais profissionais, do Enterprise 2.0 e da CRM Social, ela conseguiria criar uma nova função de marketing para o seu ramo de atividade. Os conhecimentos contidos neste capítulo ajudam Jeff a entender o que Anne poderia fazer e lhe permitem incentivar os demais membros de sua equipe a cogitar novos esforços de marketing também.

Os conhecimentos proporcionados por este capítulo são tão úteis para você quanto para Anne.

---

10. Uma tag é uma palavra-chave (relevante) ou termo associado a uma informação (uma imagem, um artigo, um vídeo, entre outros) que o descreve e permite uma classificação da informação baseada em palavras-chave. (N.T.).

11. Esta expressão foi cunhada por Thomas Vander Wal e se baseia na classificação colaborativa de conteúdo (sites, músicas, filmes, textos etc.) com tags livremente escolhidas. Contrasta com a taxonomia, que é a classificação de conteúdo mais rígida, com marcadores previamente definidos. A liberdade na escolha de marcadores da folksonomia permite que os internautas usem palavras de vocabulários próprios de cada comunidade, fazendo que outros usuários interessados no mesmo assunto encontrem o conteúdo mais facilmente. (N.T.).

Além disso, se fizer um resumo do que aprendeu sobre Web 2.0, Enterprise 2.0 e CRM Social, você poderá utilizá-lo em uma entrevista de emprego, ou seja, você pode usar os novos esclarecimentos sobre a formação de redes sociais profissionais também para conseguir um emprego.

GUIA ÉTICO: Escondendo a verdade?

Ninguém publica a sua foto mais feia no perfil do Facebook, mas até onde você deve ir para criar uma impressão positiva? Se os seus quadris e pernas não são as suas melhores características, seria antiético aparecer de pé por trás do seu incrível carro na sua foto? Se você esteve em um evento com alguém muito popular do seu círculo de amizades, é antiético publicar fotos que subentendam que vocês estão em contato todos os dias? É claro que você não tem nenhuma obrigação de publicar fotos suas em eventos chatos com pessoas impopulares só para compensar aquelas fotos em que você parece irrealisticamente atraente, feliz e exageradamente popular.

Desde que tudo isso ocorra em uma conta do Facebook ou do MySpace que você utilize para relacionamentos pessoais, bem, você sofrerá as consequências dos seus atos. Mas vamos pensar em termos de formação de redes sociais na área profissional.

a. Suponhamos que uma empresa de *rafting* forme um grupo em um site de rede social para promover seus passeios. Graham, um estudante de quinze anos que quer parecer mais adulto do que realmente é, posta uma foto de um rapaz boa pinta como se a foto fosse sua. Além disso, ele escreve comentários espirituosos e inteligentes nas fotos do site e afirma tocar violão e ser um exímio massagista. As atitudes de Graham são antiéticas? Suponhamos que alguém resolvesse participar do passeio de *rafting*, em parte, por causa das postagens do estudante, e se decepcionasse. A empresa teria alguma responsabilidade de reembolsar a essa pessoa o valor pago pelo passeio?

b. Suponhamos que você seja proprietário e gerente dessa mesma empresa de *rafting*. Seria antiético incentivar os seus funcionários a escrever comentários positivos sobre a sua empresa? A sua avaliação muda se você pedir aos seus funcionários que usem um e-mail que não o que eles têm no trabalho?

c. Novamente, suponhamos você seja o dono e o gerente da empresa de *rafting* e pague aos seus funcionários uma bonificação por cliente que eles trouxerem para um passeio de *rafting*. Sem especificar qualquer técnica em particular, você os incentiva a ser criativos na sua maneira de captar clientes. Um dos funcionários convida os seus amigos do MySpace para uma festa em que ele mostra fotos de passeios de *rafting* anteriores. No caminho para a festa, um dos amigos sofre um acidente de automóvel e morre. A esposa da vítima processa a empresa. A empresa deve ser responsabilizada? O fato de você ter conhecimento da apresentação é relevante? Importaria se você não tivesse incentivado os seus funcionários a serem criativos?

d. Suponhamos que a sua empresa de *rafting* tenha um site para comentários dos clientes. Apesar dos seus melhores esforços no sentido de manter a limpeza do acampamento, em um determinado passeio (das dezenas realizadas), os seus funcionários acidentalmente serviram comida contaminada e todos adoeceram com intoxicação alimentar. Um desses clientes faz uma crítica negativa a essa experiência. Seria ético você apagar esse comentário do seu site?

e. Suponhamos que você seja aluno de um professor que tenha escrito um popular livro didático. Chateado com a nota obtida na matéria dele, você escreve uma crítica escandalosamente negativa sobre o livro desse professor no site da Amazon.com. A sua atitude é ética?

f. Suponhamos que você tenha trabalhado uma época na empresa de *rafting* e, injustamente, na sua opinião, tenha sido demitido. Para se vingar, você usa o Facebook para espalhar boatos para os seus amigos (muitos dos quais são guias de passeios fluviais) sobre a segurança dos passeios oferecidos pela empresa. A sua atitude é ética? É ilegal? Você vê alguma diferença entre essa situação e aquela apresentada no item d?

g. Novamente, suponhamos que você tenha trabalhado uma época na empresa de *rafting* e sido injustamente demitido. Você observa que a dona da empresa não tem perfil no Facebook e cria um para ela. Você a conhece há muitos anos e tem dezenas de fotos dela, das quais algumas foram tiradas em festas e são desfavoráveis e reveladoras. Você posta essas fotos juntamente com comentários críticos que ela fez sobre clientes ou funcionários. Os comentários, na sua maioria, foram feitos quando ela estava cansada ou frustrada e são ofensivos, mas devido à sua sagacidade, não deixam de ser também engraçados. Você envia convites para adicionar amigos às pessoas que ela conhece, muitas das quais são alvo de suas observações críticas e mordazes. Você está agindo de forma antiética?

Questões para discussão

1. Leia as situações apresentadas nos itens **a** a **g** e responda às perguntas contidas em cada um.
2. Baseado nas suas respostas à questão 1, formule princípios éticos para a criação ou o uso de redes sociais para fins profissionais.
3. Baseado nas suas respostas à questão 1, formule princípios éticos para a criação ou o uso de conteúdo gerado pelo usuário para fins profissionais.
4. Resuma os riscos que uma empresa assume ao optar por patrocinar conteúdo gerado pelo usuário.
5. Resuma os riscos que uma empresa assume ao utilizar redes sociais para fins profissionais.

REVISÃO

Utilize esta revisão ativa para verificar o que você assimilou das ideias e conceitos que respondem às questões de estudo do capítulo.

Q1. **Que tipos de sistemas interorganizacionais existem?**
Cite quatro tipos de sistemas interorganizacionais e explique as características de cada um. Compare esses tipos.

Q2. **De que maneira as empresas utilizam o e-commerce?**
Defina *e-commerce*. Defina *B2C, B2B* e *B2G*. Faça a distinção entre leilões, câmaras de compensação e bolsas eletrônicas de compra. De que maneira o comércio eletrônico melhora a eficiência de mercado? Defina e explique *desintermediação* e dê um exemplo que não o deste texto. Explique como o comércio eletrônico melhora o fluxo de informações de preço. Defina *elasticidade de preço* e explique como as empresas de e-commerce podem estimá-la. Especifique quatro fatores que desfavorecem o comércio eletrônico. Explique o impacto de cada fator.

Q3. **Por que a Web 2.0 é importante para a empresa?**
De que maneira a Amazon.com introduziu o Web 2.0? Explique o termo *software como serviço (gratuito)* e a diferença entre essa modalidade e o licenciamento tradicional de programas de computador. Descreva a diferença dos modelos empresariais entre as empresas adeptas da Web 2.0 e as empresas tradicionais de software. Explique a afirmação "O produto que necessita de propaganda é porque não é um produto Web 2.0." Explique como o uso aumenta o valor no caso da Web 2.0. Defina *combinação*. Em que aspecto as interfaces da Web 2.0 são orgânicas? De que maneira a gestão de direitos difere entre a Web 2.0 e os programas de computador tradicionais? Resuma as maneiras como as empresas podem se beneficiar da Web 2.0.

Q4. **De que maneira o capital social beneficia você e as empresas?**
Resuma, em termos gerais, a importância das redes sociais na prática profissional. Defina *capital, capital humano* e *capital social*. Cite e explique quatro maneiras pelas quais o capital social agrega valor. Cite e explique três fatores que determinam o valor do capital social. Utilizando a Figura 8.8 como orientação, explique como os vínculos inconsistentes agregam valor às suas redes sociais. Descreva como as redes sociais agregam valor à empresa. Explique como o fato de você se tornar fã de uma empresa muda o capital social tanto para você quanto para essa empresa. Considerando o uso profissional das redes sociais, descreva os critérios que você deveria usar para conectar a sua rede social a uma empresa.

Q5. **De que maneira a CRM Social proporciona autonomia aos clientes?**
Caracterize as diferenças entre CRM e CRM Social. Defina *Enterprise 2.0* e explique o significado da sigla SLATES. Defina *CRM Social*. Explique a afirmação: "CRM Social é CRM ao estilo Enterprise 2.0." De que maneira a CRM Social conflita com a visão tradicional de CRM?

UTILIZE SEUS CONHECIMENTOS

1. Recorde o processo que você utilizou ao matricular-se em seu curso. Classifique esse processo em termos dos quatro tipos de sistemas interorganizacionais ilustrados na Figura 8.1. Você acha que um sistema de um tipo que não o que você utilizou seria melhor? Por que ou por que não?

2. Pesquise a compra de um sistema de áudio Sonos S5 (ou qualquer outro produto de áudio da Sonos). Você pode adquirir esse produto direto da própria Sonos ou comprá-lo de fornecedores de equipamentos eletrônicos via Internet. Compare os preços e condições. Descreva de que maneira a Sonos tem conflito de canais e explique como a empresa parece lidar com esse tipo de conflito.

3. Busque alguma grife de roupas femininas em um site de busca e procure sites que ofereçam artigos de moda referentes à grife que você pesquisou. Identifique empresas que se utilizem do AdWord referente a esta grife. Siga três ou quatro desses

links. Identifique o maior número possível de características Web 2.0 nos sites que você encontrar. Explique qual, no seu entender, é a lógica empresarial de cada site.

4. Visite www.sephora.com.br. Procure links para sites de redes sociais. De que maneira esses sites estão compartilhando o seu capital social com você? De que maneira eles estão tentando fazer você compartilhar o seu capital social com eles? Descreva o valor empresarial da formação de redes sociais para a empresa de sua escolha.

ESTUDO DE CASO 8

Tourism Holdings Limited (THL)

Observação: Por envolver conceitos tanto deste capítulo quanto do Capítulo 9, este caso continua no final do próximo capítulo.

O Tourism Holdings Limited (THL) é uma sociedade anônima neozelandesa proprietária de diversas marcas e empresas no setor turístico. As principais empresas da THL são:

- Atrações turísticas na Nova Zelândia, dentre as quais a Black Water Rafting e a Waitomo Glowworm Caves.
- Kiwi Experience e Feejee Experience, serviços de ônibus circulares para passeios turísticos.
- Quatro marcas de veículos de lazer para locação.
- Ci Munro, uma fábrica para a customização de vans.

Em 2009, a THL registrou um lucro bruto de US$ 5 milhões sobre uma receita de US$ 170 milhões. A empresa opera na Nova Zelândia, na Austrália e nas Ilhas Fiji, e mantém escritórios de vendas na Alemanha e no Reino Unido.

A THL se originou como The Helicopter Line, que oferecia voos panorâmicos de helicóptero sobre a Nova Zelândia. No decorrer dos anos, a THL vendeu a empresa de helicópteros e desde então vem adquirindo e operando diversas empresas e marcas no setor turístico. A empresa continua a comprar e vender empresas de turismo com frequência.

De acordo com Grant Webster, CEO da THL, "A THL é uma casa de marcas e não uma casa de marca". Consequentemente, no ramo de locação de veículos de lazer, a empresa possui e opera quatro marcas de locadoras de vans: Maui, Britz, Backpacker e ExploreMore. Essas marcas se diferenciam pelo preço. A Maui é a linha cara, enquanto a ExploreMore atende ao turista que viaja com um orçamento mais restrito. A Britz é a segunda mais cara depois da Maui e a Backpacker se situa entre a Britz e a ExploreMore.

Mercado turístico

Em 2008, a estimativa foi de que 866 milhões de turistas internacionais viajaram pelo mundo. A expectativa é de que esse número cresça para mais de 1,6 bilhão de visitantes até 2020, segundo a *Tourism Business Magazine*. Em 2008, o setor de viagens e turismo era o maior do mundo, responsável por 230 milhões de empregos e mais de 10% do PIB mundial.

Apesar dessas perspectivas de crescimento de longo prazo, o turismo sofreu uma recente retração, após a crise financeira de 2008. A partir de junho de 2009, um total anual de 1,15 milhão de turistas internacionais visitaram a Nova Zelândia, uma redução de 5% em relação ao ano anterior, e 5,5 milhões visitaram a Austrália, um declínio de 2%.

De acordo com Webster,

> Embora acreditemos que as perspectivas de longo prazo do turismo em nossos mercados tradicionais da Nova Zelândia, da Austrália e das Ilhas Fiji continuem promissoras, a THL alcançará oportunidades de substancial crescimento se expandindo para outros países, possivelmente para os Estados Unidos ou a Europa.

Investimento em sistemas de informação

A THL considera os sistemas e a tecnologia da informação componentes essenciais de seu valor empresarial e investiu em diversos sistemas de informação inovadores e em tecnologias Web 2.0. Webster fala com conhecimento de causa sobre as tecnologias da informação, incluindo PowerPoint, Microsoft Office SharePoint Services (MOSS), Microsoft Report Server, OLAP e data mining (tema discutido no Capítulo 9).

Tendo adquirido diversas empresas e marcas, a THL acumulou um conjunto diferente de sistemas de informações baseados em uma grande variedade de tecnologias diferentes. Essas tecnologias diversas criaram uma atividade e custos excessivos de manutenção de software.

Para reduzir custos e simplificar a gestão dos sistemas de informação, a empresa converteu os seus sites de atendimento ao cliente para usar o Microsoft SharePoint e o MOSS. De acordo com Steve Pickering, Gerente de Sistemas de Informação Interativos,

> O fato de termos uma única plataforma de desenvolvimento nos permitiu reduzir os nossos custos de manutenção e direcionar a atenção da gerência, o desenvolvimento e o treinamento dos funcionários para um único conjunto de tecnologias.

A THL utiliza o SharePoint não para fins colaborativos, como vimos no Capítulo 2, mas como uma plataforma de desenvolvimento e hospedagem para sites sofisticados e altamente interativos. Você encontra um exemplo desse tipo de função sofisticada no site www.kiwiexperience.com. Clique em "Design Your Own Trip..." e o site exibirá um mapa da Nova Zelândia juntamente com um menu de instruções. Você pode selecionar diferentes localidades, experiências e sites a partir de um menu, e o site recomendará determinados passeios, conforme mostrado no campo direito da Figura 8.11. Visite o site para obter uma noção de interatividade e sofisticação de processamento.

As tecnologias Web 2.0 permitem que o setor de turismo elimine os intermediários nos canais de vendas. De acordo com o Ministério do Turismo da Nova Zelândia, a Internet era utilizada por 49% dos turistas internacionais para pesquisar opções de viagem em 2006. Esse percentual aumentou radicalmente e é provável que hoje esteja bem acima de 50%.

Como com toda intermediação, ao vender diretamente para o consumidor, a THL economiza substancialmente em custos de distribuição. Para facilitar as vendas diretas, a empresa utiliza ativamente o Google AdWords e o Google Analytics, um sistema de informação fornecido pelo Google que permite que os clientes do AdWords compreendam melhor como os seus sites são processados. A THL está também fazendo experiência com o bate-papo on-line, tanto de voz quanto por vídeo. Segundo Webster,

> O aluguel de um trailer pode custar de US $5.000 a US$ 10.000 ou mais, e nós acreditamos que os nossos clientes queiram um relacionamento de confiança com um vendedor para que possam se engajar. E nós achamos que esse bate-papo on-line através de vídeo pode nos permitir esse relacionamento com os nossos clientes.

Fonte: Disponível em: www.tourismbusinessmagazine.co.nz. Acesso em: jul. 2012. Ministério do Turismo da Nova Zelândia. Disponível em: www.tourismresearch.govt.nz. Acesso em: jul. 2012. Tourism Australia. Disponível em: www.tourism.australia.com. Acesso em: jul. 2012.

Questões

1. Este caso subentende que a aquisição e a alienação frequentes de marcas de turismo causam problemas para os sistemas de informação. Resuma quais você acha que sejam esses problemas. Considere todos os cinco componentes de um sistema de informação. Até que ponto a padronização de uma única plataforma de desenvolvimento resolve esses problemas? Quais dos cinco componentes essa padronização mais ajuda?
2. Utilizando a Figura 3.7 como orientação, sintetize as maneiras como os sistemas de informação proporcionam vantagem competitiva à THL. Discuta cada um dos elementos apresentados na figura.
3. Visite o site www.kiwiexperience.com[12] e clique em "Design Your Own Trip". Selecione diversas localidades nos menus Adrenalin, Nature e Kiwi Culture. Selecione várias localidades em cada categoria e depois escolha um passe adequado aos seus destinos.
   a. Avalie essa interface do usuário. Descreva as suas vantagens e desvantagens.
   b. Avalie as instruções de uso dos mapas. Você considera essas instruções adequadas? Explique por que ou por que não.
   c. Resuma as maneiras pelas quais este site utiliza as redes sociais.
4. Considere o site Kiwi Experience no contexto da CRM Social.
   a. Identifique os pontos de contato com o cliente.
   b. Quais dos elementos do modelo SLATES estão contidos nesse site?
   c. Considere os elementos do modelo SLATES que não estão contidos nesse site. Quais você acha que podem ser adequados?

12. No Brasil, há agências de turismo especializadas em determinados segmentos como: http://www.terramundi.com.br/.

d. Explique uma forma de implementar cada um dos elementos que você identificou no item c.

e. Descreva de que maneira as suas funções recomendadas de CRM Social ajudariam a gerar um relacionamento de confiança.

CAPÍTULO 9

Business Intelligence e sistemas de informação para tomada de decisões

Isto poderia acontecer com você

- Não sei, não me sinto seguro.

Jeff se recosta em sua cadeira, olha pela janela e observa dois tenistas suados entrarem após uma partida.

- Ora, Jeff, os dados estão lá. Só preciso recuperá-los.

Anne justifica sua necessidade de informação.

- Deixe-me ver se entendi. Você quer entrar no nosso banco de dados de associados e extrair os nomes de todos os membros que têm filhas com idades entre 20 e 30 anos?

- Exatamente.

- Por que não acima de 30? - Jeff pergunta por curiosidade.

- Porque elas são menos influenciadas por suas famílias. Mas, tudo bem, digamos 35. E quero os e-mails delas também - Anne continua pressionando.

- Você vai enviar um e-mail geral? Do tipo "Ei, você tem uma filha, que tal uma festa de casamento aqui no Fox Lake?"

- Não, eu vou escrever algo um pouco mais sofisticado do que isso.

- E se as filhas desses associados já forem casadas?

- Bem, isso é um problema. Eu tenho duas opções. Posso escrever uma promoção geral... como, por exemplo, "O Fox Lake é um local maravilhoso para casamentos etc. e tal, e se a sua filha ou quaisquer de seus amigos tiverem noivado recentemente, pense no Fox..." Algo desse tipo.

- Nada mal. Estou começando a gostar dessa ideia.

- Ou eu poderia ser muito mais direta. Compramos os dados sobre o estado civil. O meu cunhado estava me dizendo que são surpreendentes os dados que se pode comprar sobre a vida particular das pessoas.

- Ah, não. Nós não vamos espionar nossos associados.

- Ele diz que isso não é espionagem. Todos os dados são extraídos de registros públicos. Eles reúnem todos esses dados públicos e os vendem.

- Dois problemas: Primeiro, os nossos membros se sentirão como se estivessem sendo espionados. E segundo, esses dados só podem ser caros.

- Ah, agora o problema é o preço!

- Não, eu disse dois problemas: o *preço* e que não me agrada a impressão de que estamos espionando.

- Veja bem, Jeff, como eles irão saber? Eu não vou dizer: "Ei, nossos registros indicam que você tem uma filha solteira grávida, é melhor se apressar e marcar o casamento".

- Algo do tipo: o seu carro está com 96.000km rodados, está na hora de trocar o óleo?

- É, não, quer dizer, não, eu não vou dizer isso.

- O que você vai dizer?

- Eu não digo nada sobre eles. Eu falo de nós! É como se a promoção tivesse sido enviada a todos, mas, na verdade, é dirigida apenas às famílias que sabemos terem filhas solteiras com vinte e poucos anos. Fazendo dessa forma, podemos gastar muito mais em cada brinde. Talvez enviar um pacote por correio expresso. Isso seria elegante... com uma flor para a mãe? Ou...

- Ei, garota, pare de sonhar e vamos voltar para o tema desta nossa reunião. Se eu concordar, nós temos como fazer isso? Alguém sabe como extrair nomes qualificados do banco de dados?

- Eu conversei com o Mike. Ele tem um zelador que é fera em tecnologia. Enfim, esse camarada sabe pesquisar o nosso banco de dados. Aliás, ele até já esteve olhando os dados; nós temos cerca de 450 famílias com filhas na idade que procuramos.

- E os filhos? O que dizer dos filhos?

- É, eu sei. É só porque a família da filha é que paga... Talvez. Mas, por enquanto, vamos começar com as filhas.

- Eu estou com um mau pressentimento.

- Jeff, você me disse para aumentar a receita proveniente das festas de casamento. Então vamos fazer!

- Tudo bem. Verifique os dados que podemos comprar e quanto custa isso. Certifique-se de que são todos dados públicos. E, todas as despesas, inclusive qualquer compra de dados, saem do seu orçamento. Sacou?

- Saquei. Vou começar a cuidar disso. Obrigada, Jeff!

"Ah, não. Nós não vamos espionar nossos associados."

Questões de estudo

Q1. Por que as empresas precisam da Business Intelligence?

Q2. De que maneira os sistemas de Business Intelligence oferecem vantagens competitivas?

Q3. Que problemas os dados operacionais causam aos sistemas de Business Intelligence?

Q4. Qual a finalidade e os componentes de um data warehouse?

Q5. O que é um *data mart* e qual a diferença para um data warehouse?

Q6. Quais as características dos sistemas de data mining?

De que maneira os conhecimentos contidos neste capítulo são úteis para o Fox Lake e para você?

Q1. Por que as empresas precisam de Business Intelligence?

Como as comunicações e o armazenamento de dados são essencialmente gratuitos, enormes volumes de dados são criados e armazenados todos os dias. Em 2007, Kevin Kelly estimou que 2 milhões de e-mails, 31 mil mensagens de texto e 162 mil mensagens instantâneas eram transmitidas *a cada segundo*. Ele estimou também que o volume total de armazenamento on-line nos computadores era de 246 exabytes e previu que esse volume cresceria para 600 exabytes até 2010.[1]

Os termos **petabyte** e **exabyte** se encontram definidos na Figura 9.1. Conforme ilustrado na figura, 200 petabytes equivalem aproximadamente a todo o volume de material impresso até hoje produzido. Portanto, um exabyte equivale a cinco vezes a quantidade de todo o material impresso.

Em algum lugar em todos esses dados está a **business intelligence (BI)** - informações contendo padrões, relações e tendências. Mas essas informações precisam ser encontradas e produzidas. Por exemplo, em algum lugar em mais de 300 milhões

1. KELLY, Kevin. *The technium*. 2 de novembro de 2007. Disponível em: ‹www.kk.org/thetechnium/archives/2007/11/dimensions_of_t.php›. Acesso em: ago. 2008.

FIGURA 9.1 Quanto vale um exabyte?

Kilobyte (KB)	1.000 bytes ou 10^3 bytes 2 Kilobytes: Uma página digitada 100 Kilobytes: Uma foto de baixa resolução
Megabyte (MB)	1.000.000 bytes ou 10^6 bytes 2 Megabytes: Uma foto de alta resolução 5 Megabytes: A obra completa de Shakespeare 10 Megabytes: Um minuto de som de alta fidelidade 100 Megabytes: Um metro de livros em uma estante 500 Megabytes: Um CD-ROM
Gigabyte (GB)	1.000.000.000 bytes ou 10^9 bytes 1 Gigabyte: um caminhão do tipo pickup cheio de livros 20 Gigabytes: Uma boa coleção das obras de Beethoven 100 Gigabytes: Um andar inteiro de biblioteca com publicações acadêmicas especializadas
Terabyte (TB)	1.000.000.000.000 bytes ou 10^{12} bytes 1 Terabyte: 50.000 árvores transformadas em papel e impressas 2 Terabytes: Uma biblioteca de pesquisas acadêmicas 10 Terabytes: As coleções impressas da Biblioteca do Congresso Nacional dos Estados Unidos 400 Terabytes: Banco de dados do National Climactic Data Center (NOAA)
Petabyte (PB)	1.000.000.000.000.000 bytes ou 10^{15} bytes 2 Petabytes: Todas as bibliotecas de pesquisas acadêmicas dos Estados Unidos 200 Terabytes: Todo o material impresso existente
Exabyte (EB)	1.000.000.000.000.000.000 bytes ou 10^{18} bytes 2 Exabytes: Volume total de informações gerado em 1999 5 Exabytes: Todas as palavras até hoje pronunciadas pelos seres humanos

Fonte: Universidade da Califórnia em Berkeley. Utilizado com permissão de Peter Lyman e Hal R. Varian

de registros demográficos individuais coletados pela Acxiom Corporation[2] estão os indícios de que alguém se tornará inadimplente com o pagamento de um empréstimo. Ou, para ser mais específico, em algum lugar na nuvem, talvez em um servidor da Acxiom, existem dados sobre o estado civil das filhas dos associados do Fox Lake.

As empresas utilizam sistemas de BI para processar esse imenso mar de dados; para produzir padrões, relações e outras formas de informação; e para disponibilizar oportunamente essas informações para os usuários que delas necessitam.

> Por mais úteis que o data mining e a BI possam ser para as empresas, os problemas existem, conforme discutido no Guia Ético.

2. Disponível em: ‹www.acxiom.com›. Acesso em: jul. 2009.

Q2. De que maneira os sistemas de *Business Intelligence* oferecem vantagens competitivas?

Um **sistema de BI** é um sistema de informação que fornece informações destinadas a melhorar o processo decisório. Esses sistemas variam em suas características e funções, bem como na maneira como incentivam a vantagem competitiva.

A Figura 9.2 sintetiza as características e a vantagem competitiva de quatro categorias de sistemas de BI. Os **sistemas informativos** integram dados de múltiplas fontes e processam esses dados classificando, agrupando, resumindo, calculando médias e comparando. Esses sistemas formatam os resultados em forma de relatórios e disponibilizam esses relatórios para os usuários. Os sistemas de informação melhoram o processo decisório fornecendo as informações certas ao usuário certo, na hora certa.

FIGURA 9.2 Características e vantagem competitiva dos sistemas de BI

SISTEMA DE BI	CARACTERÍSTICAS	VANTAGEM COMPETITIVA
Sistemas informativos	Integram e processam dados classificando, agrupando, resumindo e formatando. Produzem, administram e fornecem relatórios	Melhoram a qualidade das decisões fornecendo informações relevantes, precisas e oportunas à pessoa certa
Sistemas de data mining	Utilizam sofisticadas técnicas estatísticas para encontrar padrões e relações	Melhoram a qualidade das decisões descobrindo padrões e relações nos dados para prever resultados futuros
Sistemas de gestão de conhecimento	Compartilham conhecimentos sobre produtos, formas de uso dos produtos, melhores práticas etc. entre funcionários, clientes e outros	Melhoram a qualidade das decisões publicando os conhecimentos dos funcionários e outros. Geram valor a partir do capital intelectual existente. Incentivam a inovação, melhoram o serviço de atendimento ao cliente, aumentam a responsividade organizacional e reduzem custos.
Sistemas especialistas (*expert systems*)	Codificam o conhecimento humano em forma de regras "se/então" e processam essas regras para emitir um diagnóstico ou fazer uma recomendação	Melhoram a qualidade das decisões emitidas por fontes não especializadas codificando, salvando e processando conhecimentos especializados

Os **sistemas de data mining**[3] processam dados utilizando sofisticadas técnicas estatísticas, como análise de regressão e análise de árvores de decisão. São sistemas que encontram padrões e relações que não podem ser encontrados pelas operações de informação mais simples, como classificação, agrupamento e cálculo de médias. Esses sistemas melhoram o processo decisório utilizando os padrões e relações descobertos para *prever* eventos ou *predizer* resultados futuros. Um exemplo de sistema de data mining é aquele que prevê a probabilidade de alguém fazer uma doação para uma causa ou campanha política com base nas características desse possível doador, como idade, sexo e código de endereçamento postal. ***Market-basket analysis*** é outro sistema de data mining, em que são computadas correlações de produtos constantes de pedidos passados para determinar os produtos frequentemente adquiridos juntos. Veremos mais detalhes sobre o data mining no final deste capítulo.

Os **sistemas de gestão de conhecimento (*Knowledge Management* – KM)** geram valor a partir do capital intelectual, coletando e compartilhando o conhecimento humano sobre produtos, formas de uso dos produtos, melhores práticas e outros conhecimentos críticos com funcionários, gerentes, clientes, fornecedores e outros que deles necessitam.

Os **sistemas especialistas** são a quarta categoria de sistema de BI mostrada na Figura 9.2. Os sistemas especialistas sintetizam o conhecimento humano específico em forma de regras "*se/então*". Em um sistema de diagnósticos médicos, por exemplo, um sistema especialista pode ter uma regra com o seguinte formato:

Se Temperatura_Paciente > 39,5,
Então Iniciar Procedimento-Febre_Alta

Os sistemas especialistas podem ter centenas ou até milhares dessas regras. Embora poucos sistemas tenham demonstrado capacidade equivalente à de um especialista humano, alguns são suficientemente qualificados para melhorar a qualidade do diagnóstico e das decisões das fontes não especializadas.

Como em todo sistema de informação, é importante que se faça uma distinção entre *ferramentas* de BI e *sistemas* de BI. A Business Objects licencia a fer-

3. O termo data mining pode ser explicado pelo termo "garimpagem de dados", uma analogia direta ao processo de mineração utilizado para se encontrar um elemento precioso no meio de muitos outros sem valor algum. (N.R.T.).

ramenta informativa Crystal Reports. A SPSS licencia a suíte de data mining Clementine, e a Microsoft oferece o SharePoint Server como, em parte, um sistema de gestão de conhecimento. Todos esses produtos, no entanto, são apenas software e, como tal, representam apenas um dos cinco componentes.

Para obter a promessa de um melhor processo decisório, as empresas devem incorporar produtos de data mining a sistemas de informação completos. Uma ferramenta informativa pode gerar um relatório que mostre que um cliente cancelou um pedido importante. É necessário um *sistema* informativo, porém, para alertar o vendedor para essa notícia indesejável em tempo hábil para que ele possa tentar reverter a decisão. Da mesma forma, uma ferramenta de data mining pode criar uma equação que compute a probabilidade de um cliente não pagar um empréstimo. Um *sistema* de data mining, no entanto, utiliza essa equação de modo a permitir que o banco aprove ou rejeite um empréstimo no ato.

Q3. Que problemas os dados operacionais causam aos sistemas de *Business Intelligence*?

Os dados resultantes do processamento de transações e outros sistemas operacionais podem ser processados para criar relatórios básicos sem qualquer problema. Se quisermos saber, por exemplo, a situação atual das vendas e a posição dessas vendas em relação às projeções feitas, simplesmente processamos os respectivos dados no banco de dados de lançamento de pedidos.

Entretanto, os dados operacionais brutos raramente são adequados para um relatório ou um data mining mais sofisticado. A Figura 9.3 relaciona as principais categorias de problemas. Primeiro, embora os dados fundamentais para o sucesso das operações devam ser completos e precisos, essa exigência não se aplica aos dados de menor importância. Por exemplo, alguns sistemas reúnem dados demográficos durante o processo de formulação de pedido. Mas como esses dados não são necessários para fins de atendimento, embarque e faturamento de pedidos, sua qualidade fica comprometida.

Os dados problemáticos são chamados **dados sujos**. Constituem exemplos da categoria os valores de *B* para indicar o sexo do cliente, e de *213*, a idade do cliente. Outros exemplos são um valor de *999-9999-9999* para designar um número de telefone, de *verde*, para identificar a cor de uma peça, e de *PorqueEu@AdivinheQuemSou.org* para informar um e-mail. Todos esses valores podem ser problemáticos quando se trata de data mining.

Os valores faltantes são um segundo problema. Uma instituição sem fins lucrativos pode processar uma doação sem saber o sexo ou a idade do doador, mas o desempenho de um aplicativo de data mining ficará comprometido se a incidência desses valores faltantes for grande.

FIGURA 9.3 Problemas do uso de dados de transações para análise e data mining

- dados sujos
- valores faltantes
- dados incoerentes
- dados não integrados
- granularidade errada
  - fina demais
  - não suficientemente fina
- quantidade excessiva de dados
  - atributos demais
  - pontos de dados demais

A incoerência de dados, o terceiro problema mostrado na Figura 9.3, é particularmente comum no caso de dados coletados ao longo do tempo. Quando um código de área muda, por exemplo, o número do telefone de um determinado cliente antes da mudança não corresponderá ao número do cliente após a mudança. Da mesma forma, as referências de peças podem mudar, assim como os territórios de vendas. Antes que possam ser utilizados, esses dados devem ser registrados durante o período de estudo para que seja verificado até que ponto são coerentes.

Algumas incoerências de dados ocorrem em decorrência da natureza da atividade de negócios. Consideremos um sistema de pedidos via Internet utilizado por clientes de todo o mundo. Qual o fuso horário usado pelo servidor Web ao registrar a hora do pedido? O horário indicado pelo relógio do sistema do servidor é irrelevante para uma análise do comportamento dos clientes. O Horário (ou Tempo) Coordenado Universal (antigamente chamado horário de Greenwich) também não tem nenhum significado. Enfim, o horário do servidor Web deve ser ajustado de acordo com o fuso horário do cliente.

Outro problema é a falta de integração de dados. Suponhamos, por exemplo, que uma empresa queira fazer uma análise do comportamento de compra e pagamento do cliente. Infelizmente, a empresa registra os dados de pagamento em um banco de dados de gestão financeira da Oracle que é separado do banco de dados de CRM da Microsoft que contém os dados dos pedidos. Para que a empresa possa realizar a análise, os dados devem ser integrados.

Os dados podem também ter uma granularidade excessivamente fina ou demasiadamente grossa. A **granularidade** dos dados se refere ao grau de sumarização ou de detalhamento. No caso da granularidade grossa, os dados são altamente resumidos; a granularidade fina, por outro lado, subentende dados expressos com precisão de detalhes. Suponhamos, por exemplo, que nós queiramos analisar a posição dos gráficos e controles em uma página de pedidos da Internet. É possível capturar o comportamento de clicagem do cliente através dos chamados **dados do fluxo de cliques.** Entretanto, esses dados têm uma granularidade muito fina e incluem tudo o que o cliente faz no site. No meio do fluxo de pedidos há dados referentes aos cliques efetuados nas seções de notícias, e-mail, bate-papo e verificação das condições do tempo. Embora necessários para um estudo do comportamento de uso do computador pelo consumidor, todos esses dados são excessivos se tudo o que você quer saber é como os clientes respondem aos anúncios postados. Dada a fina granularidade desses dados, os analistas de dados precisam descartar milhões e milhões de cliques.

A granularidade dos dados pode ser também demasiadamente grossa. Por exemplo, um arquivo com o número total de pedidos não pode ser usado para uma análise da cesta de compras. Para esse tipo de análise, precisamos saber quais produtos foram adquiridos através de quais pedidos. Isso não significa que os dados referentes ao número total de pedidos sejam inúteis. Esses dados podem ser adequados para outros fins; só não servem para uma análise da cesta de compras.

Em geral, é preferível uma granularidade excessivamente fina a uma granularidade demasiadamente grossa. Se a granularidade for fina demais, podemos torná-la mais grossa sintetizando e combinando os dados. Esse procedimento requer apenas o trabalho do analista e o processamento do computador. Se a granularidade for grossa demais, no entanto, não há como desmembrar os dados em suas partes integrantes.

O último problema indicado na Figura 9.3 diz respeito à quantidade excessiva de dados. Conforme mostrado na figura, o número de atributos ou de pontos de dados pode ser exagerado. Pense nas tabelas do Capítulo 5. O número de colunas (atributos) ou de linhas (colunas) pode ser excessivo.

Consideremos o primeiro problema: excesso de atributos. Suponhamos que queiramos saber os fatores que influenciam o modo como os clientes respondem a uma promoção. Se combinarmos os dados obtidos internamente sobre os clientes com dados que possamos comprar, podemos ter mais de cem atributos diferentes a considerar. De que maneira os selecionamos? Devido a um fenômeno chamado **maldição da dimensionalidade**, quanto maior o número de atributos, mais fácil a construção de um modelo que corresponda à amostra de dados, mas isso de nada vale como fator preditivo. Existem outras boas razões para que se reduzam o número de atributos, e uma das principais atividades no data mining diz respeito às formas eficientes e eficazes de seleção de atributos.

A segunda maneira de se ter dados em demasia é quando há um número excessivo de pontos de dados – excesso de linhas de dados. Suponhamos que nós queiramos analisar os dados do fluxo de cliques em um site de entretenimento. Quantos cliques esse tipo de site recebe por mês? Milhões e milhões! Para fazer uma análise consistente desses dados, precisamos reduzir a quantidade de dados. Há uma boa solução para esse problema: a amostragem estatística. As empresas não deveriam relutar em lançar mão da amostragem de dados nesse tipo de situação.

Q4. Qual a finalidade e os componentes de um data warehouse?

Um **data warehouse** tem por finalidade extrair e limpar dados de sistemas operacionais e outras fontes, armazenando e processando esses dados para serem processados pelas ferramentas de BI. Os dados preparados são armazenados em um banco de dados do tipo **data warehouse** utilizando um DBMS de **data warehouse**, que pode ser diferente do DBMS operacional da empresa. Por exemplo, uma empresa pode usar o Oracle para o seu processamento operacional, mas utilizar SQL Server para o seu **data warehouse**. Outras empresas podem utilizar o SQL Server para o seu processamento operacional e os DBMSs de fornecedores de pacotes estatísticos, como a SAS ou a SPSS, no **data warehouse**.

Os **data warehouse** podem conter dados externos comprados de fontes externas. Um exemplo típico são os dados de crédito dos clientes. A Figura 9.5 relaciona alguns dos dados do cliente que podem ser comprados de fornecedores comerciais. A quantidade de dados disponível é surpreendente (e, do ponto de vista da privacidade, assustador).

Os aplicativos de rede social e conteúdo gerado pelo usuário criam volumes de dados potencialmente grandes. Por serem provenientes diretamente da fonte (um cliente ou possível cliente), os dados provavelmente são mais precisos do que os dados comprados. Esses dados desempenharão um papel fundamental nos aplicativos de **data warehouse**. Por exemplo, se você se gabar da sua nova TV 3D no Facebook, os agregadores de dados saberão que você compra produtos eletrônicos caros e avançados.

Os metadados relativos aos dados – a fonte, o formato, seus pressupostos, as limitações e outros fatos envolvendo os dados – são mantidos em um banco que contém os metadados do **data warehouse**. O DBMS do **data warehouse** extrai e fornece dados às ferramentas de BI, como os programas de data mining.

A propósito, não interprete literalmente o termo *depósito (warehouse)*. Trata-se de um depósito apenas no sentido de ser um local destinado ao armazenamento de dados para uso de outras pessoas. *Não* é um prédio grande com prateleiras e empilhadeiras zumbindo pelos corredores carregados de pallets. Do ponto de vista físico, um **data warehouse** consiste em alguns computadores rápidos com uma enorme capacidade de armazenamento. O **data warehouse** normalmente é operado por um pequeno

FIGURA 9.4 Componentes de um data warehouse

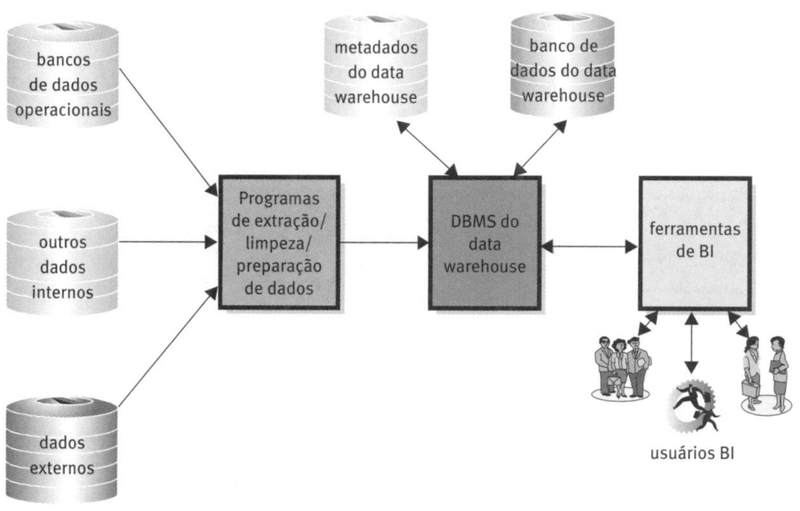

departamento formado por técnicos e analistas de negócios. O pessoal técnico trabalha para desenvolver as melhores formas de armazenamento e catalogação do conteúdo do **data warehouse**. Os analistas de negócios, por sua vez, trabalham no sentido de garantir a disponibilidade de um conteúdo relevante e suficiente para atender às necessidades profissionais dos usuários do sistema de BI.

FIGURA 9.5 Dados do consumidor disponíveis para compra junto aos fornecedores de dados

- nome, endereço, telefone
- idade
- sexo
- etnia
- religião
- renda
- escolaridade
- título de eleitor
- casa própria
- veículos
- assinatura de revistas
- hobbies
- compras por catálogo
- estado civil
- altura, peso e cor do cabelo e dos olhos
- nome e data do nascimento do cônjuge
- nomes e datas de nascimento dos filhos

Q5. O que é um data mart e qual a diferença para um data warehouse?

Um **data mart** é uma coleção de dados criada para atender às necessidades de uma determinada função, problema ou oportunidade da empresa. Uma empresa de e-commerce, por exemplo, pode criar um data mart que armazene dados sobre o fluxo de cliques que são disponibilizados através de uma pré-amostra e sintetizados de modo a permitir a análise das características de navegabilidade da página da Internet.

A mesma empresa pode ter um segundo data mart para análise da cesta de compras. Esse segundo data mart poderia conter registros de dados relativos a vendas passadas organizados de modo a facilitar a computação das correlações de compra de produtos. Um terceiro data mart poderia conter dados de controle de estoque e ser organizado de modo a suportar um sistema de BI utilizado para planejar o layout do estoque.

Então qual a diferença entre um data warehouse e um data mart? De certa forma, você pode considerar um *data warehouse* como um distribuidor

FIGURA 9.6 Exemplos de data mart

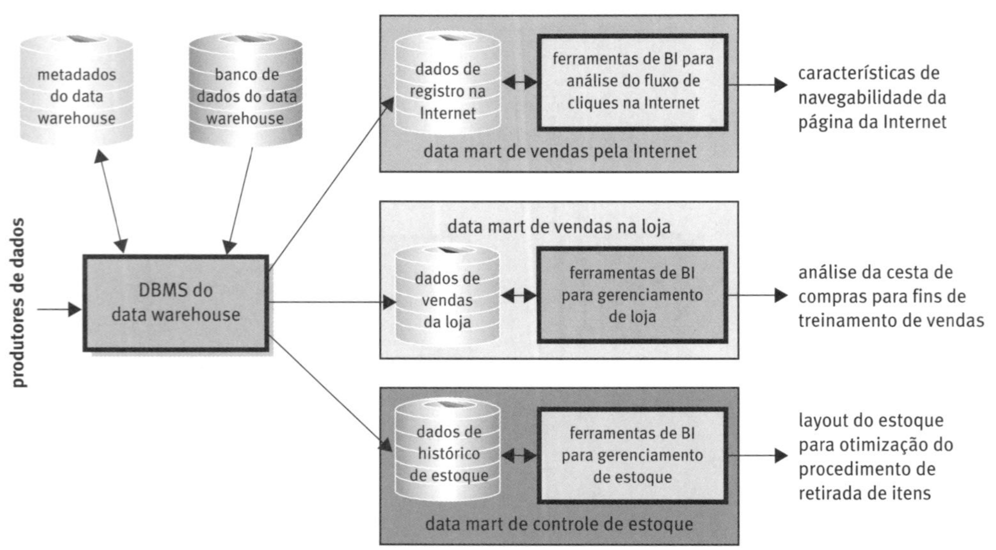

em uma cadeia de suprimentos. O data warehouse pega os dados gerados pelos produtores de dados (sistemas operacionais, outros sistemas internos etc.) e os limpa, processa e coloca em suas prateleiras, por assim dizer - isto é, nos discos dos computadores que funcionam como data warehouse. As pessoas que trabalham com um data warehouse são especialistas em gerenciamento, limpeza e transformação de dados, criação de metadados etc. Os analistas de negócios especializados em data warehouse conhecem as necessidades gerais da empresa, mas não são especialistas em nenhuma função empresarial específica.

Como dissemos, um *data mart* é uma coleção de dados, menor do que o data warehouse direcionado a um determinado componente ou área funcional da empresa. Se o data warehouse é o distribuidor em uma cadeia de suprimentos, um data mart é como uma loja nessa cadeia. Os usuários do data mart obtêm dados relacionados a uma determinada função empresarial a partir do data warehouse. Esses usuários não têm o conhecimento de gerenciamento de dados que os funcionários do data warehouse têm, mas são analistas qualificados para uma determinada função da empresa. A Figura 9.2 ilustra essas relações.

Como você pode imaginar, é caro criar, contratar operadores e operar data warehouse e data mart. Somente as empresas grandes e ricas podem se dar ao luxo de operar um sistema como aquele mostrado na Figura 9.6. As empresas menores operam subdivisões desse sistema, podendo ter apenas um data mart simples para a análise de dados de promoção, por exemplo.

Q6. Quais as características dos sistemas de data mining?

Retornamos agora ao conceito de data mining. **Data mining** é a aplicação de técnicas estatísticas para encontrar padrões e relações entre dados, bem como para fins de classificação e previsão. Conforme mostrado na Figura 9.7, o data mining representa uma convergência de disciplinas. As técnicas de garimpagem são provenientes da estatística e da matemática, bem como das áreas de inteligência artificial e aprendizado de máquina da ciência da computação. Consequentemente, a terminologia da data mining é uma estranha mistura de termos dessas diferentes disciplinas. Às vezes, as pessoas usam o termo *descoberta de conhecimento em bancos de dados (Knowledge Discovery in Databases - KDD)* como sinônimo de *data mining*.

As técnicas de data mining aproveitam os desenvolvimentos da área de gerenciamento de dados para processar os enormes bancos de dados que surgiram nos últimos dez anos. É claro que esses dados não teriam sido gerados se não fossem os computadores rápidos e baratos, sem os quais seria impossível computar as novas técnicas.

A maioria das técnicas de data mining é sofisticada, e muitas são difíceis de usar. Entretanto, essas técnicas são de grande valor para as empresas e alguns profissionais da área de negócios, especialmente aqueles das áreas de finanças e marketing, se especializaram no seu uso. Hoje, aliás, existem muitas profissões interessantes e compensadoras para profissionais da área de negócios com domínio das técnicas de data mining.

As técnicas de data mining se enquadram em duas amplas categorias: não supervisionadas e supervisionadas. Explicaremos ambos os tipos nas seções que se seguem.

9.1 *Data mining não supervisionado*

No **data mining não supervisionado**, os analistas não criam um modelo ou uma hipótese antes de realizar a análise. Em vez disso, eles aplicam a técnica de garimpagem aos dados e observam os resultados. Com esse método, os analistas criam hipóteses após a análise para explicar os padrões encontrados.

Uma técnica não supervisionada comum é a **análise de agrupamentos**. Nesse tipo de análise, as técnicas estatísticas identificam grupos de entidades com características similares. Um uso comum da análise de agrupamentos consiste em encontrar grupos de clientes similares a partir de dados de demográficos e de pedidos dos clientes.

Por exemplo, suponhamos que uma análise de agrupamentos encontre dois grupos de clientes muito diferentes: um grupo cujos membros

FIGURA 9.7 Convergência de disciplinas para data mining

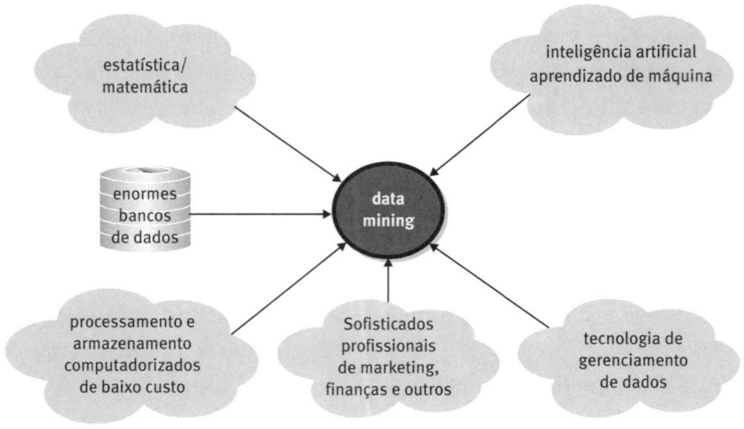

têm idade média de 33 anos; possuem pelo menos um computador laptop, um telefone celular e um iPad; dirigem um carro utilitário de luxo; e tendem a comprar brinquedos caros para os filhos. O segundo grupo é formado por indivíduos com idade média de 64 anos que possuem casas de veraneio, jogam golfe e compram vinhos caros. Suponhamos que a análise revele também que os integrantes de ambos os grupos compram roupas de marca para seus filhos.

Essas constatações são obtidas exclusivamente através de análise de dados. Não existe nenhum modelo anterior sobre os padrões e relações existentes. Cabe ao analista formar hipóteses, após o fato, para explicar por que os membros de dois grupos tão diferentes compram roupas de marca para seus filhos.

9.2 *Data mining supervisionado*

No **data mining supervisionado**, os garimpeiros desenvolvem um modelo anterior à análise e aplicam técnicas estatísticas aos dados para fazer uma estimativa dos parâmetros do modelo. Suponhamos, por exemplo, que os especialistas de marketing em uma empresa de comunicações acreditem que o uso do telefone celular nos fins de semana seja determinado pela idade do cliente e pelo tempo que o cliente tem a conta de telefonia móvel. Um analista de data mining, então, conduziria uma análise com o objetivo de estimar o impacto de fatores como a idade e o tempo de conta do cliente. Uma dessas análises, que mede o impacto de um conjunto de variáveis sobre outras variáveis, é chamada de **análise de regressão**. Uma amostra de resultado para o exemplo do telefone celular seria:

MinutosTelefoneCelularFimdeSemana =
12 + (17,5 x IdadeCliente) +
(23,7 x NúmeroMesesdeConta)

Utilizando essa equação, os analistas conseguem prever o número de minutos de uso do telefone celular nos fins de semana somando 12, mais 17,5 vezes a idade do cliente, mais 23,7 vezes o número de meses de conta.

Como você aprenderá nas suas aulas de estatística, é preciso uma habilidade considerável para interpretar a qualidade desse tipo de modelo. A ferramenta de regressão criará uma equação, como a que mostramos anteriormente. Se essa equação é uma boa fórmula para prever o futuro do uso do telefone celular, tudo vai depender de fatores estatísticos como valores *t*, intervalos de confiança e técnicas estatísticas correlatas.

As **redes neurais** são outra técnica popular de data mining supervisionada usada para prever valores e fazer classificações, como "bons" ou "maus" clientes em potencial, por exemplo. O termo *redes neurais* engana porque assume uma conotação de processo biológico semelhante àquele que ocorre nos cérebros animais. Aliás, embora a *ideia* original de redes neurais possa ser proveniente da anatomia e fisionomia dos neurônios, uma rede neural nada mais é do que um complexo conjunto de equações possivelmente lineares. Explicar as técnicas usadas para as redes neurais está fora do escopo deste texto. Se você quiser saber mais, pesquise o termo na internet.

Os conhecimentos contidos neste capítulo ajudariam Jeff a compreender o valor dos dados que o Fox Lake possui em seus sistemas operacionais. Anne está pressionando para usar alguns desses dados, mas, sem dúvida, existem aplicativos de BI que podem ajudar o Fox Lake a comercializar os seus serviços de golfe e tênis e o seu restaurante. Além disso, provavelmente existem aplicativos de BI que ajudariam a melhorar a eficiência do departamento de manutenção de instalações. O Fox Lake é pequeno demais para ter um data warehouse, mas pode querer criar um mercado de dados informal para suportar esses possíveis aplicativos de BI.

Você pode se beneficiar da mesma maneira. No seu futuro emprego, lembre-se do valor dos dados armazenados. Seja na área de vendas, marketing, produção, contábil ou administrativa, você encontrará aplicativos de BI que poderão ajudá-lo a solucionar problemas e a trabalhar com mais eficácia.

GUIA ÉTICO: Data mining no mundo real

– Na verdade, eu não sou contra a data mining. Eu acredito na técnica. Afinal, essa é a minha profissão. Mas a data mining no mundo real é muito diferente da maneira como aparece descrita nos livros didáticos.

– Existem muitas razões para essa diferença. Uma delas é que os dados são sempre sujos, com valores faltantes, valores muito distantes de qualquer possibilidade e valores de tempo que não fazem nenhum sentido. Eis um exemplo: Alguém acerta incorretamente o relógio do sistema servidor e roda o servidor durante um tempo com o horário errado. Ao notar o erro, a pessoa corrige o horário. Mas todas as transações que foram realizadas durante aquele intervalo indicam um horário de conclusão anterior ao horário de início. Quando conduzimos a análise de dados e computamos o tempo decorrido, os resultados são negativos para essas transações.

– Os valores faltantes representam um problema semelhante. Consideremos os registros de apenas dez compras. Suponhamos que em dois dos registros estejam faltando o número do cliente e que em um esteja faltando o ano da transação. Com isso, você descarta três registros, o que equivale a 30% dos dados. Em seguida, você observa que dois outros registros contêm dados sujos e, por essa razão, os descarta também. Agora você já perdeu a metade dos seus dados.

– Outro problema é que o início do estudo é quando você menos tem conhecimento dos fatos. Por isso você trabalha durante alguns meses e chega à conclusão de que, se tivesse outra variável, digamos o código de endereçamento postal do cliente, por exemplo, ou algum outro dado, poderia fazer uma análise muito melhor. Mas esses outros dados simplesmente não estão disponíveis. Ou talvez estejam disponíveis, mas para consegui-los, você terá de reprocessar milhões de transações e não tem tempo nem orçamento para fazer isso.

– O sobreajuste é outro grande problema. Eu posso construir um modelo que sirva para qualquer conjunto de dados que você tenha. Você me fornece cem pontos de dados e em alguns minutos eu lhe dou cem equações diferentes capazes de predizer esses cem pontos de dados. Com as redes neurais, você pode criar um modelo com qualquer nível de complexidade que queira, só que nenhuma dessas equações terá como predizer novos casos com qualquer nível de precisão. Ao utilizar uma rede neural, você deve ter muito cuidado para que não haja sobreajuste de dados.

– Além disso, o data mining subentende probabilidades, não certezas. Má sorte acontece. Digamos que eu construa um modelo capaz de predizer a probabilidade de um cliente efetuar uma compra. Aplicando o modelo aos dados dos novos clientes, eu encontro três clientes que apresentam uma probabilidade de 0,7 de comprar algo. É um bom número, bem acima de uma chance de 50%, mas, ainda assim, é possível que nenhum deles compre. Aliás, a probabilidade de que nenhum deles efetue uma compra é de 0,3 x 0,3 x 0,3, ou de 0,027, o que equivale a 2,7%.

– Agora suponhamos que eu forneça os nomes dos três clientes a um vendedor que ligue para eles e que, para a nossa infelicidade, nenhum deles compre. Esse mau resultado não significa que o modelo esteja errado. Mas o que o vendedor irá pensar? Ele irá achar que o modelo de nada adianta e que ele pode se sair melhor trabalhando ao seu modo. Ele conta para o gerente, que conta para o colega, que conta para o gerente da região nordeste, e o modelo acaba ficando mal afamado em toda a empresa.

– A sazonalidade é outro problema. Digamos que todos os seus dados de treinamento estejam relacionados ao verão. O seu modelo será válido para o inverno? Talvez sim, talvez não. Você pode até saber que esse modelo não servirá para prever as vendas do inverno, mas na falta de dados relativos ao inverno, o que fazer?

– Ao iniciar um projeto de data mining, você nunca sabe qual será o resultado. Eu trabalhei em um projeto durante 6 meses e, quando terminamos, não gostei nem um pouco do nosso modelo. Tivemos muitos problemas de dados: dados errados, dados sujos, dados faltantes. Nós não tínhamos como saber antecipadamente que isso iria acontecer, mas aconteceu.

– Quando chegasse a hora de apresentar os resultados à alta gerência, o que poderíamos fazer? Como poderíamos dizer que consumimos seis meses do nosso tempo e recursos substanciais de computação para criar um modelo insatisfatório? Nós tínhamos um modelo, mas eu simplesmente não achava que fosse um modelo capaz de fazer previsões precisas. Eu era um membro júnior da equipe e não cabia a mim decidir. Fiquei calada, mas nunca me conformei.

Questões para discussão

1. Essa funcionária tinha a responsabilidade ética de manifestar o seu ponto de vista em relação à qualidade do modelo de data mining? Por que ou por que não?
2. Se você fosse essa funcionária, o que você teria feito?
3. O caso não indica como o modelo de data mining deveria ser usado. Suponhamos que devesse ser usado na sala de emergência de um hospital para prever a gravidade dos casos de emergência. Nesse caso, você mudaria as suas respostas às questões 1 e 2? Por que ou por que não?
4. Suponhamos que o modelo de data mining devesse ser utilizado para prever a probabilidade de resposta das perspectivas de vendas a uma mala direta promocional. Digamos que o custo da mala direta seja de $ 10,000 e que será paga por um departamento de marketing que tem um orçamento anual de $ 25 milhões. As suas respostas às questões 1 e 2 mudam nesse caso? Por que ou por que não?
5. Se as suas respostas forem diferentes para as questões 3 e 4, explique por quê. Se não forem diferentes, explique por que não.
6. Suponhamos que você fosse essa funcionária e falasse de seus maus pressentimentos ao seu chefe direto e ele dissesse: "Esqueça isso, *júnior*". Como você reagiria?
7. Suponhamos que o seu chefe lhe dissesse para esquecer o caso, mas que, em uma reunião com o seu chefe e o chefe do seu chefe, o gerente sênior, lhe perguntasse a sua opinião sobre a capacidade de previsão desse modelo. O que você responderia?

REVISÃO

Utilize esta revisão para verificar o que você assimilou das ideias e conceitos que respondem às questões de estudo do capítulo.

Q1. **Por que as empresas precisam de Business Intelligence?**
Identifique os fatores econômicos que têm levado à criação de tantos dados. Defina *petabyte* e *exabyte*. Explique as oportunidades que todos esses dados apresentam para a empresa.

Q2. **De que maneira os sistemas de BI oferecem vantagens competitivas?**
Defina *sistemas de BI*. Cite quatro categorias de sistemas de BI e descreva as características básicas de cada uma. Explique como os sistemas pertencentes a cada categoria contribuem para a vantagem competitiva.

Q3. **Que problemas os dados operacionais causam aos sistemas de BI?**
Relacione os problemas causados pelos dados operacionais aos sistemas de BI. Faça um breve resumo de cada problema. Defina *granularidade*. Explique o problema causado pela *maldição da dimensionalidade*.

Q4. **Qual a finalidade e os componentes de um data warehouse?**
Defina data warehouse e justifique a sua finalidade. Explique o papel de cada componente mostrado na Figura 9.4. Dos diversos tipos de dados que podem ser comprados, cite cinco que você considere mais preocupantes do ponto de vista da privacidade. Justifique as razões pelas quais algumas empresas possam querer comprar esses dados. Descreva o impacto que as redes sociais e o conteúdo gerado pelo usuário terão nos data warehouse. Explique por que o termo *depósito* engana.

Q5. **O que é um data mart e qual a diferença para um data warehouse?**
Defina *data mart* e dê exemplo de um que não tenha sido descrito neste capítulo. Explique como os data warehouse e os data mart são como componentes de uma cadeia de suprimento. Em que condições uma empresa preenche um data warehouse com vários data mart?

Q6. **Quais as características dos sistemas de data mining?**
Justifique a finalidade dos sistemas de data mining. Explique como o data mining surgiu da convergência de diferentes disciplinas. Descreva o impacto dessa história na terminologia da data mining. Explique as características e os usos do data mining não supervisionado. Explique as características e os usos do data mining supervisionado. Explique por que o termo *rede neural* é uma designação imprópria.

Explique como os conhecimentos de BI poderiam ajudar Anne e Jeff a tomar melhores decisões no Fox Lake. Resuma de que maneira esses conhecimentos poderiam ajudar você na sua profissão, seja qual for a sua área de atuação.

UTILIZE SEUS CONHECIMENTOS

1. Explique por que o fato de sabermos que estamos armazenando exabytes de dados é importante para o processo decisório. Cite e descreva três aplicações do armazenamento de dados ao processo decisório que não tenham sido mencionadas neste capítulo. Utilize um exemplo para cada um dos quatro tipos de sistema de BI mostrados na Figura 9.2.

2. De que maneira a tendência ao armazenamento de dados descrita na questão 1 produz impacto na sua universidade? Que tipos de dados você acha que estão crescendo mais rápido? Dos dados que mais crescem, que percentual você acha que é gerado pelos estudantes? E pelas atividades realizadas em sala de aula? E pelos administradores? E pelas pesquisas? Explique a sua resposta.
3. Suponhamos que você trabalhe na universidade e tenha acesso aos dados de alunos, aulas, professores, departamentos e notas. Suponhamos que você queira determinar se existe inflação de notas

e, nesse caso, onde o problema parece ser maior. Descreva um sistema informativo que pudesse produzir provas da existência de inflação de notas. De que maneira você estruturaria os relatórios para determinar onde há maior incidência.

4. Suponhamos que você trabalhe na universidade e tenha acesso aos dados de alunos, aulas, professores, departamentos e notas. Suponhamos que os dados dos alunos contenham o endereço residencial e o desempenho dos alunos no ensino médio e antes da universidade (se for o caso). Descreva uma técnica de data mining não supervisionada que poderia ser usada para prever os candidatos à universidade com probabilidade de sucesso na área acadêmica. É uma atitude responsável ou irresponsável usar uma técnica não supervisionada para esse tipo de problema?

5. Assim como na questão 4, mas descrevendo uma técnica de data mining supervisionada que poderia ser usada para prever o sucesso dos candidatos, analise e explique se seria mais justificável usar uma técnica supervisionada do que uma técnica não supervisionada.

6 Explique de que maneira um conjunto de regras do tipo "Se/Então" poderia ser usado para selecionar instalações para a realização de recepções de casamento. Dê exemplo de cinco regras que seriam pertinentes para esse problema. Dados o porte e a cultura do Fox Lake, você acha que o clube poderia adotar um sistema especialista? Explique. Como Anne poderia usar essas regras de maneira mais informal?

ESTUDO DE CASO 9

THL (cont.)

Antes de prosseguir, releia o Estudo de caso do Capítulo 8, que apresenta a THL, Tourism Holdings Limited, uma empresa com sede na Nova Zelândia que possui e opera diversas empresas. Neste caso, examinaremos como a THL utiliza os sistemas de informação como suporte ao aluguel de veículos em suas quatro frentes de atuação como locadora de trailers.

O aluguel de trailers para os clientes consiste em três fases fundamentais:

1. Correlacionar as necessidades do cliente com a disponibilidade de veículos.
2. Reservar veículos e informar o departamento de operações.
3. Serviço de faturamento e atendimento ao cliente.

Sistemas de reservas on-line

Os clientes acessam um site para qualquer marca de veículo que desejem alugar. Nesse site, eles especificam as datas e os locais em que desejam retirar e devolver o veículo. Os sistemas de informação da THL avaliam o estoque de veículos para determinar a disponibilidade dos mesmos.

Essa determinação é complexa. A THL pode não ter o veículo no local desejado, mas pode ter um veículo mais caro disponível e optar por oferecer ao cliente um upgrade gratuito. Ou, pode ter o veículo desejado em outra cidade e optar por deslocar o veículo para essa localidade. Entretanto, o deslocamento do veículo pode afetar reservas anteriores para esse veículo, inviabilizando essa operação. Por fim, essa complexidade é agravada porque determinados veículos não devem ser alugados em determinadas localidades. (Veículos convencionais com tração em duas rodas não podem ser alugados para a região desértica da Austrália, por exemplo). E, obviamente, os veículos passam por manutenções programadas e não programadas.

A precificação é outra decisão complicada no processo de reservas. Como os hotéis e empresas aéreas, a THL adota uma política de preços flexíveis, na qual os preços são determinados não apenas pelo veículo e pelo período de aluguel, mas também pela demanda dos clientes.

Para resolver essa complexidade, a THL desenvolveu um sistema de informação de disponibilidade baseado em regras conhecido como Aurora. Os analistas de negócios criam regras de negócios como aquelas mostradas nas Figuras 9.8 e 9.9.

A Figura 9.8 mostra um exemplo de regras que impedem que um veículo seja alugado; a Figura 9.9, por sua vez, mostra uma tela utilizada para criar ou alterar uma regra. Todas as regras são armazenadas em um banco de dados SQL Server que contém também todos os dados de reserva dos veículos. Os programas aplica-

FIGURA 9.8 Exemplo de regras de locação

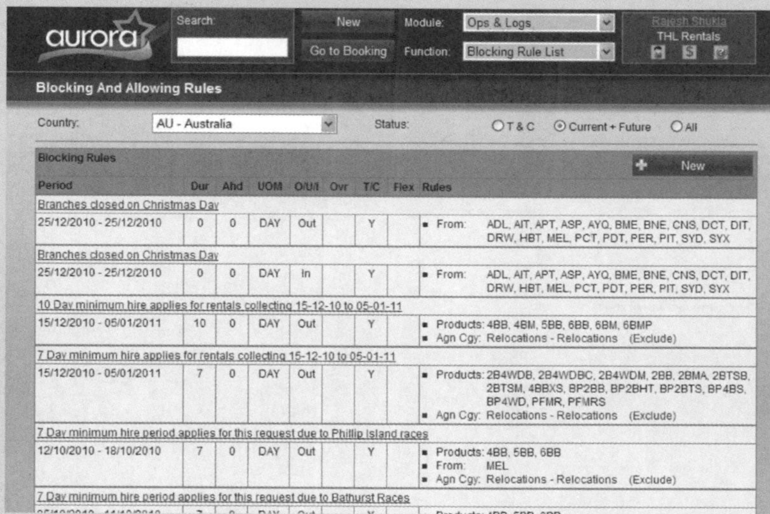

Fonte: ©Tourism Holdings Limited. Utilizado com permissão.

FIGURA 9.9 Criação de uma regra de bloqueio de reserva

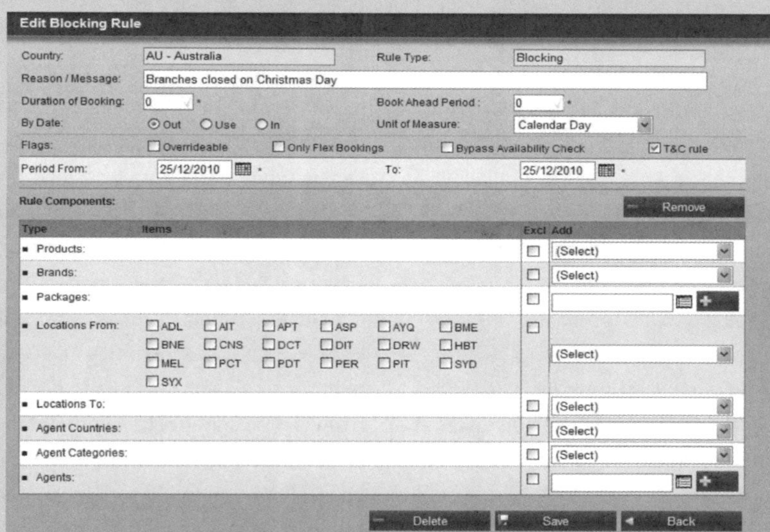

Fonte: ©Tourism Holdings Limited. Utilizado com permissão.

tivos do sistema Aurora acessam e processam as regras da empresa ao determinar a disponibilidade de veículos. Como as regras são criadas e gerenciadas com interfaces fáceis de usar, como aquela mostrada na Figura 9.9, os analistas de negócios, que não são programadores, conseguem alterar a política de reservas sem o auxílio do pessoal técnico.

A THL opera sistemas de informação também para os processos de devolução de veículos e faturamento para o cliente.

FIGURA 9.10 Sistemas de informação da THL

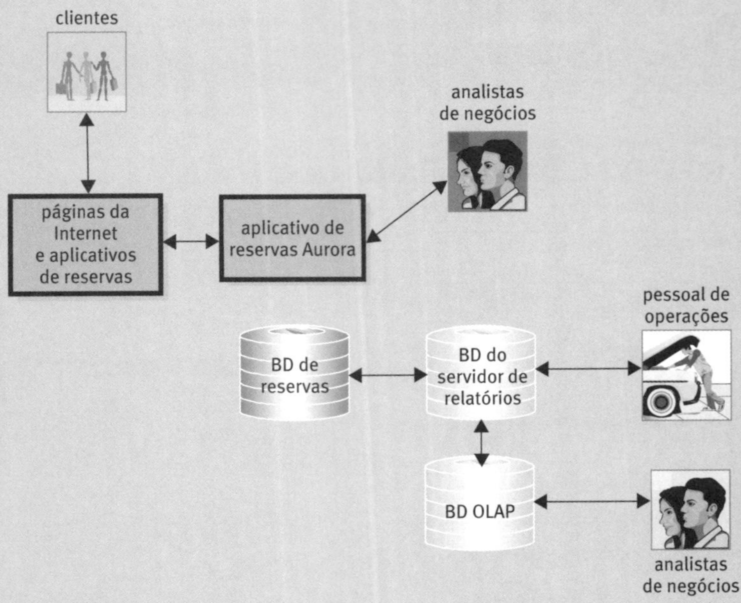

O sistema de reservas Aurora descarrega dados para um segundo banco de dados SQL Server que opera um Servidor de Relatórios (Report Server) (ver Figura 9.10). Descarregando os dados, a THL produz diversos relatórios sofisticados sem afetar o desempenho do sistema de reservas on-line.

Os relatórios do guia mostram tanto atividades operacionais quanto gerenciais. Um dos relatórios, por exemplo, mostra os veículos que devem ser retirados e devolvidos para cada base de locação. Outros relatórios mostram os veículos que precisam ser transferidos para outras localidades, os veículos que devem ser enviados para manutenção, os veículos que devem ser retirados da frota, e assim por diante.

Sistemas de informação de BI

"Sabemos que os nossos dados operacionais contêm uma série de informações sobre os nossos clientes, suas necessidade de aluguel, tendências no ramo de locação e necessidades de veículos, e outros fatores determinantes das atividades de negócios", declarou Grant Webster, CEO. "Já desenvolvemos diversos cubos OLAP e estamos trabalhando em outros tipos de aplicativos de BI."

Conforme mostrado na Figura 9.10, os dados do servidor de relatórios são baixados para um terceiro servidor que presta serviços de OLAP. Os dados operacionais são processados e os cubos OLAP são criados semanalmente. A Figura 9.11 mostra um cubo que apresenta a receita proveniente das vendas de veículos em 2005 (a THL, naturalmente, reluta em publicar versões atualizadas desses dados particulares).

OLAP significa "processamento analítico on-line – Online Analytical Processing" e se refere à produção de relatórios cuja estrutura pode ser alterada de forma dinâmica pelo usuário. Na Figura 9.10, o usuário poderia, por exemplo, alterar as colunas da marca e do mercado geográfico, e os totais seriam ajustados de acordo com as alterações efetuadas. Os gráficos em Excel Pivot são um exemplo de relatório OLAP (ou *cubo*, como os relatórios OLAP são chamados). A diferença é que o servidor de relatórios da THL produz relatórios com base em milhares de transações; seria muito difícil processar esse volume em Excel.

QUESTÕES

1. Considerando o sistema de reservas baseado em regras:

FIGURA 9.11 Relatório OLAP da THL

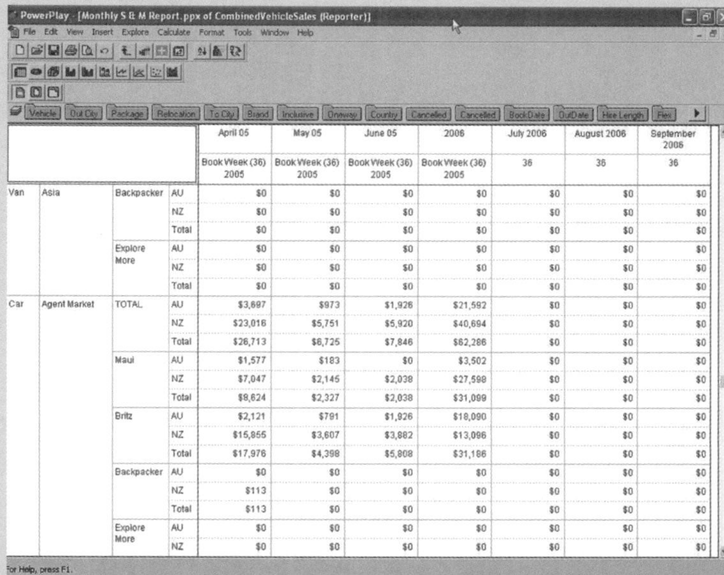

				April 05	May 05	June 05	2006	July 2006	August 2006	September 2006
				Book Week (36) 2005	Book Week (36) 2005	Book Week (36) 2005	Book Week (36) 2005	36	36	36
Van	Asia	Backpacker	AU	$0	$0	$0	$0	$0	$0	$0
			NZ	$0	$0	$0	$0	$0	$0	$0
			Total	$0	$0	$0	$0	$0	$0	$0
		Explore More	AU	$0	$0	$0	$0	$0	$0	$0
			NZ	$0	$0	$0	$0	$0	$0	$0
			Total	$0	$0	$0	$0	$0	$0	$0
Car	Agent Market	TOTAL	AU	$3,697	$973	$1,926	$21,592	$0	$0	$0
			NZ	$23,016	$5,751	$5,920	$40,694	$0	$0	$0
			Total	$26,713	$6,725	$7,846	$62,286	$0	$0	$0
		Maui	AU	$1,577	$183	$0	$3,502	$0	$0	$0
			NZ	$7,047	$2,145	$2,038	$27,598	$0	$0	$0
			Total	$8,624	$2,327	$2,038	$31,099	$0	$0	$0
		Britz	AU	$2,121	$791	$1,926	$18,090	$0	$0	$0
			NZ	$15,855	$3,607	$3,882	$13,096	$0	$0	$0
			Total	$17,976	$4,398	$5,808	$31,186	$0	$0	$0
		Backpacker	AU	$0	$0	$0	$0	$0	$0	$0
			NZ	$113	$0	$0	$0	$0	$0	$0
			Total	$113	$0	$0	$0	$0	$0	$0
		Explore More	AU	$0	$0	$0	$0	$0	$0	$0
			NZ	$0	$0	$0	$0	$0	$0	$0

Fonte: ©Tourism Holdings Limited. Utilizado com permissão.

a. Resuma os benefícios de uma política determinada por regras, e não por código de computador.
b. Quais as consequências de alguém acessar uma regra incorreta? Cite exemplos rotineiros e radicais.
c. Considerando a sua resposta ao item b, se você gerenciasse um sistema de reservas na THL, que processo você utilizaria para a alteração de regras?

2. Examine o cubo OLAP apresentado na Figura 9.11. Os valores constantes nesse relatório (ou cubo como os relatórios OLAP são chamados) são as somas das receitas geradas pela locação de veículos.
   a. Usando a sua intuição e os seus conhecimentos de negócios, o que você acha que o valor de US$ 3.697 significa? E os valores de US$ 1.587 e US$ 2.121?
   b. Especifique três conclusões que você pode tirar desses dados.
   c. A principal vantagem do OLAP é que as colunas e linhas podem ser trocadas e os valores do relatório serão recalculados automaticamente. Explique o que aconteceria se o usuário desse relatório quisesse trocar a primeira coluna (área geográfica) com a terceira (marca). Você não possui dados suficientes para computar os valores, mas explique por meio de palavras o que aconteceria.
3. Considerando os dados de reservas dos clientes, cite um exemplo de uso de cada um dos seguintes sistemas:
   a. Aplicativo para a emissão de relatórios (que não o OLAP)
   b. Análise da cesta de compras
   c. Data mining não supervisionado
   d. Data mining supervisionado
   e. Classifique as suas respostas aos itens **a** a **d** com base no nível de conveniência de cada uma. Justifique a sua classificação.
4. Suponhamos que a THL resolva abrir uma locadora de vans no Brasil e esteja cogitando manter uma base de operações no Pará, no Rio de Janeiro, em Minas Gerais, em Mato Grosso ou em Pernambuco.
   a. Dada a natureza das atuais atividades de locação de trailers da THL, que estados você acha que seriam mais recomendáveis? Justifique a sua deci-

são. Considere a possível concorrência, o porte do mercado, a aplicabilidade da experiência da THL e outros fatores que você julgar relevantes.

b. Resuma as vantagens competitivas da THL para essa nova operação.

c. Resuma as vulnerabilidades competitivas da THL para essa nova operação.

d. Descreva como o sistema de reservas da THL agrega valor a essa nova operação.

e. Resuma os problemas que você acha que a THL poderá enfrentar com a operação de uma empresa situada a uma grande distância da sua sede.

5. Cite e descreva sistemas e tecnologias de informação que a THL poderia utilizar para atenuar os problemas citados na sua resposta ao item **e** da questão 4.

PARTE IV

Gestão de sistemas de informação

A Parte 4 trata da gestão do desenvolvimento, dos recursos e da segurança dos sistemas de informação nos Capítulos 10, 11 e 12, respectivamente. Mesmo que não seja nenhum especialista em sistemas de informação, você precisa conhecer essas funções para que possa ser um consumidor eficaz e bem-sucedido de serviços de SI. A FlexTime e o Fox Lake são empresas pequenas, cada uma com um volume anual de vendas bem abaixo de US$ 100 milhões. Como a maioria das pequenas empresas, nenhuma das duas possui uma organização formal para gerenciar o desenvolvimento, os recursos e a segurança dos sistemas de informação. Entretanto, as pequenas empresas não estão isentas dessas responsabilidades. Nas empresas de pequeno porte que não contam com pessoal especializado em SI, essas responsabilidades geralmente recaem sobre os gerentes de negócios, como você verá. Portanto, preste muita atenção às responsabilidades do usuário e da gerência nos três próximos capítulos. Se você trabalha em uma empresa de médio ou grande porte que tem o suporte de uma equipe especializada, esses capítulos o ajudarão a conhecer as responsabilidades e as atividades dos profissionais de SI, o que lhe permitirá trabalhar de forma mais eficaz com eles.

CAPÍTULO **10**

Desenvolvimento de sistemas de informação

Isto poderia acontecer com você

- Jeff, nós limpamos os banheiros do clube duas vezes por dia... pela manhã, antes das 7, e novamente logo depois do almoço. Fazemos isso há anos e nunca houve nenhum problema - Mike Stone, gerente de instalações, está defendendo o seu departamento em uma reunião com Jeff Lloyd, gerente geral do Fox Lake, e Anne Foster, gerente do recém-criado departamento de organização de recepções de casamento.

- Ótimo, Mike. Simplesmente ótimo - Anne eleva a voz. - E se, como nos ÚLTIMOS TRÊS SÁBADOS, nós tivermos dois casamentos à tarde? Você não acha que os convidados do segundo casamento talvez queiram encontrar os banheiros limpos?

Anne não acredita que tenha que pedir que os banheiros sejam limpos.

- São os seus amigos e familiares em um casamento... no Fox Lake! É de se esperar que os banheiros estejam limpos!

Mike prossegue.

- Veja bem, Anne, eu posso contratar funcionários para limpar os banheiros no horário que você quiser. Entretanto, eu tenho que estar de olho no orçamento e não vou contratar pessoas para limpar banheiros que já estão limpos, uma vez que NÃO houve dois casamentos nesse dia.

- Bem, Mike, podemos falar sobre o problema do vaso no banheiro feminino?

- Como assim?

- O que eu quero dizer é que há um mês estamos com um vaso entupido...

Questões de estudo

Q1. O que é desenvolvimento de sistemas?

Q2. Por que o desenvolvimento de sistemas é um processo difícil e arriscado?

Q3. Quais as cinco fases do SDLC?

Q4. Como um sistema é definido?

Q5. Qual a função dos usuários na fase de análise de requisitos?

Q6. Como são projetados os cinco componentes?

Q7. De que maneira um sistema de informação é implementado?

Q8. Quais as tarefas de manutenção do sistema?

Q9. Quais são alguns dos problemas com o SDLC?

De que maneira os conhecimentos contidos neste capítulo são úteis para o Fox Lake e para você?

- Mike, é isso mesmo? - Jeff intervém.

- Veja bem, eu não tenho um encanador na equipe. Steve é o gerente nos fins de semana. Ele sabe que nós controlamos as nossas despesas e não irá chamar um enganador no sábado, pagando preço de fim de semana e tudo. Por isso, ele faz a coisa certa. Ou seja, ele mesmo vai até lá e tenta consertar o banheiro.

- Parece uma boa providência, não é verdade? - Jeff questiona, perguntando-se aonde essa história iria chegar.

- Eu também achei. Economizamos e resolvemos o problema. A questão é que o equipamento hidráulico nunca foi projetado para atender a 250 pessoas durante um evento, mas para uma ou duas pessoas do restaurante, talvez uma reunião com quatro golfistas. Enfim, ele conserta o banheiro com peças de reposição e sei lá mais o quê. E, com esse uso pesado, acaba quebrando novamente e a Anne perde as estribeiras! Além disso, se tivessem me avisado, eu poderia ter trazido alguns banheiros químicos...

- Mike, isso é um casamento! Você não vai querer que a noiva use um banheiro químico. SIMPLESMENTE NÃO ACREDITO QUE EU ESTEJA DISCUTINDO ISSO!!! - Anne fica estupefata com o comentário do colega.

Jeff intervém.

- O.k., vocês dois. Obviamente, temos de tomar algumas providências. Estamos chegando ao fim da temporada dos grandes casamentos. Façam uma pausa e depois se sentem e esquematizem isso. Verifiquem o que será necessário para encerrarmos este ano. Mike, me avise se você precisa de mais dinheiro e eu vou ver o que posso fazer. Mas eu não estou me referindo a valores muito altos. Enquanto isso, vou começar a pensar em uma solução em um prazo mais longo.

Na semana seguinte, Jeff tem uma reunião em sua sala com Laura Shen, que lhe foi recomendada como uma pessoa que poderia ajudar a solucionar os problemas com as recepções de casamento e as instalações.

- Laura, na verdade, eu não sei o que você faz. Margaret Silvester, uma de nossas diretoras, disse que você ajudou a resolver alguns problemas com os computadores da empresa dela e fez questão de que eu a conhecesse. No entanto, isso não me parece um problema para uma programadora de computadores.

- Jeff, eu não sou programadora. Eu sou o que se chama de "analista de negócios". Eu entendo de tecnologia e, embora tenha desenvolvido alguns programas de computador, essa não é a minha área. A minha especialidade é conhecer as necessidades, estratégias e metas de negócios e ajudar as empresas a implementar os sistemas necessários para alcançar essas metas. Em geral, isso envolve sistemas computadorizados, mas nem sempre.

- Bem, e o que você sabe a nosso respeito?

- Margaret me deu uma rápida ideia. Vocês adquiriram recentemente uma empresa de organização de recepções de casamentos e estão tendo dificuldade para integrá-la ao restante do Fox Lake.

- Essa é a questão. Mas nós não adquirimos uma empresa... nós contratamos uma pessoa que tinha uma pequena empresa e que esperava expandi-la trabalhando para o Fox Lake. Eu estava procurando uma fonte de receita extra.

- E então, qual é o problema?

- As instalações, principalmente. Tivemos alguns problemas por usar os dados dos associados para campanhas de marketing, mas nada sério. Os grandes problemas são o compartilhamento de instalações, a manutenção dentro dos períodos estipulados e o controle de reparos. Além dessas festas de casamento, que nos estressam de uma forma que não estamos acostumados. Os funcionários do restaurante conseguem servir alguns hambúrgueres com fritas aos associados do clube, mas quando começamos a colocar equipes sofisticadas na cozinha deles, como eu já disse, a situação fica muito estressante...

– Talvez eu possa ajudar. Isso tudo passou a acontecer depois que vocês começaram a organizar as festas de casamento?

– Não, não exatamente. Nós apenas achamos que poderíamos usar as nossas instalações para recepções de casamento... eu não sabia o impacto que esses eventos poderiam ter nos outros setores.

– Eu vou conversar um pouco com as pessoas-chave e volto a falar com você trazendo algumas ideias e uma proposta.

“ Você não vai querer que a noiva use um banheiro químico. ”

Q1. O que é desenvolvimento de sistemas?

Desenvolvimento de sistemas, ou **análise e projeto de sistemas,** como às vezes é chamado, é o processo de criação e manutenção de sistemas de informação. Observe que esse processo diz respeito a *sistemas de informação*, não apenas a programas de computador. O desenvolvimento de um *sistema de informação* envolve todos os cinco componentes: hardware, software, dados, procedimentos e pessoas. O desenvolvimento de um *programa de computador*, por sua vez, envolve software, possivelmente com algum direcionamento para as áreas de dados e de bancos de dados. A Figura 10.1 mostra que o desenvolvimento de sistemas tem um escopo mais amplo do que o desenvolvimento de programas de computador.

Como o desenvolvimento de sistemas abrange todos os cinco componentes, o processo requer mais do que conhecimentos técnicos ou de programação. Determinar os objetivos do sistema, montar o projeto e definir os requisitos requer conhecimentos na área de negócios e habilidades de gestão. Tarefas como a construção de redes de computadores e criação de programas de computador exigem habilidades técnicas. O desenvolvimento de outros componentes, por outro lado, exige habilidades não técnicas de relações humanas. A criação de modelos de dados subentende a capacidade de entrevistar usuários e entender o ponto de vista deles em relação às atividades de negócios. A criação de procedimentos, especialmente aqueles que envolvem a ação de um grupo, requer conhecimentos na área de negócios e dinâmica de grupo. As atividades de desenvolvimento de descrições de cargo, contratação de mão de obra e treinamento exigem qualificação na área de recursos humanos e em áreas correlatas.

Portanto, não suponha que o desenvolvimento de sistemas seja uma tarefa exclusivamente técnica desempenhada por programadores e especialistas em hardware. Ao contrário, a tarefa requer o trabalho coordenado de uma equipe de especialistas e não especialistas com conhecimentos na área de negócios.

FIGURA 10.1 Desenvolvimento de sistemas *versus* desenvolvimento de programas

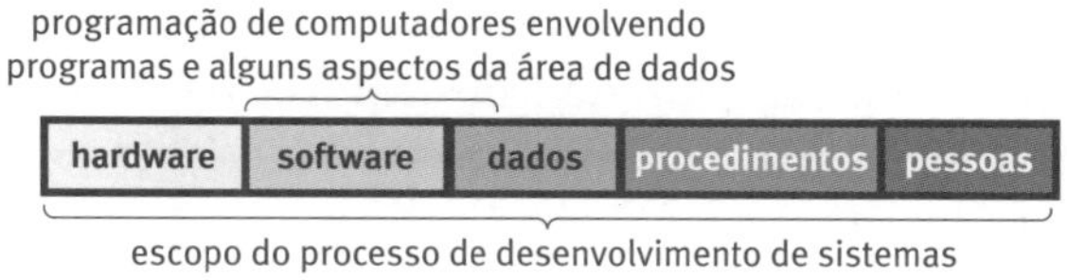

No Capítulo 4 você aprendeu que existem três fontes de software: software padronizado disponível em estoque, software padronizado disponível em estoque com alterações e software customizado. Embora essas três fontes digam respeito a programas de computador, apenas duas delas envolvem sistemas de informação. Ao contrário dos programas de computador, os *sistemas de informação nunca são padronizados*. Como os sistemas de informação envolvem o pessoal e os procedimentos da sua empresa, você deve criar ou adaptar procedimentos adequados à sua empresa e ao seu pessoal, independentemente da forma de obtenção dos programas de computador.

Como futuro gerente de negócios, você terá um papel fundamental no desenvolvimento dos sistemas de informação. Para alcançar as metas do seu departamento, você precisa garantir a existência de procedimentos eficazes de uso do sistema de informação. Você precisa garantir o treinamento adequado dos funcionários e capacitá-los a usar efetivamente o sistema de informação. Caso o seu departamento não tenha procedimentos adequados e funcionários treinados, você deve tomar a medida corretiva necessária. Embora você possa passar os problemas relacionados a hardware, programa ou dados para o departamento de TI, não tem como passar para esse departamento as questões relacionadas a procedimentos ou pessoal. Esses problemas são da sua alçada. O critério mais importante para o sucesso dos sistemas de informação é que os usuários assumam a titularidade de seus sistemas.

Q2. Por que o desenvolvimento de sistemas é um processo difícil e arriscado?

O desenvolvimento de sistemas é um processo difícil e arriscado. Muitos projetos nunca são concluídos. Daqueles que são concluídos, alguns extrapolam em 200% ou 300% o orçamento. Existem projetos ainda que terminam dentro do orçamento e do cronograma previstos, mas nunca alcançam os seus objetivos.

Você deve estar surpreso de saber que os fracassos na área de desenvolvimento de sistemas podem ser tão dramáticos. Você pode supor que, com todos os computadores e sistemas desenvolvidos ao longo dos anos, hoje já deva existir alguma metodologia para o desenvolvimento bem-sucedido dos sistemas. De fato, existem metodologias de desenvolvimento de sistemas que podem resultar em sucesso, e nós falaremos sobre a metodologia básica neste capítulo. Mas mesmo quando pessoas competentes seguem essa ou alguma outra metodologia, o risco de insucesso ainda é alto.

Nas seções que se seguem, veremos os cinco maiores desafios para o desenvolvimento de sistemas mostrados na Figura 10.2.

10.1 *Dificuldade para a definição de requisitos*

Primeiro, é difícil definir requisitos. Suponhamos que Laura trabalhe com o Fox Lake e juntos eles cheguem à conclusão de que este último necessita de um sistema de informação para gerenciamento de instalações que lhe permita programar eventos e serviços de manutenção, bem como controlar e reportar problemas. O que, especificamente, esse sistema deve fazer? Como um organizador de festas de casamento utiliza o novo sistema para reservar um salão ou um prédio? Qual o aspecto da tela de lançamento de dados? De que maneira um organizador acrescenta ou reduz as instalações necessárias depois que o casamento já está marcado? O que o sistema deve fazer quando um casamento é cancelado? De que maneira é feita a interface entre o sistema de programação de instalações e os sistemas de contabilidade, se é que isso acontece? O sistema precisa reservar espaço de chão e geladeira na cozinha do restaurante. O aplicativo para organização de festas de casamento deve ser um *thin client* ou um cliente? Há necessidade de os organizadores usarem o sistema a partir de localidades remotas? Qual o modelo de dados para o conteúdo do banco de dados? Enfim, são muitos os detalhes a serem identificados e especificados.

Acredite ou não, o sistema proposto pelo Fox Lake é simples. Considere, por outro lado, o desenvolvimento de um novo sistema interorganizacional para ser utilizado pelos fornecedores da aeronave Boeing 787. Que características e funções esse sistema deve ter? O que deve ser feito se diferentes empresas tiverem diferentes ideias quanto às características necessárias do SI? As empresas podem discordar em relação aos dados que desejam compartilhar. De que maneira essas diferenças devem ser resolvidas? Serão necessárias centenas de horas de trabalho para definir os requisitos.

As perguntas poderiam continuar indefinidamente. Uma das principais finalidades do processo de desenvolvimento de sistemas é criar um ambiente em que essas perguntas sejam feitas e respondidas.

10.2 *Mudanças de requisitos*

Mais difícil ainda é que o desenvolvimento de sistemas é direcionado para um alvo móvel. Os requisitos mudam à medida que o sistema se desenvolve, e, quanto maior o sistema e mais longo o projeto, mais os requisitos mudam.

FIGURA 10.2 Principais desafios para o processo de desenvolvimento de sistemas

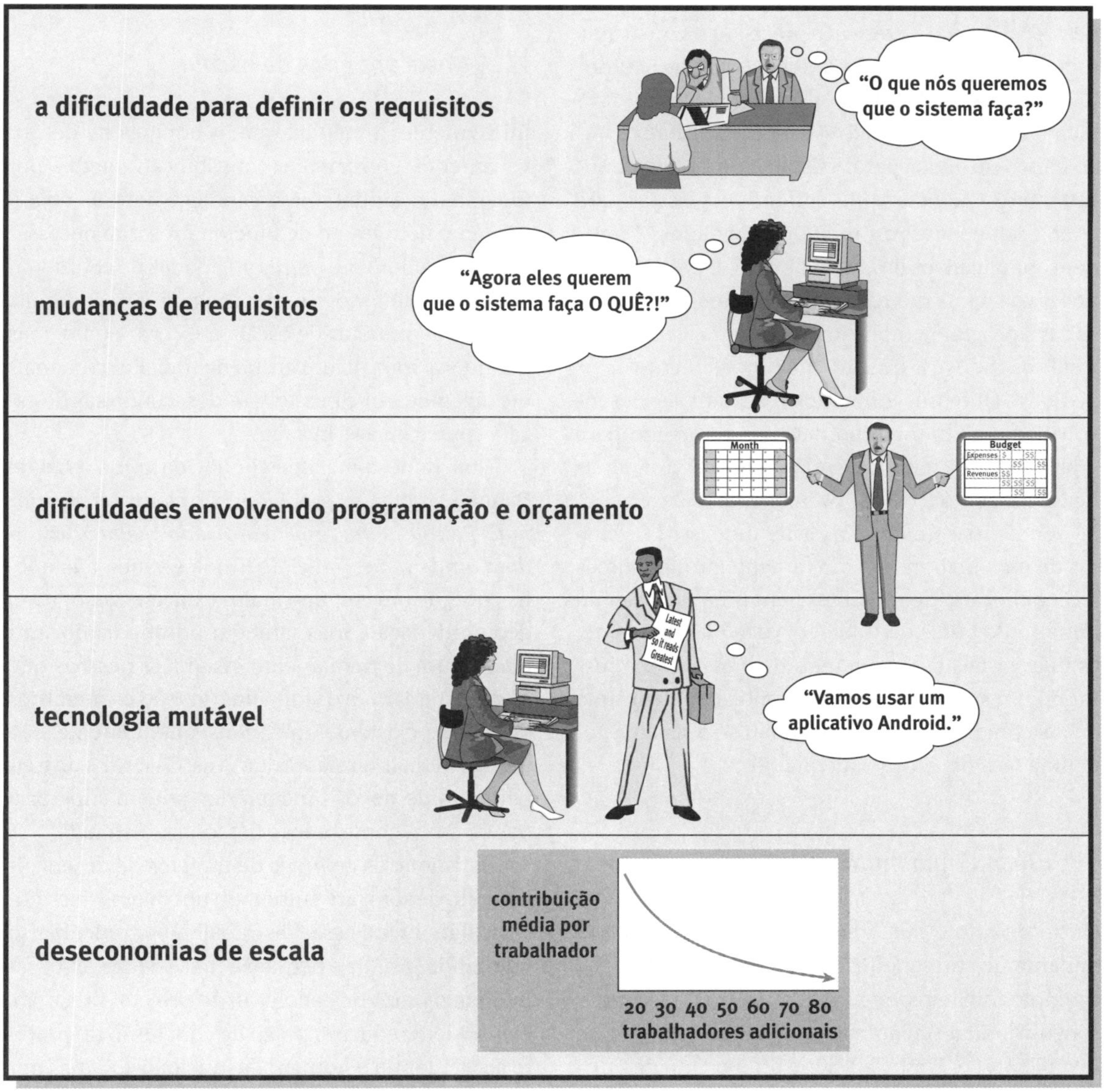

Quando os requisitos mudam, o que a equipe de desenvolvimento deve fazer? Parar de trabalhar e reconstruir o sistema de acordo com os novos requisitos? Se ela fizer isso, o sistema se desenvolverá aos trancos e barrancos e talvez nunca seja concluído. Ou a empresa deve concluir os trabalhos, mesmo sabendo que o sistema se revelará insatisfatório no dia em que for implementado e, consequentemente, necessitará de manutenção imediata?

10.3 *Dificuldades de programação e orçamento*

Outros desafios envolvem a programação e o orçamento. Quanto tempo será necessário para construir um sistema? Não é fácil responder a essa pergunta. Suponhamos que você esteja desenvolvendo um novo banco de dados de manutenção de instalações no Fox Lake. Quanto tempo será necessário para criar o modelo de dados? Mesmo que você saiba quanto tempo o modelo levará para ser construído, outras pessoas poderão discordar de você. Quantas vezes você precisará reconstruir o modelo de dados até que todos estejam de acordo?

Novamente, o sistema do Fox Lake é um problema simples. E se você estiver construindo o novo banco de dados para o sistema de cadeia de suprimento? Quantas horas seriam necessárias para criar, avaliar e aprovar o modelo de dados? Considere os aplicativos de banco de dados. Quanto tempo levaria para criar os formulários, relatórios, consultas e programas aplicativos? Quanto levaria para testá-los todos? E quanto aos procedimentos e às pessoas? Que procedimentos precisam ser desenvolvidos e quanto tempo deve ser reservado para criá-los e documentá-los, desenvolver programas de treinamento e treinar os funcionários?

Além disso, quanto irá custar tudo isso? Os custos de mão de obra são diretamente proporcionais à carga horária de trabalho? Sem uma previsão do número de horas de trabalho, você não tem como estimar os custos. E sem ter uma previsão dos custos de um sistema, como você pode conduzir uma análise financeira para determinar se o sistema gera uma taxa de retorno adequada?

10.4 *Tecnologia mutável*

Outro desafio é que, enquanto o projeto está em andamento, a tecnologia continua a mudar. Por exemplo, digamos que, enquanto você esteja desenvolvendo o seu aplicativo para manutenção de instalações, a Apple, a Microsoft e o Google, juntamente com seus parceiros comerciais, lancem novas versões de telefones inteligentes (smartphones). Você sabe que com esses telefones você pode criar uma função mais eficiente de programação de instalações para os organizadores dos eventos de casamento e o pessoal da área de manutenção, mas o uso desses aparelhos implica uma grande mudança de requisitos.

Você quer interromper o seu desenvolvimento e mudar para uma nova tecnologia? Seria melhor concluir o desenvolvimento de acordo com o plano existente? Essas decisões são difíceis. Por que criar um sistema defasado? Mas você tem como continuar alterando o projeto?

10.5 *Deseconomias de escala*

Infelizmente, à medida que as equipes de desenvolvimento crescem, a contribuição média por funcionário diminui. Isso acontece porque, com o aumento do número de funcionários, são necessárias mais reuniões e outras atividades de coordenação para que todos se mantenham em sincronia. Existem economias de escala até certo ponto, mas quando se trata de um grupo de trabalho com mais de, digamos, vinte pessoas, as deseconomias de escala começam a se instalar.

Uma famosa máxima conhecida como a **Lei de Brook** ressalta um problema correlato: *Acrescentar mais pessoas a um projeto atrasado acaba atrasando-o ainda mais.*[1] A Lei de Brook é válida não apenas porque uma equipe maior exija um maior nível de coordenação, mas também porque os novatos necessitam de treinamento. As únicas pessoas que podem treinar novos funcionários são os membros da equipe existente, que, consequentemente, são tirados de suas tarefas produtivas. Os custos de treinamento de novos funcionários podem superar o benefício da contribuição desses profissionais.

Em suma, os gerentes de projetos de desenvolvimento de software enfrentam um dilema: eles podem aumentar a carga de trabalho por funcionário mantendo a equipe pequena, mas ao fazer isso, estendem o prazo de conclusão do projeto. Ou então, eles podem reduzir o prazo de conclusão do projeto aumentando o número de funcionários, mas por causa das deseconomias de escala, terão de acrescentar 150 ou 200 horas de trabalho para obter um rendimento de 100 horas trabalhadas. E, devido à Lei de Brook, depois que o projeto está atrasado, ambas as opções são insatisfatórias.

1. Fred Brooks foi um bem-sucedido executivo da IBM na década de 1960. Depois de se aposentar, ele escreveu um livro clássico sobre gestão de projetos de TI intitulado *The mythical man-month*. Publicado pela editora Addison-Wesley em 1975, o livro é pertinente nos dias de hoje e deve ser lido por todo gerente de projetos de TI ou SI. Além disso, trata-se de um livro agradável.

Além disso, os cronogramas têm um limite de compressão. De acordo com um ditado popular, "Nove mulheres não conseguem fazer um bebê em um mês".

10.6 *É tão desanimador assim?*

O desenvolvimento de sistemas é realmente tão desanimador quanto a lista de desafios o faz parecer? Sim e não. Os desafios já descritos, de fato, existem e são todos obstáculos significativos que todo projeto de desenvolvimento deve superar. Conforme observado anteriormente, depois que o projeto está atrasado e já extrapolou o orçamento, não há alternativa. "Eu tenho que 'curtir' a minha frustração", disse um determinado gerente de um projeto atrasado.

O setor de TI tem mais de cinquenta anos de experiência no desenvolvimento de sistemas de informação. Ao longo desses anos, surgiram metodologias que conseguem lidar com esse tipo de problema. Na próxima questão de estudo, veremos o ciclo de vida do desenvolvimento de sistemas (*systems development life circle* - SDLC), o processo mais comum de desenvolvimento de sistemas.

Q3. Quais as cinco fases do SDLC?

O **ciclo de vida do desenvolvimento de sistemas (SDLC)** é o processo tradicional utilizado no desenvolvimento de sistemas de informações. O setor de TI criou o SDLC a duras penas. No início, muitos projetos foram desastrosos, levando as empresas e os desenvolvedores de sistemas a se engajar na operação rescaldo desses desastres no intuito de apurar o que havia dado errado. Na década de 1970, a maioria dos gerentes de projetos experientes concordava no tocante às tarefas básicas necessárias para a construção bem-sucedida e manutenção dos sistemas de informação. Essas tarefas básicas são combinadas em fases de desenvolvimento de sistemas.

Diferentes autores e empresas reúnem as tarefas em diferentes números de fases. Algumas empresas utilizam um processo de oito fases, outras, um processo de sete fases, e existem aquelas ainda que preferem um processo de cinco fases. Neste livro, utilizaremos o seguinte processo de cinco fases:

1. Definição do sistema
2. Análise de requisitos
3. Projeto dos componentes
4. Implementação
5. Manutenção

A Figura 10.3 mostra como essas fases estão relacionadas. O desenvolvimento começa quando um processo de planejamento empresarial identifica a necessidade de um novo sistema. Falaremos sobre os processos de planejamento de TI no Capítulo 11. Por enquanto, suponhamos que a gerência tenha, de alguma forma, chegado à conclusão de que a empresa pode alcançar melhor as suas metas e objetivos criando um novo sistema de informação.

No Fox Lake, Laura, como analista de negócios, investigará os problemas de integração do departamento de organização de eventos de casamento. Juntamente com os gerentes seniores do Fox Lake, ela poderá chegar à conclusão de que o clube necessita de um novo sistema de gerenciamento de instalações. Nesse caso, essa decisão daria início ao SDLC para o desenvolvimento desse novo sistema.

Os desenvolvedores da primeira fase do SDLC - a definição do sistema - utilizam o informe da gerência sobre as necessidades do sistema para começar a definir o novo sistema. O consequente plano de projeto serve de subsídio para a segunda fase - análise de requisitos. Nessa fase, os desenvolvedores identificam as características e funções específicas do novo sistema. O resultado dessa fase é um conjunto de requisitos aprovados do usuário, que passa a ser o recurso básico de contribuição para o projeto dos componentes do sistema. Na fase 4, os desenvolvedores implementam, testam e instalam o novo sistema.

Com o tempo, os usuários encontrarão erros, falhas e problemas e também desenvolverão novos requisitos. A descrição das correções e dos novos requisitos é fornecida durante a fase de manutenção do sistema. A fase de manutenção inicia todo o processo novamente, razão pela qual o processo é considerado um ciclo.

Nas seções que se seguem, veremos cada fase do SDLC em maiores detalhes.

FIGURA 10.3 Fases do SDLC

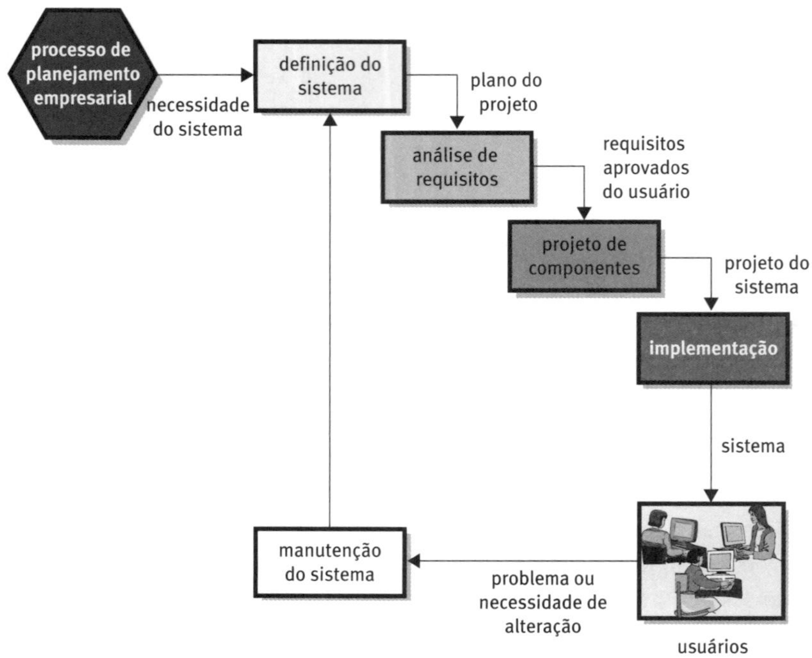

Q4. Como um sistema é definido?

Em resposta à necessidade do novo sistema, a empresa designará alguns funcionários, possivelmente em regime de meio expediente, para definir o novo sistema, avaliar a sua viabilidade e planejar o projeto. Normalmente, alguém do departamento de SI lidera a equipe inicial, mas os membros dessa equipe são usuários e profissionais de SI. No caso de uma pequena empresa como o Fox Lake, Jeff contratou Laura, uma especialista autônoma, para trabalhar com Mike, Anne, ele e outros funcionários com o objetivo de definir o sistema.

10.7 *Definição das metas e do escopo do sistema*

Conforme mostrado na Figura 10.4, o primeiro passo é definir as metas e o escopo do novo sistema de informação. Os sistemas de informação existem para facilitar a estratégia competitiva de uma empresa prestando suporte aos processos de negócios ou melhorando o processo decisório. Nesta etapa, a equipe de desenvolvimento define a meta e a finalidade do novo sistema em função dessas razões.

Consideremos o novo sistema de manutenção de instalações do Fox Lake. Qual a finalidade desse sistema? A meta do Fox Lake é aumentar a receita gerada pelos eventos de casamento, mas esses eventos estão sobrecarregando as funções de programação e manutenção das instalações. As metas do novo sistema consistem em eliminar ou, pelo menos, revelar conflitos de programação e melhorar o controle da manutenção. Mas o novo sistema deve também ter um custo acessível para não resultar em um prejuízo líquido gerado pelos eventos de casamento.

Outra tarefa é a definição do escopo do projeto. No Fox Lake, o novo sistema só faz a programação dos prédios para as recepções de casamento? Ou inclui também a programação dos eventos de golfe, tênis e natação? E das instalações do restaurante, como espaço no salão e na geladeira? O sistema

FIGURA 10.4 SDLC: Fase de definição do sistema

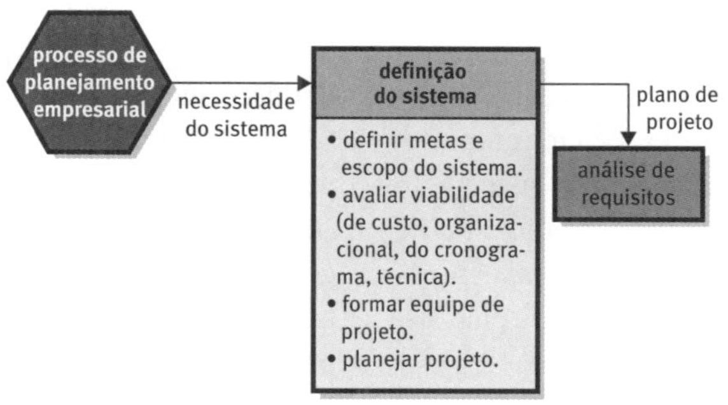

cuida apenas da programação de manutenção dos prédios ou inclui a manutenção do campo de golfe, da quadra de tênis e da piscina?

Em outros sistemas, o escopo pode ser definido através da especificação dos usuários em questão, ou dos processos empresariais, ou das usinas, fábricas e escritórios envolvidos.

> O Guia Ético trata das questões éticas relacionadas às estimativas.

10.8 *Avaliação de viabilidade*

Depois de definir as metas e o escopo do projeto, o próximo passo é avaliar a sua viabilidade. Essa etapa responde à pergunta: "Esse projeto faz sentido?" O objetivo aqui é eliminar projetos obviamente sem sentido antes de formar uma equipe de desenvolvimento de projeto e fazer um investimento significativo em mão de obra.

A viabilidade tem quatro dimensões: **de custo, de programação, técnica e organizacional**. Como é difícil elaborar o orçamento e o cronograma dos projetos de desenvolvimento de SI, a viabilidade de custo e programação assume a forma de uma análise aproximada, cuja finalidade é eliminar quanto antes quaisquer ideias evidentemente inviáveis.

A *viabilidade de custo* envolve uma avaliação do custo do projeto. No Fox Lake, Laura investigará o custo de projetos similares anteriores. Ela pensará não apenas em termos de custos de desenvolvimento, mas também de custos operacionais de hospedagem de aplicativos e de custos de mão de obra para manter o site. É possível que o novo sistema custe mais do que um ano inteiro de receita dos eventos de casamento. Nesse caso, o custo é inviável, o que levaria Laura e a equipe a procurar outras soluções, como uma revisão do manual de procedimentos, por exemplo. Ou, mesmo que os custos sejam substancialmente menores do que a receita proveniente dos eventos, o custo pode ser maior do que o Fox Lake esteja disposto a pagar. Nesse caso, para que o custo do projeto seja viável, o clube precisará reduzir o escopo do projeto ou encontrar outras soluções.

Assim como a viabilidade de custo, é difícil determinar a *viabilidade de programação* devido à dificuldade em estimar o tempo necessário para a construção do sistema. Entretanto, se Laura determinar que levará, digamos, seis meses para desenvolver o sistema e colocá-lo em funcionamento, o Fox Lake poderá então decidir se tem como aceitar esse cronograma básico. Nessa fase do projeto, a empresa não deve confiar em estimativas de custos ou programação; a finalidade dessas estimativas é apenas de descartar quaisquer projetos inaceitáveis.

A *viabilidade técnica* avalia se a tecnologia da informação existente tem como atender às necessidades do novo sistema. No Fox Lake, é bem provável que o novo sistema seja compatível com a tecnologia existente. No caso de sistemas mais avançados, nem sempre isso acontece. Um sistema que exija aplicativos para intenso manuseio de dados em um iPhone, um Android e no telefone do

Windows Series 7 é possível que (ainda) não seja tecnicamente viável.

Por fim, a *viabilidade organizacional* avalia se o novo sistema está de acordo com os costumes, a cultura, os estatutos ou os requisitos legais da empresa. Por exemplo, se for usado para montar a escala do pessoal de manutenção, o novo sistema do Fox Lake viola algum regulamento sindical ou lei trabalhista? Os atuais costumes do Fox Lake impedem que os funcionários sejam escalados pelo sistema automatizado?

10.9 *Formação de uma equipe de projetos*

Se o projeto definido for considerado viável, o próximo passo é formar a equipe de projetos. Normalmente, ela é formada tanto por profissionais de TI quanto por representantes dos usuários. O gerente de projetos e o pessoal de TI podem fazer parte do quadro interno da empresa ou ser contratados externos. No Capítulo 11, descreveremos os diversos meios para obtenção de profissionais de TI a partir de fontes externas e os benefícios e riscos da terceirização.

Normalmente, os integrantes de uma equipe de desenvolvimento são um gerente (ou gerentes, no caso de projetos maiores), analistas de negócios, analistas de sistemas, programadores, testadores de software e usuários. Como Laura explicou no início deste capítulo, os **analistas de negócios** são especialistas que conhecem as necessidades, estratégias e metas da empresa e ajudam as empresas a implementar sistemas que lhes permitam realizar suas estratégias competitivas. Os **analistas de sistemas** são profissionais de TI que conhecem tanto a empresa quanto a tecnologia.

Os analistas de sistemas estão mais próximos da TI e são um pouco mais técnicos, embora exista uma considerável sobreposição de atribuições e responsabilidades entre os analistas de negócios e de sistemas. Ambos atuam durante todo o processo de desenvolvimento de sistemas e desempenham um papel fundamental na condução do projeto no decorrer do processo. Os analistas de negócios trabalham mais com os gerentes e executivos; os analistas de sistemas integram o trabalho dos programadores, testadores e usuários. Dependendo da natureza do projeto, a equipe pode incluir também especialistas em hardware e comunicações, projetistas e administradores de bancos de dados, e outros especialistas em TI.

A composição da equipe muda com o passar do tempo. Durante a definição de requisitos, a equipe conta com um grande número de analistas de negócios e sistemas. Durante o projeto e a implementação, os programadores, testadores e projetistas de bancos de dados passam a ser maioria. Durante os testes integrados e a conversão, a equipe é reforçada com testadores e usuários dos serviços da empresa.

A participação do usuário é fundamental durante todo o processo de desenvolvimento de sistemas. Dependendo do porte e da natureza do projeto, os usuários são designados para atuar em regime de meio expediente ou de tempo integral. Às vezes, os usuários são designados para avaliar e supervisionar comitês que se reúnem periodicamente, especialmente por ocasião da conclusão das fases do projeto e de outros marcos referenciais. Os usuários participam de diversas maneiras. *O importante é que os usuários tenham uma participação ativa e assumam a titularidade do projeto durante todo o processo de desenvolvimento.*

O Fox Lake não possui um departamento de TI, por isso a equipe será formada, pelo menos inicialmente, por Laura, Jeff, Mike e Anne. À medida que o projeto avançar, o Fox Lake precisará terceirizar as atividades para desenvolvedores e programadores profissionais de sistemas.

A primeira tarefa importante para a equipe de projetos formada é o planejamento do projeto. Os membros da equipe especificam as tarefas a serem realizadas, designam o pessoal, determinam as relações lógicas entre as tarefas e elaboram os cronogramas.

Q5. Qual a função dos usuários na fase de análise de requisitos?

A fase de análise de requisitos tem por finalidade básica determinar e documentar as características e funções específicas do novo sistema. Na maioria dos projetos de desenvolvimento, essa fase exige que sejam entrevistadas dezenas de usuários e documentadas centenas de requisitos. A definição de requisitos, portanto, é dispendiosa. Além de complexa, como você verá.

10.10 *Definição de requisitos*

A definição dos requisitos do sistema é a fase mais importante do processo de desenvolvimento de sistemas. Se os requisitos estiverem errados, o sistema estará errado. Se os requisitos forem definidos de forma íntegra e correta, o projeto e a implementação serão mais fáceis e terão mais probabilidade de sucesso.

Constituem exemplos de requisitos o conteúdo e o formato das páginas da Internet e as funções das guias nessas páginas, a estrutura e o conteúdo de um relatório, e, ainda, os campos e o menu de opções em um formulário de lançamento de dados. Os requisitos incluem não apenas o que é produzido, mas também a frequência e a rapidez com que esse conteúdo deve ser criado. Alguns requisitos especificam o volume de dados a ser armazenado e processado.

Se você fizer um curso de análise e projeto de sistemas, você passará semanas vendo as técnicas de definição de requisitos. Aqui, nós resumiremos o processo. Normalmente, os analistas de sistemas entrevistam os usuários e registram os resultados de forma coerente. Um bom conjunto de habilidades de entrevistador é fundamental; os usuários comumente não conseguem descrever seus desejos e necessidades. Além disso, eles tendem a se concentrar nas tarefas que estão realizando na ocasião da entrevista. Assim as tarefas realizadas no fim do trimestre ou do ano são esquecidas se a entrevista ocorrer no meio do trimestre. Os analistas de sistemas experientes sabem conduzir as entrevistas de modo a trazer esses requisitos à tona.

Conforme relacionado na Figura 10.5, as fontes de requisitos incluem os sistemas existentes, bem como as páginas da Internet, os formulários, os relatórios, as consultas e as características e funções dos aplicativos desejados no novo sistema. A segurança é outra categoria importante de requisitos.

Se o novo sistema envolver um novo banco de dados ou alterações substanciais em um banco de dados existente, a equipe de desenvolvimento criará um modelo de dados. Como você aprendeu no Capítulo 5, esse modelo deve refletir a perspectiva dos usuários em relação às suas empresas e atividades de negócios. Consequentemente, o modelo de dados é construído com base nas entrevistas realizadas com os usuários e deve ser validado por esses usuários.

Às vezes, a definição de requisitos fica tão concentrada nos componentes de software e dados que os outros componentes acabam esquecidos. Os gerentes de projetos experientes levam em consideração os requisitos de todos os cinco componentes de

FIGURA 10.5 SDLC: fase de análise de requisitos

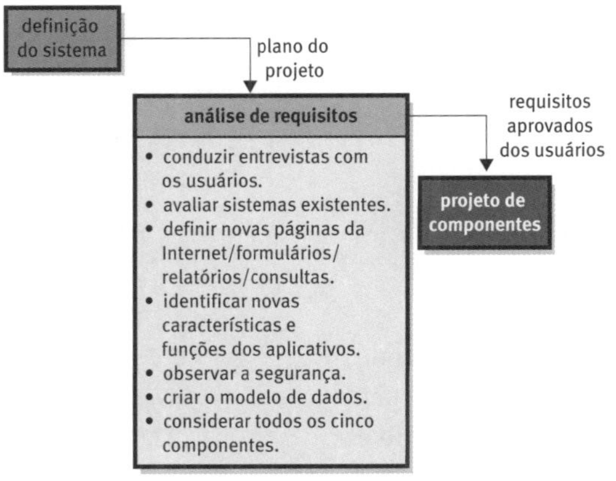

SI, não apenas software e dados. Quanto ao hardware, a equipe poderá perguntar: existem necessidades especiais ou restrições em relação ao hardware? Existe um padrão organizacional que determine os tipos de hardware que podem ou não ser usados? O novo sistema deve utilizar o hardware existente? Quais os requisitos para hardware de comunicações e rede?

Da mesma forma, a equipe deve levar em consideração os requisitos relativos a procedimentos e pessoal: Os controles contábeis exigem procedimentos que separem atribuições e autoridades? Existem restrições no sentido de que algumas ações possam ser praticadas somente por determinados departamentos ou funcionários específicos? Existem requisitos envolvendo políticas ou regulamentos sindicais que restrinjam as atividades a determinadas categorias de funcionários? O sistema precisará interagir com os sistemas de informação de outras empresas e instituições? Em suma, precisam ser considerados os requisitos para todos os componentes do novo sistema de informação.

Essas questões são exemplos dos tipos de perguntas que devem ser feitas e respondidas durante a análise de requisitos.

10.11 *Aprovação de requisitos*

Depois que os requisitos forem especificados, os usuários devem avaliá-los e aprová-los antes que o projeto continue. O momento mais fácil e barato de alterar o sistema de informação é na fase de definição de requisitos. A alteração de um requisito nessa fase é simplesmente uma questão de alterar uma descrição. Uma alteração na fase de implementação, por outro lado, pode exigir semanas de retrabalho dos aplicativos e do banco de dados.

Q6. Como são projetados os cinco componentes?

Cada um dos cinco componentes é projetado nesta fase. Normalmente, a equipe projeta cada componente desenvolvendo alternativas, avaliando essas alternativas em relação aos requisitos e depois fazendo uma seleção entre as alternativas consideradas. A precisão dos requisitos é um fator fundamental nesse caso; requisitos incompletos ou incorretos não servem como bons parâmetros de orientação para a avaliação. A Figura 10.6 mostra que as tarefas de projeto têm relação com cada um dos cinco componentes de SI.

10.12 *Projeto do hardware*

No caso do hardware, a equipe determina as especificações para o hardware de que necessitam e a fonte desse hardware. A empresa pode comprar o hardware, arrendá-lo ou alugar por um tempo junto a um serviço hospedeiro na nuvem. (A equipe não está projetando o hardware no sentido de construir uma CPU ou um disco rígido.)

No Fox Lake, Laura é a única pessoa com conhecimentos de desenvolvimento de sistemas, razão pela qual ela trabalhará com a contratada da área de desenvolvimento a fim de ajudar a especificar as necessidades do clube. Se já estiver operando a sua própria rede de computadores, o Fox Lake poderá optar por utilizá-la. Ou, o clube poderá colocar o aplicativo na nuvem e pagar um fornecedor de nuvem pelo tempo e pelos recursos utilizados. Laura e a equipe de desenvolvimento fariam uma recomendação para a aprovação do Fox Lake.

FIGURA 10.6 SDLC: fase de projeto de componentes

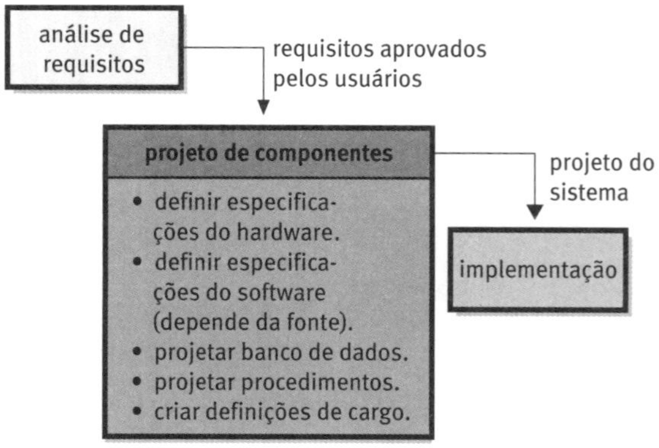

10.13 *Projeto do software*

O projeto do software depende da fonte dos programas. No caso de software padronizado, a equipe deve determinar os produtos candidatos e avaliá-los em relação aos requisitos. Em se tratando de software padronizado com alterações, a equipe identifica os produtos a serem adquiridos na sua forma padronizada e depois determina as alterações necessárias. E no caso de programas customizados, a equipe produz a documentação de projeto para escrever o código do programa.

10.14 *Projeto do banco de dados*

Se os desenvolvedores estiverem construindo um banco de dados, durante essa fase eles convertem o modelo de dados em um projeto de banco de dados utilizando técnicas como aquelas descritas no Capítulo 5. Se os desenvolvedores estiverem usando programas padronizados, pouco precisa ser feito em termos de projeto de banco de dados, uma vez que os programas executarão o processamento do seu próprio banco de dados.

10.15 *Projeto dos procedimentos*

No caso de um sistema de informação empresarial, os desenvolvedores do sistema e a empresa devem projetar também os procedimentos para os usuários e o pessoal de operações. É necessário desenvolver procedimentos para operações normais, backup e recuperação do sistema em caso de falha, conforme resumido na Figura 10.7. Normalmente, as equipes de analistas de sistemas e principais usuários projetam os procedimentos.

10.16 *Projeto das descrições de cargo*

No que diz respeito às pessoas, o projeto envolve o desenvolvimento das descrições de cargo para os usuários e o pessoal de operações. Às vezes, os novos sistemas de informação exigem novos cargos. Nesse caso, as atribuições e responsabilidades dos novos cargos precisam ser definidas de acordo com as políticas de recursos humanos da empresa. O mais comum é as empresas acrescentarem atribuições e responsabilidades aos cargos existentes. Nesse caso, os desenvolvedores definem essas novas tarefas e responsabilidades nesta fase. Às vezes, a tarefa de definição de cargos/funções é tão simples quanto afirmações como "Jason ficará responsável pela produção de backups". Assim como com os procedimentos, as equipes de analistas de sistemas e usuários definem as descrições de cargo e as funções.

Q7. **De que maneira um sistema de informação é implementado?**

Depois que o projeto é concluído, a fase seguinte no SDLC é a implementação. Nessa fase, as tarefas consistem na construção, no teste e na conversão dos

FIGURA 10.7 Procedimentos a serem projetados

	USUÁRIOS	PESSOAL DE OPERAÇÕES
Processamento normal	– Procedimentos de uso do sistema para realização de tarefas da empresa	– Procedimentos de partida, parada e operação do sistema
Backup	– Procedimentos do usuário para a produção de backup de dados e outros recursos	– Procedimentos do pessoal de operações para a produção de backup de dados e outros recursos
Recuperação do sistema em caso de falha	– Procedimentos que permitam o prosseguimento das operações em caso de falha do sistema. – Procedimentos de retorno ao sistema após a sua recuperação.	– Procedimentos de identificação da origem da falha e sua correção. – Procedimentos de recuperação e reinicialização do sistema.

usuários ao novo sistema (ver Figura 10.8). Os desenvolvedores constroem cada um dos componentes de forma independente. Eles adquirem, instalam e testam o hardware; licenciam e instalam os programas padronizados; escrevem adaptações e programas customizados, conforme necessário; constroem um banco de dados e o preenchem com os respectivos dados; documentam, avaliam e testam os procedimentos; e criam programas de treinamento. Por fim, a empresa contrata e treina o pessoal necessário.

10.17 *Teste do sistema*

Depois de construir e testar todos os componentes, os desenvolvedores integram os componentes individuais e testam o sistema. Até aqui, falamos superficialmente sobre a fase de testes como se fosse algo simples. Na realidade, o teste do software e do sistema é uma tarefa difícil, demorada e complexa. Os desenvolvedores precisam criar e desenvolver planos de teste e registrar os resultados dos mesmos. Precisam criar um sistema que determine aos responsáveis as correções a serem feitas e verifique se essas correções foram efetuadas e concluídas corretamente.

Um **plano de testes** consiste em sequências de ações que os usuários praticarão quando estiverem usando o novo sistema. Os planos de testes incluem não apenas ações normais por parte dos usuários, mas também ações incorretas. Em um plano de testes abrangente, cada linha do código do programa deve ser executada, e cada mensagem de erro deve ser exibida. Repetidos testes envolvem muito trabalho. Em geral, os desenvolvedores podem reduzir os custos de mão de obra dos testes escrevendo programas que acionem os recursos do sistema automaticamente.

Hoje, muitos profissionais de TI são especialistas em testes. A função de teste, ou **garantia da qualidade do produto (*Product Quality Assurance* - PQA)** como geralmente é chamado, é uma área importante. O pessoal de PQA normalmente monta o plano de testes com a orientação e a assistência dos usuários. Os engenheiros de teste de PQA realizam os testes e supervisionam a atividade de teste dos usuários. Muitos profissionais de PQA são programadores que escrevem programas de testes automatizados.

FIGURA 10.8 SDLC: fase de implementação

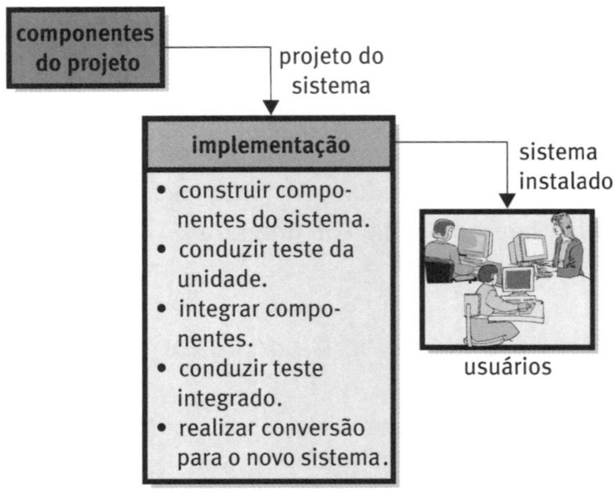

Além dos profissionais de TI, os usuários devem ser envolvidos na fase de testes do sistema. Os usuários participam da elaboração dos planos e casos de teste, além de participar da equipe de testes, normalmente trabalhando sob a direção do pessoal de PQA. Os usuários têm a palavra final ao decidir se o sistema está pronto para uso. Se você for convidado a participar do processo como testador usuário, leve essa responsabilidade a sério. É muito mais difícil corrigir problemas depois que você já começou a usar o sistema na produção.

Teste beta é o processo que permite aos usuários do futuro sistema experimentar o novo sistema por conta própria. Em geral, os fabricantes de software, como a Microsoft, por exemplo, lançam versões beta de seus produtos para que os usuários possam experimentá-los e testá-los. Esses usuários reportam os problemas encontrados ao fabricante. O teste beta é o último estágio da fase de testes. Normalmente, os produtos participantes da fase de teste beta são completos e se encontram em pleno funcionamento. Em geral, esses produtos apresentam poucos erros graves. Às vezes, as empresas que estão desenvolvendo novos e grandes sistemas de informação utilizam o processo de teste beta da mesma maneira que os fornecedores de software.

10.18 *Conversão do sistema*

Depois que o sistema é aprovado no teste integrado, a empresa instala o novo sistema. O termo **conversão de sistemas** geralmente é usado para designar esse processo porque subentende o processo de *conversão* da atividade empresarial do sistema antigo para o novo.

As empresas podem implementar a conversão de um sistema de uma das seguintes maneiras:

- Instalação piloto
- Instalação faseada
- Instalação paralela
- Instalação direta

Os profissionais de TI recomendam qualquer uma das três primeiras, dependendo das circunstâncias. Na maioria dos casos, as empresas devem evitar "mergulhar de cabeça" no novo sistema.

Na **instalação piloto**, a empresa implementa o sistema completo em um determinado setor de suas operações. Um exemplo seria o Fox Lake usar o novo sistema para uma parte selecionada de seus prédios; ou para os prédios, mas não para o restaurante; ou para algum outro setor dentro do escopo do sistema. A vantagem da implementação piloto é que, se o sistema falhar, a falha fica restrita a uma determinada área, reduzindo a exposição da empresa e evitando que o sistema adquira má fama dentro da empresa.

Como o nome indica, na **instalação faseada**, o novo sistema é instalado por fases em toda a empresa. Constatado o funcionamento de uma determinada parte, a empresa instala e testa outra parte do sistema, até que o sistema esteja totalmente instalado. Alguns sistemas incorporam um nível de integração tão alto que não podem ser instalados por fases. Esses sistemas devem ser instalados através de uma das outras técnicas.

Na **instalação paralela**, o novo sistema roda paralelamente ao sistema antigo até que o novo sistema seja testado e esteja em pleno funcionamento. A instalação paralela é cara, uma vez que a empresa está sujeita aos custos de operação de ambos os sistemas. Os usuários precisam trabalhar em dobro, por assim dizer, para rodar os dois sistemas. Depois é necessário um trabalho considerável para

FIGURA 10.9 Projeto e implementação dos cinco componentes

	HARDWARE	SOFTWARE	DADOS	PROCEDIMENTOS	PESSOAS	
Projeto	– Definição das especificações do hardware.	– Seleção dos programas padronizados. – Projeto de alterações e programas customizados, conforme necessário.	– Criação do banco de dados e estruturas correlatas.	– Criação dos procedimentos para os usuários e o pessoal de operações.	– Elaboração de descrições de cargo para os usuários e o pessoal de operações.	
Implementação	– Obtenção, instalação e teste do hardware.	– Licenciamento e instalação dos programas padronizados. – Elaboração das alterações e dos programas customizados. – Teste dos programas.	– Criação do banco de dados. – Inserção dos dados. – Teste dos dados .	– Procedimentos de documentação. – Criação de programas de treinamento. – Procedimentos de avaliação e teste.	– Contratação e treinamento de pessoal.	teste de unidade de cada componente
	Teste Integrado e Conversão					

determinar se os resultados do novo sistema são compatíveis com aqueles do sistema antigo.

Entretanto, algumas empresas consideram os custos da instalação paralela uma forma de seguro. É o mais lento e dispendioso dos métodos de instalação, mas oferece um fácil recurso de apoio para recuperação de dados em caso de emergência se o novo sistema falhar.

O último método de conversão é a **instalação direta**, na qual a empresa desliga o sistema antigo e inicializa o novo. Se o novo sistema falhar, a empresa está em uma enrascada. Nada pode ser feito até que o novo sistema seja corrigido ou o sistema antigo seja reinstalado. Devido ao risco, as empresas devem evitar esse método de conversão, se possível. A única exceção é se o novo sistema oferecer uma nova função que não seja vital para a operação da empresa.

A Figura 10.9 resume as tarefas para cada um dos cinco componentes durante as fases de projeto e implementação. Utilize essa figura para testar o seu conhecimento das tarefas envolvidas em cada fase.

Q8. Quais as tarefas de manutenção do sistema?

A última fase do SDLC é a manutenção. Manutenção é um termo errôneo; o trabalho realizado durante essa fase tem por finalidade *corrigir* de modo a garantir o seu correto funcionamento ou *adaptá-lo* às mudanças de requisitos.

A Figura 10.10 mostra as tarefas realizadas durante a fase de manutenção. Primeiro, é preciso haver um meio de monitoramento de falhas[2] e solicitações de melhorias para satisfazer aos novos requisitos. No caso de sistemas pequenos, as empresas podem monitorar as falhas e melhorias utilizando documentos produzidos por processadores de texto. Entretanto, à medida que os sistemas crescem e o número de falhas e solicitações de melhorias aumenta, muitas empresas consideram necessário desenvolver um banco de dados de monitoramento de falhas. Esse banco de dados contém uma descrição de cada falha ou melhoria, além de registrar quem reportou o problema, quem fará a correção ou melhoria, a situação desse serviço e se a correção ou melhoria foi testada e verificada por quem originou o processo.

Normalmente, o pessoal de SI estabelece prioridades para a solução dos problemas de sistema de acordo com o nível de gravidade dos problemas. Os casos classificados como de alta prioridade são solucionados com a maior brevidade possível, enquanto as ocorrências consideradas de baixa prioridade são solucionadas de acordo com a disponibilidade de tempo e recursos.

No que tange ao componente de software, os desenvolvedores de software agrupam as correções das falhas de alta prioridade em **patches**[3] que podem ser aplicados a todas as cópias de um determinado produto. Conforme descrito no Capítulo 4, os fornecedores de software fornecem patches para corrigir problemas de segurança e outros de natureza crítica. Normalmente, eles reúnem as correções de problemas de baixa prioridade em grupos maiores chamados **pacotes de atualizações/correções**, aplicados pelos usuários da mesma maneira que os patches. A diferença é que os pacotes de atualizações/correções normalmente envolvem correções de centenas ou milhares de problemas.

A propósito, você poderá ficar surpreso com o que vou lhe dizer, mas todo produto de software comercial é fornecido com algum tipo de falha conhecida. Normalmente os fabricantes testam seus produtos e removem os problemas mais sérios, mas raramente, ou nunca, removem todos os defeitos de que têm ciência. O fornecimento de produtos com defeitos é uma praxe do setor. A Microsoft, a Adobe, a Oracle, a IBM e muitas outras empresas fornecem produtos com problemas conhecidos.

2. Uma *falha* é uma diferença entre o que o sistema faz e o que deveria fazer. Às vezes, você ouvirá o termo *bug* em vez de *falha*. Como futuro usuário, chame as falhas de *falhas* porque é isso que elas são. Não faça uma *lista de bugs*, mas uma *lista de falhas*. Você não tem um *bug não resolvido*, mas uma *falha não resolvida*. Depois de alguns meses gerenciando uma empresa que esteja enfrentando um problema de falha grave, você verá a importância dessa diferença de terminologia.

3. Patch é um programa de correção a ser aplicada a arquivos de programas em operação (N.T.).

FIGURA 10.10 SDLC: fase de manutenção do sistema

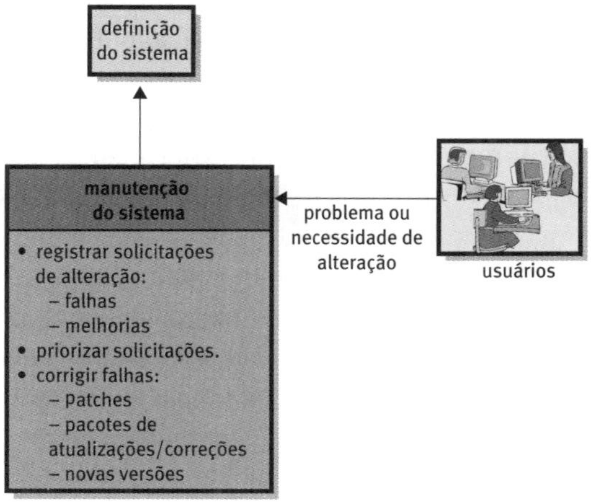

Como uma melhoria é uma adaptação aos novos requisitos, os desenvolvedores normalmente priorizam as solicitações de melhoria separadamente das falhas. A decisão de fazer uma melhoria inclui uma decisão comercial de que a melhoria irá gerar uma taxa de retorno aceitável. Embora as pequenas melhorias sejam feitas com uso de pacotes de atualizações/correções, as grandes solicitações de melhoria normalmente resultam no lançamento de uma nova versão do produto.

Ao ler isto, tenha em mente que, embora nós normalmente pensemos em falhas e melhorias associadas a programas de computador, elas se aplicam também a outros componentes. Pode haver falhas ou melhorias de hardware ou banco de dados e também de procedimentos e pessoas, embora, no segundo caso, a ocorrência seja expressa em termos mais humanitários do que *falha* ou *melhoria*. Contudo, a ideia é basicamente a mesma.

Conforme afirmado anteriormente, observe que a fase de manutenção dá início a outro ciclo do processo de SDLC. A decisão de melhorar um sistema é uma decisão de reiniciar o processo de desenvolvimento de sistemas. Até mesmo a correção de uma falha simples passa por todas essas fases do SDLC. Se for uma correção simples, uma única pessoa pode cumprir todas essas fases de forma abreviada. Contudo, cada uma delas é repetida.

Q9. Quais são alguns dos problemas com o SCLC?

Embora o setor tenha vivenciado notáveis sucessos com o processo de SDLS, os problemas também são muitos, conforme veremos nesta seção.

10.19 *O modelo em cascata do SDLC*

Uma das razões para os problemas de SDLC se deve à sua natureza **em cascata**. Como uma série de quedas-d'água, o processo deve operar em uma sequência de fases que não se repetem. Por exemplo, a equipe conclui a fase de definição de requisitos e passa ao estágio seguinte da cascata, que é a fase de projeto, dando prosseguimento ao processo (veja a Figura 10.3).

Infelizmente, o desenvolvimento de sistemas raramente transcorre sem incidentes. Em geral, é preciso recuar na cascata, por assim dizer, e repetir o trabalho de uma fase anterior. Depois que a atividade de projeto se inicia e a equipe avalia as alternativas, é muito comum perceber que algumas declarações de requisitos estão incompletas ou faltando. Nessa ocasião, a equipe precisa refazer alguma parte da tarefa de definição de requisitos, embora essa fase já esteja supostamente concluída. No desenvolvimento de alguns sistemas, a equipe vai para frente e para trás tantas vezes entre as fases de definição de requisitos e design que o projeto parece estar fora de controle.

10.20 *Dificuldade para a documentação dos requisitos*

Outro problema, especialmente no caso de sistemas complexos, é a dificuldade para documentar os requisitos de forma utilizável. Certa vez, eu gerenciei a parte de banco de dados de um projeto de software para a Boeing no qual investimos mais de 70 anos trabalhando em uma declaração de requisitos. Depois de impressos, o documento referente aos requisitos tinha cerca de 20 volumes que formavam uma pilha de 2,10 metros.

Quando entramos na fase de projeto, ninguém sabia ao certo todos os requisitos relativos a uma determinada função. Nós começávamos a projetar a função e depois descobríamos que não havíamos considerado um requisito enterrado no meio da documentação. Resumindo, os requisitos eram de tão difícil manuseio que chegavam quase a perder a utilidade. Além disso, durante o intervalo de análise de requisitos, o setor aeronáutico não permaneceu estático. Quando entramos na fase de projeto, muitos requisitos estavam incompletos e alguns já estavam obsoletos. Às vezes, diz-se que os projetos que passam tanto tempo documentando requisitos estão sofrendo de **paralisia analítica**.

10.21 *Dificuldades de programação e orçamento*

No caso de um sistema novo de grande escala, as estimativas de programação e orçamento chegam a parecer piada. A gerência tenta conferir um caráter de seriedade à necessidade de um cronograma e de um orçamento, mas quando você está desenvolvendo um grande projeto multimilionário que se estende por vários anos, as estimativas das horas de trabalho e datas de conclusão são aproximadas e confusas. Os funcionários engajados no projeto, que são a fonte das estimativas, pouco sabem sobre quanto tempo algo levará para ser realizado e quanto eles haviam, de fato, previsto. Eles sabem que o orçamento total e o prazo são uma somatória dos palpites similares de todos os envolvidos. Muitos projetos grandes vivem em um mundo de fantasia em termos de orçamento e prazo.

Na realidade, a comunidade do software tem feito um bom trabalho no sentido de melhorar as previsões de desenvolvimento dos programas de computador. Mas no caso de grandes projetos com longas fases de SDLC, muitos aspectos são suficientemente desconhecidos para impedir o bom funcionamento de qualquer técnica. Portanto, as metodologias de desenvolvimento que não o SDLS surgiram para desenvolver sistemas através de uma série de porções pequenas e manuseáveis. O desenvolvimento rápido de aplicativos, o desenvolvimento orientado para objetos e a programação extrema são três dessas metodologias.

De que maneira os conhecimentos contidos neste capítulo são úteis para o Fox Lake e para você?

Todas as pessoas fundamentais envolvidas nesse projeto do Fox Lake – Jeff, Mike e Anne – podem se beneficiar com as informações contidas neste capítulo. Todos eles precisam conhecer o processo básico para criar um sistema de informação. Eles precisam saber a importância de se definir o escopo do projeto, assim como precisam saber também pedir, de antemão, uma avaliação de viabilidade. Além disso, eles precisam saber a dificuldade (e a importância) de se fornecerem requisitos precisos.

Em algum momento da sua carreira, você necessitará desses conhecimentos. Você poderá estar gerenciando uma unidade, um departamento ou um projeto da empresa que necessite de um sistema de informação. Você precisará saber como proceder, e com os conhecimentos transmitidos por este capítulo, você estará no caminho certo.

GUIA ÉTICO: Ética da estimativa

Um buy-in ocorre quando uma empresa concorda em produzir um sistema ou um produto por menos do que o projeto sabidamente irá exigir. Um exemplo para o Fox Lake seria se um consultor concordasse em criar um sistema por $ 15 mil quando as boas técnicas de estimativa de custos indicam que o sistema irá custar $ 35 mil. Se o contrato para fornecimento do sistema ou produto for previsto considerando os gastos calculados apenas no final do projeto, o cliente acabará pagando $ 35 mil pelo sistema acabado. Ou acabará cancelando o projeto depois que tomar conhecimento do custo real. Se o contrato de fornecimento do sistema ou produto for de preço fixo, o desenvolvedor absorverá os custos extras. A segunda estratégia é usada quando o contrato abre outras oportunidades que compensem a perda de $ 20 mil.

Os *buy-ins* sempre envolvem falcatrua. A maioria das pessoas concorda que a prática do *buy-in* em projetos controlados por contrato deste tipo com a intenção de trapacear o cliente cobrando-lhe o custo integral mais tarde, é antiética e errada. As opiniões variam em relação ao *buy-in* nos contratos de preço fixo. Alguns dizem que o *buy-in* sempre envolve algum tipo de trapaça e deve ser evitado. Outros dizem que é apenas uma das muitas estratégias de negócios existentes.

E quanto aos projetos internos? A ética muda se uma equipe interna de desenvolvimento estiver construindo um sistema para uso interno? Se os membros da equipe souberem que há apenas $ 50 mil no orçamento para um novo sistema, eles devem iniciar o projeto se acreditarem que o seu custo real é de $ 75 mil? Se eles começarem, em algum momento a alta gerência terá que admitir o erro e cancelar o projeto ou arranjar a diferença de $ 25 mil. Os patrocinadores do projeto podem dar todo tipo de desculpa para esse *buy-in*, como, por exemplo, "Eu sei que a empresa precisa desse sistema. Se a gerência não perceber isso e financiá-lo, nós faremos pressão".

Essas questões se tornam ainda mais complicadas se os membros da equipe discordarem quanto ao custo do projeto. Suponhamos que uma parte da equipe acredite que o novo sistema custará $ 35 mil, outra estime um custo de $ 50 mil e uma terceira ache que o custo será de $ 65 mil. Os patrocinadores do projeto podem justificar uma média entre esses valores? Ou eles devem descrever a faixa de estimativas?

Outras formas de *buy-in* são mais sutis. Suponhamos que você seja gerente de projetos de um novo e empolgante projeto que pode ser o grande negócio da sua carreira. Você está incrivelmente ocupado, trabalhando longas horas durante seis dias da semana. A sua equipe desenvolveu uma estimativa de $ 50 mil para o seu projeto. Algo lhe diz que talvez nem todos os custos envolvidos no projeto estejam incluídos nessa estimativa. Você pretende acompanhar esse raciocínio, mas questões mais prementes têm prioridade na sua agenda. E logo você está diante da gerência apresentando a estimativa de $ 50 mil. Você deveria ter arranjando tempo para investigar a estimativa, mas não o fez. O seu comportamento é antiético?

Ou então suponhamos que você aborde um gerente mais experiente com o seu dilema. Você diz ao gerente sênior:

– Eu acho que pode haver outros custos, mas eu sei que nós só temos $ 50 mil. O que devo fazer?

Suponhamos que o gerente diga algo como:

– Bem, vamos em frente. Você não tem conhecimento de mais nada, e nós sempre temos como conseguir mais orçamento em algum lugar se for preciso.

O que você responde?

Você pode apelar para o *buy-in* tanto em termos de cronograma quanto de custo. Se o departamento de marketing disser "O novo produto tem de estar pronto para a feira de negócios", você concorda, mesmo sabendo que isso é altamente improvável? E se o pessoal de marketing disser, "Se o novo produto não estiver disponível até lá, nós devemos simplesmente cancelar o projeto?" Suponhamos que não seja impossível cumprir esse cronograma, mas que seja simplesmente bem improvável. O que você responde?

Questões para discussão

1. Você concorda que o *buy-in* em projeto regulado por contrato por tempo e material é sempre antiético? Explique o seu ponto de vista. Existem circunstâncias em que essa prática pode ser ilegal?
2. Suponhamos que você tome conhecimento oficiosamente de que os seus adversários em uma concorrência pública estejam praticando o *buy-in* em um contrato por tempo e material. Essa condição muda a sua resposta à questão 1?

3. Suponhamos que você seja um gerente de projetos encarregado de elaborar uma solicitação de proposta para um projeto de desenvolvimento de sistemas definido em contrato por tempo e material. O que você pode fazer para evitar as tentativas de *buy-in*?
4. Em que circunstâncias você acha que o *buy-in* em um contrato de preço fixo é antiético? Quais os perigos dessa estratégia?
5. Explique por que os projetos de desenvolvimento interno são sempre regulados por contrato por tempo e material
6. Dada a sua resposta à questão 5, a prática do *buy-in* em um projeto interno é sempre antiética? Em que circunstâncias você acha que seja um procedimento ético? Em que circunstâncias você o considera justificável, ainda que antiético?
7. Suponhamos que você peça orientação a um gerente sênior, conforme descrito no Guia Ético. A resposta do gerente absolve você de culpa? Suponhamos que você peça orientação ao gerente, mas não siga o seu conselho. Que problemas podem decorrer dessa atitude?
8. Explique como você pode praticar o *buy-in* em termos de cronograma e de custos.
9. No caso de um projeto interno, de que maneira você responde ao gerente de marketing caso ele diga que o projeto deve ser cancelado se não estiver pronto para a feira de negócios? Na sua resposta, suponha que você discorde dessa opinião – digamos que você saiba que o sistema tem valor independentemente de estar concluído até a data da feira.

REVISÃO

Utilize esta revisão para verificar o que você assimilou das ideias e conceitos que respondem às questões de estudo do capítulo.

Q1. **O que é desenvolvimento de sistemas?**
Defina *desenvolvimento de sistemas*. Explique de que maneira o desenvolvimento de sistemas difere do desenvolvimento de programas. Descreva os tipos de qualificação necessários para atuar em projetos de desenvolvimento de sistemas. Explique por que Jeff necessita dos conhecimentos contidos neste capítulo.

Q2. **Por que o desenvolvimento de sistemas é um processo difícil e arriscado?**
Descreva o risco existente no processo de desenvolvimento de sistemas. Resuma as dificuldades impostas pelas seguintes tarefas: definição de requisitos, alterações de requisitos, elaboração de cronograma e orçamento, tecnologia mutável e deseconomias de escala.

Q3. **Quais as cinco fases do SDLC?**
Cite as cinco fases do ciclo de vida do desenvolvimento de sistemas e descreva resumidamente cada uma.

Q4. **Como um sistema é definido?**
Utilizando a Figura 10.4 como orientação, explique como você descreveria para o Jeff a tarefa de definição do sistema para o novo sistema da empresa dele. Cite e descreva quatro elementos da viabilidade. (*Dica:* Os quatro tipos de viabilidade podem ser dispostos na seguinte ordem: de Custo, Operacional, de Cronograma e Técnica; nessa sequência, a primeira letra de cada palavra (em inglês) forma a sigla *COST* – custo, em inglês).

Q5. **Qual a função dos usuários na fase de análise de requisitos?**
Resuma as tarefas na fase de definição de requisitos. Descreva a função dos usuários nessa fase. Exponha o que você acredita que poderá acontecer se os usuários não participarem ou não levarem esse trabalho a sério. Descreva o papel desempenhado pelos usuários na aprovação dos requisitos.

Q6. **Como são projetados os cinco componentes?**
Resuma as atividades de projeto para cada um dos cinco componentes de um sistema de informação. Explique seis categorias de procedimentos que precisam ser projetadas.

Q7. **De que maneira um sistema de informação é implementado?**
Cite as duas principais tarefas na fase de implementação de um sistema. Resuma o processo de teste do sistema. Descreva a diferença entre teste de sistema e teste de software. Explique as tarefas de teste para cada um dos cinco componentes. Cite quatro tipos de conversão de sistemas. Descreva cada método e exemplifique as situações em que cada um seria eficaz.

Q8. **Quais as tarefas de manutenção do sistema?**
Explique por que o termo *manutenção* é inadequado. Resuma as tarefas envolvidas na fase de manutenção.

Q9. **Quais alguns dos problemas com o SDLC?**
Explique por que o SDLC é considerado um processo em cascata e descreva por que essa característica pode ser um problema. Descreva os problemas que ocorrem quando se tenta elaborar requisitos utilizando o SDLC. Resuma as dificuldades de elaboração de cronograma e orçamento apresentadas pelo SDLC.

Descreva resumidamente de que maneira Jeff, Mike e Anne podem utilizar os conhecimentos do SDLC. Explique como você pode utilizá-lo. Utilize o SDLC e os cinco componentes para explicar a função adequada de Laura, de Jeff e de Anne.

UTILIZE SEUS CONHECIMENTOS

1. Digamos que você seja um estagiário que trabalha com Laura e tenha presenciado as conversas iniciais dela com o Fox Lake. Suponhamos que ela lhe peça para ajudá-la a investigar esse novo sistema.
   a. Desenvolva um plano para esse projeto utilizando o SDLC.
   b. Especifique detalhadamente as tarefas a serem cumpridas durante a fase de definição do sistema.
   c. Redija um memorando para ela explicando como você acha que o Fox Lake deveria proceder.

2. Considerando o problema do processo do Fox Lake discutido no Capítulo 7, Laura lhe pede que crie um novo processo de reserva de instalações para manutenção.
   a. Descreva as tarefas que precisam ser executadas a cada fase do SDLC para que esse sistema possa ser construído.
   b. Especifique detalhadamente as tarefas que devem ser executadas durante a fase de definição do sistema.

3. Busque no Google a frase "o que é um analista de negócios?" Investigue vários dos links que você encontrar e responda às seguintes perguntas:
   a. Quais as responsabilidade funcionais básicas de um analista de negócios?
   b. Que tipo de conhecimento os analistas de negócios precisam possuir?
   c. Que tipos de habilidades e características pessoais os analistas de negócios bem-sucedidos precisam possuir?
   d. A profissão de analista de negócios seria interessante para você? Explique por que ou por que não.

ESTUDO DE CASO 10

Lentos para aprender ou o quê?

Em 1974, quando eu lecionava na Universidade do Colorado, realizamos um estudo sobre as causas das falhas dos sistemas de informação. Entrevistamos integrantes de dezenas de projetos e coletamos dados de pesquisa sobre outros cinquenta projetos. A análise dos dados de nossa amostra revelou que o fator mais importante nos casos de falha dos sistemas de informação era a falta de envolvimento do usuário. O segundo principal fator eram os requisitos mal definidos, incompletos e incoerentes.

Na época, eu era um dedicado programador de computadores e técnico de TI e, sinceramente, fiquei surpreso. Pensava que os problemas mais significativos fossem de natureza técnica.

Eu me lembro de uma entrevista em particular. Um grande produtor de açúcar havia tentado implementar um novo sistema para o pagamento dos produtores de beterraba. O novo sistema deveria ser implementado em cerca de vinte locais de colheita situados em pequenas comunidades agrícolas adjacentes a um parque ferroviário. Um dos benefícios do novo sistema era a significativa economia de custos, e grande parte dessa economia era possível porque o novo sistema eliminava a necessidade de controladores locais. A expectativa era de que o novo sistema eliminasse os postos de trabalho de aproximadamente vinte funcionários graduados.

Entretanto, os controladores pagavam os agricultores locais há décadas. Eles eram líderes populares não apenas dentro da empresa, mas também em suas comunidades. Eram pessoas queridas, importantes e altamente respeitadas. Um sistema que provocasse a eliminação de seus postos de trabalho era, no mínimo, para usar um termo deste capítulo, *inviável do ponto de vista organizacional.*

Não obstante, o sistema foi construído, mas um profissional de SI que participou do projeto me disse: "De alguma forma, esse novo sistema parece que nunca deu certo. Ou os dados não eram lançados em tempo hábil, ou continham erros, ou eram incompletos, ou, às vezes, simplesmente não eram lançados". As nossas operações estavam desmoronando durante a principal época de colheita e nós acabamos "abandonando o barco" e retornando ao sistema antigo. A participação ativa dos usuários do sistema teria identificado essa inviabilidade organizacional muito antes que o sistema tivesse sido implementado.

Você deve estar pensando "isso é coisa do passado". Talvez, mas em 1994, o Standish Group publicou um hoje famoso estudo sobre falhas de SI. Intitulado "O Relatório do CAOS", o estudo indicou como principais causas de falha nos sistemas de informação os seguintes fatores, em ordem decrescente: (1) falta de contribuição ativa dos usuários, (2) requisitos e especificações incompletos, e (3) requisitos e especificações mutáveis (www.standishgroup.com). Esse estudo foi concluído cerca de vinte anos depois do nosso estudo.

Em 2004, o professor Joseph Kasser e seus alunos na Universidade de Maryland analisaram dezenove falhas de sistema para determinar suas causas. Em seguida, eles estabeleceram a correlação entre a análise das causas e as opiniões dos profissionais envolvidos nas falhas. Os resultados correlacionados indicaram que a principal causa das falhas de sistema era a "insatisfatoriedade de requisitos"; a segunda causa era a "falta de comunicação com o consumidor". Para mais detalhes, procure na Internet "Joseph Kasser".

Em 2003, o Conselho Fiscal da Receita Federal dos Estados Unidos concluiu que a primeira causa de falhas brutais e dispendiosas no desenvolvimento de um novo sistema de informação para o órgão era a "autoria e o patrocínio inadequados dos projetos por parte das unidades de negócios", o que resultava em casos de negócios irreais e constantes "desvios" de escopo dos projetos.

Há mais de trinta anos, estudos mostram que as principais causas das falhas de sistema são a falta de participação dos usuários e a presença de requisitos mutáveis e incompletos. Entretanto, as falhas decorrentes dessas mesmas falhas continuam a aumentar.

Fonte: www.standishgroup.com.

Questões

1. Utilizando os conhecimentos adquiridos neste capítulo, resuma os papéis que você acha que os usuários devam assumir durante o projeto de desenvolvimento de um sistema de informação. Quais as responsabilidades dos usuários? Até que ponto eles devem trabalhar próximos à equipe de SI? Quem é responsável por especificar os requisitos e restrições? Quem é responsável por gerenciar os requisitos?
2. Se você perguntar aos usuários por que eles não participam da especificação de requisitos, algumas das respostas mais comuns serão:
   - **a.** "Não me perguntaram."
   - **b.** "Eu estava sem tempo."
   - **c.** "Eles estavam falando de um sistema que estaria disponível daqui a dezoito meses e eu simplesmente estou preocupado em despachar os pedidos hoje."
   - **d.** "Eu não sabia do que eles estavam falando."
   - **e.** "Eu não sabia o que eles queriam."
   - **f.** "Eu não trabalhava aqui quando eles iniciaram o projeto."
   - **g.** "A situação toda mudou desde então; isso foi há dezoito meses!"

   Comente cada uma dessas afirmações. Que estratégias elas lhe sugerem como futuro usuário e como futuro gerente de usuários?
3. Se você perguntar aos profissionais de SI por que eles não obtiveram uma lista completa e precisa de requisitos, as respostas mais comuns serão:
   - **a.** "Era praticamente impossível conseguir um espaço na agenda dos usuários. Eles estavam sempre muito ocupados."
   - **b.** "Os usuários não participavam regularmente de nossas reuniões. Consequentemente, uma determinada reunião era dominada pelas necessidades de um determinado grupo, uma outra era dominada pelas necessidades de outro grupo e assim por diante."
   - **c.** "Os usuários não levavam o processo de definição de requisitos a sério. Eles não faziam uma análise detalhada das declarações de requisitos antes das reuniões de avaliação."
   - **d.** "Os usuários estavam sempre mudando. Nós nos reuníamos com uma determinada pessoa uma vez e com outra em uma segunda ocasião."
   - **e.** "Nós não tínhamos tempo suficiente."
   - **f.** "Os requisitos estavam sempre mudando."

   Comente cada uma dessas afirmações. Que estratégias elas lhe sugerem como futuro usuário e como futuro gerente de usuários?
4. É de conhecimento geral que uma das principais causas de falha de SI é a falta de participação do usuário, e se esse fator continua sendo um problema depois de mais de trinta anos de experiência, isso significa que o problema não tem solução? Por exemplo, todo mundo sabe que você pode maximizar os seus rendimentos comprando ações na época do ano em que os preços estão baixos e vendendo-as na época de preços altos, mas isso é muito difícil. Será verdade também que, embora todo mundo saiba que os usuários devem participar do processo de especificação de requisitos, e que os requisitos devem ser completos, isso simplesmente não é possível? Por que ou por que não?

CAPÍTULO 11

Gestão de sistemas de informação

Isto poderia acontecer com você

- Jeff, quer falar de sistemas de informação?

Laura, uma analista de negócios contratada pelo Fox Lake para ajudar a solucionar problemas de processo e sistema, procede com cautela com Jeff, gerente geral do Fox Lake.

- Claro, Laura, eu tenho me perguntado o que você está planejando.

- Bem, eu encontrei alguns problemas de processos que Mike, Anne e eu estamos resolvendo. Eu acho que estamos quase chegando lá - Laura começa pela boa notícia.

- Ótimo.

- E alguns desses processos utilizam sistemas de informação, por isso eu estive dando uma olhada neles também.

- Muito bem.

- Jeff, você me contratou para ajudar a resolver alguns problemas e ajudar o Fox Lake nas questões de SI e TI, e eu quero muito fazer isso - Laura prossegue, ainda tentando chegar ao ponto que lhe interessa.

- É isso que nos queremos, Laura.

- Bem, então, Jeff, eu acho que você precisa gerenciar mais diretamente a função de SI.

- O QUÊ?

- Eu vejo alguns problemas, uma certa falta de organização, algumas questões de SI que precisam ser resolvidas, e você é a pessoa certa para fazer isso.

Laura espera a ficha de Jeff cair.

- Laura, eu não sou da área de TI. Eu mal consigo manusear o meu e-mail, ou programar o horário de uma partida de golfe no nosso site na Internet. Eu não entendo nada de TI.

- Eu entendo. Essa não é a sua formação e não é nada do que você pensava fazer como gerente geral.

- Com certeza.

Questões de estudo

Q1. Por que você precisa conhecer o departamento de SI?

Q2. Quais as responsabilidades do departamento de SI?

Q3. De que maneira o departamento de SI é organizado?

Q4. Quais os cargos existentes na área de SI?

Q5. Como as empresas decidem quanto investir em SI?

Q6. Quais os seus direitos e responsabilidades na área de SI?

De que maneira os conhecimentos contidos neste capítulo são úteis para o Fox Lake e para você?

– Bem, em uma empresa maior, haveria um gerente júnior responsável por essa área. Haveria um diretor de informática ou pelo menos um gerente de SI/TI para fazer isso. E você o gerenciaria. Mas não é o caso.

– Você tem razão, Laura, não temos ninguém nessa função. É por isso que eu recorro ao Mike para fazer isso.

– Jeff, existem dois problemas nesse caso. Primeiro, essa não é a formação do Mike, e, como você sabe, Mike é um gerente novo. Se fosse mais experiente poderia dar conta do recado, mas não é o caso. Ele é um supervisor de manutenção esforçado que está se esforçando para gerenciar todas as instalações do Fox Lake.

– E ele tem feito um bom trabalho nessa função.

– Tudo bem, Jeff, mas vamos deixar isso de lado. O segundo problema em passar essa atribuição ao Mike é que você tem uma raposa tomando conta do galinheiro.

– Como assim?

– Ele é incentivado a se manter dentro do orçamento. Além de toda a área de TI/SI que ele está gerenciando, ele é também gerente de instalações e necessita de uma parte do orçamento de TI/SI para manter esse departamento. Portanto, ele não tem nenhum incentivo, a não ser a cortesia profissional, para oferecer qualquer outra capacidade ou função de SI ao departamento de eventos de casamento.

– Você acha que ele tem um conflito de interesses? – Jeff se recostou em sua cadeira, refletindo.

– Como você disse, "com certeza". Além disso, o Fox Lake está vulnerável – Laura finalmente levanta a questão que a preocupa.

– Vulnerável? Como?

– Bem, vocês estão rodando os servidores e a rede a partir do prédio das instalações. Eles estão na sala de trás, mas o acesso aos servidores é livre. A minha preocupação não é que alguém possa se chocar contra eles com um carrinho de golfe, embora isso possa acontecer, mas que qualquer pessoa que tenha acesso a esse prédio tenha acesso também a todos os servidores, aplicativos e dados da empresa.

– Eu pensei que tivéssemos transferido esses sistemas para a nuvem, onde quer ela esteja. Pelo menos, eu aprovei o orçamento para isso.

– Isso foi para o novo sistema de programação das instalações. Os aplicativos de solicitação de inscrições, todos os sistemas contábeis e todos os sistemas mais antigos do Fox Lake ainda rodam nesses servidores.

Laura acha que está fazendo algum progresso.

– É. Eu não sei. Talvez eu devesse contratar alguém para gerenciar essa parte.

– Você poderia fazer isso. Seria dispendioso, e talvez você nem precise disso. Por que não se envolver pessoalmente, arrumar tudo e depois contratar alguém se for necessário?

– O.k., você já cativou a minha atenção. Vamos continuar essa conversa. Eu tenho que correr agora, mas coloque as suas ideias no papel e me traga para dar uma olhada. E aí então nós veremos.

– Farei isso. Obrigada, Jeff.

Laura se retira, bastante aliviada. Suas suspeitas, na verdade, eram maiores do que ela chegou a expressar, mas lhe faltavam dados suficientes para abordá-las. "Pelo menos nós o colocaremos nos eixos", ela pensa enquanto caminha para o carro.

"O segundo problema é que você tem uma raposa tomando conta do galinheiro."

Q1. Por que você precisa conhecer o departamento de SI?

Você precisa conhecer o departamento de SI por três razões principais. Primeiro, porque assim como

FIGURA 11.1 Responsabilidades básicas do departamento de SI

1. Planejamento dos sistemas de informação e da infraestrutura de TI.
2. Desenvolvimento e adaptação dos sistemas de informação e da infraestrutura de TI.
3. Manutenção dos sistemas de informação e operação e gerenciamento da infraestrutura.
4. Proteção da infraestrutura e dos dados

Jeff, um dia, você pode estar gerenciando uma empresa pequena demais para contratar um gerente de SI em regime de tempo integral. Entretanto, a partir de 2010, pouquíssimas serão as empresas a não utilizar sistemas de informação em alguma função. Consequentemente, assim como o Jeff, você será obrigado a gerenciar sistemas de informação, quer você queira, quer não. E com esses conhecimentos você pode evitar problemas como aqueles que, no Capítulo 12, Jeff descobrirá que tem.

Segundo, em empresas maiores, você precisa conhecer as responsabilidades e atribuições do departamento de SI para que possa ser um consumidor eficaz dos recursos do departamento. Sabendo o que o departamento de SI faz e como é organizado, você saberá melhor como obter os equipamentos, serviços ou sistemas de que você (e a empresa que gerencia) necessita.

Terceiro, você precisa conhecer as funções do departamento de SI para ser um planejador ou inovador empresarial mais bem informado e eficaz. Por exemplo, mais de uma fusão ou aquisição já foi negociada, assinada e planejada sem que ninguém pensasse nos departamento de SI. Como você pode entender, o casamento entre a infraestrutura de TI e os departamentos de SI de duas empresas requer um extenso planejamento.

Em uma situação menos radical, você pode ter uma ideia para uma nova linha de produtos ou serviços ou para um processo empresarial notadamente diferente. Nesse caso, se você conhecer as responsabilidades do departamento de SI, saberá se a sua ideia produz algum impacto no departamento e, em caso afirmativo, terá mais condições de prever as necessidades desse departamento.

Hoje, os sistemas de informação são um elemento importante de quase toda empresa, e conhecer as responsabilidades e a organização do departamento de SI é uma tarefa fundamental para todo profissional da área de negócios.

Q2. Quais as responsabilidades do departamento de SI?

O departamento de SI[1] tem quatro responsabilidades básicas, conforme mostrado na Figura 11.1. Veremos cada uma dela.

11.1 *Planejamento dos sistemas de informação e da infraestrutura de TI*

Os sistemas de informação existem para aumentar a estratégia competitiva da empresa. Eles existem para facilitar os processos de negócios e ajudar a melhorar o processo decisório. Consequentemente, não existem "projetos de SI"; em vez disso, todos os projetos que envolvem sistemas de informação fazem parte de algum outro sistema empresarial ou facilitam alguma meta de negócios.

O departamento de SI tem a responsabilidade de alinhar todas as suas atividades às metas e objetivos básicos da empresa. Conforme surgem novas tecnologias, o departamento de SI passa a ter a responsabilidade de avaliá-las e determinar se elas

1. Usamos o termo *departamento de SI*, e não *departamento de TI*, por se tratar de uma função responsável pelos sistemas de informação, e não apenas pela tecnologia da informação. Entretanto, o termo *departamento de TI* geralmente é usado na área de negócios (refletindo o mau entendimento geral do papel dos sistemas de informação e da tecnologia da informação no mundo dos negócios). Se, no trabalho, você ler ou ouvir essa expressão, pense em termos de "departamento de SI".

podem ser utilizadas para impulsionar as metas da empresa. Além disso, à medida que a empresa muda, o departamento de SI passa a ser responsável também por adaptar a infraestrutura e os sistemas às novas metas de negócios.

Há vários anos, a Microsoft começou a usar o termo **"agile enterprise"** (empresa ágil) em seus comerciais. Hoje, muitos executivos usam o termo para se referir a uma empresa capaz de se adaptar rapidamente às mudanças de mercado, setor, produto, legislação e de outros fatores externos significativos. A Microsoft usava esse termo porque a infraestrutura e os sistemas de TI são particularmente conhecidos por sua dificuldade de adaptação às mudanças, e afirmava que os seus produtos mudariam essa característica. Pode até ser, mas o único efeito certo de sua campanha foi o alerta aos gerentes de SI e executivos para a necessidade de serem adaptáveis.

11.2 *Desenvolvimento e adaptação dos sistemas de informação e da infraestrutura de TI*

Após formular um plano, a próxima tarefa para o departamento de SI é criar, desenvolver e adaptar tanto os sistemas de informação quanto a infraestrutura de TI. Falamos sobre o desenvolvimento de sistemas no Capítulo 10, mas precisamos abordar esse tópico mais profundamente.

Além do desenvolvimento de sistemas, o departamento de SI é responsável pela criação e adaptação da infraestrutura de TI, como redes de computadores, servidores, centros de dados, depósitos de dados, mercados de dados e outros recursos de SI. O departamento de SI é encarregado também de criar infraestruturas de sistemas, como sistemas de e-mail, VPNs, blogs da empresa, sites para SharePoint e outros tipos de infraestrutura de SI de que empresa necessite.

Na maioria das empresas, os departamentos usuários pagam os computadores e equipamentos correlatos com seus próprios orçamentos. Entretanto, dada a sua responsabilidade em manter esses equipamentos e conectá-los às redes da empresa, o departamento de SI especifica os sistemas de computadores e as configurações padrão que irá adotar. Esse departamento é responsável por definir tais especificações.

11.3 *Manutenção dos sistemas de informação e operação e gerenciamento da infraestrutura*

Falamos sobre a manutenção dos sistemas de informação no Capítulo 10 e não iremos repetir essa discussão aqui. No que diz respeito à operação e gerenciamento da infraestrutura, é importante perceber que a infraestrutura de TI não é como a instalação hidráulica ou elétrica do prédio. Você não pode instalar uma rede ou um servidor e depois esquecê-lo. A infraestrutura de TI precisa ser operada e gerenciada. Redes e servidores precisam ser ligados e monitorados. De tempos em tempos, precisam ser ajustados, ou **afinados**, de acordo com as alterações na carga de trabalho. Os componentes falham, e quando isso acontece, o departamento de SI é acionado para corrigir o problema.

Para entender a importância dessa função, vejamos o que acontece quando uma rede falha: os usuários não conseguem se conectar aos seus servidores locais nem rodar os sistemas de informação de que necessitam para desempenhar suas tarefas. Além disso, não conseguem se conectar à Internet ou enviar e receber e-mails. É possível que os usuários não consigam nem acessar suas listas de contato para procurar os números de telefone de que necessitam para ligar e explicar por que não estão respondendo. A empresa realmente para. Em empresas como a FlexTime e o Fox Lake, os clientes enfrentarão longas filas para fazer uma compra!

11.4 *Proteção da infraestrutura e dos dados*

O departamento de SI é responsável por proteger a infraestrutura e os dados contra eventuais ameaças. Falaremos sobre ameaças e medidas de proteção no Capítulo 12. Por enquanto, basta entendermos que as ameaças à infraestrutura e aos dados de TI provêm de três fontes: erro e falha humana, atividade humana maliciosa e eventos e desastres naturais.

O departamento de SI ajuda a empresa a gerenciar o risco. O departamento precisa identificar as possíveis ameaças, estimar os riscos financeiros e outros, e especificar as medidas de proteção adequadas. Nada é de graça, nem mesmo as medidas de proteção, que, aliás, podem ser até muito caras. O departamento de SI trabalha com o diretor financeiro e outros na empresa para determinar as medidas de proteção a serem implementadas, ou, em outras palavras, o nível de risco a ser assumido. Para maiores informações, veja o Capítulo 12.

Q3. De que maneira o departamento de SI é organizado?

A Figura 11.2 mostra as relações de subordinação típicas nos níveis hierárquicos mais elevados. Como você aprenderá nas suas aulas de gestão, a estrutura organizacional varia, dependendo do porte, da cultura, do ambiente competitivo, do setor e de outros fatores da empresa. As empresas maiores, formadas por divisões independentes, têm um grupo de executivos seniores - como aquele mostrado aqui - para cada divisão. As empresas menores podem combinar alguns desses departamentos. Considere a estrutura ilustrada na Figura 11.2 como um exemplo típico.

O título do gerente principal do departamento de SI varia de empresa para empresa. Um título comum é **diretor de Tecnologia de Informação (em inglês *Chief Information Officer* - CIO)**. Outros títulos comuns são *vice-presidente de Tecnologia de informação*, *diretor de serviços de informação* e, menos comum, *diretor de serviços de computação*.

Na Figura 11.2, o diretor de TI, assim como outros executivos seniores, se reporta ao diretor geral, embora, às vezes, esses executivos se reportem ao diretor de operações, que, por sua vez, se reporta ao diretor geral. Em algumas empresas, o diretor de TI se reporta ao diretor financeiro. Essa relação de subordinação pode fazer sentido se os sistemas de informação primários servirem de suporte para as atividades contábeis e financeiras. Para empresas que dependem de outros sistemas de informação além dos da área contábil, como produção, por exemplo, o organograma mostrado na Figura 11.2 é mais comum e eficaz.

A estrutura do departamento de SI também varia entre as empresas. A Figura 11.2 mostra um departamento de SI característico, com quatro grupos e uma função de assessoria de administração de dados.

FIGURA 11.2 Relações de subordinação típicas em nível sênior

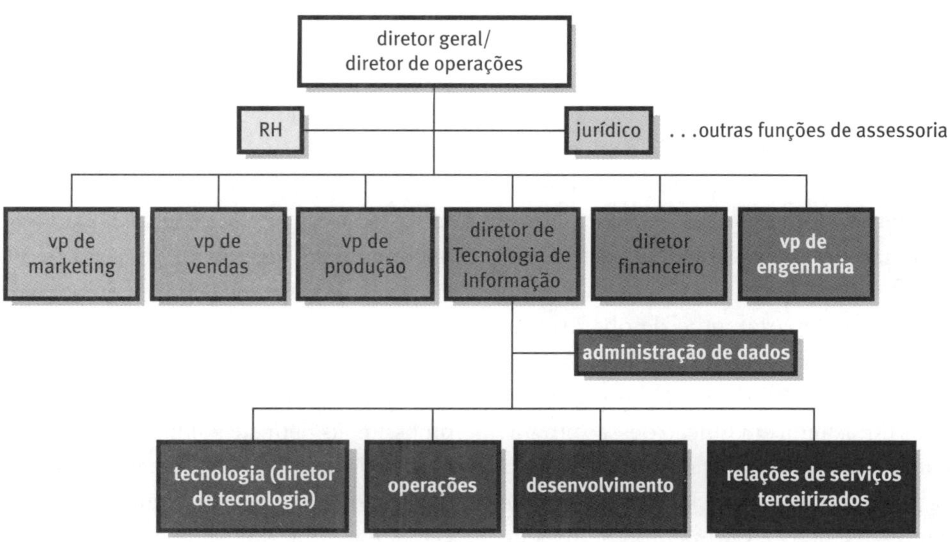

A maioria dos departamentos de SI inclui um escritório de *tecnologia* que investiga novas tecnologias de serviços de informação e determina como a empresa pode se beneficiar delas. Hoje, por exemplo, muitas empresas estão investigando a computação em nuvem, a virtualização, a SOA, as redes sociais e o conteúdo gerado pelo usuário além de estarem planejando como usar essas tecnologias da melhor maneira possível para alcançar suas metas e objetivos. Um indivíduo chamado *diretor de tecnologia* chefia o grupo de tecnologia. O diretor de tecnologia investiga novas ideias e produtos para identificar aqueles mais relevantes para a empresa. A função desse executivo requer profundos conhecimentos de tecnologia da informação e a capacidade de vislumbrar como o novo SI afetará a empresa ao longo do tempo.

O grupo seguinte mostrado na Figura 11.2, *operações*, gerencia a infraestrutura de computação, como computadores individuais, centros de processamento de dados, redes e meios de comunicação. Esse grupo inclui administradores de sistemas e redes. Como você aprenderá, uma função importante desse grupo é o monitoramento da experiência do usuário e o atendimento aos problemas do usuário.

O terceiro grupo no departamento de SI mostrado na Figura 11.2 é o de *desenvolvimento*. Esse grupo gerencia o processo de criação de novos sistemas de informação e manutenção dos sistemas existentes. (Lembre-se do Capítulo 10: no contexto dos sistemas de informação, *manutenção* significa remoção de problemas ou adaptação dos sistemas de informação existentes para suportar novos recursos e funções.)

O tamanho e a estrutura do grupo de desenvolvimento variam de acordo com o desenvolvimento interno ou externo dos programas. Se não o forem, esse departamento será preenchido basicamente por analistas de sistemas que trabalham com os usuários, com o departamento de operações e com os fornecedores para adquirir e instalar programas de computador licenciados e configurar os componentes do sistema em função desses programas. Caso a empresa desenvolva programas internamente, esse departamento inclui engenheiros de teste, redatores técnicos e outros profissionais de desenvolvimento de software.

O último grupo do departamento de SI mostrado na Figura 11.2 é o de *relações de serviços terceirizados*. Esse grupo existe em uma empresa que tem contratos de terceirização negociados com outras empresas para o fornecimento de equipamentos, aplicativos e outros serviços.

A Figura 11.2 contém também uma função de assessoria de *administração de dados*. Esse grupo tem por finalidade proteger ativos de dados e informação estabelecendo padrões de dados e práticas e políticas de gerenciamento de dados.

Existem muitas variações na estrutura do departamento de SI mostrado na Figura 11.2. Os sistemas de informação possuem os cinco componentes discutidos ao longo de todo este texto. A tecnologia da informação (TI) é apenas tecnologia. Diz respeito aos produtos, técnicas, procedimentos e projetos da tecnologia baseada em computador. Os sistemas de informação devem ser inseridos na estrutura de um SI para que a empresa possa utilizá-lo.

Q4. Quais os cargos existentes na área de SI?

O setor de SI possui uma ampla variedade de cargos interessantes e bem remunerados. Muitos alunos ingressam na turma de SIG pensando que o setor de SI consiste apenas de programadores e técnicos em computação. Se você refletir sobre os cinco componentes de um sistema de informação, verá por que isso não é verdade. Os componentes de dados, procedimentos e pessoas de um sistema de informação exigem profissionais com habilidades de comunicações interpessoais altamente desenvolvidas.

A Figura 11.3 sintetiza os principais cargos no setor de SI. À exceção de técnico em computação e possivelmente engenheiro de testes de PQA, todos esses cargos exigem curso superior com duração de quatro anos. Além disso, à exceção de programador e engenheiro de testes de PQA, todos exigem conhecimentos na área de negócios. Na maioria dos casos, os profissionais bem-sucedidos têm formação superior na área de negócios. Observe também que a maioria dos cargos exige boas habilidades de comunicação verbal e escrita. A atividade empresarial, incluindo os sistemas de informação, é uma atividade social.

Muitos dos cargos mostrados na Figura 11.3 abrangem uma ampla faixa de níveis salariais. Os salários mais baixos são pagos a profissionais com experiência limitada ou àqueles que trabalham em empresas menores ou em pequenos projetos. Os salários mais altos são para aqueles com profundos conhecimentos e experiência que trabalham para grandes empresas e em grandes projetos. Não espere começar a sua carreira no topo dessas faixas. Conforme observado, todos os salários são para cargos oferecidos dentro dos Estados Unidos e expressos em dólares americanos.

Em meus quarenta anos de profissão, eu trabalhei como analista de sistemas, programador, gerente de projetos de pequena e grande escala, consultor e diretor de tecnologia. Foi muito divertido e o setor está se tornando cada vez mais interessante a cada ano. Pense um pouco nessas profissões.

A propósito, para todos os cargos, à exceção daqueles mais técnicos, os conhecimentos de natureza técnica podem contribuir para a sua comercialidade. Se você tiver tempo, uma dupla especialidade pode ser uma excelente opção. Constituem exemplos populares de dupla especialidade combinações como contabilidade e sistemas de informação, marketing e sistemas de informação e gestão empresarial e sistemas de informação.

Q5. Como as empresas decidem quanto investir em SI?

Os sistemas de informação e a tecnologia da informação são caros. Consequentemente, as empresas precisam tratar os investimentos em SI e TI da mesma maneira como tratam os investimentos em fábricas, estoques ou qualquer outro projeto substancial. Normalmente, a decisão de investir em qualquer projeto empresarial envolve uma análise dos custos e dos benefícios.

Essa análise requer uma estimativa dos custos e dos benefícios do projeto. Entretanto, para comparar custos e benefícios, ambos precisam ser expressos em dólares ou em alguma outra moeda. Estimar os custos de projetos de TI ou SI em dólares não é mais difícil do que estimá-los para outros projetos. A dificuldade surge quando tentamos atribuir um valor em dólares aos benefícios. Por exemplo, qual o valor em dólares de um sistema de e-mail? Os funcionários precisam ter acesso a e-mail para realizar qualquer tarefa. Perguntar o valor em dólares de um sistema de e-mail é como perguntar o valor em dólares do banheiro. Como você o computa?

Outras computações de valores são difíceis, mas possíveis. Por exemplo, se o sistema de informação de atendimento ao cliente reduz a probabilidade de perda de um cliente, então o valor desse sistema pode ser computado multiplicando-se a probabilidade de perda pelo valor vitalício desse cliente. Ou, se um sistema de informação permitir que os representantes do serviço de atendimento ao cliente trabalhem 10% mais rápido, então o valor em dólares desse sistema é 10% dos custos previstos de suporte ao cliente.

A maioria das análises de investimento em SI e TI divide os benefícios em duas categorias: benefícios tangíveis e intangíveis. Os **benefícios tangíveis** são aqueles para os quais o valor em dólares pode ser computado. A redução dos custos de suporte ao cliente em 10% é um benefício tangível. Os **benefícios intangíveis**, por sua vez, são aqueles para os quais é impossível computar um valor em dólares. Os benefícios de um sistema de e-mail são intangíveis.

Um método comum de justificar projetos de SI e TI é computando os custos e os benefícios tangíveis do sistema e fazendo uma análise financeira. Se o projeto puder ser justificado apenas com base nos benefícios tangíveis, então a decisão favorável é tomada. Caso contrário, os benefícios tangíveis são levados em consideração e uma decisão subjetiva é tomada quanto à hipótese de os benefícios intangíveis terem ou não valor suficiente para superar os benefícios tangíveis que seriam necessários e estão faltando.

FIGURA 11.3 Cargos no setor de sistemas de informação

Título	Responsabilidades	Conhecimentos, habilidades e características necessários	Faixa salarial*
Analista de negócios/ projetos	Trabalhar com os líderes e planejadores de negócios para desenvolver processos e sistemas que implementem a estratégia e as metas de negócios.	Conhecimentos de planejamento de negócios, estratégia, gestão de projetos e tecnologia. Capacidade para lidar com a complexidade e ver a situação geral, mas também de trabalhar com os detalhes. Necessidade de sólidas habilidades de relacionamento interpessoal e comunicação.	US$ 75 mil a US$ 125 mil/ano (Brasil: R$ 3.700,00 a R$ 14.000,00)
Analista de sistemas	Trabalhar com os usuários para definir os requisitos do sistema, elaborar e desenvolver descrições de cargo e procedimentos, ajudar a definir os planos de teste do sistema.	Sólidas habilidades de relacionamento interpessoal e comunicação. Conhecimentos de negócios e tecnologia. Adaptabilidade.	US$ 65 mil a US$ 125 mil/ano (Brasil: R$ 2.500,00 a R$ 10.000,00)
Programador	Criar e escrever programas de computador.	Pensamento lógico e habilidades de projeto, conhecimentos de uma ou mais linguagens de programação.	US$ 50 mil a US$ 150 mil/ano (Brasil: depende da linguagem com a qual o profissional trabalha, gerando uma faixa grande de variação)
Arquiteto de testes	Elaborar planos de teste, criar e escrever roteiros de teste automatizados, executar testes.	Pensamento lógico, programação básica, excepcionais habilidades organizacionais, olho clínico para os detalhes.	US$ 40 mil a US$ 95 mil/ano (Brasil: R$ 3.000,00 a R$ 5.500,00)
Documentador	Escrever a documentação dos programas, help-text, procedimentos, descrições de cargo, material de treinamento.	Facilidade de aprendizado, grande habilidade de comunicação verbal.	US$ 40 mil a US$ 95 mil/ano (Brasil: R$ 1.600,00 a R$ 3.500,00)
Analista de suporte	Ajudar os usuários a solucionar problemas, ministrar treinamento.	Habilidades pessoais e de comunicação. Conhecimento dos produtos. Paciência.	US$ 40 mil a US$ 65 mil/ano (Brasil: R$ 1.600,00 a R$ 3.500,00)
Técnico de suporte	Instalar software, efetuar reparos em computadores e redes.	Diploma de tecnólogo, habilidades de diagnóstico.	US$ 30 mil a US$ 65 mil/ano (Brasil: R$ 900,00 a R$ 1.800,00)
Administrador de redes	Monitorar, manter, consertar e ajustar redes de computadores.	Habilidades de diagnóstico, profundo conhecimento das tecnologias de comunicação e dos produtos.	US$ 75 mil a US$ 200 mil/ano (Brasil: R$ 3.900,00 a R$ 6.200,00)
Consultor	Ampla gama de atividades: programação, teste, criação de bancos de dados, comunicações e redes, gestão de projetos, gestão de segurança e risco, planejamento estratégico.	Facilidade de aprendizado, atitude empresarial, habilidades pessoais e de comunicação. Capacidade de responder bem às pressões. Os conhecimentos específicos dependem do trabalho.	De US$ 35 por hora a mais de US$ 500 por hora para serviços de consultoria estratégica para um grupo executivo. (Brasil: R$ 6 mil a R$ 11 mil)
Vendedor	Vender serviços de software, rede, comunicações e consultoria.	Facilidade de aprendizado, conhecimento do produto, excepcionais habilidades de vendas profissionais.	US$ 65 mil a US$ 200 mil/ano. (Brasil: variável conforme comissão)
Gerente de projetos de pequena escala	Iniciar, planejar, gerenciar, monitorar e encerrar projetos.	Habilidades gerenciais e pessoais, conhecimentos de tecnologia. Grande capacidade de organização.	US$75 mil a US$150 mil/ano. (Brasil: R$ 6 mil a R$ 11 mil)
Gerente de projetos de grande escala	Iniciar, planejar, monitorar e encerrar projetos complexos.	Habilidades executivas e gerenciais. Profundos conhecimentos de gestão de projetos.	US$ 150 mil a US$ 250 mil/ ano. (Brasil: R$ 12 mil a R$ 15 mil)
Administrador de bancos de dados	Gerenciar e proteger bancos de dados (ver Capítulo 12).	Diplomacia, conhecimentos de bancos de dados e tecnologia	US$ 75 mil a US$ 250 mil/ano. (Brasil: R$ 3.900,00 a R$ 8.300,00)
Diretor de TI	Gerenciar o departamento de TI, comunicar-se com a equipe executiva sobre questões relacionadas a TI e SI. Membro da equipe executivo.	Excepcionais habilidades gerenciais, profundos conhecimentos de negócios e capacidade de julgamento profissional. Boas habilidades de comunicação. Equilíbrio e serenidade.	US$ 150 mil a US$ 500 mil/ano, mais benefícios e privilégios executivos. (Brasil: R$ 19 mil a R$ 50 mil)

* Os valores em dólares correspondem aos salários anuais pagos nos EUA em 2010.

Q6. Quais os seus direitos e responsabilidades na área de SI?

Concluímos este capítulo com um resumo dos seus direitos e responsabilidades em relação ao departamento de SI. A Figura 11.4 relaciona o que você tem direito a receber e indica de que maneira você deve contribuir.

11.5 *Os seus direitos*

Você tem o direito de computar os recursos de que necessita para realizar o seu trabalho com o nível de proficiência que deseja. Você tem direito ao hardware e aos programas necessários. Se você processa enormes arquivos para aplicativos de data mining, você tem direito aos enormes discos rígidos e a um processador rápido. Entretanto, se você simplesmente recebe e-mail e consulta o portal da empresa na Internet, você tem direito a requisitos mais modestos (deixando os recursos mais poderosos para aqueles que precisam deles na empresa).

Você tem direito a serviços confiáveis de rede e Internet. Confiabilidade, nesse caso, significa você poder operar durante quase todo o tempo sem problemas. Significa você nunca ir para o trabalho se perguntando: "Será que a rede está funcionando hoje?". Os problemas de rede devem ser ocorrências raras.

Você tem direito também a um ambiente de computação seguro. A empresa deve proteger o seu computador e os seus arquivos, e você não deve, normalmente, precisar pensar em questões de segurança. De tempos em tempos, a empresa poderá lhe pedir que tome determinadas medidas para proteger o seu computador e os seus arquivos, e elas são imprescindíveis. Mas esse tipo de solicitação deve ser raro e estar relacionado a ameaças externas específicas.

Você tem o direito de participar das reuniões de definição de requisitos para novos aplicativos que você utilizará e para importantes alterações nos

FIGURA 11.4 Direitos e responsabilidades do usuário de SI

Você tem o direito a:

- Hardware e programas que lhe permitam realizar o seu trabalho com o nível necessário de proficiência
- Conexões confiáveis de rede e Internet
- Um ambiente de computação seguro
- Proteção contra vírus, worms e outras ameaças
- Contribuir para a definição de requisitos para novos recursos e funções do sistema
- Serviços confiáveis de desenvolvimento e manutenção de sistemas
- Pronta atenção aos problemas, preocupações e reclamações
- Correção e resolução de problemas devidamente priorizados
- Treinamento eficaz

Você tem a responsabilidade de:

- Adquirir habilidades básicas de computação
- Aprender as técnicas e procedimentos padrão para os aplicativos que você utiliza
- Seguir procedimentos de segurança e backup
- Proteger a(s) sua(s) senha(s)
- Utilizar os recursos de computação de acordo com a política de uso do computador adotada pela sua empresa
- Não fazer nenhuma alteração não autorizada no hardware
- Instalar somente programas autorizados
- Aplicar patches e correções de software quando instruído a fazê-lo
- Quando solicitado, dedicar o tempo necessário ao atendimento criterioso e completo às solicitações de definição de requisitos para novos recursos e funções do sistema
- Evitar reportar problemas banais

aplicativos que você já utiliza. Você pode optar por delegar esse direito a um terceiro, ou o seu departamento pode delegar esse direito por você, mas, nesse caso, você tem o direito de contribuir com as suas ideias através da pessoa à qual esse direito tiver sido delegado.

Você tem direto a serviços confiáveis de desenvolvimento e manutenção de sistemas. Embora as falhas de cronograma de um ou dois meses sejam comuns em muitos projetos de desenvolvimento, você não deve tolerar falhas de seis meses ou mais. Essas falhas são provas de um desenvolvimento de sistemas incompetente.

Além disso, você tem direito a receber pronta atenção aos seus problemas, preocupações e reclamações sobre os serviços de informação. Você tem direito a um meio que lhe permita reportar problemas, bem como saber que o seu problema foi reportado e, pelo menos, registrado junto ao departamento de SI. É seu direito ter o problema resolvido de acordo com as prioridades estabelecidas. Isso significa que um problema chato que não o impeça de realizar o seu trabalho terá menos prioridade do que o problema de outra pessoa que chegue a interferir na capacidade de execução de tarefas.

Por fim, você tem direito a um treinamento eficaz. Deve ser um treinamento que você possa entender e que lhe permita utilizar os sistemas para desempenhar as suas tarefas específicas. A empresa deve oferecer treinamento dentro de um formato e um cronograma que lhe sejam convenientes.

11.6 *As suas responsabilidades*

Você tem também responsabilidades em relação ao departamento de SI e à sua empresa. Especificamente, você tem a responsabilidade de adquirir habilidades básicas de computação e aprender as técnicas e procedimentos básicos para os aplicativos que utiliza. Você não deve esperar ajuda para realizar operações básicas. Tampouco deve esperar receber treinamento repetido e suporte pela mesma questão.

Você tem a responsabilidade de seguir os procedimentos de segurança e backup. Trata-se de um aspecto especialmente importante porque as medidas que você deixa de tomar podem causar problemas para os seus colegas, para a sua empresa e para você mesmo. Em particular, você é responsável por proteger a(s) sua(s) senha(s). No próximo capítulo, aprenderá que é importante não apenas proteger o seu computador, mas devido à autenticação intersistemas, é importante proteger também as redes e os bancos de dados da sua empresa.

Você tem a responsabilidade de utilizar os recursos do seu computador de acordo com a política da sua empresa. Muitas empresas permitem o uso limitado do e-mail no trabalho para assuntos familiares críticos, mas desestimulam e-mails informais longos e frequentes. Você tem a responsabilidade de conhecer a política da sua empresa e segui-la.

Você tem a responsabilidade também de não fazer alterações não permitidas no seu computador e de instalar somente programas autorizados. Uma das razões para essa política é que o seu departamento de SI constrói programas de manutenção automatizados para atualizar o seu computador. Hardware e software não autorizados podem interferir nesses programas. Além disso, podem causar problemas que o departamento de SI tenha de corrigir.

Você tem a responsabilidade, ainda, de instalar patches e correções no seu computador quando solicitado. Trata-se de um procedimento de particular importância no caso de patches relacionados às funções de segurança, backup e recuperação do sistema. Quando solicitado a contribuir para a definição de requisitos para sistemas novos e adaptados, você tem a responsabilidade de arranjar o tempo necessário para atender de forma criteriosa e completa a essas solicitações. Caso não disponha desse tempo, você deve delegar a sua contribuição a outra pessoa.

Por fim, você é responsável por tratar os profissionais de sistemas de informação com profissionalismo. Todos trabalham na mesma empresa, todos querem ser bem-sucedidos e o profissionalismo e a cortesia ajudarão muito em todos os aspectos. Uma forma de conduta profissional é aprender as habilidades básicas, a fim de evitar ficar reportando problemas banais.

Veja o Guia ético para mais discussões sobre a política de uso dos computadores.

Jeff necessita dos conhecimentos contidos neste capítulo para entender como gerenciar os recursos de SI e TI no Fox Lake. Com esses conhecimentos, ele poderia orientar Mike de forma mais eficaz; poderia também ter evitado o problema que você verá no Capítulo 12.

Você, por sua vez, pode utilizar os conhecimentos contidos neste capítulo para ser um consumidor mais informado dos serviços do seu departamento de SI. No caso de uma empresa de pequeno porte, você pode utilizar esses conhecimentos para ajudar a sua empresa a gerenciar e planejar melhor os seus sistemas de informação e a sua infraestrutura de TI. Por fim, com esses conhecimentos, você terá mais condições de trabalhar com o departamento de SI em quaisquer projetos inovadores em que imaginar haver um componente de SI.

GUIA ÉTICO: Uso do computador corporativo

Suponhamos que você trabalhe em uma empresa que adote a seguinte política de uso do computador:

> Computadores, e-mail e Internet são utilizados basicamente para atividades oficiais da empresa. Pequenas quantidades de e-mails pessoais podem ser trocadas com amigos e familiares, sendo permitido também o uso ocasional da Internet, mas esse uso deve ser limitado e nunca interferir no seu trabalho.

Suponhamos que você seja o gerente e tome conhecimento que um de seus funcionários está envolvido nas seguintes atividades:

1. Brincando com jogos de computador durante o horário de trabalho.
2. Brincando com jogos de computador no computador da empresa antes e depois do horário de trabalho.
3. Respondendo aos e-mails do pai/mãe, que está doente.
4. Assistindo a DVDs durante o almoço e outros intervalos.
5. Enviando e-mails para programar uma festa da qual participarão principalmente pessoas do trabalho.
6. Enviando e-mails para programar uma festa da qual não participará ninguém do trabalho.
7. Atualizando a sua página no Facebook.
8. Lendo as notícias em algum site de jornal.
9. Verificando o mercado de ações pela Internet.
10. Enviando *tweets* aos amigos pelo seu computador de trabalho para falar de sua vitória no jogo de futebol na noite anterior.
11. Vendendo artigos pessoais no eBay.
12. Pagando contas pessoais pela Internet.
13. Pagando contas pessoais pela Internet durante viagens a trabalho.
14. Comprando um bilhete de passagem aérea pela Internet para o pai/mãe, que está doente.
15. Alterando o conteúdo de um site pessoal.
16. Alterando o conteúdo de um site de atividades profissionais na Internet.
17. Comprando um bilhete de passagem aérea pela Internet para uma viagem de férias.

Questões para discussão

1. Explique como você reagiria a cada situação.
2. Suponhamos que alguém do departamento de SI lhe comunique que um de seus funcionários está passando três horas por dia navegando na Internet. Como você reage?
3. No caso da questão 2, suponhamos que você pergunte como o departamento de SI sabe sobre o seu funcionário e obtenha a resposta: "Monitoramos secretamente o uso dos computadores." Você é contra esse tipo de monitoramento? Por que ou por que não?
4. Suponhamos que alguém do departamento de SI lhe comunique que um dos seus funcionários está enviando muitos e-mails pessoais. Quando você pergunta como eles sabem que os e-mails são pessoais, a pessoa lhe diz que o departamento de SI monitora a movimentação da conta e, em caso de suspeita do uso do e-mail, lê os e-mails dos funcionários. Você acha que essa atitude é legal? É ética? Como você reage?
5. Como funcionário, se você souber que a sua empresa eventualmente lê os e-mails, isso muda o

seu comportamento? Em caso afirmativo, isso justifica que a empresa leia os seus e-mails? Essa situação é diferente daquela em que alguém eventualmente possa ler a sua correspondência pessoal que por acaso lhe seja entregue no trabalho? Por que ou por que não?

6. Escreva o que você considera ser a melhor política corporativa sobre o uso pessoal do computador no trabalho.

REVISÃO

Utilize esta revisão para verificar o que você assimilou das ideias e conceitos que respondem às questões de estudo do capítulo.

Q1. **Por que você precisa conhecer o departamento de SI?**
Cite três razões pelas quais você precisa conhecer o departamento de SI. Resuma por que Jeff precisava ter conhecimentos nessa área. Exemplifique uma iniciativa empresarial que envolva suporte de SI. Explique por que conhecendo as funções de SI você poderá desenvolver essa iniciativa. Resuma por que, trabalhando em uma empresa de pequeno porte, você precisa conhecer as responsabilidades de um departamento de SI.

Q2. **Quais as responsabilidades do departamento SI?**
Identifique quatro responsabilidades do departamento de SI. Descreva resumidamente cada uma.

Q3. **De que maneira o departamento de SI é organizado?**
Elabore um organograma para um departamento de SI comum. Explique as funções do diretor de TI e do diretor de tecnologia. Especifique as relações de subordinação do departamento de SI e do diretor de TI.

Q4. **Quais os cargos existentes na área de SI?**
Identifique os cargos no departamento de SI que não exigem formação superior de quatro anos. Cite os cargos que não exigem conhecimentos substanciais de negócios. Descreva as suas conclusões em relação a essas observações. Selecione dois cargos contidos na Figura 11.3 que lhe interessem. Descreva o que você acha que poderia fazer para se preparar para esses cargos. Explique por que uma especialidade em SI combinada a alguma outra área funcional pode fazer sentido.

Q5. **Como as empresas decidem quanto investir em SI?**
Explique os princípios gerais que as empresas utilizam para justificar investimentos em SI e TI. Explique a diferença entre benefícios tangíveis e intangíveis. Descreva o problema dos benefícios intangíveis e sugira uma forma de avaliação dos projetos que não podem ser justificados com base em seus benefícios tangíveis.

Q6. **Quais os seus direitos e responsabilidades na área de SI?**
Utilizando a Figura 11.4 como orientação, resuma os direitos que você tem em relação aos sistemas de informação e à tecnologia da informação. Resuma também as suas responsabilidades em relação ao departamento de SI.

Resuma de que maneira Jeff poderia ter usado os conhecimentos contidos neste capítulo. Explique três maneiras pelas quais você também pode se beneficiar dos conhecimentos aqui contidos.

UTILIZE SEUS CONHECIMENTOS

1. Explique por que Jeff precisa participar da gestão dos sistemas de informação do Fox Lake. Até que ponto você acha que os gerentes gerais das pequenas empresas precisam se envolver nessa área?

2. Suponhamos que você trabalhe em uma empresa que ache que não protege adequadamente os seus ativos de dados e SI. Digamos que, como gerente do departamento de televendas, você tenha falado várias vezes com a sua gerência a respeito de suas preocupações e de nada tenha adiantado. Descreva como você se protegeria e protegeria o seu departamento.

3. Suponhamos que você represente um grupo de investimentos que está adquirindo hospitais em todo o país e os integrando em um sistema unificado. Cite cinco possíveis problemas e riscos relacionados a sistemas de informação. Como você acha que os riscos de SI se comparam a outros riscos nesse programa de aquisições?

ESTUDO DE CASO 11

Marriott International Inc.

A Marriott International Inc. opera e franquia hotéis e pousadas em todo o mundo. A sua receita em 2009 foi de pouco mais de US$ 10,91 bilhões. A Marriott agrupa suas atividades em segmentos de acordo com as facilidades de acomodação. Os principais segmentos de atividade são acomodações com serviços completos, acomodações com serviços selecionados, acomodações para estadas prolongadas e propriedades comercializadas em regime de uso compartilhado (*timesharing*). A Marriott afirma que as suas três prioridades corporativas são lucratividade, preferência e crescimento.

Em meados da década de 1980, as empresas aéreas desenvolveram o conceito de *gestão de receita*, que ajusta os preços de acordo com a demanda. A ideia ganhou destaque no setor aeronáutico, uma vez que um assento não ocupado representa receita perdida para sempre. Diferentemente de uma peça em estoque, um assento vago no voo de hoje não pode ser vendido amanhã. Da mesma forma, no setor hoteleiro, o quarto do hotel que deixa de ser ocupado hoje não pode ser vendido amanhã. Portanto, para os hotéis, gestão de receita se traduz em elevar os preços na segunda-feira, quando está sendo realizada uma convenção na cidade, e reduzi-los no sábado, no auge do inverno, quando se veem poucos turistas no lugar.

A Marriott criou dois sistemas de gestão de receita diferentes, um para os seus hotéis mais sofisticados e outro para os seus estabelecimentos mais simples. A empresa desenvolveu esses dois sistemas com o auxílio da tecnologia da Internet. O upgrade dos sistemas exigiu a instalação das respectivas atualizações em nível local. As atualizações locais se revelaram dispendiosas e problemáticas. Além disso, os dois sistemas exigiram duas interfaces separadas para o lançamento de preços no sistema central de reservas.

No final da década de 1990, a Marriott embarcou em um projeto com o objetivo de criar um sistema único de gestão de receita que poderia ser utilizado por todos os seus estabelecimentos. O novo sistema, chamado OneSystem, foi desenvolvido internamente, utilizando um processo semelhante àquele que você aprendeu no Capítulo 10. Cientes da importância da participação do usuário, os profissionais de SI formaram uma equipe composta por usuários das áreas de SI e negócios que desenvolveu o caso de negócios para o novo sistema e gerenciou conjuntamente o seu desenvolvimento. A equipe teve o cuidado de permitir uma comunicação constante com os usuários do futuro sistema, tendo utilizado protótipos para identificar áreas problemáticas logo no início do processo. O treinamento é uma atividade contínua para todos os funcionários da Marriott, cujas instalações de treinamento foram integradas ao novo sistema.

O OneSystem recomenda os preços para cada quarto, levando em consideração o dia, a data, os níveis de reserva na ocasião e o histórico de ocupação. Cada estabelecimento tem um gerente de receita que pode desconsiderar essas recomendações. De qualquer modo, os preços são comunicados diretamente ao sistema central de reservas. O OneSystem utiliza a tecnologia da Internet para que, quando a empresa fizer atualizações no sistema, o procedimento seja efetuado somente nos servidores Web, não nos hotéis individualmente. Essa estratégia representa uma considerável redução dos níveis de custo, atividade e frustração.

O OneSystem computa a receita hipotética máxima para cada estabelecimento e compara os resultados reais com esse máximo. Utilizando o sistema, a empresa elevou a relação entre receita efetiva e receita hipotética de 83% para 91%. Esse aumento de oito pontos percentuais se traduziu em um substancial aumento de receita.

Fonte: Disponível em: ‹www.cio.com/article/119209/The_Price_Is_Always_Right›. Acesso em: jul. de 2012.

Questões

1. De que maneira o OneSystem contribui para os objetivos da Marriott?
2. Quais as vantagens de ter um único sistema de gestão de receita em vez de dois? Considere tanto os usuários quanto o departamento de SI na sua resposta.
3. Ao mesmo tempo que desenvolvia o OneSystem internamente, a Marriott optou por terceirizar o seu sistema de informação de recursos humanos. Por que a empresa optaria por desenvolver internamente um sistema e terceirizar o outro? Considere os seguintes fatores na sua resposta:
   - os objetivos da Marriott;
   - a natureza dos sistemas;
   - a singularidade de cada sistema para a Marriott;
   - a qualificação interna da Marriott.
4. De que maneira a terceirização do sistema de RH contribuiu para o sucesso do OneSystem?

CAPÍTULO 12

Gestão da segurança da informação

Isto poderia acontecer com você

- É estranho, Jeff. Eu não entendo. Alguém está roubando os presentes de casamento... cinco ocorrências no mês passado! Eu achei que fosse falta de sorte, mas cinco vezes???

Anne Foster, gerente de eventos de casamento, conversa com Jeff, gerente geral do Fox Lake.

- É bom designarmos alguém para cuidar da segurança, Anne.

- É, eu acho, mas não me agrada nem um pouco a ideia de ter um segurança por perto. Isso não acontece o tempo todo... tivemos 23 casamentos neste mês.

- Você lembra quais foram os cinco? - Jeff pergunta.

- Talvez, vamos ver... os Kibby, os Horan, os Grant, os Yagan, os Svendson... ei, há algo de estranho aí, todas essas famílias são sócias daqui. E esses foram os únicos casamentos de sócios que tivemos neste mês. Que estranho! - Anne parece confusa.

- Você tem alguma ideia do que foi levado? - Jeff pergunta, sentindo-se cada vez mais à vontade com a conversa.

- Isso também é estranho. Só coisas caras, como aparelhos eletrônicos.

- Anne, eu vou averiguar isso e lhe dou um retorno. Enquanto isso,transfira os presentes do saguão para algum lugar mais reservado... para os fundos da recepção ou algo assim.

- O.k.

Depois que Anne sai, Jeff pega o telefone e liga para Laura.

- O que houve?

- Alguém está roubando os presentes de casamento... mas somente dos casamentos dos sócios.

- Isso realmente está muito estranho.

Laura parece hesitante ao telefone.

Questões de estudo

Q1. Quais as fontes e os tipos de ameaças à segurança?

Q2. Quais os elementos de um programa de segurança?

Q3. De que maneira as salvaguardas técnicas protegem contra as ameaças à segurança?

Q4. De que maneira as salvaguardas de dados protegem contra as ameaças à segurança?

Q5. De que maneira as salvaguardas humanas protegem contra as ameaças à segurança?

Q6. O que é necessário para a prontidão contra desastres?

Q7. Como as empresas devem responder aos incidentes de segurança?

De que maneira os conhecimentos contidos neste capítulo são úteis para o Fox Lake e para você?

- Alguém poderia estar tendo acesso aos nossos dados? Procurando saber quando os nossos sócios estão fazendo festas de casamento?

- Talvez, mas por que só roubar presentes dos casamentos dos sócios? - Laura pergunta.

- Porque os sócios são ricos. Os presentes deles são caros - Jeff não está nada satisfeito.

- Ah. Bem, como eu disse na semana passada, aqueles servidores são acessíveis para qualquer pessoa que tenha a chave do prédio das instalações. Alguém que soubesse como entrar no sistema, como acessar o banco de dados, talvez conhecendo um pouco de SQL... claro, é possível.

- Laura, você poderia vir a uma reunião aqui hoje à tarde? Digamos, 13h30?

Naquela tarde, Jeff e Laura entram na sala de Mike. Laura olha por cima do ombro de Mike e vê pequenas notas adesivas amarelas coladas na tela do computador, contendo o que parecem ser senhas de acesso.

"O acesso fica por conta disso", ela diz a si mesma.

- Mike, você se lembra que há vários meses a Anne precisou de um relatório sobre os sócios que tinham filhas?

- Sim, lembro... - Mike parece preocupado. Por que Jeff e Laura o estariam abordando?

- Quem gerou aquele relatório? - Jeff pergunta.

- O Jason e o Chris; e eles fizeram um bom trabalho - Mike parece estar na defensiva.

- Quem são eles? - Laura pergunta, embora já tenha descoberto.

- Zeladores. O Chris fez cursos de computação em algum lugar e sabe muito! A Anne estava muito satisfeita com os resultados dos dois. Ela está chateada agora?

- Não, absolutamente - Jeff tenta tranquilizar Mike.

- Eles têm a chave do prédio? - Laura pergunta.

- Bem, eles tinham quando estavam nessa função. Mas eu recebi as chaves de volta.

- Eles podem ter feito uma cópia... Mike, eu acho melhor chamar a polícia - Jeff fica olhando para o chão enquanto Mike faz a ligação.

“Alguém poderia estar tendo acesso aos nossos dados?”

Q1. Quais as fontes e os tipos de ameaças à segurança?

Começaremos descrevendo as ameaças à segurança. Primeiro, resumiremos as fontes de ameaças e depois descreveremos problemas específicos provenientes de cada fonte. Constituem fontes de **ameaças à segurança** erros e enganos humanos, atividade humana maliciosa e fenômenos e desastres naturais.

Os *erros e enganos humanos* incluem problemas acidentais causados por funcionários e não funcionários. Um exemplo é o funcionário que entende mal os procedimentos operacionais e acidentalmente apaga os registros dos clientes. Outro exemplo é o funcionário que, ao fazer o backup de um banco de dados, inadvertidamente instala um banco de dados antigo por cima do atual. Essa categoria inclui também programas aplicativos mal escritos e procedimentos mal elaborados. Por fim, os erros e enganos humanos incluem também acidentes físicos, como o choque de uma empilhadeira contra a parede de uma sala de computadores.

A segunda fonte dos problemas de segurança é a *atividade humana maliciosa*. Essa categoria inclui funcionários e ex-funcionários que intencionalmente destroem dados ou outros componentes do sistema, bem como hackers que invadem um sistema e escritores de malware (ver Q3) que infectam sistemas de computação. A atividade humana maliciosa inclui também criminosos externos que invadem um sistema para roubar dados em troca de recompensa financeira, além da prática do cyberterrorismo.

Os *fenômenos e desastres naturais* são a terceira fonte dos problemas de segurança. Essa categoria inclui incêndios, enchentes, furacões, terremotos, *tsunamis*, avalanches e outros atos da natureza. Os problemas nessa categoria incluem não apenas a perda inicial de função e serviço, mas também perdas decorrentes das ações de recuperação do problema inicial.

A Figura 12.1 resume as ameaças por tipos de problemas e fontes, relacionando cinco tipos de problemas de segurança: revelação de dados não autorizada, alteração incorreta de dados, serviço falho, negação de serviço e perda de infraestrutura. Veremos cada tipo.

12.1 *Revelação de dados não autorizada*

A **revelação de dados não autorizada** pode ocorrer por erro humano quando alguém inadvertidamente divulga dados violando as normas vigentes. O exemplo em uma universidade seria o do administrador que posta os nomes, números e notas dos alunos em um local público quando a divulgação de nomes e notas viola a legislação estadual. Outro exemplo é o de funcionários que, sem intenção ou por desatenção, divulga dados privativos a concorrentes ou à mídia.

A popularidade e a eficácia das ferramentas de busca criaram outra fonte de revelação involuntária. Os funcionários que colocam dados restritos em sites da Internet que podem ser acessados pelas ferramentas de busca podem, por engano, publicar dados privativos na Internet.

É claro que dados privativos ou pessoais também podem ser divulgados de forma maliciosa. A prática da **simulação** (*pretexting*) ocorre quando alguém maliciosamente se faz passar por outra

FIGURA 12.1 Ameaças à segurança

		Fonte		
		Erro Humano	**Atividade Maliciosa**	**Desastres Naturais**
Problema	**Revelação de dados não autorizada**	Erros de procedimento	– Simulação (*pretexting*) – Roubo eletrônico de dados (*phishing*) – Mascaramento de IP (*spoofing*) – Análise de tráfego de rede (*sniffing*) – Crime de informática	Revelação durante a recuperação
	Alteração incorreta de dados	– Erros de procedimento – Procedimentos incorretos – Controles contábeis ineficazes – Erros de sistema	– Invasão de computadores (*hacking*) – Crime de informática	Recuperação incorreta de dados
	Serviço falho	– Erros de procedimento – Erros de desenvolvimento e instalação	– Crime de informática – Usurpação	Serviço recuperado de forma inadequada
	Negação de serviço (DOS, na sigla em inglês)	Acidentes	Ataques DOS	Interrupção de serviço
	Perda de infraestrutura	Acidentes	– Furto – Atividade terrorista	Perda de propriedade

pessoa. Uma fraude comum é aquela em que alguém liga fingindo ser de uma administradora de cartões de crédito sob o pretexto de estar confirmando a validade dos números dos cartões: "Eu estou ligando para confirmar o número do seu cartão Mastercard; começa com 5491. Você pode me confirmar o restante do número?" A numeração dos cartões MasterCard normalmente se inicia pelos números 5491; a pessoa que liga está tentando roubar um número válido.

O **roubo eletrônico de dados** (*phishing*) é uma técnica semelhante para a obtenção de dados não autorizados que utiliza a simulação via e-mail. O ladrão de dados finge ser uma empresa legítima e envia um e-mail solicitando dados confidenciais, como número ou senhas de contas, números de inscrição na Previdência Social e assim por diante. O roubo eletrônico de dados compromete marcas e nomes-fantasia legítimos.

O **mascaramento de IP** (*spoofing*) é outro termo para alguém que finge se passar por outra pessoa. Se você finge ser o seu professor, você está mascarando o seu professor. O **mascaramento de IP** ocorre quando um intruso usa o endereço IP de outro site como se fosse esse site. O **mascaramento de e-mail** é sinônimo de roubo eletrônico de dados.

A **análise de tráfego de rede** (*sniffing*) é a técnica para a interceptação de comunicações por computador. No caso das redes com fio, a análise de tráfego de rede requer uma conexão física à rede. Nas redes sem fio, não é necessária nenhuma conexão: Os **analisadores ilícitos de tráfego de rede** simplesmente pegam os computadores com conexões sem fio de uma determinada área e buscam redes sem fio desprotegidas, podendo monitorar e interceptar o tráfego sem fio como bem entendem. Mesmo as redes sem fio protegidas são vulneráveis, como você verá. Outras formas de crime de informática incluem a invasão de redes para o roubo de dados, como listas de clientes, dados de estoque de produtos, dados de funcionários e outros dados privativos e confidenciais.

Por fim, as pessoas podem inadvertidamente revelar dados durante o processo de recuperação após a ocorrência de um desastre natural. Normalmente, durante uma recuperação, todos estão tão preocupados em recuperar a capacidade do sistema que ignoram as salvaguardas normais de segurança. Uma solicitação como "Preciso de uma cópia do backup do banco de dados dos clientes" acaba sendo alvo de uma investigação muito mais branda durante um processo de recuperação do que em outras ocasiões.

12.2 *Alteração incorreta de dados*

A segunda categoria de problema ilustrada na Figura 12.1 é a *alteração incorreta de dados*. Dentre os exemplos estão o aumento incorreto do valor de um desconto concedido a um cliente ou a alteração incorreta do salário, dos dias de férias ou da bonificação anual de um funcionário. Erros nas informações, como alterações indevidas de preços no site ou no portal da empresa na Internet, constituem outro exemplo.

A alteração indevida de dados pode ocorrer em decorrência de erro humano quando os funcionários seguem erroneamente os procedimentos ou quando estes são criados de forma incorreta. Para o controle interno adequado dos sistemas que processam dados financeiros ou que controlam estoques de ativos, como produtos e equipamentos, as empresas devem garantir a separação das atribuições e autoridades e implantar diversos mecanismos de controle recíproco.

Um último tipo de alteração incorreta de dados causada por erro humano são os *erros de sistema*. Um exemplo é o problema da atualização perdida discutida no Capítulo 5.

A **invasão** (*hacking*) ocorre quando uma pessoa consegue acesso não autorizado a um sistema de computadores. Embora algumas pessoas invadam sistemas por pura "curtição", outras o fazem por malícia, com intenção de roubar ou alterar dados. Os criminosos invadem as redes de computadores para obter dados fundamentais ou para manipular o sistema visando a algum tipo de ganho financeiro. A redução de saldos de contas ou o embarque de mercadorias para localidades e clientes não autorizados são alguns exemplos.

Por fim, as ações falhas de recuperação após um desastre podem resultar em alterações incorretas de dados. As ações falhas podem ser intencionais ou não.

12.3 *Serviço falho*

A terceira categoria de problemas, o *serviço falho*, inclui problemas decorrentes da operação incorreta do sistema. O serviço falho pode incluir a alteração incorreta de dados que acabamos de descrever, bem como o funcionamento incorreto de sistemas que enviam mercadorias não solicitadas ao cliente, ou mercadorias solicitadas para o cliente errado, e cobram valores indevidos dos clientes ou enviam informações erradas aos funcionários. Os seres humanos podem inadvertidamente prestar um serviço falho cometendo erros de procedimento. Os desenvolvedores de sistemas podem escrever incorretamente os programas ou cometer erros durante a instalação do hardware, do software ou dos dados.

A **usurpação** ocorre quando programas não autorizados invadem um sistema de computador e substituem os programas legítimos. Esses programas não autorizados normalmente desligam o sistema legítimo e o substituem pelo seu próprio sistema de processamento. O serviço falho pode também ser resultante de erros cometidos durante o processo de recuperação após a ocorrência de desastres naturais.

12.4 *Negação de serviço*

O erro humano no cumprimento de procedimentos ou a falta de procedimentos pode resultar em **negação de serviço (*Denial of Service* - DOS)**. Por exemplo, os seres humanos podem inadvertidamente desligar um servidor Web ou um roteador corporativo do tipo gateway ao iniciar um aplicativo computacionalmente intensivo. Um aplicativo OLAP que utiliza o DBMS operacional pode consumir tantos recursos do DBMS que as transações de registro de pedidos não conseguem ser efetuadas.

Os *ataques de negação de serviço* podem ser lançados de forma maliciosa. Um invasor malicioso pode encher um servidor Web, por exemplo, com milhões de solicitações de serviço falsas capazes de ocupar o servidor a ponto de impossibilitá-lo de processar as solicitações de serviço legítimas. Como você aprenderá na questão Q3, os *worms* de computador podem infiltrar uma rede com tráfego artificial a ponto de chegar a bloquear o tráfego legítimo. Por fim, os desastres naturais podem provocar falhas nos sistemas, resultando também em negação de serviço.

12.5 *Perda de infraestrutura*

Os acidentes humanos podem causar *perda de infraestrutura*. Podemos citar como exemplos um trator de esteira que acidentalmente corta um condutor de cabos de fibra ótica ou a enceradeira que se choca contra um rack de servidores Web.

As ocorrências de furto e terrorismo também podem acarretar perda de infraestrutura. Um funcionário insatisfeito por ter sido demitido pode sair levando servidores de dados, roteadores ou outros equipamentos da empresa. Os eventos terroristas podem causar também a perda física de fábricas e equipamentos.

Devido à sua gravidade, os desastres naturais apresentam o maior risco de perda de infraestrutura. Um incêndio, uma enchente, um terremoto ou qualquer outro evento similar pode destruir centros de dados inteiros e todo o seu conteúdo. A devastação causada pelos furacões Katrina e Rita no outono de 2005 e o terremoto do Haiti são exemplos patentes dos riscos dos desastres naturais para a infraestrutura.

Q2. Quais os elementos de um programa de segurança?

Todos os problemas relacionados na Figura 12.1 são reais e tão sérios quanto parecem. Consequentemente, as empresas devem tratar a questão da segurança de modo sistemático. Um programa de segurança[1] possui três componentes: participação da alta gerência, salvaguardas de diversos tipos e resposta a incidentes.

A segurança eficaz exige igual nível de atenção a todas as cinco possíveis falhas de segurança.

1. Observe que a palavra *programa* é usada aqui no sentido de um programa de gestão que inclui objetivos, políticas, procedimentos, diretivas e assim por diante. Não confunda o termo com *programa de computador*.

A alta gerência tem duas funções fundamentais em relação à segurança: política geral e gerenciamento de riscos. Quanto à primeira, a alta gerência deve estabelecer a política de segurança que rege o uso pessoal dos computadores da empresa, a questão da privacidade de dados dos funcionários, a inspeção ou não dos e-mails dos mesmos, além de outras questões mais amplas. A política de segurança inclui também questões específicas relacionadas aos sistemas, como a possibilidade de os dados do cliente serem ou não compartilhados com terceiros.

A segunda função da alta gerência em relação à segurança envolve a gestão dos riscos. A segurança pode ser cara. Quanto é suficiente? Como nenhum programa de segurança é perfeito, independentemente do investimento, existe sempre o risco de um mau resultado. A gerência controla os riscos decidindo quanto gastar em segurança e, consequentemente, o nível de risco a ser assumido.

FIGURA 12.2 Salvaguardas de segurança relacionadas aos cinco componentes

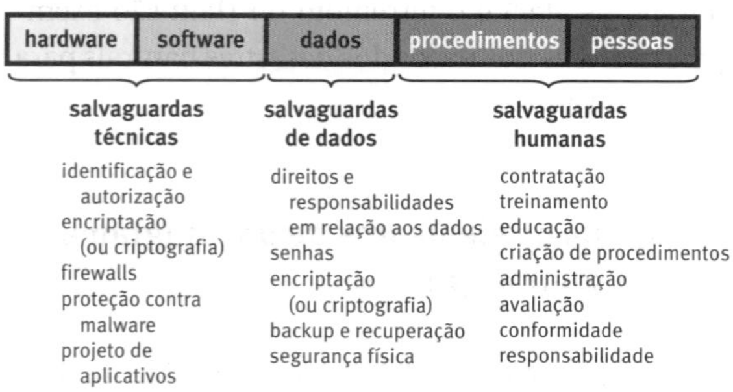

As salvaguardas são proteções contra as ameaças à segurança. Uma boa maneira de se ver as salvaguardas é em termos dos cinco componentes de um sistema de informação, conforme mostrado na Figura 12.2. Algumas das salvaguardas envolvem hardware e software. Outras envolvem dados; existem aquelas, ainda, que envolvem procedimentos e pessoas. Além dessas salvaguardas, as empresas devem levar em consideração também as salvaguardas de recuperação em decorrência de desastres. Um programa de segurança eficaz consiste em um equilíbrio entre todos esses tipos de salvaguarda.

O último componente de um programa de segurança consiste na resposta planejada da empresa aos incidentes de segurança. Obviamente, a hora de pensar no que fazer não é quando os computadores estão pifando em toda a empresa. Falaremos sobre a resposta a incidentes na última seção deste capítulo.

Q3. De que maneira as salvaguardas técnicas protegem contra as ameaças à segurança?

As **salvaguardas técnicas** envolvem os componentes de hardware e software de um sistema de informação. A Figura 12.3 relaciona as salvaguardas técnicas básicas. Vejamos cada uma.

12.6 *Identificação e autenticação*

Hoje todo sistema de informação deve exigir que os usuários tenham um nome e uma senha do usuário para entrar no sistema. O nome do usuário *identifica* o usuário (processo de **identificação**) e a senha *autentica* esse usuário (processo de **autenticação**). Caso você tenha esquecido esse tópico, reveja o material sobre senhas fortes e etiqueta de uso de senhas no Capítulo 1.

As senhas têm importantes deficiências. Primeiro, os usuários tendem a não cuidar de seu uso. Assim, as notas adesivas amarelas com as senhas anotadas adornam muitos computadores, apesar das repetidas advertências contra essa prática. Além disso, os usuários tendem a compartilhar livremente suas senhas com os outros. Por fim, muitos usuários escolhem senhas simples e ineficazes. Com esse tipo de senha, os sistemas de intrusão têm como adivinhar as senhas de modo muito eficaz.

Essas deficiências podem ser reduzidas ou eliminadas com o uso de cartões inteligentes e autenticação biométrica.

12.6.1 Cartões inteligentes

Um **cartão inteligente** é um cartão de plástico semelhante a um cartão de crédito. Ao contrário dos cartões de crédito, débito e acesso a caixas eletrônicos, que possuem uma tarja magnética, os cartões inteligentes possuem um microchip. O microchip, que contém muito mais dados do que uma tarja magnética, é cheio de dados de identificação. Os usuários de cartões inteligentes precisam fornecer um **número de identificação pessoal (*Personal Identification Number* - PIN)** para serem autenticados.

12.6.2 Autenticação biométrica

A **autenticação biométrica** utiliza características físicas pessoais, como impressões digitais, traços fisionômicos e scanners de retina para autenticar os usuários. A autenticação biométrica é um meio de autenticação eficaz, mas requer equipamentos caros. Além disso, os usuários resistem à autenticação biométrica por considerá-la invasiva.

A autenticação biométrica está nos estágios iniciais de adoção e, devido ao seu poder, provavelmente será cada vez mais usada no futuro. É provável também que os legisladores aprovem leis regulando o uso, o armazenamento e os requisitos de proteção dos dados biométricos.

Observe que os métodos de autenticação se enquadram em três categorias: o que você sabe (senha ou PIN), o que você possui (cartão inteligente) e o que você é (dados biométricos).

12.7 *Autenticação única para múltiplos sistemas*

Os sistemas de informação geralmente exigem múltiplas fontes de autenticação. Por exemplo, ao fazer o *logon* no seu microcomputador, você precisa ser autenticado. Ao acessar a LAN no seu departamento, você precisa ser autenticado novamente. Ao atravessar a WAN da sua empresa, você precisa ser autenticado em um número ainda maior de redes. Além disso, se a sua solicitação exigir dados contidos no banco de dados, você é autenticado ainda mais uma vez pelo servidor DBMS que gerencia esse banco de dados.

Seria incômodo digitar um nome e uma senha para cada um desses recursos. É possível que você precise usar e se lembrar de cinco ou seis senhas diferentes apenas para ter acesso aos dados de que necessita para desempenhar as suas tarefas. Seria igualmente indesejável enviar a sua senha por todas essas redes. Quanto mais a sua senha circula, maior o risco de comprometimento dela.

Em vez disso, os sistemas operacionais de hoje têm a capacidade de autenticar o usuário em redes

FIGURA 12.3 Salvaguardas técnicas

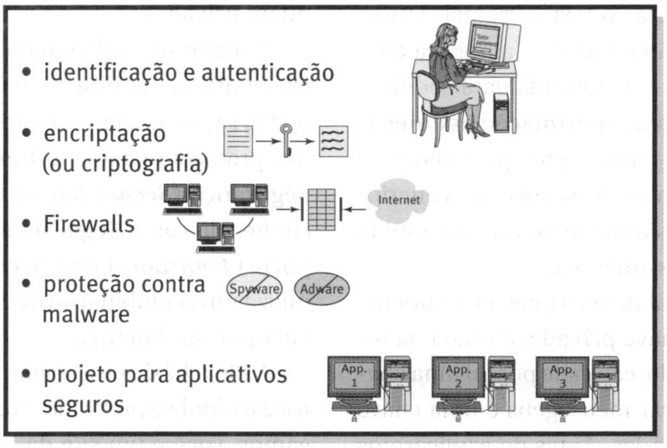

e outros servidores. Você faz o logon no seu computador local e fornece dados de autenticação. A partir desse momento, o seu sistema operacional autentica você em outra rede ou servidor, o qual, por sua vez, pode autenticá-lo ainda em outra rede ou servidor e assim por diante.

12.8 *Encriptação (ou criptografia)*

Encriptação (ou criptografia) é o processo de transformação de um texto claro em um texto codificado e ininteligível para fins de armazenamento ou comunicação segura. O desenvolvimento de **algoritmos de encriptação** (procedimentos para a encriptação de dados) difíceis de serem decifrados envolveu um considerável número de pesquisas. Alguns dos métodos normalmente utilizados são o DES, o 3DES e o AES; se desejar saber mais sobre esses métodos, procure esses termos na Internet.

Uma **chave** é um número usado para encriptar dados. É chamado *chave* porque destrava uma mensagem, mas é um número usado com um algoritmo de encriptação e não algo físico, como a chave do seu apartamento.

Para codificar uma mensagem, um programa de computador usa o método de encriptação com a chave para converter uma mensagem não codificada em uma mensagem codificada. A mensagem codificada parece totalmente sem sentido. A decodificação (desencriptação) de uma mensagem é semelhante. Uma chave é aplicada à mensagem codificada para recuperar o texto original. Em se tratando de **encriptação simétrica**, a mesma chave (também um número) é utilizada para codificar e decodificar. Já no caso da **encriptação assimétrica**, são utilizadas duas chaves; uma para codificar a mensagem e a outra para decodificá-la. A encriptação simétrica é mais simples e muito mais rápida do que a encriptação assimétrica.

Uma versão especial de encriptação assimétrica, a **chave pública/chave privada**, é usada na Internet. Com esse método, cada site possui uma chave pública para codificar mensagens e uma chave privada para decodificá-las. Antes de explicarmos como isso funciona, vejamos a seguinte analogia.

Suponhamos que você envie a um amigo um cadeado com segredo aberto (como o que você tem no seu armário na academia). Digamos que você seja a única pessoa que sabe o segredo do cadeado. Agora, suponhamos que o seu amigo coloque algo em uma caixa e a tranque com esse cadeado, e que nem o seu amigo, nem ninguém, consiga abrir a caixa. Eles, então, lhe mandam a caixa trancada e você usa o segredo para abri-la.

Uma chave pública é como um cadeado com segredo, e uma chave privada é o próprio segredo. O seu amigo usa a chave pública para codificar a mensagem (trancar a caixa) e você usa a chave privada para decodificá-la (usa o segredo para abrir o cadeado).

Agora, suponhamos que nós tenhamos dois computadores genéricos, A e B. Digamos que A queira enviar uma mensagem encriptada para B. Para isso, A envia a B a sua chave pública (em nossa analogia, A envia a B um cadeado com segredo aberto). Agora B aplica a chave pública de A à mensagem e envia a mensagem codificada de volta para A. A essa altura, nem B, nem ninguém além de A, consegue decodificar a mensagem. É como a caixa com um cadeado com segredo trancado. Ao receber a mensagem codificada, A usa a sua chave privada (o segredo em nossa analogia) para destravar ou desencriptar a mensagem.

Como dissemos, as chaves públicas são como cadeados com segredo abertos. O computador A envia um cadeado a qualquer pessoa que peça um cadeado. Mas A nunca envia a sua chave privada (o segredo) a ninguém. As chaves privadas continuam privadas.

A maior parte da comunicação segura pela Internet utiliza um protocolo chamado **HTTPS**. Com o HTTPS, os dados são encriptados com o uso de um protocolo chamado **Camada de Soquetes de Segurança (*Secure Socket Layer* - SSL)**, também conhecido como **Segurança da Camada de Transporte (*Transport Layer Security* - TLS)**. A SSL/TLS utiliza uma combinação de chave pública/privada e encriptação simétrica.

A ideia básica é a seguinte: a encriptação simétrica é rápida e preferida. Porém, as duas partes (digamos, você e um site da Internet) não compartilham uma chave simétrica. Portanto, os dois lados usam a encriptação pública/privada para compartilhar a mesma chave simétrica. A partir do momento em que ambas as partes têm essa chave, as duas utilizam a encriptação simétrica.

A Figura 12.4 resume o modo de funcionamento da SSL/TLS quando você se comunica através de uma conexão segura com um site da Internet.

1. O seu computador obtém a chave pública do site ao qual você irá se conectar.
2. O seu computador gera uma chave de encriptação simétrica.
3. O seu computador codifica essa chave usando a chave pública do site e envia a chave simétrica encriptada para o site.
4. O site então decodifica a chave simétrica com a sua chave privada.
5. A partir daí, o seu computador e o site se comunicam usando a encriptação simétrica.

No final da sessão, o seu computador e o site seguro descartam as chaves. Utilizando essa estratégia, a maior parte da comunicação segura ocorre através da encriptação segura mais rápida. Além disso, como as chaves são usadas para intervalos curtos, a probabilidade de que possam ser descobertas é menor.

O uso da SSL/TLS garante a segurança para o envio de dados confidenciais, como números de cartões de crédito e saldos bancários. Certifique-se apenas de estar vendo *https://* no seu navegador e não apenas *http://*.

Advertência: Em circunstâncias normais, nem as comunicações por e-mail nem por mensagem instantânea (MI) usam o recurso da encriptação. Seria bastante fácil um de seus colegas ou o seu professor ler qualquer e-mail ou MI que você enviasse por uma rede sem fio na sua sala de aula, na sala dos alunos, na lanchonete ou em qualquer outro ambiente de conexão sem fio. Avise o remetente!

12.9 *Firewalls*

Um **firewall** é um dispositivo de computação que evita o acesso não autorizado a recursos de rede. Um firewall pode ser um computador para fins especiais, um programa em um computador para uso geral ou um roteador.

As empresas normalmente usam múltiplos firewalls. Um **firewall de perímetro** fica localizado do lado de fora da rede organizacional e é o primeiro dispositivo que o tráfego da Internet encontra. Além dos firewalls de perímetro, algumas empresas empregam **firewalls internos** dentro da rede organizacional. A Figura 12.5 mostra o uso de um firewall de perímetro que protege todos os computadores

FIGURA 12.4 A essência do HTTPS (SSL ou TLS)

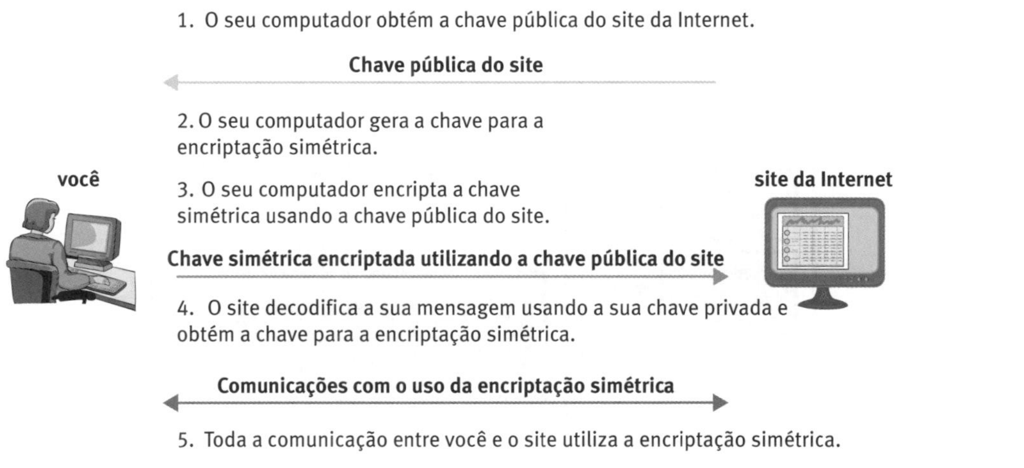

de uma empresa e um segundo firewall interno que protege uma LAN.

Um **firewall de filtragem de pacotes** examina cada parte de uma mensagem e determina se deixa essa parte passar. Para tomar essa decisão, o firewall examina o endereço de origem, o(s) endereço(s) de destino e outros dados.

Os firewalls de filtragem de pacotes podem proibir que dispositivos externos iniciem uma sessão com qualquer usuário por trás do firewall, podendo também recusar tráfego proveniente de determinados sites, como conhecidos endereços de invasores. Esse tipo de firewall pode proibir também tráfego proveniente de endereços legítimos, mas indesejáveis, como de computadores de concorrentes, por exemplo. Os firewalls podem filtrar também o tráfego de saída, podendo impedir que os funcionários tenham acesso a determinados sites, como sites de concorrentes, sites com material pornográfico ou novos sites populares. Como futuro gerente, se houver determinados sites com os quais você não queira que os seus funcionários se comuniquem, você pode pedir ao seu departamento de SI que imponha esse limite através do firewall.

Os firewalls de filtragem de pacotes são o tipo mais simples de firewall. Outros tipos de firewall oferecem um sistema de filtragem mais sofisticado. Em uma aula sobre comunicações de dados, você poderá se inteirar melhor sobre o assunto. Por enquanto, basta entender que os firewalls ajudam a proteger os computadores da empresa contra o acesso não autorizado a recursos de rede.

Nenhum computador deve se conectar à Internet sem a proteção de um firewall. Muitos provedores de serviços de internet oferecem a seus clientes firewalls que, por natureza, são genéricos. As empresas complementam esses firewalls genéricos com os seus. A maioria dos roteadores domésticos contém firewalls, e o Microsoft Windows 7 também incorpora um. Terceiros também licenciam produtos de firewall.

12.10 *Proteção contra malware*

A próxima salvaguarda técnica em nossa lista na Figura 12.3 é o malware. O termo **malware** tem várias definições. Aqui utilizaremos a definição mais ampla: programas de *malware* são vírus, worms, cavalos de troia, programas de spyware e de adware.

Um **vírus** é um programa de computador que se reproduz. A reprodução desenfreada é como um câncer no computador; em última análise, o vírus consome os recursos do computador. Além disso, muitos vírus tomam medidas indesejadas e lesivas.

O código do programa que gera atividade indesejada é chamado de **payload**. O payload pode apagar programas ou dados ou alterar dados de modos imperceptíveis, o que é ainda pior. Imagine

FIGURA 12.5 Uso de múltiplos firewalls

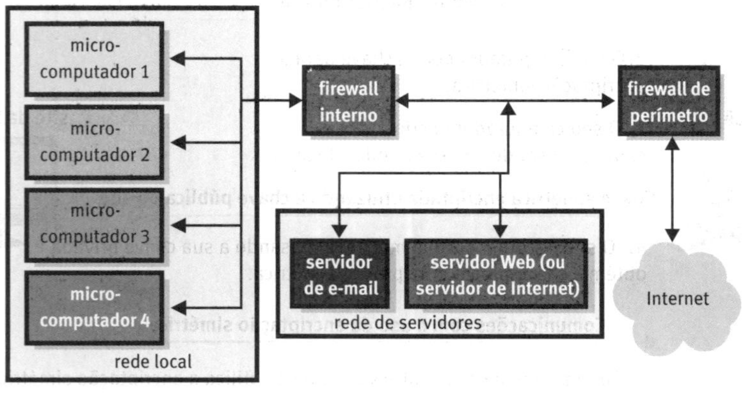

o impacto de um vírus que altere a classificação de crédito de todos os clientes. Alguns vírus publicam dados de maneira lesiva - por exemplo, enviando arquivos com dados de cartões de crédito para sites não autorizados.

Existem diversos tipos de vírus. Os **cavalos de troia** são vírus mascarados de programas ou arquivos úteis. O nome é uma alusão à gigantesca maquete de um cavalo cheio de soldados levada para Troia durante a Guerra de Troia. Um cavalo de troia típico parece ser um jogo de computador, um arquivo de música para MP3 ou algum outro programa útil e inofensivo.

Os **vírus de macro** se agregam a documentos do Word, Excel e outros. Quando o documento infectado é aberto, o vírus se instala nos arquivos de inicialização do aplicativo e, depois disso, passa a infectar todo arquivo que o aplicativo cria ou processa.

Um **worm** é um vírus que se propaga usando a Internet ou outra rede de computadores. Os worms se espalham mais rápido do que outros tipos de vírus porque são programados especificamente com essa finalidade. Ao contrário dos outros vírus, que precisam esperar que o usuário compartilhe um arquivo com um segundo computador, os worms usam ativamente a rede para se propagar. Às vezes, eles entopem uma rede a ponto de inutilizá-la.

Os programas **spyware** são instalados no computador do usuário sem o seu conhecimento ou permissão. O spyware reside em segundo plano e, sem que o usuário saiba, observa as ações e os comandos de teclado do usuário, monitora a atividade do computador e reporta as atividades do usuário às empresas patrocinadoras. Alguns tipos de spyware malicioso captam os comandos de teclado para obter nomes, senhas, números de contas e outras informações confidenciais sobre o usuário. Outros tipos de spyware suportam análises de marketing, observando o que os usuários fazem, os sites visitados, os produtos examinados e adquiridos, e assim por diante.

O **adware** é semelhante a um spyware na medida em que é instalado sem permissão do usuário e reside em segundo plano, observando o comportamento do usuário. A maioria dos adware é benigna, visto que não praticam ações maliciosas, nem roubam dados. Entretanto, esse tipo de programa observa a atividade do usuário e produz anúncios pop-up. O adware pode também alterar a janela padrão do usuário ou os resultados de busca e trocar a ferramenta de busca do usuário. Na maioria das vezes, isso é apenas um incômodo, mas os usuários devem se preocupar sempre que tiverem em seus computadores programas desconhecidos executando funções não solicitadas.

A Figura 12.6 relaciona alguns dos sintomas de adware e spyware. Às vezes, esses sintomas se desenvolvem lentamente, à medida que uma quantidade maior de malware se instala. Caso esses sintomas ocorram no seu computador, remova o spyware ou o adware utilizando programas antimalware.

FIGURA 12.6 Sintomas de spyware e adware

- Inicialização lenta do sistema
- Desempenho preguiçoso do sistema
- Muitos anúncios pop-up
- Mudanças suspeitas de página principal do navegador
- Mudanças suspeitas da barra de tarefas e outras interfaces do sistema
- Atividade incomum do disco rígido

12.10.1 SALVAGUARDAS CONTRA MALWARE

Felizmente, é possível evitar a maioria dos tipos de malware usando os seguintes recursos de proteção:

1. *Instalar programas antivírus e antispyware.* O seu departamento de TI possui uma lista de programas recomendados (talvez exigidos) para esse fim. Ao escolher um programa, opte por um de um fornecedor idôneo. Verifique as avaliações dos programas antimalware na Internet antes de adquirir um produto.
2. *Configure os seus programas antimalware de modo que o seu computador seja escaneado com frequência.* Você deve escanear o seu computador pelo menos uma vez por semana e possivelmente até com mais frequência. Ao detectar um código de malware, use o programa antimalware para removê-lo. Se o código não puder ser re-

movido, contate o seu departamento de TI ou o fornecedor do programa.

3. *Atualize as definições de malware.* As **definições de malware** - padrões existentes de código de malware - devem ser baixadas com frequência. Os fornecedores de programas antimalware estão sempre atualizando essas definições e você deve instalar essas atualizações tão logo estejam disponíveis.
4. *Abrir anexos de e-mail somente de fontes conhecidas.* E mesmo ao abrir anexos de fontes conhecidas, faça-o com muito cuidado. De acordo com o professor e especialista em segurança Ray Panko, cerca de 90% de todos os vírus são espalhados por anexos de e-mail.[2] Essa estatística não é nenhuma surpresa, uma vez que a maioria das empresas é protegida por firewalls. Com um firewall configurado corretamente, o e-mail é o único tráfego procedente de fora que pode alcançar os computadores dos usuários.

   A maioria dos programas antimalware verifica a existência de código de malware nos anexos de e-mail. Entretanto, todos os usuários devem adquirir o hábito de *nunca* abrir um anexo de e-mail procedente de uma fonte desconhecida. Além disso, se você receber um e-mail inesperado de uma fonte conhecida ou um de uma fonte conhecida contendo algum assunto suspeito, ortografia estranha ou erros gramaticais, não abra o anexo sem antes verificar com a fonte conhecida se o anexo é legítimo.
5. *Instale prontamente as atualizações de software provenientes de fontes legítimas.* Infelizmente, todo programa é repleto de furos de segurança; os fornecedores os corrigem assim que os descobrem, mas a prática é inexata. Instale prontamente patches ao sistema operacional e aos programas aplicativos.
6. *Navegue somente em áreas idôneas da Internet.* É possível que alguns tipos de malware se instalem quando você simplesmente abre uma página da Internet. Não vá lá!

2. PANKO, Ray. *Corporate computer and network security*. Upper Saddle River, NJ: Prentice Hall, 2004.

12.11 *Projeto de aplicativos seguros*

A última salvaguarda técnica mostrada na Figura 12.3 diz respeito ao projeto de aplicativos. Como futuro usuário de SI, você não irá criar programas. Entretanto, deve se certificar de que qualquer sistema de informação desenvolvido para você e para o seu departamento inclui a segurança como um dos requisitos do aplicativo.

Q4. De que maneira as salvaguardas de dados protegem contra as ameaças à segurança?

As **salvaguardas de dados** protegem bancos de dados e outros dados organizacionais. Duas unidades organizacionais são responsáveis pelas salvaguardas de dados. A **administração de dados** se refere a uma função válida para toda a empresa que é responsável pela criação de políticas de dados e cumprimento das respectivas normas vigentes. A administração de dados é uma função de assessoria atribuída ao diretor de TI, como vimos no Capítulo 11.

A **administração de bancos de dados** se refere a uma função relacionada a um determinado banco de dados. Cada banco de dados, seja ERP, CRM e MRP, possui uma função de administração de bancos de dados. A administração de bancos de dados garante que os procedimentos existentes assegurem o processamento multiusuários do banco de dados, controle alterações efetuadas na estrutura do banco de dados e proteja o banco de dados.

Tanto a administração de dados como a de banco de dados estão envolvidas na criação das salvaguardas de dados mostradas na Figura 12.7. Primeiro, deve-se definir as políticas de dados, como "Não compartilharemos dados de identificação de clientes com qualquer outra empresa" e outras do gênero. Portanto, a administração de dados e a de banco de dados funcionam juntas a fim de especificar os direitos e responsabilidades em relação aos dados do usuário. Terceiro, esses direitos devem ser assegurados por contas de usuários autenticadas, pelo menos, por senhas.

A empresa deve proteger dados confidenciais armazenando-os em formato encriptado. Essa encriptação usa uma ou mais chaves de modo semelhante àquele descrito para a encriptação de comunicação de dados. Um possível problema com os dados armazenados, no entanto, é que a chave pode se perder ou que funcionários insatisfeitos ou demitidos podem destruí-la. Diante dessa possibilidade, quando os dados são encriptados, uma parte confiável deve ficar com uma cópia da chave de encriptação. Esse procedimento de segurança às vezes é chamado **caução de chave.**

Outra salvaguarda de dados consiste na criação periódica de backups do conteúdo dos bancos de dados. A empresa deve armazenar pelo menos alguns desses backups fora da empresa, possivelmente em uma localidade remota. Além disso, o pessoal de TI deve praticar periodicamente a recuperação, a fim de se assegurar da validade dos backups e da existência de procedimentos de recuperação eficazes. Não suponha que pelo simples fato de haver um backup o banco de dados esteja protegido.

A segurança física é outro tipo de salvaguarda de dados. Os computadores que rodam o DBMS e todos os dispositivos que armazenam os dados contidos no banco de dados devem residir em instalações trancadas e com acesso controlado. Do contrário, esses computadores estão sujeitos não apenas a roubo, mas também a avarias. Para uma melhor segurança, a empresa deve manter um registro mostrando quem entrou no local, quando e para que finalidade.

FIGURA 12.7 Salvaguardas de dados

- Definição das políticas de dados
- Direitos e responsabilidades em relação aos dados
- Direitos assegurados por contas de usuário autenticadas por senhas
- Encriptação de dados
- Procedimentos de backup e recuperação
- Segurança física

Em alguns casos, as empresas contratam outras empresas para gerenciar seus bancos de dados. Nesse caso, todas as salvaguardas mostradas na Figura 12.7 devem fazer parte do contrato de serviço. Além disso, o contrato deve conceder aos proprietários dos dados permissão para inspecionar as instalações do operador do banco de dados e entrevistar o seu pessoal de acordo com uma programação sensata.

Q5. De que maneira as salvaguardas humanas protegem contra as ameaças à segurança?

As **salvaguardas humanas** envolvem os componentes de pessoas e procedimentos dos sistemas de informação. Em geral, esse tipo de salvaguarda ocorre quando usuários autorizados seguem os procedimentos adequados de uso e recuperação do sistema. O acesso restrito a usuários autorizados requer métodos eficazes de autenticação e um criterioso gerenciamento das contas de usuário. Além disso, devem ser criados procedimentos de segurança adequados como parte de todo sistema de informação, e os usuários devem ser treinados de modo a entender a importância e o uso desses procedimentos. Nesta seção, veremos a criação de salvaguardas humanas para os funcionários.

12.12 *Salvaguardas humanas para os funcionários*

A Figura 12.8 relaciona os procedimentos de segurança para os funcionários. O primeiro é a definições das funções.

12.12.1 Definições de funções

As salvaguardas humanas eficazes têm início com as definições das tarefas e responsabilidades dos funcionários. Em geral, as descrições de cargo devem separar as atribuições e responsabilidades. Por exemplo, uma mesma pessoa não deve ter permissão para aprovar despesas e emitir cheques. Ao contrário, uma pessoa deve aprovar as despesas, outra, pagar as despesas, e uma terceira deve contabilizar o pagamento. Da mesma forma, no caso do estoque, uma mesma pessoa não deve ter permissão para autorizar uma retirada do estoque e também remover itens do estoque.

FIGURA 12.8 Política de segurança para o pessoal de assessoria interna

- definição de funções
  - separar atribuições e responsabilidades.
  - determinar o mínimo de privilégios.
  - definir o nível de sigilo funcional.

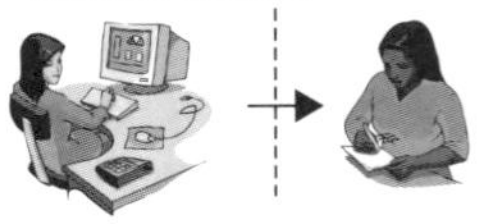

- contratação e filtragem

- divulgação e cumprimento (responsabilidade, responsabilização, conformidade)

- rescisão
  - amigável

  - litigiosa

Após definir corretamente os cargos, as contas de usuários devem ser definidas de modo a conceder aos usuários o *mínimo possível de privilégios* necessários ao desempenho de suas funções. Por exemplo, os usuários cuja descrição de cargo não inclua alteração de dados devem receber contas com privilégio apenas de leitura. Da mesma forma, as contas de usuários devem proibir que eles acessem dados não exigidos por suas descrições de cargo. Devido ao problema de segurança semântica, mesmo o acesso a dados aparentemente inofensivos talvez precise ser limitado.

Por fim, deve ser definido o nível de sigilo de segurança para cada função. Algumas funções envolvem dados altamente sigilosos (por exemplo, remuneração dos funcionários, cotas de vendedores e dados confidenciais de natureza técnica e de marketing). Outras funções não envolvem dados sigilosos. A definição do *nível de sigilo funcional* permite que o pessoal de segurança priorize suas atividades de acordo com o possível nível de risco e perda.

12.12.2 CONTRATAÇÃO E FILTRAGEM

As considerações relativas à segurança devem fazer parte do processo de contratação. É claro que, se a função não envolver dados sigilosos, nem acesso a sistemas de informação, a filtragem para fins de segurança dos sistemas será mínima. As contratações para cargos que envolvem altos níveis de sigilo, no entanto, justificam extensas entrevistas, pedido de referências e investigação de antecedentes. Observe também que a filtragem de segurança se aplica não apenas aos novos funcionários, mas também a funcionários promovidos a cargos que envolvem práticas sigilosas.

12.12.3 Divulgação e cumprimento

Não se pode esperar que os funcionários sigam políticas e procedimentos de segurança que eles não conhecem. Portanto, eles precisam estar cientes das políticas, dos procedimentos e das responsabilidades de segurança que terão.

O treinamento de segurança dos funcionários começa durante o treinamento dos novos funcionários, com a explicação das políticas e procedimentos gerais de segurança. Esse treinamento geral deve ser ampliado de acordo com o nível de sigilo e as responsabilidades do cargo. Os funcionários promovidos devem receber o treinamento de segurança adequado às suas novas funções. A empresa não deve fornecer as contas e senhas de usuário enquanto os funcionários não tiverem concluído o treinamento de segurança necessário.

O cumprimento consiste em três fatores interdependentes: responsabilidade, responsabilização e conformidade. Primeiro, a empresa deve definir claramente as *responsabilidades* de cada função em relação à segurança. O programa de segurança deve ser projetado de tal modo que os funcionários possam ser *responsabilizados* pelas violações à segurança. Devem existir procedimentos para que, em caso de perda de dados, seja possível determinar como a perda ocorreu e a quem cabe a responsabilidade. Por fim, o programa de segurança deve incentivar a *conformidade* com a segurança. A conformidade das atividades dos funcionários com as normas vigentes deve ser monitorada regularmente, e a gerência deve especificar a medida disciplinar a ser tomada em caso de não conformidade.

A atitude da gerência é fundamental: a observância das normas por parte dos funcionários é maior quando a gerência demonstra, tanto por palavras quanto por ações, uma séria preocupação com a segurança. Se os gerentes anotam suas senhas nos quadros de aviso dos funcionários, gritam as mesmas pelos corredores ou ignoram os procedimentos físicos de segurança, as atitudes dos funcionários e o nível de conformidade deles em relação ao tema serão influenciados. Observe também que a segurança eficaz é uma responsabilidade constante da gerência. Os lembretes regulares sobre sua importância são essenciais.

12.12.4 Rescisão

As empresas devem estabelecer procedimentos e políticas de segurança para a rescisão de funcionários. A maioria das rescisões de funcionários é amigável e ocorre em consequência de promoção, aposentadoria ou quando o funcionário pede exoneração para assumir outro cargo. As políticas padrão de recursos humanos devem assegurar que os administradores dos sistemas sejam avisados antes do último dia de trabalho do funcionário para que possam remover as respectivas contas e senhas do sistema. A necessidade de recuperar as chaves dos dados encriptados e quaisquer outras exigências especiais em relação à segurança devem fazer parte do processo de saída do funcionário.

A rescisão litigiosa é mais difícil porque os funcionários podem se sentir tentados a praticar ações maliciosas ou lesivas. Nesse caso, os administradores dos sistemas podem precisar remover as contas e senhas de usuário antes de comunicar ao funcionário a sua rescisão. Podem ser necessárias outras medidas também para proteger os ativos de informação da empresa. Um funcionário de vendas demitido, por exemplo, pode tentar levar dados confidenciais de clientes e possíveis vendas da empresa para uso futuro em outra empresa. O empregador que o está demitindo deve tomar providências no sentido de proteger esses dados antes da rescisão.

O departamento de recursos humanos deve ter consciência da importância do aviso prévio da rescisão do funcionário aos administradores de SI. Não existe nenhuma política geral; o departamento de sistemas de informação deve avaliar cada caso individualmente.

12.13 *Administração de contas*

A administração das contas, senhas, políticas e procedimentos de apoio ao usuário é outra salvaguarda humana importante.

12.13.1 Gerenciamento de contas

O gerenciamento de contas envolve a criação de novas contas de usuário, alteração das permissões de contas existentes e remoção de contas desnecessárias. Os administradores de sistemas de informação executam todas essas tarefas, mas os usuários das contas têm a responsabilidade de comunicá-los da necessidade dessas ações. O departamento de TI deve criar procedimentos padrão para esse fim. Como futuro usuário, você pode melhorar o seu relacionamento com o pessoal de SI comunicando-os com antecedência e em tempo hábil da necessidade de alterações de conta.

A existência de contas desnecessárias constitui uma séria ameaça à segurança. Os administradores de SI não têm como saber quando uma conta deve ser removida; cabe aos usuários e gerentes fazer esse tipo de comunicação.

12.13.2 Gerenciamento de senhas

As senhas são o meio básico de autenticação. Elas são importantes não somente para acesso ao computador do usuário, mas também para fins de autenticação para outras redes e servidores aos quais o usuário possa ter acesso. Devido à importância das senhas, o National Institute of Standards and Technology (NIST) recomenda que os funcionários assinem declarações semelhantes àquela mostrada na Figura 12.9.

Quando uma conta é criada, os usuários devem mudar imediatamente a senha recebida para uma senha de sua escolha. Aliás, os sistemas bem-construídos exigem que o usuário mude a senha logo na primeira vez que a utiliza.

Depois disso, os usuários devem mudar suas senhas com frequência. Alguns sistemas exigem essa mudança a cada três meses ou menos. Os usuários reclamam do inconveniente de ter de fazer isso, mas esse processo reduz não apenas o risco de perda de senha, mas também a extensão dos danos causados pelo comprometimento de uma senha existente.

FIGURA 12.9 Amostra de formulário de reconhecimento de conta

Declaro para os devidos fins ter recebido pessoalmente a(s) senha(s) correspondente(s) às identidades do usuário abaixo relacionadas. Reconheço a minha responsabilidade de proteger a(s) senha(s), cumprir todas as normas de segurança do sistema e não divulgar a(s) minha(s) senha(s) a quem quer que seja. Estou ciente de que devo comunicar ao Diretor de Segurança de Sistemas de Informação qualquer problema que eu venha constatar com o uso da(s) senha(s) ou quando eu tiver razão para acreditar que o sigilo de minha(s) senha(s) está comprometido.

Fonte: National Institute of Standards and Technology. *Introduction to computer security: the nist handbook*, Publication 800-812, p. 114

Alguns usuários criam duas senhas e alternam entre as duas. Essa estratégia resulta em um baixo nível de segurança, e alguns sistemas de senha não permitem que o usuário reutilize códigos recém-utilizados. Repetimos, os usuários podem considerar essa política inconveniente, mas é importante.

12.13.3 Políticas de apoio

Antigamente, os serviços de apoio representavam um sério risco à segurança. Um usuário que esquecesse a sua senha ligava para o serviço de apoio e implorava ao atendente que lhe dissesse a sua senha ou "resetasse" a senha. "Eu não tenho como enviar este relatório sem essa senha!" era (e é) uma queixa comum.

O problema é que, obviamente, os atendentes do serviço de apoio não têm como saber se estão realmente falando com o usuário ou com alguém se fazendo passar por este. E, com isso, eles se veem diante de um dilema: se não ajudarem de alguma forma, o serviço de apoio é considerado "inútil".

Para resolver esses problemas, muitos sistemas oferecem ao atendente do serviço de apoio um meio de autenticar o usuário. Em geral, o sistema de informação do serviço de apoio tem respostas para perguntas que somente o usuário sabe, como a data de nascimento, o nome de solteira da mãe ou os quatro últimos dígitos do número de uma conta importante do usuário. Normalmente, quando uma senha é trocada, a mudança é comunicada ao usuário através de e-mail. Como você sabe, esse e-mail, no entanto, é enviado em formato de texto simples, de modo que a nova senha propriamente dita não deve ser enviada por e-mail. Se receber um comunicado de que a sua senha foi resetada quando você não solicitou nenhum tipo de alteração, entre imediatamente em contato com o departamento de segurança de TI. Isso significa que a sua senha está comprometida.

Todas essas medidas do serviço de apoio reduzem a eficácia do sistema de segurança e, dependendo do nível de sigilo do cargo do funcionário, podem gerar uma vulnerabilidade muito grande. Nesse caso, o usuário pode simplesmente estar sem sorte. A conta será apagada e o usuário deverá repetir o processo de solicitação de conta.

12.14 *Procedimentos em relação aos sistemas*

A Figura 12.10 mostra uma grade com tipos de procedimentos - operação normal, backup e recuperação. Devem existir procedimentos de cada tipo para cada sistema de informação. Por exemplo, o sistema de registro de pedidos terá procedimentos de cada um desses tipos, assim como a loja virtual baseada na Internet, o sistema de controle de estoque e assim por diante. A definição e o uso de procedimentos padronizados reduzem a probabilidade de crime de informática e outras atividades maliciosas praticadas dentro da empresa, além de assegurar o cumprimento da política de segurança do sistema.

Existem procedimentos tanto para os usuários quanto para o pessoal de operações. Para cada tipo de usuário, a empresa deve criar procedimentos para operações normais, backup e recuperação. Como futuro usuário, você irá se preocupar basicamente com os procedimentos do usuário. Os procedimentos de uso normal devem oferecer salvaguardas adequadas à natureza sigilosa do sistema de informação.

Os procedimentos de backup envolvem a criação de backup de dados para ser utilizado em caso de falha do sistema. Embora o pessoal de operações tenha a responsabilidade de criar backups dos bancos de dados do sistema e de outros dados dos sistemas, os departamentos precisam criar backups de dados em seus próprios computadores. Existem boas questões a serem ponderadas, como "O que aconteceria se eu perdesse o meu computador (ou PDA) amanhã?" "O que aconteceria se alguém deixasse o meu computador cair durante uma inspeção de segurança no aeroporto?" "O que aconteceria se o meu computador fosse roubado?" Os funcionários devem fazer backup de dados críticos em seus computadores. O departamento de TI pode ajudar nessa tarefa elaborando procedimentos de backup e disponibilizando as instalações necessárias.

FIGURA 12.10 Procedimentos em relação ao sistema

	USUÁRIOS DO SISTEMA	PESSOAL DE OPERAÇÕES
Operação Normal	Utilizam o sistema para executar tarefas de trabalho com a segurança adequada ao nível de sigilo.	Operam equipamentos do centro de processamento de dados, gerenciam redes, rodam servidores Web e executam tarefas operacionais correlatas.
Backup	Preparação para o caso de perda de funcionalidade do sistema.	Fazem backup de recursos de sites da Internet, bancos de dados, dados administrativos, dados de contas e senhas e outros dados.
Recuperação	Realizam tarefas de trabalho durante falha no sistema. Conhecem as tarefas a serem executadas durante o processo de recuperação do sistema.	Recuperam os sistemas a partir dos backups de dados. Exercem a função de apoio durante o processo de recuperação.

Por fim, os analistas de sistemas devem desenvolver procedimentos de recuperação do sistema. Primeiro, como o departamento irá gerenciar suas tarefas quando um sistema fundamental estiver inoperante? Os clientes irão querer efetuar pedidos e a produção irá querer retirar itens do estoque, apesar da indisponibilidade de um sistema de informação fundamental. Como o departamento responderá? Quando o sistema voltar a operar, de que maneira as atividades de negócios realizadas durante a queda do sistema serão registradas nele? De que maneira o serviço será retomado? Os desenvolvedores de sistemas devem perguntar e responder a essas e outras perguntas semelhantes e desenvolver os respectivos procedimentos necessários.

12.15 *Monitoramento da segurança*

O monitoramento da segurança é a última das salvaguardas humanas que veremos. Dentre as funções importantes de monitoramento estão as análises dos registros de atividades, os testes de segurança e a investigação e o esclarecimento dos incidentes de segurança.

Muitos programas de sistemas de informação produzem *registro de atividades*. Os firewalls produzem registros de suas atividades, como listas de todos os pacotes descartados, tentativas de infiltração e tentativas de acesso não autorizado a partir do firewall. Os produtos de DBMS produzem registros de logins realizados com e sem sucesso. Os servidores Web produzem volumosos registros de atividades da Internet. Os sistemas operacionais instalados nos microcomputadores são capazes de produzir registros de logins e atividades do firewall.

Nenhum desses registros agrega qualquer valor a uma empresa se ninguém os examinar. Consequentemente, uma função importante de segurança consiste na análise desses registros para verificação dos padrões de ameaça, ataques bem-sucedidos e malsucedidos e indícios de vulnerabilidades do sistema de segurança.

Além disso, as empresas devem testar seus programas de segurança. Tanto o pessoal interno quanto os consultores externos devem conduzir esse tipo de teste.

Outra importante função de monitoramento é a investigação dos incidentes de segurança. Como ocorreu o problema? Foram criadas salvaguardas para evitar a reincidência desses problemas? O incidente indica vulnerabilidades em outras partes do sistema de segurança? O que mais pode ser esclarecido a partir do incidente?

Os sistemas de segurança residem em um ambiente dinâmico. As estruturas organizacionais mudam, as empresas são compradas ou vendidas e ocorrem fusões. Os novos sistemas requerem novas medidas de segurança. A nova tecnologia muda o cenário da segurança, e surgem novas ameaças. O pessoal da área de segurança deve monitorar constantemente a situação e determinar se a política de segurança e as salvaguardas existentes são adequadas. Se houver necessidade de algum tipo de mudança, o pessoal responsável pela segurança precisa tomar as medidas necessárias.

Assim como a qualidade, a segurança é um processo contínuo. Não existe um estado final que represente um sistema ou uma empresa segura. As empresas devem monitorar continuamente a segurança.

Q6. O que é necessário para a prontidão contra desastres?

Um desastre é uma perda substancial de infraestrutura de computação causada por atos da natureza, ação criminosa ou atividade terrorista. Como já afirmamos várias vezes, a melhor maneira de resolver um problema é não tê-lo. A melhor salvaguarda contra um desastre é um local apropriado. Se possível, coloque centros de processamento de dados, farms de servidores de Internet e outras instalações de informática em locais não propensos a inundações, terremotos, furacões, tornados ou avalanches. Mesmo nesses locais, implante a infraestrutura adequada em prédios resguardados, porões, compartimentos reservados e locais semelhantes situados dentro do perímetro da empresa. A infraestrutura de computação deve ser instalada também em prédios resistentes ao fogo projetados para abrigar equipamentos caros e essenciais.

Entretanto, algumas necessidades da empresa determinam a instalação da infraestrutura de computação em locais inapropriados. Além disso, mesmo em um bom local, podem ocorrer desastres. Por essa razão, existem empresas que montam backups de centros de processamento de dados em locais geograficamente afastados do local de processamento primário.

A Figura 12.11 relaciona as principais tarefas de prontidão para desastres. Depois de escolher um local seguro para a infraestrutura de computação, as empresas devem identificar todos os aplicativos fundamentais para a missão. São aplicativos sem os quais a empresa não pode ficar e que, se perdidos durante qualquer espaço de tempo, podem resultar na bancarrota da empresa. O próximo passo é identificar todos os recursos necessários para operar esses sistemas. Tais recursos incluem computadores, sistemas operacionais, programas aplicativos, bancos de dados, dados administrativos, documentação de procedimentos e pessoal treinado.

FIGURA 12.11 Diretrizes de prontidão para desastres

- Implantar infraestrutura em local seguro.
- Identificar sistemas fundamentais para a missão.
- Identificar os recursos necessários para operar esses sistemas
- Preparar instalações remotas de backup
- Treinar e ensaiar

Em seguida, a empresa cria backups dos recursos críticos no centro de processamento de dados remoto. Os chamados **hot sites** são centros de processamento de dados remotos operados por serviços comerciais de recuperação após desastres. Mediante o pagamento de uma taxa mensal, esses sites oferecem todos os equipamentos necessários para dar continuidade às operações após a ocorrência de um desastre. Os **cold sites**, por outro lado, são alternativas de contingência que oferecem instalações de escritório, mas os próprios clientes é que fornecem e instalam todos os equipamentos necessários para dar continuidade às operações.

Depois de implantar seus recursos de backup, a empresa deve treinar e ensaiar os procedimentos de transferência das operações do centro primário para o backup. Os ensaios periódicos de reciclagem são obrigatórios.

A preparação de uma instalação de backup é muito cara. Entretanto, os custos de criação e manutenção dessa instalação são uma forma de seguro. A alta gerência deve tomar a decisão de preparar esse tipo de instalação ponderando os riscos, os benefícios e os custos.

Q7. Como as empresas devem responder aos incidentes de segurança?

O último componente de um plano de segurança que iremos ver é a resposta a incidentes. A Figura 12.12 relaciona os principais fatores. Primeiro, toda empresa deve possuir um plano de resposta a incidentes como parte de seu programa de segurança. Nenhuma empresa deve esperar até que algum ativo se perca ou seja comprometido para decidir fazer isso. O plano deve prever a maneira como os funcionários devem responder a eventuais problemas de segurança, quem deve ser contatado, os relatórios a serem emitidos e as providências a serem tomadas para reduzir maiores perdas.

FIGURA 12.12 Fatores nos procedimentos de resposta a incidentes

- Implantação de um plano
- Informações centralizadas
- Respostas específicas
  - Agilidade
  - A recompensa da preparação
  - Não agravar o problema
- Prática

Imaginemos, por exemplo, um vírus. Um plano de resposta a incidentes determinará o que um funcionário deve fazer ao notar a ameaça, especificando quem contatar e o que fazer, e estipulando que o funcionário desligue o seu computador e o desconecte fisicamente da rede. O plano deve indicar também o que os usuários de computadores sem fio devem fazer.

O plano deve fornecer informações centralizadas de todos os incidentes de segurança. Essas informações permitem que a empresa determine se está sob ataque sistemático ou se o caso é um incidente isolado. O sistema de informações centralizado permite também que a empresa tome conhecimento das ameaças à segurança, adote medidas consistentes em resposta à condição existente e aplique conhecimentos especializados para solucionar todos os problemas de segurança.

Quando ocorre um incidente, a agilidade é um fator essencial. Os vírus e worms podem se espalhar muito rapidamente por todas as redes da empresa, e uma resposta rápida ajuda a amenizar as consequências. Devido à necessidade de agir com rapidez, a preparação compensa. O plano de resposta a incidentes deve identificar o pessoal-chave e onde localizá-lo fora do horário de trabalho. Esses funcionários devem ser treinados para que saibam aonde se dirigir e o que fazer ao chegar ao local da ocorrência. Sem uma preparação adequada, existe um risco substancial de que as ações de pessoas bem-intencionadas, porém mal treinadas, acabem agravando o problema. Além disso, as fontes de rumores irão gerar ideias malucas de todo tipo sobre o que fazer. Um grupo de funcionários treinados e informados servirá para abafar esses rumores.

Por fim, as empresas devem praticar periodicamente os procedimentos de resposta a incidentes. Sem essa prática, os funcionários desconhecerão o plano de resposta e não identificarão nele possíveis falhas que só se tornam aparentes durante um exercício de treinamento.

Os conhecimentos contidos no Capítulo 11 e neste capítulo teriam ajudado Jeff e Mike a proteger melhor a infraestrutura de computação do Fox Lake. Mike saberia proteger melhor as suas senhas. Tanto ele quanto Jeff estariam cientes dos perigos de colocar alguém como Jason ou Chris para produzir relatórios para Anne. Mike saberia, pelo menos, como dar uma conta e uma senha temporárias a Jason e Chris e removê-la depois que eles terminassem o trabalho.

Na verdade, o Fox Lake adota um sistema precário de gerenciamento e proteção de sua infraestrutura. Infelizmente, esse tipo de situação é comum entre as pequenas empresas. Se você trabalha em uma pequena empresa, leve a sério o exemplo do Fox Lake. Lembre-se de que esses problemas podem ajudar você a proteger melhor os seus ativos de computação.

GUIA ÉTICO: Metassegurança

Lembre-se de que, como vimos no Capítulo 5, metadados são dados sobre dados. Em uma linha de raciocínio semelhante, metassegurança é segurança sobre segurança. Em outras palavras, a pergunta é "Como fazemos a segurança do sistema de segurança?"

Consideremos um problema óbvio: Qual é uma forma segura de armazenar um arquivo de contas e senhas? Esses arquivos devem existir, do contrário, os sistemas operacionais não seriam capazes de autenticar os usuários. Mas como se deve armazenar esse tipo de arquivo? O armazenamento não pode ser feito em formato de texto simples porque qualquer pessoa que lesse o arquivo teria acesso ilimitado ao computador, à rede e a outros ativos. Portanto, o armazenamento deve ser feito em formato encriptado, mas de que maneira? E quem deve saber a chave de encriptação?

Imaginemos outro problema. Digamos que você trabalhe no serviço de apoio da Vanguard Funds e que parte da sua função consista em resetar as senhas dos usuários quando eles as esquecem. Obviamente, esse é um trabalho essencial que precisa ser feito, mas o que o impede de resetar as senhas das contas pertencentes a pessoas de mais idade que nunca olham seus extratos? O que o impede de acessar essas contas com a sua senha resetada e efetuar a transferência de valores para as contas de seus amigos?

Há décadas tendo que lidar com alguns desses problemas, a profissão contábil criou um conjunto de procedimentos e normas conhecidos como *controles contábeis*. Em geral, esse tipo de controle envolve procedimentos de controle recíproco, análises independentes de registros de atividades, controle de ativos críticos e assim por diante. Corretamente projetados e implementados, esses controles pegam o atendente do serviço de apoio efetuando transferências de valores não autorizadas. Mas muitas ameaças às redes de computadores são novas, as respectivas salvaguardas estão sendo desenvolvidas, e existem ameaças que ainda não são nem conhecidas.

As salvaguardas para alguns problemas têm consequências inesperadas. Suponhamos, por exemplo, que você dê aos seus funcionários a tarefa de procurar falhas de segurança nos seus aplicativos financeiros e de rede (uma atividade conhecida como White hat *hacking ou Hacker "inocente"*). Digamos que uma funcionária encontre formas de invadir o seu sistema e programar embarques indetectáveis e não autorizados de mercadorias retiradas do estoque para onde ela bem entender. Ela reporta as falhas e as corrige. A questão é, como saber se ela reportou todas as falhas encontradas?

Além disso, quando ela terminar, o que você faz com a sua hacker? Você teme demiti-la por não ter a menor ideia do que ela irá fazer com as informações que possui. Mas que tipo de função ela pode desempenhar com segurança agora que conhece os furos existentes no seu sistema de segurança? Você ainda quer que ela tenha conta e senha na rede de computadores da sua empresa? Mesmo que você corrija todos os problemas que ela reportar, o que é algo duvidoso, você suspeita que ela sempre poderá encontrar mais problemas.

Ou então, imaginemos o problema da Microsoft. Se você fosse um praticante de crimes de informática, onde, em última análise, você alojaria um cavalo de troia ou um *trapdoor*?[3] No código do Windows. A Microsoft contrata centenas de pessoas para escrever o seu sistema operacional; pessoas que trabalham no mundo inteiro. É claro que, na medida do possível, ela investiga os antecedentes dessas pessoas, mas será que a empresa possui a ficha completa e detalhada de cada programador na Índia, na França, na Irlanda, na China e assim por diante? A Microsoft utiliza criteriosos procedimentos de controle do código que entra em seus produtos, mas ainda assim, alguém na empresa deve perder o sono diante dessas possibilidades.

Ironicamente, as respostas para muitos problemas de metassegurança estão na abertura. Em geral, os especialistas em criptografia concordam que qualquer algoritmo de encriptação que dependa de sigilo está, em última análise, condenado, uma vez que o segredo acaba vazando. Em criptografia, o sigilo deve existir somente em relação às chaves (temporárias) usadas, e não a um método secreto. Consequentemente, os algoritmos de encriptação são publicados abertamente, e qualquer pessoa com jeito para matemática é incentivada a encontrar (e reportar) falhas. Um algoritmo só é considerado seguro para ser lançado depois de testado e retestado por milhares de pessoas. Um protocolo de segurança muito comum para sistemas sem fio, o Protocolo de Equivalência sem Fio (*Wired Equivalency Protocol* – WEP), foi imprudentemente lançado antes de ser testado, deixando vulneráveis milhares de milhares de redes sem fio.

Obviamente, o hardware e o software são apenas parte do problema. A metassegurança é extensiva aos componentes de dados, procedimentos e pessoas. Trata-se de um campo fascinante e de grande importância que está em constante desenvolvimento. Seria uma interessante escolha profissional, mas cuidado com o que você aprender!

Questões para discussão

1. Explique o termo *metassegurança*. Descreva dois problemas de metassegurança não mencionados neste guia.
2. Explique o problema de controle que existe quando o pessoal do serviço de apoio tem como resetar as senhas dos clientes. Descreva uma forma de reduzir essa ameaça utilizando um sistema de registro de auditoria e pelo menos dois funcionários independentes.
3. Descreva o dilema gerado por um hacker interno. Descreva o problema em utilizar uma empresa externa para procedimentos de white hat hacking. Se lhe pedissem para gerenciar um projeto destinado a testar a segurança da sua rede de computadores, você utilizaria os serviços de profissionais internos ou terceirizados? Por quê?

3. *Trapdoors* são mecanismos escondidos em softwares. São falhas de programação geradas pelo próprio programador, para futuramente, obter acesso e explorar o sistema.

4. Um computador empresarial típico possui programas da Microsoft, SAP, Siebel, Oracle e possivelmente de dezenas de fornecedores menores. Como os usuários sabem que nenhum dos programas dessas empresas contém um cavalo de troia?

5. Explique por que parte da solução de segurança está na abertura. Descreva como a abertura se aplica a controles contábeis semelhantes ao que você criou na sua resposta à questão 2. Explique o perigo dos controles de procedimentos que dependem do sigilo.

REVISÃO

Utilize esta Revisão para verificar o que você assimilou das ideias e conceitos que respondem às questões de estudo do capítulo.

Q1. **Quais as fontes e os tipos de ameaças à segurança?**
Explique a diferença entre ameaças à segurança, fontes de ameaça e tipos de ameaça. Cite um exemplo de uma ameaça à segurança para cada célula da grade mostrada na Figura 12.1. Descreva um ataque de roubo eletrônico (*phishing*). Explique a ameaça do roubo eletrônico para a empresa e para as marcas de produtos.

Q2. **Quais os elementos de um programa de segurança?**
Defina *salvaguardas técnicas, de dados* e *humanas*. Mostre de que maneira essas salvaguardas estão relacionadas aos cinco componentes de um sistema de informação.

Q3. **De que maneira as salvaguardas técnicas protegem contra as ameaças à segurança?**
Cite cinco salvaguardas técnicas. Defina *identificação* e *autenticação*. Descreva três tipos de autenticação. Explique como funciona a SSL/TTL. Defina firewall e explique a sua finalidade. Defina malware e cite cinco tipos. Descreva seis formas de proteção contra malware. Resuma por que o malware é um problema sério.

Q4. **De que maneira as salvaguardas de dados protegem contra as ameaças à segurança?**
Defina *administração de dados* e *administração de bancos de dados* e explique a diferença entre os dois. Relacione as salvaguardas de dados.

Q5. **De que maneira as salvaguardas humanas protegem contra as ameaças à segurança?**
Resuma as salvaguardas humanas para cada atividade apresentada na Figura 12.8. Resuma as salvaguardas que competem ao pessoal que não faz parte do quadro funcional efetivo. Descreva três dimensões das salvaguardas para administração de contas. Explique como esses procedimentos em relação aos sistemas podem funcionar como salvaguardas humanas. Descreva as técnicas de monitoramento da segurança.

Q6. **O que é necessário para a prontidão contra desastres?**
Defina *desastre*. Relacione as principais considerações quanto aos procedimentos de prontidão para desastres. Explique a diferença entre hot site e cold site.

Q7. **Como as empresas devem responder aos incidentes de segurança?**
Resuma as medidas que uma empresa deve tomar diante de um incidente de segurança.

Descreva as maneiras como o Fox Lake pode utilizar os conhecimentos contidos neste capítulo. Explique como você pode utilizar os conhecimentos de ameaças à segurança e salvaguardas para se tornar um melhor profissional da área de negócios.

UTILIZE SEUS CONHECIMENTOS

1. Suponhamos que você perca o seu laptop da empresa em um aeroporto. O que você deve fazer? Os dados que se encontram armazenados no seu disco rígido são importantes? Se o computador contiver dados sigilosos ou privativos, você está necessariamente enrascado? Em que circunstâncias você agora deve cuidar de atualizar o seu currículo?

2. Suponhamos que você alerte o seu chefe para as ameaças à segurança mostradas na Figura 12.1 e para as salvaguardas da Figura 12.2, e que ele diga: “Muito interessante. Quero saber mais detalhes sobre isso”. Ao se preparar para uma reunião, você resolve criar uma lista dos pontos discutidos.
   a. Faça uma breve explanação de cada ameaça mostrada na Figura 12.1.
   b. Explique de que maneira os cinco componentes estão relacionados às salvaguardas.
   c. Descreva duas ou três salvaguardas técnicas, duas ou três salvaguardas de dados e duas ou três salvaguardas humanas.

d. Faça uma breve descrição das salvaguardas mostradas na Figura 12.8.
e. Relacione os procedimentos de segurança que lhe competem como funcionário temporário.
f. Relacione os procedimentos que o seu departamento deve adotar em relação ao planejamento de prevenção contra desastres.

3. Suponhamos que você precise rescindir o contrato de trabalho de um funcionário lotado no seu departamento. Resuma as medidas de segurança que você deve tomar. De que maneira você se comportaria se essa rescisão fosse amigável?

ESTUDO DE CASO 12

A ChoicePoint, uma sociedade anônima sediada na Georgia, EUA é uma empresa agregadora de informações especializada em dados de gestão de riscos e prevenção de fraudes. Tradicionalmente, a ChoicePoint fornecia relatórios sobre veículos automotivos, históricos pedidos de resgate de prêmio e dados similares ao setor de seguros de veículos. Nos últimos anos, a empresa ampliou a sua base de clientes ao incluir empresas de setores diversos e órgãos públicos. Hoje, a empresa oferece também dados para a filtragem de voluntários e candidatos a vagas de emprego e dados de auxílio à localização de crianças desaparecidas. A ChoicePoint tem mais de 4 mil funcionários e a sua receita em 2007 foi de US$ 982 milhões. A empresa foi adquirida pela Reed Elsevier em 2008 e seus resultados financeiros não foram divulgados desde então.

Em 2004, a ChoicePoint foi vítima de um ataque fraudulento de mascaramento de IP em que pessoas não autorizadas se fizeram passar por clientes legítimos e obtiveram dados pessoais sobre mais de 145 mil indivíduos. De acordo com o site da empresa:

> Esses criminosos conseguiram passar em nossos processos de investigação de autenticação de clientes usando identidades roubadas para criar e produzir os documentos necessários que lhes conferisse aparente legitimidade. Como pequenas empresas clientes da ChoicePoint, esses fraudadores acessaram produtos que continham dados básicos em formato de lista telefônica (nome e endereço), bem como uma combinação de números de inscrição na Previdência Social e/ou de carteiras de habilitação e, às vezes, informes de crédito abreviados. Os criminosos conseguiram obter também outras informações extraídas de registros públicos, incluindo, mas não se limitando a, falências, penhoras e julgamentos; registros profissionais; e dados sobre bens imóveis.

A ChoicePoint tomou conhecimento do problema em novembro de 2004 ao notar uma atividade de processamento incomum em algumas contas em Los Angeles. A empresa, então, contatou o Departamento de Polícia de Los Angeles, que solicitou à ChoicePoint que não revelasse o ocorrido até que o departamento pudesse conduzir uma investigação. Em janeiro, o Departamento de Polícia comunicou à ChoicePoint que a empresa poderia fazer contato com os clientes cujos dados haviam sido comprometidos.

Esse crime é um exemplo de falha de autenticação, não de uma invasão de rede. Os firewalls da ChoicePoint e outras salvaguardas não foram violados. Em vez disso, os criminosos mascararam empresas legítimas. Os infiltradores obtiveram alvarás de funcionamento válidos do Estado da Califórnia e, até que a inusitada atividade de processamento fosse detectada, conseguiram se fazer passar por usuários legítimos.

Em resposta a esse problema, a ChoicePoint criou uma linha direta para atendimento aos clientes cujos dados haviam sido violados. Além disso, a empresa adquiriu um informe de crédito para cada vítima e pagou um serviço de monitoramento de informações de crédito válido por um ano. Em fevereiro de 2005, os advogados moveram uma ação coletiva em favor de todos os 145 mil clientes, com um pedido inicial de indenização por perdas e danos no valor de US$ 75.000. Paralelamente, o Senado americano anunciou que conduziria uma investigação.

Ironicamente, a ChoicePoint se expôs a um pesadelo de relações públicas, uma despesa considerável, uma ação judicial coletiva, uma investigação conduzida pelo Senado Federal e uma queda de 20% no preço de suas ações por ter contatado a polícia e cooperado na tentativa de apreensão dos criminosos. Se, ao notar a movimentação incomum das contas, a ChoicePoint tivesse simplesmente fechado o acesso para as empresas ilegítimas, os 145 mil clientes cujas identidades haviam sido comprometidas teriam, sem saber, sido alvo de roubo de identidade, mas é pouco provável que esses roubos pudessem ter chegado ao conhecimento da ChoicePoint.

Como um serviço de banco de dados de utilidade pública, a ChoicePoint mantém relações com muitas entidades diferentes. A empresa obtém seus dados a partir de fontes públicas e privadas e depois vende o acesso a esses dados a seus clientes. A propósito, grande parte dos dados pode ser obtida diretamente junto ao fornecedor dos dados. A ChoicePoint agrega valor oferecendo um ponto de acesso centralizado destinado a satisfazer a muitas necessidades de dados. Além das fontes de dados e dos clientes, a empresa mantém relações com parceiros como os vitais departamentos de registros localizados nas grandes cidades. Por fim, a ChoicePoint mantém relações também com as pessoas e instituições cujos dados são mantidos em seu poder.

Questões

1. A ChoicePoint se expôs a uma considerável despesa, muitos problemas e uma possível perda de confiança na sua marca por ter avisado o Departamento de Polícia de Los Angeles, cooperado nas investigações e comunicado os indivíduos cujos registros foram comprometidos. A empresa poderia ter enterrado o roubo e possivelmente evitado qualquer responsabilidade. Comente as questões éticas e a resposta da ChoicePoint. A empresa fez uma escolha inteligente? Considere essa questão pelo ponto de vista de clientes, policiais, investidores e administradores.
2. Considerando-se a experiência da ChoicePoint, qual a provável ação de empresas similares cujos registros são comprometidos dessa maneira? Conforme a sua resposta, você acha que leis federais e legislação complementar são necessárias? Que outras providências poderiam ser tomadas no sentido de fazer os fornecedores de dados comunicarem as pessoas lesadas pelo roubo de dados?
3. Visite o site www.choicepoint.com.[4] Resuma os produtos oferecidos pela ChoicePoint. Qual parece ser o tema central dessa empresa?
4. Suponhamos que a ChoicePoint resolva criar uma política formal de segurança sobre a questão da divulgação inadequada de dados pessoais. Resuma as questões que a ChoicePoint deveria abordar nessa política.

4. Você será direcionado ao site: www.lexisnexis.com/risk/.

Glossário

Access Popular produto de DBMS da Microsoft para grupos de trabalho pessoais e pequenos.

Administração de bancos de dados Função de assessoria relacionada à proteção e ao uso efetivo de um determinado banco de dados e seus aplicativos correlatos. (Comparar com administração de dados). As responsabilidades da administração de bancos de dados incluem proteção dos dados, controle das alterações na estrutura do banco de dados e ao DBMS de suporte, monitoramento e melhoria do desempenho, e existência de procedimentos eficazes para uso do banco de dados.

Administração de dados Função de assessoria que envolve todos os ativos de dados de uma empresa. As tarefas comuns de administração de dados consistem no estabelecimento de padrões de dados, no desenvolvimento de políticas de dados e na observância da segurança de dados.

AdSense Produto Web 2.0 do Google. O Google busca o site de uma empresa na Internet e insere anúncios compatíveis com o conteúdo desse site; quando os usuários clicam nesses anúncios, o Google paga uma taxa à empresa.

ADSL veja linhas digitais assimétricas por assinatura.

Adware Programas instalados no computador do usuário sem o seu conhecimento ou permissão que residem em segundo plano e, sem que o usuário saiba, observam suas ações e comandos de teclado, alteram a atividade do computador e reportam as atividades do usuário às empresas patrocinadoras. Na maioria das vezes, o adware é benigno, visto que não executa ações maliciosas nem rouba dados, mas observa atividade do usuário e produz anúncios do tipo pop-up.

AdWords Produto de propaganda do Web 2.0 do Google. Os fornecedores concordam em pagar um determinado valor ao Google pelo uso de determinadas palavras de busca que fornecem um link de acesso ao site do fornecedor.

Afinado Ajuste periódico dos sistemas de informação para atender a alterações na carga de trabalho.

Agregadora de dados empresa que obtém dados a partir de fontes públicas e privadas e os armazena, combina e publica de formas sofisticadas que são vendidas aos clientes.

Algoritmos de encriptação Algoritmos utilizados para transformar um texto claro em um texto codificado e ininteligível para fins de armazenamento ou comunicação segura. Alguns dos métodos normalmente utilizados são o DES, o 3DES e o AES.

Ameaça à segurança Problema com a segurança de um sistema de informação ou dos dados nele contidos causado por erro humano, atividade maliciosa ou desastres naturais.

Analisadores ilícitos de tráfego de rede Pessoas que pegam os computadores com conexões sem fio de uma determinada área e buscam redes sem fio desprotegidas na tentativa de obter acesso gratuito à Internet ou capturar dados não autorizados.

Análise da cesta de compras Técnica de data mining para a definição de padrões de vendas. Uma análise da cesta de compras mostra os produtos que os clientes tendem a comprar juntos.

Análise de agrupamentos Técnica não supervisionada de data mining através da qual as técnicas estatísticas são usadas para identificar grupos de entidades com características similares. Um uso comum da análise de agrupamentos consiste em encontrar grupos de clientes similares a partir de dados de demográficos e de pedidos dos clientes.

Análise de regressão Tipo de data mining supervisionada que estima os valores dos parâmetros em uma equação linear. Usada para determinar a influência relativa das variáveis em um resultado e também para prever os valores futuros desse resultado.

Análise de tráfego de rede (sniffing) Técnica de interceptação de comunicações por computador. No caso das redes com fio, a análise de tráfego de rede exige uma conexão física à rede. Com as redes sem fio, não é necessário nenhum tipo de conexão.

Análise e projeto de sistemas Processo de criação e manutenção de sistemas de informação. Às vezes, chamado *desenvolvimento de sistemas*.

Analistas de negócios Pessoas especializadas em entender as necessidades, estratégias e metas de negócios e que ajudam as empresas a utilizar a TI e implementar sistemas como um meio para a realização das estratégias organizacionais.

Analistas de sistemas Profissionais de SI que entendem tanto de negócios quanto de tecnologia. Eles atuam em todas as fases do processo de desenvolvimento de sistemas e desempenham um papel fundamental na condução do projeto da concepção à conversão e, por fim, manutenção. Os analistas de sistemas integram o trabalho dos programadores, testadores e usuários.

Aplicativo Cliente Aplicativo de software que exige programas que não apenas o navegador no computador de um usuário; isto é, exige código tanto em um computador cliente quanto em um computador servidor.

Aplicativo de banco de dados Conjunto de formulários, relatórios, pesquisas e programas aplicativos que processam um banco de dados.

Aplicativo específico Software desenvolvido para uma necessidade específica e exclusiva, normalmente para as operações de uma determinada empresa.

Aplicativo para o mercado horizontal Software que oferece capacidades comuns a todas as empresas e setores. Os processadores de texto, os programas gráficos, as planilhas eletrônicas e os programas de apresentação são exemplos de aplicativos de mercado horizontal.

Aplicativo para o mercado vertical Software que atende às necessidade de um setor específico. Dentre os exemplos desse tipo de programa estão aqueles utilizados pelos consultórios dentários para fins de agendamento e faturamento de consultas para os clientes, aqueles utilizados pelas oficinas mecânicas para controlar os dados e os reparos dos automóveis dos clientes, e aqueles usados pelos armazéns de peças para fins de controle de estoque, aquisições e vendas.

Aplicativo Thin Client aplicativo de software que exige apenas o navegador no computador do usuário.

Aplicativos cliente-servidor Aplicativos que processam código tanto no cliente quanto no servidor.

Arquitetura de (protocolo) TCP/IP-OSI Arquitetura de protocolos com cinco camadas que evoluíram para uma arquitetura híbrida de TCP/IP e OSI. Essa arquitetura é usada na Internet e na maioria das internets.

Arquitetura em três camadas Arquitetura usada pela maior dos aplicativos servidores de e-commerce. As camadas se referem a três classes diferentes de computadores. A camada do usuário consiste nos computadores dos usuários que possuem navegadores que solicitam e processam páginas da Internet. A camada do servidor consiste nos computadores que rodam servidores Web e, nesse processo, geram páginas da Internet e outros dados em resposta às solicitações dos navegadores. Os servidores Web também processam programas aplicativos. A terceira camada é a camada do banco de dados, que roda o DBMS que processa o banco de dados.

Arquitetura orientada para serviço (Service Oriented Architecture – SOA) Filosofia de processamento que defende a ideia de que os sistemas de computação utilizam um *método padrão* para declarar os serviços que prestam e a interface através da qual esses serviços podem ser solicitados e utilizados. Os serviços de Internet são uma implementação da SOA.

Arquivo Grupo de linhas ou registros similares. Em um banco de dados, às vezes é chamado de tabela.

Atividade Parte de um processo empresarial que transforma recursos e informações de um determinado tipo em recursos e informações de outro tipo; pode ser manual ou automatizada.

Atividades básicas No modelo de cadeia de valores de Porter, são as atividades fundamentais que geram valor – logística de abastecimento, logística de distribuição, marketing/vendas e serviço.

Atividades de apoio No modelo de cadeia de valores de Porter, são as atividades que contribuem indiretamente para a criação de valor – aquisição de material, tecnologia, recursos humanos e a infraestrutura da empresa.

Atributo (1) Variável que fornece propriedades a uma tag HTML. Cada atributo tem um nome padrão. Por exemplo, o atributo para um hiperlink é *href* e o seu valor indica a página da Internet que deve ser exibida quando o usuário clica no link. (2) Características de uma entidade. Constituem exemplo de atributos de *Pedido NúmerodoPedido, DatadoPedido, SubTotal, Imposto, Total* e assim por diante. Exemplos de atributos de *Vendedor* seriam *NomedoVendedor, E-mail, Telefone* e assim por diante.

Audioconferência Reunião virtual síncrona na qual os participantes se reúnem ao mesmo tempo através de um canal de comunicação de voz.

Autenticação Processo através do qual um sistema de informação aprova (autentica) um usuário mediante a verificação de sua senha.

Autenticação biométrica Uso de características físicas, como impressões digitais, traços fisionômicos e scanners de retina, para fins de autenticação dos usuários.

Autoeficácia Convicção de uma pessoa de que ela pode ser bem-sucedida em seu trabalho.

Internet (com I maiúsculo) Internet pública que você utiliza quando envia e-mail ou acessa uma página da Web.

B2B veja comércio empresa-empresa

B2C veja comércio empresa-consumidor

B2G veja comércio empresa-governo

Banco de dados Coleção de registros integrados autodescritivos.

Banco de dados de objeto-relacional Tipo de banco de dados que armazena tanto objetos OOP quanto dados relacionais. Raramente usado em aplicações comerciais.

Banco de dados relacional Banco de dados que transporta os seus dados em forma de tabelas e que representa correlações utilizando chaves estrangeiras.

Banda estreita Linhas de comunicação pela Internet com velocidades de transmissão de 56 kbps ou menos. O acesso de banda estreita é efetuado através de um modem discado.

Banda larga Linhas de comunicação pela Internet com velocidades acima de 256 kbps. Os modems-cabo e DSL oferecem acesso através de conexão de banda larga.

Benefício intangível Benefício de um sistema de informação pra o qual é impossível computar um valor monetário.

Benefício tangível Benefício de um SI que pode ser medido em valor monetário.

Biblioteca em sistemas colaborativos de controle de versão, significa um diretório compartilhado que permite acesso a diversos documentos através de *permissões*.

Bit Meio pelo qual os computadores representam dados: também chamado *dígito binário*. Um bit equivale a zero ou um.

Bluetooth Protocolo sem fio comum criado para transmitir dados em curtas distâncias; utilizado para substituir os cabos.

Bolsas eletrônicas de compra Sites que facilitam a combinação de compradores e vendedores. O processo de negócios é semelhante ao de uma bolsa de valores. Os vendedores oferecem as mercadorias por um determinado preço através da bolsa eletrônica e os compradores fazem ofertas de compra através da mesma bolsa. A cobertura de ofertas resulta em transações das quais a bolsa deduz uma comissão.

Bus Meio através do qual a CPU lê instruções e dados a partir da memória principal e escreve dados canalizados para a memória principal.

Business Inteligence (BI) Informações resultantes do processamento de dados operacionais destinadas a gerar informações que revelam padrões, relações e tendências importantes para a empresa.

Byte (1) Um caractere de dados. (2) Um grupo de 8 bits.

Cabo de fibra ótica Tipo de cabo usado para conectar computadores, impressoras, comutadores e outros dispositivos em uma LAN. Os sinais nesse tipo de cabo são raios de luz que se refletem no interior do núcleo de vidro do cabo de fibra ótica. O centro é envolvido por um revestimento que contém os sinais de luz, e o revestimento, por sua vez, é protegido por uma camada externa.

Cabo de par trançado não blindado (*Unshielde Twisted Pair cable* – UTP) Tipo de cabo usado para conectar os computadores, impressoras, comutadores e outros dispositivos em uma LAN. Um cabo UTP possui quatro pares de fios trançados. Um dispositivo chamado conector RJ-45 é usado para conectar o cabo UTP aos dispositivos NIC.

Cache dispositivo interno aos sistemas que contém um arquivo que armazena nomes de domínio e endereços IP já acessados. E então, quando alguém precisa acessar esse mesmo nome de domínio, não há necessidade de passar por todo o processo de busca na web. Em vez disso, o cache pode fornecer o endereço IP a partir do arquivo local.

Cadeia de valores Rede de atividades geradoras de valor.

Camada de banco de dados Na arquitetura de três camadas, é a camada que roda o DBMS e que processa as solicitações de recuperação e armazenamento de dados em SQL.

Camada de Soquetes de Segurança (*Secure Socket Layer* – SSL) Protocolo que utiliza encriptação simétrica e assimétrica. A SSL é uma camada de protocolo que opera entre os níveis 4 (transporte) e 5 (aplicação) da arquitetura de protocolos TCP-OSI. Quando a SSL está em uso, o endereço no navegador começar com *https://*. A versão mais recente de SSI e chamada TLS.

Camada do servidor Na arquitetura de três camadas, é a camada que consiste em computadores que rodam servidores Web para gerar páginas da Internet e outros em resposta às solicitações dos navegadores. Os servidores Web também processam programas aplicativos.

Camada do usuário Na arquitetura de três camadas, é a camada que consiste em computadores dotados de navegadores que solicitam e processam páginas da Internet.

Câmara de compensação entidade que oferece produtos e serviços por um determinado preço e providenciam a entrega dos produtos, mas nunca detém a propriedade dos produtos.

Campos Também chamados *colunas*, são grupos de bytes em uma tabela de banco de dados. Uma tabela de banco de dados possui várias colunas usadas para representar os atributos de uma entidade. Alguns exemplos são *ReferênciadaPeça, NomedoFuncionário* e *DatadasVendas.*

Canal de dados Meio através do qual a CPU lê instruções e dados a partir da memória principal e escreve dados canalizados para a memória principal.

Capital Investimento de recursos com a expectativa de futuro retorno no mercado.

Capital humano Investimento em conhecimento e habilidades humanas com vistas a um lucro futuro no mercado.

Capital social Investimento em relações sociais com a expectativa de retorno futuro no mercado.

Cartão de interface de rede (*Network Interface Card* – NIC) Componente de hardware em cada dispositivo em uma rede (computador, impressora etc.) que conecta o circuito do dispositivo à linha de comunicação. O NIC funciona junto com os programas em cada dispositivo para implementar as Camadas 1 e 2 do protocolo híbrido TCP/IP-OSI.

Cartão inteligente Cartão de plástico semelhante a um cartão de crédito que possui um microchip. O microchip, que contém muito mais dados do que uma tarja magnética, contém uma grande quantidade de dados de identificação. Normalmente exige um PIN.

Cartões para funções especiais Cartões que podem ser acrescentados ao computador para aumentar as suas capacidades básicas.

Cascata ficção de que uma fase do SCLS pode ser inteiramente concluída e o projeto pode, sem voltar atrás, prosseguir para a fase seguinte. Raramente os projetos são tão simples assim. Normalmente, é preciso voltar atrás.

Caução de chave Procedimento de controle através do qual uma pessoa de confiança recebe uma cópia da chave usada para encriptar dados contidos no banco de dados.

Cavalo de troia Vírus mascarado de programa ou arquivo útil. O nome é uma alusão à gigantesca maquete de um cavalo cheio de soldados levada para Troia durante as Guerras do Peloponeso. Um cavalo de tróia típico parece ser um jogo de computador, um arquivo de música para MP3 ou algum outro programa útil e inofensivo.

Chat em grupo Reunião virtual síncrona em que os participantes se reúnem ao mesmo tempo e se comunicam digitando comentários através de uma rede de comunicação.

Chave (1) coluna ou grupo de colunas que identifica uma linha específica em uma tabela. (2) Número usado para encriptar dados. O algoritmo de encriptação aplica a chave à mensagem original para produzir a mensagem codificada. A decodificação (desencriptação) de uma mensagem é semelhante; uma chave é aplicada à mensagem codificada para recuperar o texto original.

Ciclo de vida do cliente Considerados em conjunto, são os processos de marketing, aquisição de clientes, gestão de relacionamentos e perda/rotatividade que devem ser gerenciados pelos sistemas de CRM.

Ciclo de vida do desenvolvimento de sistemas (*Systems Development Life Cicle* – SDLC) Processo tradicional utilizado no desenvolvimento de sistemas de informações. Essas tarefas básicas do desenvolvimento de sistemas são combinadas nas seguintes fases: definição do sistema, análise de requisitos, projeto de componentes, implementação e manutenção do sistema (correções ou aperfeiçoamentos).

CIO veja Diretor de Tecnologia da Informação.

Cliente Computador que oferece funções de processamento de texto, planilhas, acesso a bancos de dados e, normalmente, um conexão em rede.

Código de máquina Sequência de bits que representam instruções e dados que podem ser processados por um computador.

Código-fonte Código de computador escrito por seres humanos e entendido por seres humanos.

Colaboração Situação em que duas ou mais pessoas trabalham juntas visando a um objetivo, um resultado ou um produto comum; os sistemas de informação facilitam a colaboração.

Cold site Centro de processamento de dados remoto que oferece espaço de escritório, mas nenhum equipamento de computação, para uso de uma empresa que necessita dar continuidade às suas operações após a ocorrência de um desastre natural.

Colunas Também chamadas campos, ou grupos de bytes. Uma tabela de banco de dados possui várias colunas usadas para representar os atributos de uma entidade. Alguns exemplos são *Referênciada-Peça*, *NomedoFuncionário* e *DatadasVendas*.

Combinação Combinação de resultados de um ou mais sites da Internet em uma única experiência do usuário.

Comércio empresa-consumidor (*Business to Consumer* – B2C) Vendas efetuadas através de comércio eletrônico entre um fornecedor e um cliente varejista (o consumidor).

Comércio empresa-empresa (*Business to Business* – B2B) Vendas efetuadas através de comércio eletrônico entre empresas.

Comércio empresa-governo (*Business to Government* – B2G) Vendas efetuadas através de comércio eletrônico entre empresas e órgãos do governo.

Computação em nuvem Serviços de computação que oferecem funções de processamento, armazenamento de dados e aplicação específica através da Internet.

Computação verde Computação ambientalmente consciente formada por três componentes principais: gestão de energia, virtualização e gestão de lixo eletrônico.

Comunicação assíncrona Troca de informações que ocorre quando os membros de uma equipe de trabalho não se reúnem todos ao mesmo tempo, como aqueles que trabalham em turnos ou locais diferentes.

Comunicação síncrona Troca de informações que ocorre quando todos os membros da equipe se reúnem ao mesmo tempo, como nas reuniões presenciais ou audioconferências.

Comunidade de código aberto Grupo independente de programadores que contribuem voluntariamente com códigos para o desenvolvimento e a manutenção de programas de computador comuns. O Linux e o MySQL são dois produtos de destaque desenvolvidos por esse tipo de comunidade.

Conflito de canais Em comércio eletrônico, pode haver conflito entre um fabricante que queira vender seus produtos diretamente aos consumidores e os varejistas que atuam nos canais de vendas existentes.

Conflito de preço Em comércio eletrônico, pode ocorrer conflito quando os fabricantes oferecem produtos por preços abaixo daqueles praticados pelos canais de vendas existentes.

Conjunto de instruções Grupo de instruções que um computador é capaz de processar.

Consulta Solicitação de dados que se faz a um banco de dados.

Conteúdo gerado pelo usuário (*User-Generated Ccontent* – UGC) Em Web 2.0, dados e informações fornecidos pelos usuários. As classificações de produtos as soluções de problemas relacionados ao produto, os projetos de produtos e os dados de marketing são alguns exemplos.

Contrato de licença do GNU para o público em geral (GPL) Um dos contratos padronizados de licenciamento para software de código aberto.

Controle de versão Uso de software para controlar o acesso a documentos, projetos e outras versões eletrônicas de produtos e suas respectivas configurações.

Conversão de sistema Processo de conversão da atividade empresarial do sistema antigo para o novo.

CPU de 32 bits Processador capaz de utilizar efetivamente até 4 GB da memória principal.

CPU de 64 bits Processador capaz de utilizar mais de 4 GB de memória; aliás, para todos os efeitos práticos, capaz de utilizar uma quantidade quase ilimitada de memória principal.

CRM veja Gestão de Relacionamento com o Cliente

CRM social CRM que inclui elementos das redes sociais e concede ao cliente muito mais poder e controle na relação cliente-fornecedor.

Custos de mudança de fornecedor Estratégia comercial de fidelização dos clientes dificultando ou encarecendo a mudança para outro produto ou fornecedor.

Dados do fluxo de cliques Dados de e-commerce que descrevem o padrão de clicks de um cliente. Esses dados incluem tudo o que o cliente faz no site.

Dados sujos Dados problemáticos. Constituem exemplos da categoria os valores de B para indicar o sexo do cliente, e de 213, a idade do cliente.

Data marts Instalações que elaboram, armazenam e gerenciam dados para fins de informação e data mining para funções empresariais específicas.

Data Mining Aplicação de técnicas estatísticas para a determinação de padrões e correlações entre dados, bem como para fins de classificação e previsão.

Data Mining não supervisionada Forma de data mining em que os analistas não criam um modelo ou uma hipótese antes de realizar a análise. Em vez disso, eles aplicam a técnica de data mining e observam os resultados. Com esse método, os analistas criam hipóteses após a análise para explicar os padrões encontrados.

Data Mining supervisionado Forma de data mining em que os garimpeiros desenvolvem um modelo anterior à análise e aplicam técnicas estatísticas aos dados para fazer uma estimativa dos parâmetros do modelo.

Data Warehouse Instalações que elaboram, armazenam e gerenciam dados especificamente para fins de informação e data mining.

DB2 Popular produto de DBMS empresarial da IBM.

DBMS veja Sistema de gerenciamento de banco de dados

DBMS empresarial Produto que processa grandes bancos de dados organizacionais e de grupos de trabalho. Esses produtos atendem a muitos (talvez milhares) de usuários e diversas aplicações diferentes de bancos de dados. Esses produtos de DB-MS prestam suporte operacional 24 horas por dia, 7 dias por semana e conseguem gerenciar bancos de dados que ocupam dezenas de discos magnéticos com centenas de gigabytes ou mais de dados. O DB2, da IBM, o SQL Server, da Microsoft, o Oracle, da Oracle, são exemplos de produtos de DBMS empresarial.

DBMS individual Produtos de DBMS projetados para aplicativos de bancos de dados menores e mais simples. Esses produtos são usados para aplicações de grupos de trabalho pequenos ou pessoais envolvendo menos de cem usuários - e normalmente menos de quinze. Hoje, o Microsoft Access é o único DBMS individual de destaque.

Decisão Em notação BPMN (*Business Process Management Notation*), é uma pergunta que pode ser respondida com "Sim" ou "Não".

Definições de malware padrões existentes de código de malware.Os fornecedores de programas antimalware estão sempre atualizando essas definições e incorporando-as aos seus produtos para melhor combater o malware.

Desenvolvimento de sistemas processo de criação e manutenção de sistemas de informação. Às vezes, chamado *análise e projeto de sistemas.*

Desintermediação Eliminação de um ou mais níveis intermediários na cadeia de suprimento.

Dígitos binários Meio pelo qual os computadores representam dados; também chamados bits. Um dígito binário equivale a zero ou um.

Diretor de tecnologia Chefe do grupo de tecnologia. O diretor de tecnologia investiga novas ideias e produtos para identificar aqueles mais relevantes para a empresa. A função desse executivo requer profundos conhecimentos de tecnologia da informação e a capacidade de vislumbrar como a nova TI afetará a empresa ao longo do tempo.

Diretor de Tecnologia da Informação (*Chief Information Office* – CIO) Título do gerente principal do departamento de TI. Outros títulos comuns são *vice-presidente de serviços de informação, diretor de serviços de informação* e, menos comum, *diretor de serviços de computação.*

Dispositivo LAN Dispositivo de comutação que contém importantes componentes de rede, dentre os quais, um comutador, um roteador, um servidor DHCP e outros elementos.

DOS veja Negação de Serviço.

Drive-by sniffers veja analisadores ilícitos de tráfego de rede.

DSL veja linha digital por assinatura.

EAI veja integração de aplicativos empresariais.

E-commerce Compra e venda de mercadorias e serviços através de redes de computadores públicas e privadas.

Elasticidade de preço Medida da sensibilidade da demanda de acordo com as alterações de preço. É a relação da alteração percentual na quantidade dividida pela alteração percentual no preço.

E-mail Forma de comunicação assíncrona na qual os participantes enviam comentários e anexos por via eletrônica. Como forma de comunicação de grupo, pode ser desorganizado, desconexo e fácil de evitar.

E-mail spoofing veja mascaramento de e-mail.

Empresa ágil Empresa capaz de se adaptar rapidamente às mudanças de mercado, setor, produto, legislação ou outros fatores externos significativos; o termo foi inventado pela Microsoft.

Empresas comerciais Em comércio eletrônico, empresas que detêm a propriedade dos produtos que vendem. Essas empresas compram os produtos e os revendem.

Empresas não comerciais Empresas de e-commerce que articulam a compra e venda de produtos sem deter a propriedade desses produtos.

Encriptação (ou criptografia) Processo de transformação de um texto claro em um texto codificado e ininteligível para fins de armazenamento ou comunicação segura.

Encriptação assimétrica Método de encriptação em que são usadas diferentes chaves para codificação e decodificação de mensagens. Uma chave codifica a mensagem e outra a decodifica. A encriptação simétrica é mais simples e muito mais rápida do que a encriptação assimétrica.

Encriptação simétrica Método de encriptação em que a mesma chave é usada para codificar e decodificar a mensagem.

Endereço IP Uma série de notações decimais pontuadas em um formato como 192.168.2.28 que identifica um dispositivo único em uma rede ou internet. Com o padrão IPv6, os endereços IP possuem 32 bits. Com o padrão IPv6, os endereços IP possuem 128 bits. Hoje, o IPv4 é mais comum, mas provavelmente será superado pelo IPv6 no futuro. Com o IPv4, a notação decimal entre os pontos nunca pode exceder 255.

Endereço IP privado Tipo de endereço IP usado dentro das redes privadas e internets. Os endereços IP são designados e gerenciados pela empresa que opera a rede privada ou internet.

Endereço IP público Endereço IP utilizado na Internet. Esses endereços IP são atribuídos em blocos a grandes instituições pela Internet Corporation for

Assigned Names and Numbers (ICANN). Cada endereço IP é único em todos os computadores conectados à Internet.

Enterprise 2.0 aplicação das tecnologias Web 2.0, dos sistemas colaborativos, das redes sociais e de tecnologias correlatas para facilitar o trabalho cooperativo dentro das empresas.

Equipe Pequeno grupo de pessoas possuidoras de habilidades complementares e comprometidas com um propósito, metas de desempenho e abordagem de trabalho comuns.

Equipe eficaz Grupo de pessoas comprometidas com um propósito ou meta comum de tal modo que a) o objetivo da equipe se realize; b) com o tempo, a equipe aumente a sua capacidade; e c) os membros da equipe se sintam realizados por trabalhar na equipe.

ERP (Enterprise Resource Planning) Aplicativos multifuncionais válidos para toda a empresa que integram as atividades básicas da cadeia de valores às funções de recursos humanos e contábil.

Estratégia competitiva Estratégia que uma empresa escolhe como o caminho para o sucesso em seu setor. De acordo com Porter, as quatro estratégias competitivas fundamentais são: liderança de custo dentro de um setor ou de um determinado segmento do setor e diferenciação de produto dentro de um setor ou de um determinado segmento do setor.

Estrutura dos cinco componentes Os cinco componentes fundamentais de um sistema de informação - hardware, software, dados, procedimentos e pessoas - presentes em todo sistema de informação, do mais simples ao mais complexo.

Ethernet Outro nome para protocolo IEEE 802.3, a Ethernet é um protocolo de rede que opera nas Camadas 1 e 2 da arquitetura TCP/IP-OSI. A Ethernet, o protocolo LAN mais popular do mundo, é usado também nas redes WAN.

Ethernet 10/100/1000 Tipo de Ethernet compatível com o protocolo IEEE 802.3 que permite transmissão a uma taxa de 10, 100 ou 1000 Mbps (megabits por segundo).

EVDO Protocolo sem fio para rede WAN.

Exabyte 10^{18} bytes.

Experimentação Análise racional de uma oportunidade, vislumbrando possíveis soluções, avaliando essas possibilidades e desenvolvendo as mais promissoras de acordo com os recursos disponíveis.

Farm de servidores Grande conjunto de computadores servidores que coordena as atividades dos servidores, normalmente para fins comerciais.

Farm de servidores Web Instalação que roda vários servidores Web. O trabalho é distribuído entre os computadores em uma farm de servidores Web de modo a maximizar o rendimento.

Fase de análise de requisitos Segunda fase do SDLC, na qual os desenvolvedores conduzem entrevistas com os usuários; avaliam os sistemas existentes; determinam novos formulários/relatórios/consultas; identificam novos recursos e funções, inclusive de segurança; e criam o modelo de dados.

Fase de definição do sistema Primeira fase do SDLC, na qual os desenvolvedores, com a ajuda de possíveis usuários, definem as metas e o escopo do novo sistema, avaliam a sua viabilidade, formam uma equipe de projeto e planejam o projeto.

Fase de implementação Quarta fase no SDLC, na qual os desenvolvedores constroem e integram os componentes do sistema, testam o sistema e efetuam a conversão para o novo sistema.

Fase de manutenção Fase do ciclo de vida do desenvolvimento dos sistemas em que os sistemas de informação são: a) colocados para funcionar como deveriam originalmente (correção de falhas); ou b) adaptados de acordo com as mudanças de requisitos.

Fase de projeto de componentes Terceira fase do SDLC, na qual os desenvolvedores definem as especificações do hardware e software, projetam o banco de dados (se for o caso), elaboram procedimentos e criam descrições de cargo para os usuários e o pessoal de operações.

Firewall Dispositivo de computação localizado entre as redes interna e externa de uma empresa que evita o acesso não autorizado de/a partir de uma rede interna. Um firewall pode ser um computador para fins especiais ou um programa em um computador para uso geral ou um roteador.

Firewall de filtragem de pacotes Firewall que examina cada parte de uma mensagem e determina se deixa essa parte passar. Para tomar essa decisão, o firewall examina o endereço de origem, os endereços de destino e outros dados.

Firewall interno Firewall localizado no interior da rede organizacional.

Firmware Programa de computador instalado em dispositivos, como impressoras, servidores de impressão e diversos tipos de dispositivos de comunicação. O software é codificado exatamente como qualquer outro software, mas é instalado em uma memória especial programável da impressora ou de outro dispositivo.

Flash Plug-in para navegadores desenvolvido pela Adobe, é útil para a exibição de animação, filmes e outros gráficos avançados dentro de um navegador.

Fluxo de dados Movimento de um dado de uma atividade para outra ou para/de um repositório.

Folksonomia Estrutura de conteúdo que surgiu a partir do processamento de muitas tags de usuários.

Fonte fechada Projeto no qual o código-fonte é altamente protegido e disponibilizado somente para funcionários confiáveis e contratados cuidadosamente investigados.

Foreign key Coluna ou grupo de colunas usadas para representar correlações. Os valores da chave estrangeira correspondem aos valores da chave primária em uma tabela diferente (estrangeira).

Formulário Os formulários para edição de dados são usados para ler, inserir, alterar e apagar dados dos bancos de dados.

Fórum de debate Forma de comunicação assíncrona na qual um membro do grupo posta uma mensagem e os demais membros respondem. Melhor forma de comunicação do que o e-mail porque é mais difícil desviar-se do assunto.

FTP Ver *Protocolo de Transferência de Arquivos.*

Funções Em um processo de negócios, conjuntos de procedimentos.

Garantia da qualidade do produto (*Product Quality Assurence* – PQA) Teste de um sistema. O pessoal de PQA normalmente monta o plano de testes com a orientação e assistência dos usuários. Os engenheiros de teste de PQA realizam os testes e supervisionam a atividade de teste dos usuários. Muitos profissionais de PQA são programadores que escrevem programas de testes automatizados.

Gerenciamento de versão Uso de software para configurar documentos, projetos e outras versões eletrônicas de produtos.

Gestão de relacionamento com o cliente (*Customer Relationship Management* – CRM) Conjunto de processos de negócios destinado a atrair, vender, gerenciar e prestar suporte aos clientes.

Gigabyte (GB) 1.024 MB.

GLP veja contrato de licença do GNU.

GNU Sigla autorreferencial que significa *GNU Não Unix*, originalmente um conjunto de ferramentas para o desenvolvimento de uma versão de código aberto do UNIX. Hoje usado basicamente em conjunto com contrato de licença do GNU para o público em geral.

Google Docs Sistema de gerenciamento de versão para o compartilhamento de documentos e planilhas de dados. Os documentos são armazenados em um servidor do Google a partir do qual os usuários podem acessar e visualizar e editar simultaneamente os documentos.

Granularidade Nível de detalhes dos dados. O nome e o saldo da conta do cliente são dados de alta granularidade. O nome do cliente, o saldo, os detalhes e o histórico de pagamento dos pedidos de cada cliente são dados de granularidade mais baixa.

Hacking Veja invasão de computadores.

Hardware Componentes eletrônicos e dispositivos correlatos que inserem, processam, reproduzem e armazenam dados de acordo com as instruções codificadas nos programas de computador ou software.

Hardware de entrada Dispositivos de hardware ligados a um computador; inclui teclado, mouse, scanners de documentos e scanners de código de barras (Código Universal de Produtos).

Hiperlink Indicador contido em uma página da Internet que indica uma outra página da rede. Um hiperlink contém o URL da página da Internet a ser encontrada quando o usuário clica no hiperlink. O URL pode indicar uma página no servidor que gerou a página contendo o hiperlink ou indicar uma página em outro servidor.

Hot site Centro de processamento de dados remotos operado por um serviço comercial de recuperação de desastres naturais que oferece todos os equipamentos de que uma empresa necessita para dar continuidade às suas operações após a ocorrência de um desastre natural.

HSDPA Protocolo sem fio para rede WAN.

HTML veja linguagem de formatação de hipertexto.

HTTP veja protocolo de transferência de hipertexto.

HTTPS Indicação de que um navegador Web está utilizando o protocolo SSL/TLS para garantir comunicações seguras.

ICANN Internet Corporation for Assigned Names and Numbers. Órgão público que estabelece procedimentos e autoriza as empresas a associar nomes a endereços IP públicos.

Identificação Processo pelo qual um sistema de informação identifica um usuário exigindo que este faça o login com um nome e uma senha de usuário.

Ilha de automação Estrutura em que os aplicativos funcionais operam de forma independente e isolada uns dos outros. Normalmente problemático porque os dados são duplicados, a integração é difícil e os resultados podem ser incoerentes.

Informação (1) Conhecimentos derivados de dados, sendo que o termo *dados* é definido como fatos ou números registrados. (2) Dados apresentados em um contexto significativo. (3) Dados processados por sintetização, ordenamento, cálculo das médias, agrupamento, comparação e outras operações similares.

Informação apenas suficiente Informação suficiente para a finalidade para a qual é gerada e nada mais.

Informação oportuna informação produzida no momento certo para a finalidade a que se destina.

Informação precisa Informação baseada em dados corretos e completos e processada corretamente conforme esperado.

Informação que vale o seu custo Informação em que existe uma relação adequada entre o valor e o custo de sua criação.

Informação relevante Informação relacionada diretamente ao contexto e ao assunto a que se refere.

Instalação direta Tipo de conversão de sistema no qual a empresa desliga o sistema antigo e inicializa o novo. Se o novo sistema falhar, a empresa está enrascada. Nada pode ser feito até que o novo sistema seja corrigido ou o sistema antigo seja reinstalado. Devido ao risco, as empresas devem evitar esse método de conversão, se possível.

Instalação faseada Tipo de conversão de sistema em que o novo sistema é instalado por partes em toda a empresa. Constatado o funcionamento de uma determinada parte, a empresa instala e testa uma outra parte do sistema, até que o sistema esteja totalmente instalado.

Instalação paralela Tipo de conversão de sistema em que o novo sistema roda em paralelo com o sistema antigo durante um tempo. A instalação paralela é cara por que a empresa está sujeita aos custos de operação de ambos os sistemas.

Instalação piloto Tipo de conversão em que a empresa implementa o sistema completo em um determinado setor de suas operações. A vantagem da implementação piloto é que, se o sistema falhar, a falha fica restrita a uma determinada área, reduzindo a exposição da empresa e evitando que o sistema adquira má fama dentro da empresa.

Integração de aplicativos empresariais (*Enterprise Application Integration* – EAI) Aplicativos que suportam processos de negócios multifuncionais integrando os aplicativos funcionais existentes. Ao contrário do CRM e do ERP, a empresa não precisa substituir os aplicativos existentes; em vez disso, são criadas camadas de software para integrar esses aplicativos.

Inteligência coletiva Processo através do qual as empresas utilizam as tecnologias Web 2.0, como o recurso do conteúdo gerado pelo usuário, por exemplo, para envolver seus usuários no projeto e na comercialização de seus produtos.

Inteligência de Negócios Veja Business Intelligence.

Interligações Interação de processos na cadeia de valores. As interligações são importantes fontes de eficiências e contam o pronto apoio dos sistemas de informação.

Internet Quando soletrado com *i* minúsculo, como em *internet*, significa uma rede privada de redes. Quando soletrado com *I* maiúsculo, como em *Internet*, significa a rede pública conhecida como a Internet.

Internet Corporation for Assigned Names and Numbers (ICANN) Instituição responsável por gerenciar a designação de endereços IP públicos e nomes de domínio para uso na Internet. Cada endereço IP público é único entre todos os computadores conectados à Internet.

Invasão de computadores (*hacking*) Ocorre quando uma pessoa consegue acesso não autorizado a um sistema de computadores. Embora algumas pessoas invadam sistemas por pura "curtição", outras o fazem por malícia, com intenção de roubar ou alterar dados.

IP veja protocolo de internet.

IP Spoofing veja mascaramento de IP.

IPv4 Padrão de endereço de internet que utiliza uma notação de quatro dígitos decimais como 65.193.123.253. Gradativamente sendo substituído pelo IPv6.

IPv6 Padrão de endereço de internet que utiliza um longo (128 bits) sistema de notação de endereços de internet e oferece outros benefícios sobre IPv4 também. Gradativamente superando o IPv4.

ISP veja provedor de serviço de internet.

Kilobyte (KB) 1.024 bytes.

KMS veja Sistema de gestão de conhecimentos

Ladrão de dados (*phisher*) Indivíduo ou empresa que mascara empresas legítimas na tentativa de capturar ilegalmente dados de pessoas, como números de cartões de crédito, contas de e-mail e números de carteiras de habilitação.

LAN veja rede local.

Lei de Brook Famosa máxima segundo a qual *acrescentar mais pessoas a um projeto atrasado acaba atrasando-o ainda mais.* A Lei de Brook é válida não apenas porque uma equipe maior exija um maior nível de coordenação, mas também porque os novatos necessitam de treinamento. As únicas pessoas que podem treinar novos funcionários são os membros da equipe existente, que, consequentemente, são tirados de suas tarefas produtivas. Os custos de treinamento de novos funcionários podem superar o benefício da contribuição desses profissionais.

Lei de Moore Lei criada por Gordon Moore segundo a qual o número de transistores por centímetro quadrado em um chip integrado duplica a cada dezoito meses. De um modo geral, a previsão de Moore se revelou precisa nos quarenta anos que se passaram desde que foi feita. Às vezes, essa lei é interpretada como "o desempenho de um computador duplica a cada dezoito meses". Embora não sendo absolutamente verdadeira, essa versão capta o espírito da ideia.

Leilões Aplicativos que combinam compradores e vendedores utilizando uma versão de e-commerce do processo competitivo de lances de um leilão.

Licença Contrato que estipula a forma como um programa pode ser utilizado. A maioria especifica o número de computadores em que o programa pode ser instalado e, às vezes, o número de usuários que podem se conectar ao programa e utilizá-lo por meio remoto. Esses contratos estipulam também as limitações de responsabilidade do fornecedor do software pelas consequências de eventuais erros dos programas.

Licença para o local Licença adquirida por uma empresa pra equipar todos os computadores com um determinado software em um determinado local.

Linguagem de Formatação de Hipertexto (HTML) Linguagem que define a estrutura e o formato do conteúdo das páginas da Internet. Uma tag de HTML é uma notação usada para definir um elemento de dados para exibição ou outras finalidades.

Linguagem Estruturada de Consultas (*Structured Querry Language* – SQL) Linguagem internacional padronizada para o processamento de bancos de dados.

Linha No modelo relacional, é um conjunto de colunas ou valores de atributos referentes a uma única entidade. Também chamada registro. Basta pensar em termos de uma linha de uma tabela.

Linha digital por assinatura (*Digital Subscriber Line* – DSL) Linha de transmissão de dados que compartilha linhas telefônicas com comunicações de voz. Usada basicamente em residências e pequenas empresas. Permite velocidades de recebimento de dados de até 6.5 Mbps e velocidade de transmissão mais baixas em torno de 512 Kbps.

Linhas digitais assimétricas por assinatura (*Asymetric Digital Subscriber Lines* – ADSL) Linhas DSL com velocidades diferentes de recebimento e transmissão de dados.

Linhas digitais simétricas por assinatura (*Symmetric DSL*) Linhas DSL que oferecem a mesma velocidade de recebimento e transmissão de dados.

Linux Versão do Unix desenvolvida por uma comunidade de código aberto. A comunidade de código aberto é proprietária do Linux e não há cobrança de taxa de uso para utilizá-lo. O Linux é um popular sistema operacional para servidores Web.

Loja virtual Em comércio eletrônico, é um aplicativo na Internet que permite aos clientes efetuar e gerenciar seus pedidos.

Mac OS Sistema operacional desenvolvido pela Apple Computer Inc. para o Macintosh. A versão atual é o Mac OS X. Os computadores Macintosh são usados basicamente por artistas gráficos e profissionais da comunidade artística. O Mac OS foi desenvolvido para o Power PC, mas a partir de 2006 passaram a rodar também em processadores Intel.

Maldição da dimensionalidade quanto maior o número de atributos, mais fácil a construção de um modelo que corresponda à amostra de dados, mas isso de nada vale como fator preditivo.

Malware vírus, worms, cavalo de troia, spyware e adware.

Margem Diferença entre valor e custo.

Marketing viral Método de marketing usado no mundo Web 2.0 em que os usuários espalham uns para os outros as notícias sobre produtos e serviços.

Mascaramento Quando alguém finge ser outra pessoa com a intenção de obter dados não autorizados. Se você finge ser o seu professor, você está mascarando o seu professor.

Mascaramento de e-mail Sinônimo de roubo eletrônico de dados. Técnica de obtenção de dados não autorizados que utiliza o pretexto via e-mail. O ladrão de dados finge ser uma empresa legítima e envia um e-mail solicitando dados confidenciais, como número ou senhas de contas, números de inscrição na Previdência Social e assim por diante. Os ladrões de dados direcionam o tráfego para os seus sites disfarçados de empresas legítimas.

Mascaramento de IP tipo de mascaramento em que um intruso usa o endereço IP de um outro site como se fosse esse outro site.

Megabyte (MB) 1.024 KB.

Memória principal o conjunto de células onde são armazenadas os bytes de informação ou de instruções para o computador; cada célula possui um endereço que é utilizado pela CPU para identificar cada item específico.

Metadados Dados que descrevem dados.

Microsoft Office SharePoint Designer Aplicativo-cliente disponibilizado gratuitamente pela Microsoft. Utilizado para customizar páginas em SharePoint de forma mais avançada do que é possível em um navegador.

Microsoft Office SharePoint Workspace Aplicativo-cliente antigamente conhecido como Microsoft Groove.

Microsoft SharePoint Aplicativo para processamento de páginas da Internet basicamente utilizado para fins de colaboração. O SharePoint oferece suporte a bibliotecas de documentos, listas, fóruns de debate, pesquisas de opinião, Wikis, blogs e outras ferramentas de colaboração.

MIS (*Management Information System*) veja sistema de informações gerenciais.

Modelo das cinco forças Modelo proposto por Michael Porter que avalia as características e a lucratividade do setor através de cinco forças competitivas: poder de barganha dos fornecedores, ameaça da substituição, poder de barganha dos clientes, rivalidade entre empresas e ameaça dos novos concorrentes.

Modem Abreviatura de *modulador/demodulador*, um modem converte os dados digitais do computador em sinais que podem ser transmitidos por telefone ou cabo.

Modem DSL Tipo de modem. Os modems DSL operam nas mesmas linhas que os telefones e modems discados, mas de tal modo que os seus sinais não interferem no serviço de telefonia. Os modems DSL oferecem velocidades de transmissão de dados muito mais altas do que os modems discados. Além disso, os modems DSL estão permanentemente conectados, de modo que não há necessidade de discar; a conexão com a Internet se estabelece imediatamente.

Modem-cabo Tipo de modem que permite a transmissão de dados em alta velocidade utilizando linhas de TV a cabo. A operadora de TV a cabo instala um cabo de fibra ótica de alta velocidade e capacidade em uma central de distribuição localizada em cada bairro atendido pela empresa. Na central de distribuição, o cabo de fibra ótica é conectado aos cabos comuns de TV a cabo que são puxados para a residência ou a empresa do assinante. Os modems-cabo modulam de tal modo que os seus sinais não interferem nos sinais da TV.

My Maps Produto Web 2.0 que oferece ferramentas com as quais os usuários podem fazer alterações customizadas nos mapas fornecidos pelo Google. O My Maps é um exemplo de combinação.

MySQL Popular produto de DBMS de código aberto disponibilizado gratuitamente para a maioria dos aplicativos.

Não volátil Memória que preserva os dados mesmo sem energia elétrica (por exemplo, discos magnéticos e óticos). Com esses dispositivos, você pode desligar e religar o computador e o conteúdo permanecerá inalterado.

Negação de serviço (*Denial Of Service* – DOS) Problema de segurança no qual os usuários não têm como acessar um sistema de informação; pode ser causado por erros humanos, desastres naturais ou atividade maliciosa.

Network veja rede.

NIC veja cartão de interface de rede.

NIC embutido – NIC incorporado aos circuitos do computador.

NIC sem fio (*Wireless NIC* – WNIC) Dispositivos que habilitam redes sem fio comunicando-se com pontos de acesso sem fio. Esses dispositivos podem ser placas de rede inseridas no slot PCMA ou podem ser dispositivos embutidos. Os WNICs operam de acordo com o protocolo 802.00.

Nome de domínio Nome humanizado válido registrado no sistema de nomes de domínio (*Domain Name System* - DNS). O processo de mudança de um nome para o seu endereço IP é chamado *solução de nome de domínio.*

Número de identificação pessoal (*Personal Identification Number* – PIN) forma de autenticação através da qual o usuário fornece um número que só ele conhece.

Office Web Apps Versões gratuitas baseadas na Internet do Word, Excel, PowerPoint e OneNote disponíveis no SkyDrive.

OLAP Ver *Processamento analítico on-line.*

Oracle Popular produto de DBMS empresarial da Oracle Corporation.

Pacote Pequena parte de uma mensagem eletrônica dividida em blocos; esses blocos são enviados separadamente e depois remontados no seu destino.

Pacote de serviço Grande grupo de correções que resolve problemas de software de baixa prioridade. Os usuários aplicam os pacotes de serviço da mesma maneira como utilizam os patches, com a diferença de que os pacotes de serviço normalmente envolvem centenas ou milhares de problemas.

Páginas da Internet Documentos codificados em HTML que são criados, transmitidos e consumidos utilizando a Rede Mundial de Computadores.

Paralisia analítica Quando um tempo excessivo é consumido pelos procedimentos de documentação de requisitos do projeto.

Patch Grupo de correções para problemas de alta prioridade que podem ser aplicados às cópias existentes de um determinado produto. Os fornecedores de software fornecem patches para corrigir problemas de segurança e outros problemas críticos.

Payload Código do programa de um vírus que provoca ações indesejadas ou lesivas, como eliminação de programas ou dados ou, o que é pior, alteração de dados de forma imperceptível para o usuário.

Pensamento sistêmico Capacidade de produzir modelos dos componentes do sistema, conectar o fornecimento e o recebimento de informações/dados entre esses componentes no contexto de um conjunto sensato que reflita a estrutura e a dinâmica do fenômeno observado.

Periféricos de armazenamento Hardware que salva dados e programas. O disco magnético é, sem comparação, o dispositivo de armazenamento mais comum, embora os discos óticos, como CDs e DVDs, também sejam populares.

Periféricos de saída Hardware que exibe os resultados de processamento do computador. Consiste em monitores, impressoras, alto-falantes, projetores de slides e outros dispositivos para finalidades especiais, como grande plotadoras de mesa, por exemplo.

Pesquisa de opinião da equipe Forma de comunicação assíncrona em que um membro da equipe cria uma lista de perguntas e os outros membros respondem. O Microsoft SharePoint incorpora uma função de pesquisa de opinião.

Petabyte 10^{15} bytes.

Phiser veja ladrão de dados.

Phising veja roubo de dados eletrônicos.

PIN veja número de identificação pessoal.

Plano de testes Grupo de sequências de ações que os usuários praticarão quando estiverem usando o novo sistema.

Ponto de acesso (*Acess Point* – AP) Um ponto em uma rede sem fio que facilita a comunicação entre redes com e sem fio. O AP deve ser capaz de processar mensagens de acordo com os padrões 802.3 e 802.11, uma vez que envia e recebe tráfego sem fio utilizando o protocolo 802.11 e se comunica com redes com fio utilizando o protocolo 802.3.

PQA veja garantia da qualidade do produto.

Problema da atualização perdida Problema verificado no processamento multiusuário de bancos de dados, no qual dois ou mais usuários tentam fazer alterações nos dados mas não conseguem porque o sistema não foi projetado para processar alterações efetuadas por diversos usuários.

Problema da última milha Gargalo de entrada das comunicações de dados nos lares, e nas empresas de menor porte.

Processador de núcleo duplo Um computador com duas CPUs.

Processador de núcleo quádruplo Um computador com quatro CPUs.

Processamento analítico on-line (OLAP) Tipo dinâmico de sistema informativo com a capacidade de somar, contar, calcular médias e executar outras opções aritméticas simples com grupos de dados. Esses relatórios são dinâmicos porque os usuários podem alterar o formato dos relatórios enquanto os visualizam.

Processamento multiusuário Quando vários usuários processam o banco de dados ao mesmo tempo.

Processo de negócios Rede de atividades, recursos, instalações e informações que interagem para alcançar uma função de negócios; às vezes, chamado de sistema de negócios.

Processos inerentes Procedimentos que precisam ser seguidos para uso efetivo dos softwares licenciados. Por exemplo, o processo inerente a um sistema MRP (*Material Requeriment Planning*) assume que certos usuários realizarão ações específicas em uma ordem particular. Em muitos casos, as organizações precisão se ajustar aos processos inerentes aos softwares.

Programas desktop Aplicativos-cliente, como Word, Excel ou Acrobat, que rodam em um microcomputador e não exigem conexão com um servidor.

Protocolo Meio padronizado de coordenar uma atividade entre uma ou mais entidades.

Protocolo de Controle de Transmissão (*Transmission Control Protocol* – TCP) O TCP opera na Camada 4 da arquitetura do TCP/IP-OSI. O TCP é usado de duas maneiras: como o nome de um protocolo da Camada 4 e como parte do nome da arquitetura do protocolo TCP/IP-OSI. A arquitetura recebe o nome do protocolo porque normalmente inclui o protocolo TCP. O TCP recebe mensagens dos protocolos da Camada 5 (como HTTP) e divide essas mensagens em segmentos que são enviados para um protocolo da Camada 3 (como IP).

Protocolo de Internet (*Internet Protocol* – IP) Protocolo de três camadas. Como o nome indica, o IP é usado na Internet, assim como em muitas outras internets também. A principal finalidade do IP é direcionar pacotes dentro de uma internet.

Protocolo de Transferência de Arquivos (*File Transfer Protocol* – FTP) Protocolo de cinco camadas usado para copiar arquivos de um computador para outro. No processamento de transações interorganizacionais, o FTP permite que os usuários troquem grandes arquivos com facilidade.

Protocolo de Transferência de Hipertexto (HTTP) Protocolo de cinco camadas usado para processar páginas da Internet.

Protocolo IEE 802.16 Padrão emergente de comunicação sem fio, também conhecido como *WiMax*, que permite acesso sem fio através de banda larga para aplicativos fixos, móveis e portáteis. Em modo fixo, permite acesso dentro de um raio de vários quilômetros ou de uma área maior. Ver também *WiMax*.

Protocolo IEEE 802.3 Padrão de comunicação sem fio amplamente utilizado hoje que permite acesso dentro de algumas centenas de metros. A versão mais popular desse padrão é o protocolo IEEE 802.11, que permite transmissões sem fio de até 54 Mbps.

Provedor de serviço de Internet (*Internet Service Provider* – ISP) Um ISP oferece aos usuários acesso à Internet, fornecendo-lhe um endereço de Internet legítimo. Serve como o portão de entrada do usuário para a Internet e transmite comunicações em ambos os sentidos entre o usuário e a Internet. Os ISPs também pagam pelos serviços de acesso à Internet, cobrando dos clientes e pagando as taxas de acesso e outros encargos em favor dos usuários.

Quick Launch Lista parcial dos recursos contidos no site.

Raciocínio abstrato Capacidade de criar e manipular modelos

RAM Sigla de *memória de acesso aleatório (random acess memory)*, que é a memória principal formada por células que contêm dados ou instruções. Cada célula possui um endereço que a CPU utiliza para ler ou escrever dados. A localização das memórias pode ser lida ou escrita em qualquer ordem, daí o termo *acesso aleatório*. A memória RAM é quase sempre volátil.

Recursos Itens de valor, como estoque ou fundos, que fazem parte de um processo de negócios.

Rede Conjunto de computadores que se comunicam entre si através de linhas de transmissão.

Rede de longa distância (*Wide Area Network* – WAN) Rede que conecta computadores situados em diferentes locais geográficos.

Rede Local (*Local Area Network* – LAN) Rede que conecta computadores residentes em um único local, situado nas dependências da empresa que opera a LAN. O número de computadores conectados pode variar de dois a várias centenas.

Rede neural Popular técnica supervisionada de data mining utilizada para prever valores e fazer classificações, como "alta possibilidade" ou "baixa probabilidade".

Rede social Conexões de pessoas com interesses similares. Hoje, as redes sociais normalmente são suportadas por tecnologia Web 2.0.

Rede virtual privada (*Virtual Private Network* – VPN) Conexão WAN alternativa que utiliza a Internet ou uma internet privada para dar a impressão de conexões privadas ponto a ponto. No mundo da TI, o termo *virtual* significa algo que parece existir, mas que, na realidade, não existe. Aqui, a VPN utiliza a Internet pública para a impressão de uma conexão privada.

Reengenharia do processo de negócios Atividade de alteração e criação de processos de negócios com a finalidade de aproveitar os benefícios dos novos sistemas de informação.

Registros Também chamados *linhas*, grupos de colunas em uma tabela de banco de dados.

Relação Nome mais formal para uma tabela de banco de dados.

Relatório Apresentação de dados em um contexto estruturado e significativo.

Repositório Conjunto de registros da empresa, normalmente implementados em forma de banco de dados.

Reunião virtual Reunião em que os participantes não se reúnem no mesmo local nem, talvez, ao mesmo tempo.

Revelação de dados não autorizada Quando uma pessoa inadvertidamente divulga dados violando as normas vigentes.

Roteador Computador para finalidade especial que transfere o tráfego de rede de um nó em uma rede para outro.

Roubo de dados eletrônicos (*phishing*) Técnica de obtenção de dados não autorizados que usa o pretexto via e-mail. O ladrão de dados finge ser uma empresa legítima e envia um e-mail solicitando dados confidenciais, como número ou senhas de contas, números de inscrição na Previdência Social e assim por diante.

SAAS veja software como serviço.

Salvaguardas de dados Medidas de proteção de bancos de dados e outros dados organizacionais por meio da administração de dados e da administração de bancos de dados.

Salvaguardas humanas Medidas de proteção contra ameaças à segurança que envolvem a criação de procedimentos adequados de uso do sistema para os usuários.

Salvaguardas técnicas Salvaguardas que envolvem os componentes de hardware e software de um sistema de informação.

SDLC veja ciclo de vida do desenvolvimento de sistemas.

SDSL veja linhas digitais simétricas por assinatura.

Segurança da Camada de Transporte (*Transport Layer Security* – TLS) Protocolo que, utilizando encriptação simétrica e assimétrica, que funciona entre os níveis 4 (transporte) e 5 (aplicação) na arquitetura de protocolo TCP-IP. TLS é o novo nome para a última versão da SSL.

Senha forte Formada por sete ou mais caracteres; não contém o seu nome do usuário, o seu nome real ou o nome da empresa; não contém nenhuma palavra completa encontrada no dicionário em qualquer idioma; é diferente das senhas anteriores que você já utilizou; contém letras maiúsculas e minúsculas, números e caracteres especiais.

Servidor Computador que presta algum tipo de serviço, como hospedagem de banco de dados, operação de um blog, publicação de um site da Internet ou venda de produtos. Os computadores servidores são mais rápidos, maiores e mais possantes do que os computadores clientes.

Servidor de comércio eletrônico Computador que opera programas baseados na Internet que exigem produtos, suportam pedidos on-line, registram e processam pagamentos, e interagem com os aplicativos de gerenciamento de estoque.

Servidor Web Programa que processa o protocolo HTTP e transmite páginas da Internet mediante solicitação. Os servidores Web processam também programas aplicativos.

SharedView Produto da Microsoft que pode ser baixado gratuitamente pela Internet para fins de compartilhamento de uma tela de computador entre várias pessoas.

SI interorganizacionais Sistemas de informações usados entre duas ou mais empresas independentes.

Silos de informação Condição que se configura quando os dados são isolados em sistemas de informação separados.

Silverlight Plug-in para navegadores desenvolvido pela Microsoft com a finalidade de melhorar os recursos de navegação e, consequentemente, a interface do usuário, incluir filmes, áudio e animação, e oferecer maior controle do programador sobre a atividade do usuário.

Simulação Técnica de coleta de informação não autorizada em que alguém se faz passar por outra pessoa. É comum o tipo de fraude em que alguém liga fingindo ser de uma administradora de cartões de crédito e afirma estar verificando a validade dos números dos cartões de crédito. O roubo eletrônico de dados também é uma forma de pretexto.

Sinal analógico Sinal que se propaga através de ondas. Um modem converte os dados digitais do computador em sinais analógicos que podem ser transmitidos pelas conexões discadas da Internet.

Sistema Grupo de componentes que interage para alcançar algum objetivo.

Sistema de aplicativos de banco de dados Aplicativos dotados dos cinco componentes-padrão que tornam os dados do banco de dados mais acessíveis e úteis. Os usuários utilizam um aplicativo de banco de dados que consiste em formulários, relatórios formatados, pesquisas e programas aplicativos. Cada um desses programas, por sua vez, recorre ao sistema de gerenciamento de banco de dados (DBMS) para processar as tabelas do banco de dados.

Sistema de Data Mining Sistema de informação que processa dados utilizando sofisticadas técnicas estatísticas, como análise de regressão e análise de árvores de decisão, para encontrar padrões e correlações que não podem ser encontrados por operações mais simples, como classificação, agrupamento e cálculo de médias.

Sistema de gerenciamento de banco de dados (*Data Base Management System* – DBMS) Programa usado para criar, processar e administrar um banco de dados.

Sistema de gestão de conhecimentos (*Knowledge Management System* – KMS) Sistema de informação para o armazenamento e recuperação de conhecimentos organizacionais, quer esses conhecimentos estejam em forma de dados, documentos ou de qualificação técnica dos funcionários.

Sistema de informação (SI) Grupo de componentes que interagem para produzir informação.

Sistema de informação baseado em computador Sistema de informação que inclui um computador.

Sistema de informação de grupo de trabalho Sistema de informação compartilhado por um grupo de pessoas para um determinado fim.

Sistema de informação departamental Sistemas de informação de grupo de trabalho que prestam suporte a um determinado departamento.

Sistema de informação empresarial Sistemas de informação que prestam suporte às atividades de diversos departamentos.

Sistema de informação funcional Sistemas de informação de grupos de trabalho que prestam suporte a uma determinada função da empresa.

Sistema de informação gerencial (SIG) Sistema de informação que ajuda as empresas a alcançarem suas metas e objetivos.

Sistema de informação individual Sistemas de informação utilizados por uma única pessoa.

Sistema de informação interempresarial Sistema de informação compartilhado por duas ou mais empresas independentes.

Sistema de BI Sistema que fornece as informações certas, ao usuário certo, na hora certa. Uma ferramenta produz as informações, mas o sistema garante que as informações certas cheguem ao usuário certo, na hora certa.

Sistema especialista Sistema de compartilhamento de conhecimentos criado através de entrevistas com especialistas em um determinado domínio empresarial e da codificação das regras utilizadas por esses especialistas.

Sistema informativo Sistema que gera informações a partir de fontes de dados separadas e fornece essas informações aos usuários certos, na hora.

Sistema operacional (SO) Programa de computador que controla os recursos do computador: gerencia o conteúdo da memória principal, processa os comandos de teclado e mouse, envia sinais para o monitor, lê e escreve arquivos de disco e controla o processamento de outros programas.

Site do SharePoint Instalação construída e compartilhada pelo Microsoft SharePoint, um componente do Windows Server. Um site do SharePoint é um conjunto de bibliotecas, fóruns de debate, pesquisas de opinião, Wikis, e outras ferramentas de colaboração. O SharePoint suporta os fluxos de trabalho, que são importantes pra o gerenciamento de conteúdo. Um site do SharePoint pode conter vários subsites, os quais, por sua vez, também podem conter vários subsites.

SLATES Sigla de Enterprise 2.0 que se refere (em inglês) a Busca (Search), Links, Autoria (Authoring), Tags (Tags), Extensões (Extensions) e Sinais (Signals).

SMTP (*simple mail transfer protocol*) Arquitetura de cinco camadas usada para enviar e-mail. Normalmente utilizado em conjunto com outros protocolos de cinco camadas (POP3, IMAP) para o recebimento de e-mail.

Sniffing veja análise de tráfego de rede.

SOA veja arquitetura orientada para serviço.

Software aplicativo Programas que executam uma função empresarial. Alguns programas aplicativos são de aplicação genérica, como o Excel ou o Word. Outros são específicos para uma determinada função empresarial, como contas a pagar, por exemplo.

Software como serviço (*Software as a Service* – SAAS) Modelo empresarial através do qual as empresas (como Google, Amazon.com e eBay) prestam serviços baseados em seu software, em vez de oferecerem o software como um produto (por meio de licenças de uso de software). O software como serviço é um exemplo de Web 2.0.

Software customizado software desenvolvido sob medida.

Software padronizado Software que pode ser utilizado sem necessitar de quaisquer alterações.

Software padronizado com alterações Software adquirido em formato padronizado mas alterado para atender a necessidades específicas da empresa.

SOHO (*Small Office – Home Office*) Escritório normalmente com menos de dez funcionários e geralmente localizado na casa do profissional.

Spoofing veja mascaramento.

Spyware Programas instalados no computador do usuário sem o seu conhecimento ou permissão que reside em segundo plano e, sem que o usuário saiba, observa as ações e seus comandos de teclado, modifica a atividade do computador e reporta as atividades do usuário às empresas patrocinadoras. Alguns tipos de spyware maliciosos captam os comandos de teclado para obter nomes, senhas, números de contas e outras informações confidenciais sobre o usuário. Outros tipos de spyware suportam análises de marketing, observando o que os usuários fazem, os sites visitados, os produtos examinados e adquiridos, e assim por diante.

SQL veja linguagem estruturada de consultas.

SQL Server Popular produto de DBMS empresarial da Microsoft.

SSL veja camada de soquetes de segurança.

Surface Novo produto de hardware-software da Microsoft que permite que as pessoas interajam com os dados sobre a superfície de uma mesa.

Switch dispositivo com finalidade especial que recebe e transmite dados por uma rede.

Tabela Também chamada *arquivo*, é o grupo de linhas ou registros similares em um banco de dados.

Tag Em linguagem de formatação como HTML e XML, notação usada para definir um elemento de dados para exibição ou outras finalidades.

TCP veja protocolo de controle de transmissão

TCP/IP Arquitetura de protocolos com quatro camadas desenvolvida pela Força-Tarefa de Engenharia da Internet (*Internet Engineering Task Force* - IETF). O protocolo TCP/IP faz parte da arquitetura de protocolo TCP/IP-OSI hoje usada na internet e na maioria das internets.

Tecnologia da informação (TI) Produtos, métodos, invenções e padrões usados com a finalidade de produzir informação.

Terabyte (TB) 1.024 GB.

Teste beta Processo que permite que os futuros usuários de um sistema experimentem o novo sistema por conta própria. Utilizado para identificar eventuais falhas de programa antes que o programa seja enviado para o cliente.

TLS veja segurança da camada de transporte

Troca de memória Movimento de entrada e saída de programas e dados na memória. Se um computador tiver memória insuficiente para a sua carga de trabalho, essa troca degradará o desempenho do sistema.

Trojan veja cavalo de Troia.

Túnel Caminho virtual privado do cliente VPN para o servidor VPN por uma rede pública ou compartilhada.

UGC veja conteúdo gerado pelo usuário.

Unidade central de processamento (*Central Processing Unit* – CPU, na sigla em inglês) A CPU seleciona e processa instruções, executa comparações aritméticas e lógicas e armazena os resultados das operações na memória.

Unix Sistema operacional desenvolvido na Bell Labs na década de 1970 e desde então tem sido o cavalo de batalha das comunidades científica e de engenharia.

URL (*Uniform Resource Locator*) Endereço de um documento na Internet. Os URLs se iniciam do lado direito com domínio de alto nível e, caminhando para a esquerda, incluem um nome de domínio e depois são seguidos por dados opcionais que localizam um documento dentro daquele domínio.

Usurpação Ocorre quando programas não autorizados invadem um sistema de computador e substituem os programas legítimos. Esses programas não autorizados normalmente desligam o sistema legítimo e o substituem pelo seu próprio sistema de processamento

Valor Quantia em dinheiro que um cliente está disposto a pagar por um recurso, produto ou serviço.

Valor do capital social Valor de uma rede social, que é determinado pelo número de relacionamentos em uma rede social, pela solidez desses relacionamentos e pelos recursos controlados pelos envolvidos.

Viabilidade de custo Uma das quatro dimensões da viabilidade.

Viabilidade de programação Uma das quatro dimensões da viabilidade.

Viabilidade organizacional Uma das quatro dimensões da viabilidade.

Viabilidade técnica Uma das quatro dimensões da viabilidade.

Videoconferência Tecnologia que combina uma audioconferência com câmeras de vídeo.

Virtualização processo através do qual vários sistemas operacionais compartilham o mesmo hardware.

Vírus Programa de computador que se reproduz.

Vírus de macro Vírus que se agregam a documentos do Word, Excel, PowerPoint ou outro tipo de documento. Quando o documento infectado é aberto, o vírus se instala nos arquivos de inicialização do aplicativo e, depois disso, passa a infectar todo arquivo que o aplicativo cria ou processa.

Volátil Dados que se perdem quando o computador ou dispositivo é desligado da corrente elétrica.

VPN veja rede virtual privada.

WAN veja rede de longa distância.

WAN sem fio rede de longa distância que oferece conexões em rede para dispositivos de computação como smartphones, Kindles ou iPads utilizando tecnologia de telefonia celular.

Wan Wireless veja WAN sem fio.

Web Rede de navegadores e servidos baseados na Internet que processam HTTP ou HTTPS.

Web 2.0 Em geral, um conjunto de capacidades, tecnologias, modelos empresariais e filosofias que caracterizam as emergentes formas de uso empresarial da Internet.

WebEx Popular aplicativo comercial de Webinar utilizado basicamente para apresentações de vendas.

Webinars Reunião virtual em que os participantes podem visualizar o mesmo computador desktop e se comunicar por telefone e possivelmente através de câmera.

WiMax Tecnologia emergente baseada no padrão IEEE 802.16. O WiMax é projetado para oferecer a última milha do acesso de banda larga sem fio e, em última análise, poderia substituir o cabo e o DSL por aplicativos fixos e substituir os telefones celulares por aplicativos móveis e portáteis. Ver também *IEEE 802.16*.

Windows Sistema operacional projetado e vendido pela Microsoft. É o sistema operacional mais amplamente utilizado.

Windows Live SkyDrive Instalação baseada na nuvem que permite o armazenamento e compartilhamento de documentos do Office e outros arquivos. O SkyDrive oferece armazenamento gratuito de até 25G B e pronto acesso ao Office Web Applications para Word, Excel, PowerPoint e OneNote.

WNIC veja NIC sem fio.

Worm Vírus que se propaga utilizando a Internet ou alguma outra rede de computadores. O código do worm é escrito especificamente com a finalidade infectar outro computador o mais rápido possível.

XML (*eXtensible Markup Language*) Padrão de documento que separa o conteúdo, a estrutura e a apresentação dos documentos; elimina problemas na HTML.